Gilbert Brands

Die ausgespähte Gesellschaft

NSA, BND & Co. Updated

Dr. Gilbert Brands
D-26736 Krummhörn

Email: gilbert@gilbertbrands.de

ISBN-13: 978-1514188071

Inhaltsverzeichnis

1 Stand der Dinge

1.1 Motivation

Es ist nun eine Weile her, dass Edward Snowden mit den Geheimnissen der NSA und deren Kompagnons, vorzugsweise den britischen, kanadischen, australischen und neuseeländischen Geheimdiensten, an die Öffentlichkeit gegangen und in Russland gestrandet ist. Noch immer tröpfeln weitere Details aus seinem Material durch die Medien, getreu seinem Vorsatz, nicht alles auf einmal zu veröffentlichen, um nicht nach einem Knall in der Versenkung zu verschwinden, sondern die Öffentlichkeit über einen längeren Zeitraum am Ball zu halten.

Es ist nun auch eine Weile her, dass ich mich mit einem Buch zu diesem Thema an die Öffentlichkeit gewandt habe, das weniger die Snowden-Papiere zum Thema hat als vielmehr aus Sicht eines IT-Ingenieurs die technischen Möglichkeiten abtastet, die die Geheimdienste haben oder haben können, und wie und ob sie in der Lage sind, den erfassten Daten alles das zu entnehmen, was Snowden behauptet.

Die Befürchtungen Snowdens, in der Versenkung zu verschwinden, ohne etwas bewirkt zu haben, scheinen sich inzwischen zu bewahrheiten. Nach einigem Anfangsrummel in den Medien ist es sehr still geworden, und allenfalls in einigen Randmedien erscheinen ab und zu noch kleinere Reportagen. In den Bevölkerungen hat das Thema ebenfalls kaum Spuren hinterlassen. Am Verhalten hat sich absolut nichts verändert, und wenn es um die Technik geht, wird nach einem „Aha?!" der mentale Aus-Schalter betätigt. Man entfacht lieber ein großes Tamtam um fehlenden Datenschutz, wenn man bemerkt, dass Daten, die man freiwillig auf Facebook oder in einem anderen sozialen Netzwerk veröffentlicht hat, tatsächlich von jedem gelesen werden können.[1]

Nachdem mein erstes Buch relativ schnell auf die Snowden-Veröffentlichungen erschienen war und ein begrenztes Thema behandelte, ist es

---

1 Diesbezüglich läuft Anfang 2015 ein Verfahren beim europäischen Gerichtshof.

wohl an der Zeit, sich noch einmal mit der Sache zu beschäftigen. Die Spionageaktivitäten insbesondere der NSA waren zwar schon damals nichts Neues – das Echelon-Programm von NSA, GCHQ, CSE, ASE und GCSB existiert seit den 1970er Jahren – und verschiedentlich sind auch einzelne Berichte und Bücher[2] darüber erschienen, aber in der epischen Breite, die mit Snowden kam, hatte ich das Phänomen bis dahin nicht registriert. Bücher sind auch in den seltensten Fällen von Technikern geschrieben. Sie beschreiben die Organisation, spektakuläre Fälle[3] und viel Nebulöses um eine in den Details geheime Technik, und man muss schon selbst als Techniker einmal über die Frage „Was könnte ich machen, wenn ich über all das verfüge?" nachdenken, um das tatsächliche Potential hinter all dem zu entdecken – und man kommt in diesem Fall auch als Techniker nicht mehr darum herum, sich mit den politischen Dimensionen des Ganzen zu beschäftigen.

Sich noch einmal mit der Sache zu beschäftigen bedeutet somit den Grenzbruch, der im ersten Buch schon erfolgte – technische Analysen mit politischen Schlussfolgerungen zu verbinden – noch einmal zu vertiefen. Damit stößt man leicht auf Kritik: ein Politiker, der über Technik faselt (nicht selten ziemlich Unsinniges), ist kein Problem, aber ein Techniker, der sich in die Politik mischt? Aber ist das nicht die Forderung, die seit langem an die Technik gestellt wird? Hätten sich nicht die Wissenschaftler um Robert Oppenheimer vorher überlegen sollen, welchen Unfug die Politik mit einer Atombombe anstellen kann? Ich spiele den Ball daher einmal zurück: wenn ein Techniker seine Technik allgemeinverständlich präsentiert, dann sollten sich Nichttechniker auch bemühen, das und die sich daraus ergebenden Schlussfolgerungen verstehen zu wollen. Wenn sie dann politisch einer anderen Meinung sind, ist das in Ordnung, aber bitte erst hinterher.

Eine Frage, die ich mir zwischendurch stellte, nämlich dem ersten Buch mit der allgemeinverständlichen Darstellung der Technik ein zweites folgen zu lassen, in dem die Technik im Kleinen nachverfolg-

---

2 z.B. James Bamford, NSA, Die Anatomie des mächtigsten Geheimdienstes der Welt

3 Aus den 1980er Jahren wird beispielsweise von einem ein Fall berichtet, in dem ein internationaler Waffenschieber bei der Einreise in die USA festgenommen wurde – aufgrund eines abgehörten Telefonats, das er aus Spanien geführt hat.

bar erläutert wird, hat sich damit (zunächst) erledigt. Die Politik passt da nicht hinein, und in einer Umfrage nach einem Interesse an einem solchen Buch war auch keinerlei Resonanz feststellbar. Die weitere Frage, die sich mir für dieses Projekt stellte: neue Auflage des alten Buches oder gewissermaßen ein zweiter Teil? Nachdem ich mir einen Überblick über die Entwicklungen verschafft hatte, war klar: einer Überarbeitung des alten Buches wäre die komplette Struktur zum Opfer gefallen und es wäre ein neues Buch entstanden, das mit der alten Auflage zu wenig zu tun gehabt hätte. Und so fiel die Entscheidung, das erste Buch mehr oder weniger zum ersten Band zu deklarieren und die weiteren Entwicklungen und Erkenntnisse besser in ein neues Buch einzubauen.

Erster Band und zweiter Band ist allerdings auch nicht ganz korrekt, denn das würde voraussetzen, dass man den ersten gelesen haben muss, um den zweiten zu verstehen. Das soll aber so nicht sein. Die im Buch „NSA, BND & Co" bereits diskutierten Techniken werden wir hier natürlich nicht wiederholt darstellen. Die Techniken, die wir in diesem Buch analysieren, werden so weit angerissen, dass der Leser trotzdem folgen kann, und der Rückgriff auf das andere Buch ist dann sinnvoll, wenn er tiefer in die technischen Details eindringen will. Umgekehrt wird vieles, was im ersten Band nur angerissen wurde, hier noch einmal sehr viel breiter oder aus einer anderen Sicht dargestellt, und hinzu kommen weitere politische Implikationen.

Meine Quellenangaben werden wie im ersten Band auch in diesem Buch relativ dünn bleiben, weil die Informationen bis auf wenige Ausnahmen aus dem Internet stammen. Internetquellen haben die unangenehme Angewohnheit, in vielen Fällen nach einiger Zeit nicht mehr zur Verfügung zu stehen, was für die Information, die den Quellen entnommen wurde, nicht gilt. Informationen vergisst das Internet zum Glück nicht; vielfach sind sie auch von vornherein multipel angelegt. Fehlende Quellenangaben haben daher nichts mit Unwissenschaftlichkeit zu tun, die mir manche Leser bereits für den ersten Band unterstellen wollten, sondern mehr damit, dass im Browser zu oft „HTTP-Error 404, Page not found" angezeigt wird. Wer weiter forschen will, muss daher die Suchmaschinen selbst mit den passenden Begriffen füttern.

Hinzu kommt natürlich, dass wir uns auf einem Gebiet bewegen, das ohnehin nicht sonderlich gut dokumentiert ist. Geheimdienste tragen nicht umsonst das Prädikat „geheim" in ihrem Namen. Quellen sind obendrein in den wenigsten Fällen technisch orientiert, so dass ich bei der technischen Bewertung auf mich selbst angewiesen bin, und für die eigenen Interpretationen gibt es eben keine direkten Quellen, sondern nur Begründungen, und die kann man verstehen und für korrekt befinden oder widerlegen.

Die eigenen Interpretationen dünner Quellen führen zu einem weiteren Problem. Man weiß zwar um die Existenz gewisser Daten, kennt diese aber naturgegeben nicht, weder in der Qualität noch in der Menge. Für gewisse Schlussfolgerungen ist man daher auf Spekulationen angewiesen, um das einmal so negativ wie möglich auszudrücken, wenn man auch die Spekulationen manchmal anhand anderer Fakten recht gut begründen kann. Mit Spekulationen gerät man allerdings schnell in den Verdacht, doch nur ein weiterer Verschwörungstheoretiker zu sein, und mit dem Begriff Verschwörungstheoretiker verbindet man schnell Leute, die an kleine grüne Männchen glauben, die irgendwo ihr Raumschiff versteckt haben und die USA vernichten wollen.

Der erste Band war sehr technisch orientiert, was aufgrund der Überprüfbarkeit den Verdacht der Verschwörungstheorie stark dämpft; in diesem Band werden wir aufgrund der stärkeren Berücksichtigung der Politik aber nicht umhin können, einige Entwicklungen aus einer anderen Sicht zu betrachten, als das die offizielle Darstellung in den Medien macht, und damit lege ich mich mit einer Institution an, die Ihnen rund um die Uhr ihre Version in die Sinne drückt.[4] Einer gegen viele, ist das nicht reine Verschwörungstheorie?

Lassen Sie uns die Fragestellung noch etwas präzisieren. Wenn man sich mit dem Thema auseinander setzt, sind zu beachten

- gesetzliche Vorschriften wie den Datenschutz oder die allgemeinen Bürgerrechte, die viele Operationen illegal machen;

- Versicherungen der Politik, dass bestimmte Operationen für die Sicherheit der Bürger notwendig sind, aber natürlich so ausgeführt werden, dass die Rechte der Bürger hierbei nicht verletzt werden;

---

4 Wir werden in Kapitel 4.3 unter dem Begriff „Propaganda" die Wirkungsmechanismen andauernder einseitiger Information noch genauer beleuchten.

- widersprüchliche Verhaltensweisen der Politik, die gefühlsmäßig nahelegen, dass es diese Leute verschiedentlich nicht so genau mit den rechtlichen Bestimmungen nehmen.

In „NSA, BND & Co" habe ich darauf hingewiesen, dass man zwischen Informationen, die in Gerichtsverfahren nutzbar sind, und solchen, für die das nicht zutrifft, unterscheiden muss. Geheimdienste operieren vorzugsweise im zweiten Bereich; dafür sind sie geschaffen worden. Im Zweifelsfall mag es darum gehen, wie ihre Ergebnisse legalisierbar sind, im Grundsatz sollte man jedoch davon ausgehen, dass sie einiges machen, was nicht legal ist, auch wenn von der Politik und den Medien immer wieder beteuert wird, die Dienste hielten sich an Gesetze und würden bestimmte Abhörmaßnahmen nicht durchführen bzw. sofort unterlassen, wenn eine Genehmigung ausläuft. Geheimdienste operieren, wie der Name schon sagt, im Geheimen und werden nicht oder allenfalls von Gremien kontrolliert, die für eine echte Kontrolle zu klein und ihrerseits ebenfalls zur Geheimhaltung verpflichtet sind.

Wenn man ihre Tätigkeit untersucht, kann man betrachten, was

- zulässig ist,

- möglich ist,

- mit einigen kleineren Erweiterungen möglich wäre.

Die Differenzierung zwischen den beiden letzten Punkten ist schon etwas schwierig, denn was wird bereits gemacht, und was könnte ohne großen Aufwand noch ergänzt werden? Sagen wird es uns niemand, da wir uns bereits in der Grauzone befinden.

Eine etwas abgewandelte Volksweisheit lautet: was möglich ist, wird auch gemacht, was nicht möglich scheint, wird trotzdem gemacht. Legen wir uns daher für die Diskussion der Machenschaften von Politik und Nachrichtendiensten in diesem Buch eindeutig fest:

Wir gehen immer davon aus, dass das, was möglich scheint, auch tatsächlich gemacht wird, auch wenn dies nach Beteuerungen der Politiker nicht erfolgt oder nach gesetzlicher Lage nicht zulässig ist.[5]

---

5   Noch bissiger und frei nach E.A.Murphy: „Was machbar ist, wird gemacht. Was nicht machbar ist, wird trotzdem gemacht."

Nehmen Sie dies bitte als meine zentrale Strategie beim Lesen der weiteren Buchkapitel. Zumindest bei der NSA und ihren engsten Verbündeten kann man wohl davon ausgehen, dass man sich damit nicht weit ab von der Realität bewegt; die deutschen Dienste mögen da teilweise noch in der Lernphase sein.

Damit betreiben wir natürlich Verschwörungstheorie, denn wir untersuchen Möglichkeiten, die es offiziell nicht gibt. Aber beachten Sie: diejenigen, die behaupten, dass alles eine Verschwörungstheorie ist, sind genau diejenigen, die wir hier im Visier haben und die sich immer wieder durch Widersprüche, Unlogik und Lügen auszeichnen, allerdings so geschickt oder so dreist, dass das kaum noch jemand mitbekommt oder mitbekommen will (siehe Fußnote auf Seite 8).[6] Und Sie müssen bei den Themen dieses Buches auch nicht glauben, dass ein unscharfes 50 Jahre altes Amateurfoto tatsächlich ein Raumschiff zeigt, sondern können die Gedanken durch eigene Recherchen nachvollziehen.

Darüber hinaus können und sollten Sie andere Quellen zu Rate ziehen. In den großen Massenmedien fristen die Themen trotz ihrer immer wieder beschworenen Bedeutung ein Nischendasein, aber neben Büchern wie diesem werden auch immer wieder Reportagen veröffentlicht, wenn auch oft in Randgruppensendern. So hat der deutschfranzösische Sender Arte eine Dokumentation unter dem Titel „Terrorgefahr! Überwachung total?" in Spielfilmlänge herausgebracht, die in Ihren Aussagen teilweise noch deutlich über das hinausgeht, was ich Ihnen hier präsentiere.[7]

---

6   Das gilt selbst für relativ kleine Dinge: so meldete der Tagesspiegel im April 2015, dass ein brandenburgischer Staatssekretär zurücktreten musste, weil unter seiner Führung die Kriminalstatistik des Landes massiv gefälscht wurde. Die Anzahl der Einbrüche wurde um bis zu 60% zu niedrig angegeben, um den Abbau der Polizeibeamten von 8.000 auf 7.000 begründen zu können. Wenn im Kleinen schon so gelogen wird, was gilt dann erst im Großen?

7   Der Film ist im typischen Dokumentationsstil, aber recht aufwändig erstellt und besitzt mehr Spannungsmomente als andere Dokumentationen, kommt aber im Gegensatz zu den fast allgegenwärtigen Dokumentationen über den Nationalsozialismus bislang nicht in die Massensender ARD oder ZDF, die Mitgesellschafter von Arte. Dessen Eigenverständnis als ausgesprochener Kultursender beschränkt wiederum den Kreis der Empfänger solcher Botschaften.

Wenn Sie dann zu anderen Schlüssen kommen sollten als ich und andere Leute, die namhafter als ich sind, bei Fehleinschätzung der Geheimdienstmachenschaften mehr zu verlieren haben und deshalb ebenfalls mehr Misstrauen an den Tag legen, und vieles doch nur für Verschwörungstheorie oder übertriebenes und ungerechtfertigtes Misstrauen halten, ist das in Ordnung. Immerhin haben Sie sich dann intensiv mit der Sache auseinander gesetzt, und das ist eigentlich das Hauptproblem heute: die meisten Menschen hängen unbeirrbar einer Ideologie an statt analytisch die Vorgänge zu bewerten. Doch genug der Vorbemerkungen.

1.2   Was ist seither passiert?

Nun, um beim letzten Thema „Verschwörungstheorie" noch einmal anzusetzen: zum Einen hat sich aufgrund der weiteren Veröffentlichungen von Details aus den Snowden-Papieren und weiteren Berichten mehr oder weniger alles als real existierend bestätigt, was ich in meinem ersten Buch aufgrund der Untersuchung der technischen Möglichkeiten oft nur vermuten konnte – und darüber hinaus sind noch weitere Möglichkeiten bekannt geworden, die ich gar nicht erwähnt habe. Letzteres war natürlich abzusehen: wenn eine große Organisation wie die NSA mit nahezu unbegrenzten Mitteln über Jahrzehnte über Angriffsmethoden nachdenkt und alles mögliche auch praktisch ausprobiert, wäre es schon ein Wunder, wenn sie nicht auf mehr Möglichkeiten gekommen wäre als ein Ingenieur, der mal ein paar Monate neben seinem normalen Job darüber nachdenkt.

Zum anderen – ich habe es schon erwähnt – hat sich trotz immer neuer Veröffentlichungen leider gar nichts geändert. Von den privaten Nutzern der IT-Technologie ereifern sich zwar einige in Blogs über die bösen Machenschaften der Geheimdienste, aber die große Masse scheint dem Ganzen weniger Interesse entgegen zu bringen als irgendwelchen Casting-Shows für „Wer fällt vom Baum?" und anderem Dummquark auf immer einfallsloseren Fernsehsendern. Und auch die, die sich ereifern, sind anscheinend weder bereit, sich tatsächlich einmal genauer mit der Technik zu beschäftigen oder auch nur ansatzweise ihren Eifer in ihr Verhalten einzubauen. Eher im Gegenteil: so verkündete der inzwischen zu Facebook gehörende Mitteilungsdienst WhatsApp vor einiger Zeit, mit seinen Wettbewerbern gleich zu ziehen und die Nachrichten der Nutzer einer end-2-end-Verschlüsselung zu unterwerfen. Was immer man auch von diesem Schritt erwarten kann,[8] die Kommentare auf diese Nachricht waren weniger ein Jubelgeschrei, dass überhaupt etwas unternommen würde, sondern eher vorauseilendes Gejammer, dass man möglicherweise 1-2 Tastenkombinationen zusätzlich bedienen müsse und ob das denn überhaupt noch zumutbar sei. Am allgemeinen Verhalten im Netz, in sozialen Netzwerken oder bei der Handy-Nutzung hat sich, so weit man das beurteilen kann, absolut nichts geändert, und im Emailbereich ist Verschlüsselung nach wie vor ein unbekannteres Fremdwort als Chalchiuhtecolotl, der atztekische Gott der Nachteulen, obwohl in verschiedenen Zeitschriften und Blogs eine Reihe von Anleitungen dazu erschienen sind.[9]

Ähnlich verpufft sind die Snowden-Veröffentlichungen im Bereich der Politik. Nach einiger Aufregung der Bundesregierung, die sich aber nur auf das Abhören der Regierung selbst und nicht etwa der Bevölkerung bezog (selbst die Bespitzelung der Parteispitzen, die in der Regel ebenfalls zu den Trägern sensibler Staatsgeheimnisse gehören, igno-

---

8   Handelt es sich um eine Verschlüsselung zwischen Server und Anwender oder direkt zwischen den Anwendern, und, wenn letzteres der Fall ist, hat der Provider doch noch eine Möglichkeit eingebaut, auch in die Nachrichten hineinschauen zu können?

9   Einige deutsche Provider wie telekom und Web.de machen bekanntlich Werbung mit der Sicherheit verschlüsselter Emails, was sich aber nur auf den Datenverkehr zwischen Nutzer und Server und zwischen den Servern dieser Provider bezieht, die bislang alles unverschlüsselt untereinander ausgetauscht haben (nach Berichten von unabhängigen Netzwerkadministratoren war Web.de für einige Zeit nicht erreichbar, weil die Umstellung auf die Verschlüsselung nicht ganz reibungsfrei verlief). Für die Provider ist weiterhin alles lesbar. Das gilt ebenfalls für Provider, die nicht in Deutschland operieren. Wenn an diese Mails gesandt werden, sind die Verbindungen möglicherweise nicht verschlüsselt, und die Nachrichtendienste können dann entweder direkt den Datenverkehr auf den Internetleitungen mitlesen oder sich bei Providern bedienen, auf die sie genügend Einfluss besitzen. Es ist positiv zu bewerten, dass zumindest die Basisverschlüsselung zwischen den Servern nun eingerichtet ist, aber sicher sind die Inhalte ohne direkte end-2-end-Verschlüsselung nach wie vor nicht. Wenn Konzerne, die technische Abteilungen haben, die es besser wissen müssten, ganz offen mit derartigem Dummschwatz auftreten und damit durchkommen, muss man über die technische Qualifikation der Nutzer wohl kein weiteres Wort verlieren.

rierte man fein säuberlich), legte sich die Hektik schnell wieder, vermutlich, so manche Kommentatoren, weil Präsident Obama Frau Merkel versprochen hat, so etwas nie wieder zu tun, nachdem er ihrem elektronischen Tagebuch auf ihrem Smartphone entnehmen konnte, wie sehr sie das wirklich getroffen hat.

Nach neueren etwas abwiegelnden Berichten in den Tageszeitungen betrafen die Spähaktionen angeblich auch nur das private Kanzlerhandy, wobei ich aber im Buch NSA, BND & Co schon ausführlich darüber berichtet habe (und Snowden über seine journalistischen Mittelsleute ebenfalls), dass einige Wahrscheinlichkeit dafür besteht, dass das Ausspionieren wesentlich weiter gegangen ist, und andere Details – Abhören von Gesprächen mit anderen Regierungen – die neuen Einschränkungen mehr oder weniger als Desinformationskampagne outen.[10] Aber auch das Abhören des privaten Handys ist schon peinlich genug, zumal darüber vermutlich auch Angelegenheiten besprochen wurden, die nichts mit einer Pizzabestellung zu tun hatten, und was die Handys anderer Regierungsmitglieder, Abgeordneter und Parteileute angeht, so liegt darüber ein dichtes Tuch des Schweigens.

BELGACOM UND DER GCHQ

Was wirklich läuft, und zwar weitgehend von der Öffentlichkeit unbemerkt[11], zeigt der Fall des vom britischen GCHQ gehackten belgischen Telefonproviders Belgacom. Nach dem Bericht hat dieser Angriff schon 2010, also deutlich vor dem Eklat des Merkel-Abhörens begonnen, und ist daher keine neue Entwicklung, sondern gehört mit in das Paket der Snowden-Enthüllungen. Nach wie vor tut man sich bei Belgacom aber anscheinend relativ schwer, die Sache zu bereinigen. Der interviewte Belgacom-Vertreter war sich nicht sicher, dass seine Techniker das Loch – das GCHQ hatte sich in die Router gehackt und konnte so den gesamten Telefonverkehr mithören – tatsächlich gestopft haben.

---

10 Nach einem Pressebericht hat britische SIS eine größere Abteilung zur Desinformation gebildet. Allerdings handelt es sich bei der Information um eine Desinformation, denn die Abteilung existierte schon zu Beginn des 2. Weltkrieges.

11 Über den Fall wurde in einer Reportage auf einem TV-Nachrichtensender etwas ausführlicher berichtet, aber erst Ende 2014. Bei der Suche in den großen Tagesmedien findet man nur einige kleinere Meldungen im Spiegel oder der Zeit vom Oktober 2013; andere Medien schweigen sich weitgehend aus und überlassen das Feld den Bloggern.

Pikant ist die Angelegenheit vor allen Dingen, weil dem GCHQ damit der fast vollständige Zugriff auf die Kommunikation der EU-Kommission und des EU-Parlaments möglich war, und das ist wohl auch der Grund für diesen Angriff und nicht die Überwachung der gesamten privaten und geschäftlichen Telekommunikation des kleinen Belgiens, die dem GCHQ natürlich damit auch offen steht. Die Richtung der Diskussionen in den EU-Gremien, die in demokratischen – auf die EU bezogen wohl besser pseudodemokratischen – Systemen ja immer sehr viel Raum und Zeit einnehmen, bis man zu irgendeiner Art von (faulem) Kompromiss gelangt, war so der britischen Regierung frühzeitig bekannt. Sie konnte daher bereits im Vorfeld Einfluss auf die Entscheidungsrichtung nehmen, entweder durch die eigenen Vertreter in der EU oder durch öffentliche politische Stellungnahmen der britischen Regierung zu Themen, die in Brüssel noch geheim verhandelt wurden.

Wirklich pikant wird die Angelegenheit, wenn man berücksichtigt, dass der Angriff nicht etwa von einem offiziellen Schurkenstaat ausging, sondern ausgerechnet vom EU-Mitglied Großbritannien, also eine Insideraktion ist. Andererseits operiert Großbritannien schon seit Jahren hinsichtlich Währung, Nahrungsmittelproduktion und Wirtschaft ziemlich offen neben der EU und kümmert sich mehr um den eigenen Vorteil als um die Gemeinschaft. Hinzu kommen bis in die Regierungspartei reichende Strömungen innerhalb Großbritanniens, aus der EU auszutreten, und das scheinen nicht nur einzelne Stimmen zu sein.[12] Frühzeitige Kenntnis interner EU-Vorgänge kann für Erpressung der anderen Staaten oder Finden des richtigen Absprungpunktes wesentlich sein.

Die Reaktion, wenn man sie überhaupt als solche bezeichnen kann, auf einen direkt von der britischen Regierung angeordneten Angriff auf die Gemeinschaft ist wie schon im Fall der NSA-Spionage mehr als dürftig. Außer ein paar Hinterbänklern des EU-Parlaments verhalten sich die EU-Funktionäre so, wie sie nach außen vielfach wirken: sprechende Anzüge ohne viel mehr Kompetenz, als man solchen Textilien zumuten darf. Keine Bezeichnung Großbritanniens als das, womit es sich hier outet, nämlich als Schurkenstaat, noch nicht einmal

---

12 Der Spiegel berichtet über EU-Austrittsstudien, die von britischen Politikern veranlasst wurden und die einen Austritt befürworten; Welt und Spiegel berichten wiederum über die „Empörung" auf britischer Seite über Warnungen der deutschen Kanzlerin, laufend die Austrittskarte zu spielen.

ein laues Rügenlüftchen, zumindest nicht in der Öffentlichkeit. Genauso schweigt die politische Landschaft in der BRD, und auch die Medien, sonst wochenlang mit Spekulationen und Sondersendungen beschäftigt, ob Merkels Goldhamster Schnupfen oder nur etwas Falsches gefressen hat, spielen den Vorgang nicht hoch, sondern erwähnen ihn irgendwo am Rande, um sich anschließend wieder dem Goldhamster zu widmen. Doch über diese Art der (nicht vorhandenen) öffentlichen Reaktion im nächsten Kapitel mehr.

Angriff und Abwehr

Die Snowden-Papiere betreffen nur die NSA und die anderen Mitglieder der Five Eyes, d.h. Großbritannien, Kanada, Australien und Neuseeland. Gar nichts hört man von anderen Playern, wobei man sicher nicht falsch liegt, mindestens in China, Russland, Israel, Japan und Taiwan weitere Global Player zu sehen, die in Kenntnissen und Fähigkeiten den ersteren kaum nachstehen. Das mag zum Teil daran liegen, dass die Möglichkeiten der Five Eyes, wirklich global und umfassend alles zu erfassen, besser sind als die der anderen, da die Internet-Infrastruktur der globalen Kommunikation aus historischen Gründen hauptsächlich über deren Territorien verläuft.[13]

Den Kreis der Spieler darf man aber sicher noch sehr viel weiter ziehen, da die globale Vernetzung auch Staaten ein Mitmachen ermöglicht, die sonst wohl kaum in der finanziellen und personellen Lage sind, größere und effektive Agentennetze aufzuziehen. Deren Aktivität geht natürlich nicht in Richtung globales Datensammeln, aber punktuelles Eindringen und/oder Schaden anrichten ist durchaus im Bereich der Möglichkeiten. So zitieren einige Reportagen in TV-Nachrichtensendern Insider aus dem Spionagegeschäft, die selbst „Entwicklungsländer" wie Tunesien, die wie andere nordafrikanische Staaten mit einem Bein im Bürgerkrieg stecken, zu den Cyber-War-Aktivisten zählen. Die Berichte in den großen Medien sind allerdings

---

13 Hier kann man auch die BRD hinzuzählen, die schon immer wesentlicher Standort der NSA-Spähtechnik war. Sowohl verlassene Stützpunkte als auch neue imposante Gebäude wie im US-Stützpunkt Wiesbaden zeugen aber nicht nur davon, sondern auch von der Tatsache, dass die BRD kein Mitspieler in dem Kreis ist, sondern anscheinend nach wie vor als besetztes Territorium behandelt wird, in dem man beliebig Schalten und Walten kann. Zusätzlich spielt der BND noch eine unrühmliche Rolle, auf die wir in einem anderen Kapitel noch einmal zurück kommen.

wieder ziemlich rar und beschränken sich auf einzelne Meldungen über die Gefährdung deutscher Unternehmen. Schweigen, um die Sache nicht noch peinlicher zu gestalten?

Offiziell für die Abwehr von IT-Angriffen verantwortlich ist das Bundesamt für Sicherheit in der Informationstechnik, kurz BSI, mit 600-800 Bediensteten und Zuständigkeit für den gesamten öffentlichen Dienst sowie auch für allgemeine Beratung der Industrie. Im Vergleich mit entsprechenden Diensten anderer Länder sicherlich ein recht schwachbrüstiger Dienst, der nach Kritik des Bundesrechnungshofes noch nicht einmal in geeigneter Struktur zum Angehen dieser Aufgaben aufgestellt ist und der nach eigenen Statements in Interviews und Berichten wohl auch zu kaum mehr in der Lage ist als der Entwicklung hinterher zu laufen, nicht aber eine führende Rolle zu übernehmen, wie es sich für einen Top-Industriestaat wie die BRD eigentlich gehört. In Medien wird von 5-10 Jahren gemunkelt, die man hier die technische Entwicklung verschlafen hat, und die im Band „NSA, BND & Co" genauer diskutierten Peinlichkeiten um die Überwachung des Kanzler-Handys, des Personalausweises[14] und des Zertifikatwesens für elektronische Signaturen deuten Ähnliches an.

Mehr Anstrengungen scheint es im Bereich „eigene Angriffsfähigkeit" zu geben. Über den Ausbau des BND haben wir bereits in „NSA, BND & Co" berichtet, und seither wird in Kreisen der Politik mehr oder weniger offen über die weitere Aufrüstung auch im Bereich der Inlandsspionage nachgedacht, für die der BND eigentlich gar nicht zuständig ist.[15] Aufhänger sind die zunehmenden terroristischen Akti-

---

14 Bei Pässen konnte man aufgrund der verbindlichen US-Vorgaben sicher kaum anders, als die berührungslosen RFID-Techniken einzusetzen, aber beim Personalausweis wäre im Bürgerinteresse sicher auch eine Lösung mit der bewährten Chip-Technologie der Bankkarten denkbar gewesen. Natürlich ist auch wieder die EU beteiligt, die 2014 ebenfalls die Weichen in Richtung der RFID-Technologie gestellt hat.

15 Ein kleiner Rückschlag sind verschiedene Vorkommnisse um die Jahreswende 2014/2015, aus denen hervorgeht, dass der BND offenbar nicht in der Lage ist, hinreichend auf seine eigene Baustelle in Berlin aufzupassen. So berichten die Zeit und andere Medien von Diebstählen bereits installierter Sanitärarmaturen mit nachfolgenden Schäden durch Wasseraustritt. Der Zutritt zu Hochsicherheitsbereichen scheint ebenfalls möglich gewesen zu sein, weil der engagierte private (!) Wachdienst nicht aufgepasst hatte. Neben der BND-eigenen Technik wäre dadurch auch ein größerer Wanzenbefall des Sicherheitsbereichs durch „befreun-

vitäten auf dem Boden der EU-Staaten, wobei man teils von Erfolgsmeldungen über die rechtzeitige Aushebung von Terrorzellen, teils aber auch durch „erfolgreiche" Attentate wie unlängst in Paris und Kopenhagen überrascht wird.

Man muss zugestehen, dass eine rechtzeitige Erkennung um so einfacher ist, je dichter das Beobachtungsnetz ist, auch wenn manche angesichts „erfolgreicher" Attentate etwas anderes behaupten (wir werden das in anderen Kapiteln des Buches noch genauer untersuchen). Andererseits kann man mit den umfangreichen Beobachtungen auch noch ganz andere Ziele verfolgen, was zu einem hohen bis sehr hohen Preis für den Bürger in Sachen Freiheit und Selbstbestimmung für diese vermeintliche Sicherheit führt, und wenn man sieht, dass die Politik alles andere als pragmatisch mit dem Thema Terrorismus umgeht und aus verschiedenen Gründen Maßnahmen auf anderen Gebieten verweigert – islamische Hassprediger und Bauernfänger werden eher gefördert als behindert und man „freut" sich auch über die „kulturelle Bereicherung" durch recht ungeeigneter Kandidaten – kann man auch folgern, dass die Terrorismusbekämpfung auch ein Vehikel für die Durchsetzung ganz anderer Ziele ist. Laut Snowden geht es der NSA und dem GCHQ darum, die gesamte Kommunikation weltweit zu überwachen, um im zweiten Schritt die Gesellschaften steuern zu können, und dass es sich hierbei nicht um Hirngespinste handelt, kann man an den bekannt gewordenen Aktivitäten seit der Snowden-Affaire, die eher zunehmende als abnehmende Tendenz haben, sehen.

1.3   Die unrühmliche Rolle der Wirtschaft

Auch nicht sehr viel getan hat sich auf dem Gebiet der Wirtschaft. Nach wie vor sind nur wenige Webseiten komplett mit SSL/TLS verschlüsselt, obwohl beispielsweise Google und Facebook durch konsequente Verschlüsselung beweisen, dass ressourcenmäßig eigentlich kein Grund besteht, auf eine Verschlüsselung zu verzichten. Auf vielen Webseiten, beispielsweise auch bei amazon, werden nur Kennworte und Warenkorbabwicklungen verschlüsselt, und Netzbeobachter wie die NSA erhalten dadurch weiterhin Informationen, deren Bekanntwerden man verhindern könnte: bei einer verschlüsselten Web-

---

dete" Dienste nicht ausschließbar.

seite beschränkt sich die Information auf die Quell-IP und die aufge-
rufene Webseite,[16] unverschlüsselt wird auch bekannt, was sich der
Client auf dem Server anschaut, was er in seinen Warenkorb packt
und in den meisten Fällen über permanent-Logins auch die Identität
des Client-Bedieners. Wer mitlesen kann, für den sind die Gewohnheiten und Bedürfnisse des Internetkunden nach wie vor ein offenes
Buch.

Eine Ausrede für die fehlende durchgängige Verschlüsselung von
Webseiten mag man in der Praxis des Emailverkehrs suchen, die ebenfalls weiterhin übel aussieht. Der ist nach wie vor unverschlüsselt und
unsigniert, und warum soll man den Warenkorb schützen, wenn der
Inhalt ohnehin gleich darauf im Klartext per Email versandt wird?
Wie wir in „NSA, BND &Co" bereits angesprochen haben, hätte die
Industrie hier die Möglichkeit, sich und ihre Kunden besser zu schützen, insbesondere da dies technisch nicht sonderlich kompliziert oder
kostspielig wäre.[17] Emailagenten auf Rechnern könnten mindestens
mit X.509-Zertifikaten umgehen, einige darüber hinaus auch mit
PGP-Zertifikaten. Beide ermöglichen sowohl eine Verschlüsselung als
auch eine Signatur. Die weitgehende Ausstattung der Bevölkerung mit
X.509-Zertifikaten hat die Regierung zwar gleich in mehrfacher Hinsicht mit der Einführung der Personalausweise versaut,[18] man kann jedoch auch von anderer Seite Zertifikate bekommen, und es bestünde
sogar die Möglichkeit, dass die Unternehmen ihren Kunden Zertifikate anbieten. Es wäre ja kein Zwang hinter einem solchen Angebot,
sondern eine Dienstleistungsoption, die in den Augen mancher Kunden auch durchaus eine Werbewirksamkeit entfalten dürfte.

Zu bemerken ist leider fast nichts:

---

16 Wie wir in weiteren Kapiteln noch diskutieren werden, lassen sich schon
    aus den Verbindungsdaten wesentliche Informationen entnehmen. Ste-
    hen darüber hinaus die Konsumdaten ebenfalls zur Verfügung, sind na-
    türlich noch wesentlich feinere statistische Auswertungen möglich.

17 Entsprechende Softwareelemente zu programmieren und die Server dar-
    auf einzustellen war zumindest in meinen Lehrveranstaltungen häufiger
    eine normale Praktikumsaufgabe.

18 Die Ausweise sind nicht mit den gleichen Lesegeräten lesbar wie Kredit-
    karten, die Zertifikate kosten wiederkehrend Geld, und die Auslieferung
    ist wenig Vertrauen erweckend.

- DHL signiert Emails mit X.509-Zertifikaten, die zwar nicht überall durch Rootzertifikate abgedeckt sind, aber daran kann man sich gewöhnen, und

- beim ADAC scheint man technische Vorkehrungen für zertifikatverschlüsselte Kommunikation zu treffen, d.h. verschlüsselt wird zwar noch nichts, aber der Server fordert vom Nutzer rechtzeitig ein Folgezertifikat an, sobald das alte abläuft.

Aber das war es auch schon, zumindest soweit mir etwas ins Auge gefallen ist. Ansonsten erhält man weiterhin die Bestätigungen eines über eine 256-Bit-verschlüsselte Webseite abgewickelten Vorgangs, die auch noch in Fettschrift auf ihre Sicherheitsvorkehrungen hinweist, per unverschlüsselter Email. Kritische Daten fehlen zwar meist, aber der Rest ist für die NSA auch so aufschlussreich genug.

In „NSA, BND & Co" berichtete ich auch über Sicherheitsprobleme, die die zunehmende Abwicklung der Korrespondenz über das Internet mit sich bringt. Leider hat sich hier mein Kenntnisstand nur unwesentlich weiter entwickelt, aber ein Sicherheitsbewusstsein scheint vielfach erst dann einzutreten, wenn man vor einem (mitunter beträchtlichen) Schaden steht. Höhere IT-Sicherheit verursacht

- ✗ Kosten, womit man bei der Geschäftsleitung aneckt, sowie

- ✗ Aufwand für die Beschäftigten, womit man bei diesen aneckt.

So lange die IT-Abteilung nicht in der Lage ist, angemessene Sicherheitsmaßnahmen an Leute zu verkaufen, die nichts davon verstehen (und teilweise auch nicht wollen), oder die IT-Mitarbeiter vielleicht infolge starker Auslastung gar nicht erst dazu kommen, über sinnvolle Sicherheitsmaßnahmen nachzudenken, passiert nichts. „Es ist die letzten Jahre nichts passiert, wieso sollte sich daran etwas ändern?", so die Einstellung in vielen und nicht nur kleinen Unternehmen. Die Profiteure sind Kriminelle, die die Unternehmen direkt schädigen, oder die NSA, deren Aktivitäten in Sachen Wirtschaftsspionage nicht erst seit Snowden bekannt sind.

Software-Entwickler

Um nicht nur Negatives, sondern auch einmal Positives zu berichten: möglicherweise tut sich in Bezug auf die Emailverschlüsselung zukünftig etwas aus einer anderen Richtung. Die Programmierer einiger Email-Clients wie Thunderbird denken über eine Art eingebaute Zwangsverschlüsselung nach, d.h. die Mailagenten generieren sich bei der Installation Zertifikate, die nach erstem Austausch mit anderen Nutzern weitere Mails automatisch verschlüsseln und signieren. Allerdings stößt man hier auf einen ganzen Haufen von Problemen:

- ✔ Machen auch kommerzielle Softwarehersteller wie MicroSoft oder Apple dabei mit? Deren Tendenz zum Kochen von Suppen nach eigenen Rezepten ist ja bekannt.

- ✔ Wie passen Webmailer in dieses Geschehen? Diese müssen auch über Zertifikate verfügen, wenn sie an der Verschlüsselung teilnehmen wollen. Wo lagert man diese, oder genauer gefragt, wer ist im Besitz der geheimen Schlüssel?[19]

- ✔ Wie passen Anwender mit verschiedenen Geräten wie PC, SmartPhone und Tablet in die Szene? Wer bekommt welches Zertifikat?

Letzten Endes wird ein gewisses Maß an Kooperation durch die Anwender notwendig sein, und in Kenntnis der fehlenden Bereitschaft, einen zusätzlichen Mausklick zu akzeptieren, wird es im günstigsten Fall wohl noch eine Weile dauern, bis wirklich mehr Sicherheit existiert.

1.4 Trauriges erstes Fazit

Wie diese Übersicht zeigt, wird insgesamt das Thema NSA-Aktivitäten in Europa und speziell in Deutschland von allen Betroffenen deutlich weniger ernst genommen, als es das eigentlich verdient hätte. Datenschützer und Bedenkenträger melden sich eher zu Google, Facebook und anderen Wirtschaftsunternehmen zu Wort, die als die ganz großen Bösewichte dargestellt werden. Und das, obwohl über Snow-

---

19 Zertifikate arbeiten mit einem öffentlichen Schlüssel für die Verschlüsselung und das Öffnen einer Signatur sowie mit einem Geheimschlüssel zum Entschlüsseln bzw. Erstellen einer Signatur. Bei einem Webmailer läuft alles auf dem Server ab, mit dem der Nutzer nur durch seinen Browser verbunden ist. Soll nun die Entschlüsselung durch den Server erfolgen – dann muss dieser zumindest zeitweise über den Geheimschlüssel verfügen – oder soll der Geheimschlüssel aus Sicherheitsgründen immer auf dem Rechner des Nutzers bleiben? Dann müsste man aber andere Mechanismen der Schlüsselverwaltung entwickeln.

den nach wie vor neue Details bekannt und bei näherer Überprüfung auch bestätigt werden. Gleichwohl herrscht wohl die Mentalität vor,

- dass man nicht zu denen gehört, die im Schadensfall betroffen sind,
- man in Summe ohnehin wohl nichts machen könne,
- Einzelprobleme (bislang) meist ohne größeren Schaden behoben werden können,
- trotz aller Szenarien eigentlich noch nichts wirklich Schlimmes passiert ist

und man daher erst einmal abwarten kann, ob tatsächlich ein Kind in den Brunnen fällt, bevor man mit viel Aufwand eine Umrandung baut.

IT-Sicherheit ist leider nach wie vor ein Thema, das außer ein paar Spezialisten keiner versteht, bei dem sich auch niemand der Mühe unterziehen will, es verstehen zu lernen, und das erst einmal Aufwand verursacht, der sich nicht unmittelbar in gleicher Größenordnung in Verkaufsargumente und Umsatz ummünzen lässt. Selbst bei IT-Spezialisten, die man zu Wort kommen lässt bzw. zitiert, stellt sich manchmal die Frage, ob sie es aufgegeben haben, verständnislosen Banausen etwas erklären zu wollen, was jenseits von deren geistiger Erdkrümmung liegt und sie deshalb auf simple Gute-Nacht-Geschichten zurückgegriffen haben oder einfach nur die Chance wahrgenommen haben, auch mal ins Fernsehen zu kommen, ohne wesentlich zum Thema beitragen zu können. So oder so, der lässige Umgang kann sich als folgenschwerer Irrtum für die gesamte Gesellschaft erweisen und in eine vielleicht nicht mehr umkehrbare weniger rosige Richtung führen.

2 Problematische Entwicklungen

Das erste Kapitel war mehr oder weniger ein Blick auf die Untätigkeit der Gesellschaft und der Wirtschaft, was als Konsequenz lediglich zur Folge hat, dass Geheimes eben nicht geheim ist. Man kann das auf die Phrase deutscher Innenminister „wer nichts zu verbergen hat, hat auch nichts zu befürchten" reduzieren, die Spione halt spionieren lassen und sich sonst nicht weiter darum kümmern. Grundsätzlich ist natürlich schon das Argument „wer nichts zu verbergen hat" eine Zumutung. Das Meiste, was ein Mensch im Laufe eines Tages macht, ist nicht von der Art, dass man es verbergen müsste. Der Nachbar macht es, der Kommentator im Radio macht es, man selbst macht es[1] – und trotzdem möchte man bei vielen Dingen keine Öffentlichkeit, weil es schon jenseits der Privatsphäre in die Intimsphäre hineinreicht. Man könnte sich bei den Spionageaktivitäten natürlich damit beruhigen, dass solche Daten mehr oder weniger nur unwichtiges Nebenprodukt bei der Verfolgung ganz anderer Ziele sind und nur in irgendwelchen Datenbanken stehen und lebenden Menschen, die man kennt, gar nicht zu Gesicht kommen, aber damit unterschätzt man das Risiko, und zwar sowohl das technische als auch das politische!

Selbst wenn man nichts zu verbergen hat (oder das aus heutiger Sicht zumindest denkt), kann man von den Folgen unangenehmer überrollt werden, als man glaubt. Einige der politischen Entwicklungen, die man nicht ignorieren sollte, kommen in diesem Kapitel zur Sprache. Wir beginnen jedoch mit schon an Fahrlässigkeit grenzender Sorglosigkeit der Wirtschaft in Sachen IT-Sicherheit und den zunehmend alle Menschen betreffenden kriminellen Machenschaften der Nachrichtendienste.

Sofern Ihnen die eine oder andere meiner Schlussfolgerungen oder Kommentierungen in diesem Kapitel überzogen vorkommen sollte, denken Sie bitte an unsere Strategievereinbarung im ersten Kapitel: nicht was zugegeben wird, ist unsere Richtschnur, sondern was mach-

---

[1] Wenn der Nachbar seine Frau küsst und man macht das selbst auch (die Nachbarin küssen), gelangt man allmählich in den Bereich, wo man zusammen mit der Nachbarin etwas zu verbergen hat.

bar ist, weil es, wie die Erfahrung zeigt, in der Regel auch gemacht wird.

2.1 High Tech und Steinzeitsicherheit

Die Technik weist nicht selten eine hohe Empfindlichkeit gegen Störungen in der IT-Kommunikation auf, ohne dass bereits eine absichtliche Einwirkung vorliegt. Wie gefährlich der Tanz am Rande des Vulkans ist, sollen die folgenden Beispiele verdeutlichen.

ELEKTRISCHER BLACKOUT

Im Mai 2013 stand Österreich am Rande eines elektrischen Blackouts, wie der österreichische Rundfunk vermeldete und nachfolgend in einer Magazinsendungen von 3sat verdichtet wurde. Weil nacheinander die Messeinrichtungen für die Laststeuerung ausfielen, drohten alle Verteiler und Kraftwerke abzuschalten. Die Ingenieure konnten zunächst keine Ursache für das Systemverhalten finden und standen vor einem Rätsel. Die Situation war besonders kritisch, weil eine Komplettabschaltung des Netzes drohte und das Wiederanfahren längere Zeit in Anspruch genommen hätte, allerdings erst nach Ermittlung und Behebung des unbekannten Fehlers.

Gerettet wurde die Situation zunächst durch Umschaltung auf Handbetrieb. Zum Glück standen noch genügend Ingenieure zur Verfügung, die mit der Handsteuerung des Netzes vertraut waren und schnell genug die Schaltzentralen erreichen konnten; in einigen Jahren, wenn keiner der „alten Hasen" mehr im Dienst ist, die den Handbetrieb noch kennen, könnte die Situation möglicherweise außer Kontrolle geraten. So ging der Kelch eines Totalausfalls am Land vorüber, weil es gelang, die Handsteuerung lange genug durchzuhalten, bis die Automatik wieder in Betrieb genommen werden konnte.[2]

---

2   In einigen Jahren könnte in solchen Fällen dem betroffenen Land die Sache auch noch aus einem ganz anderen Grund um die Ohren fliegen. Nachdem die deutsche Regierung durch die überhastete Abschaltung der Kernkraftwerke und den unkoordinierten Ausbau von Wind- und Sonnenstrom ohnehin schon dafür gesorgt hat, dass die Stromnetze nach Angaben von E.ON fast permanent im roten Bereich fahren, trägt sie sich nun auch noch mit dem Gedanken der ebenso unkoordinierten Abschaltung der Braunkohlekraftwerke. Ohne Automatik läuft dann vermutlich gar nichts mehr. Die Abschaltung der AKWs ist ohnehin eine

Die Ursache für die Ausfälle konnte glücklicherweise schnell gefunden und dann auch beseitigt werden: wie sich herausstellte, waren die Auslöser Schaltbefehle aus dem Netz eines deutschen Gasversorgers, die sich in das österreichische Stromnetz (oder besser Kommunikationsnetz für die Stromnetzsteuerung) verirrt hatten. Dieser hatte zum Test eines neuen Segmentes seines Gasnetzes den Standardbefehl „An alle: Zählerstand übermitteln" an einige Dutzend seiner Geräte übermittelt. Über einen Router verirrte sich dieser Befehl fälschlicherweise auch ins europäische Stromnetz, wurde dort von den Leitsystemen akzeptiert und multipliziert und verteilte sich im ungleich größeren Netz der Stromkomponenten verteilte. Die Folge war eine Datenflut, die die Messeinrichtungen nicht mehr zu Wort kommen ließen, und deren Standardreaktion auf die Störung war, sich abzuschalten, was in anderen Bereichen wiederum zu Überlastungen und weiteren drohenden Abschaltungen führte. Das Problem war mithin eine Kombination simpler Pannen:

1. ein falsch adressiertes Datagramm,

2. die Vernetzung von Bereichen, die nichts miteinander zu tun haben,

3. fehlende Sicherheitsmaßnahmen, falls sich falsche Nachrichten ins Steuerungsnetz verirren (z.B. bestimmte Signaturen von Schaltbefehlen), und

4. unzureichende Strategien bei hohen Netzwerklasten.

Wenn schon eine zufällige Panne solche Auswirkungen haben kann, was passiert dann wohl im Falle eines absichtlichen Angriffs? Wir haben im ersten Band schon solche Szenarien erwähnt, die ohne weiteres dazu ausreichen, ein Industrieland wie die BRD in die Steinzeit zu befördern.[3]

Mogelpackung: ein Abtransport und eine Stilllegung kann aufgrund der Verträge mit den Entsorgern erst zum vorgesehenen Auslauftermin, meist 2030, erfolgen. Bis dahin laufen die Kraftwerke, mit Brennstoff für Vollbetrieb bis 2030 bestückt, im Leerlauf dahin, müssen den Strom für die Kühlung aber jetzt dem Netz entnehmen. Die Kosten laufen munter weiter, alle Leute sind weiter beschäftigt, kein Gramm Kernbrennstoff ist entsorgt, usw. (Quelle: AKW Unterweser).

3   Beispielsweise das absichtliche Überlasten und Durchbrennen von Großtransformatoren, von denen nur relativ wenige pro Jahr produziert werden. Dass es möglich ist, Hardware absichtlich durch Softwaremaßnahmen zu zerstören, wird im nächsten Kapitel diskutiert.

Sicherheitstechnisch ebenfalls nicht besonders vertrauenerweckend sind die Automobilhersteller bei der Absicherung der Fahrzeug-Elektronik. In einem Fahrzeug sind viele kleine Steuerungssysteme mit der Zentralsteuerung über interne Bussysteme verbunden, Radio und Handy eingeschlossen. Abgesichert ist fast nichts, was diesmal nicht die NSA erfreut, sondern die Mafia.

Wie der ADAC in einem einfachen Test feststellte (Heft 2/2015), konnten Fahrzeuge von BMW mit Hilfe eines präparierten Handys geöffnet werden, nachdem dieses den Code der Fernsteuerung mitgehört hatte. Die Kommunikation zwischen der Fernsteuerung und dem Zentralcomputer des Fahrzeugs benutzte das unverschlüsselte HTTP-Protokoll, und das Handy brauchte diese Protokollsequenz mit den erlauschten Daten nur zu wiederholen. Wie das Handy zu präparieren war, wurde im ADAC-Heft natürlich nicht beschrieben, aber professionelle Autodiebe dürften die Möglichkeit ebenfalls kennen.

Die BMW-Ingenieure waren nach dem Bericht des ADAC erstaunt, wie schnell man in ihre Fahrzeuge einbrechen konnte; an eine Diebstahlsicherung durch Verschlüsselung der Verbindung hatte dort wohl niemand gedacht, obwohl das Thema durchaus nicht neu ist und auch die Vorgängersysteme schon unangenehm aufgefallen waren.[4] Inzwischen ist das Problem nach Mitteilung von BMW behoben, indem – Achtung! Aufpassen! – ohne Information der betroffenen Kunden, dass eine solche Lücke besteht und sie bitte in die nächste Werkstatt fahren sollen, heimlich beim nächsten automatischen Software-Update über das Internet das HTTP-Protokoll gegen die verschlüsselte Version HTTPS ausgetauscht wurde. Die Randbedingungen – keine In-

---

4   Vor diesen mit Internetprotokollen ausgestatteten Lösungen wurden einfache Challenge-Response-Codes zwischen dem Fahrzeug und der Elektronik am Zündschlüssel verwendet. Dabei handelte es sich zwar um eine Art Verschlüsselung, jedoch hatten die Ingenieure mehr Wert auf bequemen Service gelegt statt auf profunde Sicherheitstechnik. Der Glaube der Ingenieure, damit etwas Sicheres produziert zu haben, wurde durch Autodiebe ziemlich schnell erschüttert – nicht nur auf der Straße, sondern auch in Reportagen in den großen Fernsehsendern, in denen Spezialisten praktisch demonstrierten, dass die „hohen Standards genügenden Sicherheitseinrichtungen unerklärlicherweise in weniger als 30 Sekunden geknackt werden können". Forscherteams unter anderem an der Universität Dortmund haben anschließend das „unerklärlicherweise" in ein „erklärlicherweise" überführt.

formation der Kunden über die Sicherheitslücke, klammheimlicher Austausch eines Sicherheitsprotokolls über das Internet, kein offenes Audit der neuen Sicherheitsprotokolle – lassen aber befürchten, dass die BMW-Ingenieure weiterhin sehr lax mit der Materie umgehen und möglicherweise bei der Absicherung weitere Böcke geschossen haben, die dem nächsten ernsthaften Hacker in die Hände spielen.

Kommen wir zu Stufe 2: ist das Fahrzeug erst einmal offen, ist auch der Diagnoseanschluss des Zentralcomputers zugänglich. Zwar sind viele Anlassersysteme inzwischen mit RFID ausgestattet, so dass einfaches Kurzschließen der Zündung nicht mehr funktioniert, allerdings ist der Zugang zum Zentralrechner über den Diagnoseanschluss anscheinend bei vielen Typen so schlecht gesichert, dass der Fahrzeugcomputer überredet werden kann, das Fahrzeug zu starten. In diesem Fall ist nicht nur der Fahrzeuginhalt weg, sondern der praktische rollende Einkaufswagen ebenfalls.

Für Fahrzeugdiebe ist die Zeit wesentlich, die sie zum Aufbrechen des Wagens und Zünden des Motors benötigen. Dauert das länger als 1 Minute, brechen sie oft ab und suchen ein anderes Fahrzeug. Tests zeigen allerdings immer wieder, dass die heutigen elektronischen Sicherungen in vielen Fällen nicht mehr Zeit in Anspruch nehmen als die alten mechanischen. Die Ankündigung einiger Hersteller, die Diagnoseanschlüsse mechanisch besser zu schützen, ist wohl kaum der richtige Weg und dürfte die Knacker wohl auch nicht mehr als einige Sekunden mehr beschäftigen.[5]

Es kommt aber noch dicker: wie 2011 im Spiegel (und später noch in weiteren Medien) berichtet wurde, ist es einer Arbeitsgruppe von IT-Spezialisten in den USA gelungen, den Zentralcomputer eines Fahrzeugs über den Handyanschluss am Radio zu manipulieren. Da alles vernetzt ist, besteht auch hierüber ein Zugang zur Zentralsteuerung. In dem Versuch wurde dem Zentralcomputer eines an einem speziel-

---

5   Manche Autovermietungen bzw. Sicherheitsdienstleister gehen einen anderen Weg und arbeiten mit Funksicherungen und GPS, d.h. ein Zentralrechner weiß, wo sich ein Fahrzeug gerade befindet (oder befinden sollte im Falle eines Funklochs). So wurde einem Mieter beim Überfahren der italienischen Grenze kurzerhand vom Zentralrechner der Vermietung der Motor ausgeschaltet, weil die Fahrt nach Italien nicht angemeldet war und die Software von einem Diebstahl ausging. Solche Fahrzeuge sind dann nicht mehr so eine einfache Beute für Autodiebe, da aber immer häufiger bestimmte Typen im Auftrag gestohlen werden, haben die Profis gelernt, auch damit umzugehen.

len Sender vorbei fahrenden Autos der Ausfall eines wichtigen Systems übermittelt. Ähnlich wie beim österreichischen Fast-Blackout wurde dem zentralen Bussystem ein gefälschtes Datagramm über das Radio zugeführt, worauf die Steuerung den Fahrer zu einem Nothalt am Straßenrand zwang. Ausnutzen könnte das beispielsweise ein schnell vor Ort erscheinender hilfsbereiter Pannendienst, der das Fahrzeug in eine ebenfalls eingeweihte Werkstatt bringt, die am Diagnosegerät einen nicht ganz billigen, aber schnell behebbaren Fehler diagnostiziert und den Kunden nach Rücksetzen des Fehlerbits und Kassieren einiger hundert Euro für Nichtstun wieder entlässt.

MIT VOLLGAS IN DEN GAU?

Ob sich ein derartiges kriminelles Geschäftsmodell lohnt, sei einmal dahin gestellt, wesentlich brisanter ist eine solche Möglichkeit aber unter dem Gesichtspunkt „autonomer Verkehr", d.h. der Fahrer sitzt wie ein Flugzeugpilot hinter dem Steuer und macht nichts mehr, da das Fahrzeug das Fahren selbst übernimmt. Die Autoindustrie arbeitet heftig daran und kann in Werbefilmen auch schon eindrucksvolle Erfolge vorweisen, und das Bundesverkehrsministerium denkt sogar schon über spezielle Fahrspuren für autonome Fahrzeuge auf Autobahnen nach.

Die Fahrzeuge sind beim derzeitigen Entwicklungsstand autonom im wörtlichen Sinn, d.h. Videokameras und Abstandssensoren übernehmen das Geschäft des Fahrers und können statische und dynamische Situationen erkennen und darauf reagieren. Man ist sich jedoch einig, dass die sensorische Leistung eines Fahrers erst durch eine Vernetzung der Fahrzeuge untereinander oder mit einem Leitsystem in der Fahrbahn komplett erreicht bzw. überboten werden kann.[6] Vernetzung bedeutet aber, dass Zugänge zwischen den Zentralrechnern der Fahrzeuge geschaffen werden müssen. Die Normung solcher Schnittstellen ist wegen der vielen Hersteller alles andere als einfach.

Die Ingenieure haben sich in der Vergangenheit bei solchen Problemen gerne als Sicherheitsamateure offenbart und auf eine Geheimhal-

---

6 Auch der umgekehrte Effekt sollte eigentlich Kopfzerbrechen bereiten. Ein Mensch hat immer einige zehntel Sekunden Verzögerung bei Reaktionen, eine Elektronik nicht. Blinken Bremslichter auf, reagiert die Elektronik sofort. Die menschliche Verzögerung bedeutet, dass bei 100 km/h die Frontstoßstange bei einer Vollbremsung erst ca. 5 m hinter der Heckstoßstange des autonomen Fahrzeug zum Halten hommt. Haben die Ingenieure das berücksichtigt?

tung der Technologie zurückgegriffen, nicht nur im Automobilbereich. Im Mobilfunkbereich existieren beispielsweise ebenfalls anfangs geheime Algorithmen. Bei den Stückzahlen und der Masse der Hersteller ist Geheimhaltung allerdings illusorisch, zumal in der Regel auch die Möglichkeit des Reverse-Engineering besteht, d.h. anhand der bekannt gewordenen Details und einer Analyse der Hardware kommt man den restlichen Geheimnissen auf die Spur. Eine Arbeitsgruppe von 5 Leuten, die vorzugsweise Anderes im Sinn hat und 20% ihrer Arbeitszeit auf die Konstruktion einer geheimen Sicherheitstechnologie verwendet, hat erfahrungsgemäß in mehr als 98% aller Fälle etwas übersehen, das eine andere Arbeitsgruppe von 20 Leuten, die 100% ihre Zeit auf das Brechen des Systems verwendet und sonst nichts anderes macht, nach einiger Zeit findet. An hackersicheren Systemen lässt man besser Hacker mitarbeiten.

Wie sicher werden solche Systeme werden? Wird Sicherheit von vornherein in das Design eingebunden, oder werden Sicherheitsamateure nachträglich wieder etwas ergänzen, wenn die Sache schief gegangen ist? Wenn ein Hacker in diese Systeme eindringt und allen Fahrzeugen über 30 to Vollgas, allen PKWs Vollbremsung befiehlt, dürfte das Resultat wohl die übelsten Fantasien in Katastrophenfilmen locker übertreffen.

Nach eigenem Bekunden von Ingenieuren der Automobilindustrie auf einer kleinen Tagung im Jahr 2013 an der Hochschule Emden ist das Thema IT-Sicherheit eigentlich nirgendwo ein Thema, oder zumindest keines, das seinem Rang entsprechend gewürdigt wird. Wie schon bei anderen Problemen ist die Berichtslage allerdings sehr dünn: auf Fachtagungen wie dieser äußert sich schon einmal jemand aus der Automobilindustrie – natürlich nicht offiziell; Berichte über erfolgreiche Einbrüche findet man nur in Fachorganen der IT-Spezialisten (oder der polnischen Zeitschrift „Złodziej samochodów udane" der Autoknackergewerkschaft) – aber nicht in den großen Medien (der ADAC-Bericht war schon eine Ausnahme); die Automobilfirmen schweigen sich zu dem Thema aus und die Versicherungen meckern nicht, sondern erhöhen die Prämien – und die Fahrzeugbesitzer werden geschröpft, ohne aufzubegehren.[7]

---

7 Wenn Sie Ihren WLAN-Router so betreiben wie Automobilhersteller die Sicherheit der Steuerungskomponten, machen Sie sich der groben Fahrlässigkeit schuldig und haben unter Umständen sogar strafrechtliche Konsequenzen zu fürchten. Aus meiner Sicht als IT-Sicherheitsingenieur ist das Verhalten der Automobilindustrie teilweise grob fahrlässig, An-

2.2   Die Büchse der Pandora

Die Geheimdienste sammeln nicht nur die Daten, die sie auf den klassischen Kanälen halbwegs legal bekommen können (zählen wir hier einmal das Internet und das Abhören von dessen Fernleitungen zu den klassisch-legalen Kanälen, da man sie unter Vorlage bestimmter Begründungen auch mit richterlicher Genehmigung abhören darf), sie entfalten auch kriminelle Energien, die jenseits des vertretbaren liegen, und führen aktive nicht begrenzte Cyber-Kriege – selbst von der NATO im September 2014 völkerrechtlich als Kriegshandlungen definiert. Diese Cyber-Kriege werden ohne Kriegserklärung und unter Verletzung der Neutralität unbeteiligter Dritter geführt[8] und angesichts der Unzulänglichkeiten in der Technik ein globales Risiko, das anscheinend bewusst mit Zustimmung der Regierungen eingegangen wird.

Die Grundlage für die folgenden Darstellungen sind die Snowden-Dokumente. Da Snowden diese stückweise an die Öffentlichkeit gebracht hat, verteilen sie sich auf mehrere Teilveröffentlichungen. Diese enthalten zwar die Ziele und Arbeitsprinzipien der NSA, aber nicht viele technische Details. Deren Aufdeckung erfolgte im Anschluss stückweise durch verschiedene Bearbeiter. Da so viele Teile zusammenkommen und es teilweise sehr technisch darin zugeht, verzichte ich auf Quellenangaben.

---

wälte sehen das anders: strafrechtlich ist den Unternehmen wohl kaum beizukommen, und zivilrechtlich wäre erst einmal zu klären, wer wen verklagen kann (zwischen Ihnen und dem KFZ-Hersteller steht in der Regel noch die Versicherung, an die Sie die Ansprüche abtreten müssen, um entschädigt zu werden) und welche Beweise man präsentieren kann (das Fahrzeug ist erst einmal weg, und wie es geklaut wurde, lässt sich im Einzelfall nicht belegen), also passiert nichts. Wenn aufgrund des „laissez faire" Schlimmeres als Diebstahl passieren sollte und Personen zu Schaden kommen, steht bei der allgemeinen Ignoranz bezüglich der IT-Sicherheit zu befürchten, dass auch das keine Folgen haben wird.

8   Das muss man jetzt nicht überbewerten. Obwohl immer wieder solche juristischen Details diskutiert werden, kann man der Geschichte entnehmen, dass insbesondere die USA sich im 20. Jahrhundert nur zwei mal mit solchen Sachen aufgehalten haben (1. Weltkrieg, Kriegserklärung USA → Deutsches Reich, 2. Weltkrieg Deutsches Reich → USA), sie ansonsten aber über andere Länder hergefallen sind, wenn ihnen danach war, und Belange Dritter dabei auch keine Rolle gespielt haben.

Mit dem Stuxnet-Angriff (durch die NSA[9]) auf die iranischen Atomanreicherungsanlagen wurde erstmals in der Praxis bewiesen, dass Softwaremanipulationen zu Hardwareschäden führen können. Stuxnet ist nach Darstellung von IT-Fachleuten eine so hochkomplizierte Software, dass deren Details anscheinend immer noch untersucht werden (2014). Ihre technische Wirkung besteht im Fall der iranischen Anlagen darin, die empfindlichen Ultrazentrifugen zu übersteuern und unregelmäßig kurzfristig zu hohe oder zu niedrige Drehzahlen zu erzeugen. Die Leittechnik reagiert darauf nicht und zeigt eine normale Funktion an, die Zentrifuge weist eine verminderte Leistung, Materialermüdung und schließlich Materialbruch auf. Die Software steht allerdings im Verdacht, auch in anderen Anwendungen Unfug anrichten zu können, wenn die NSA das für richtig hält.

Stuxnet ist aus zwei Gründen so kompliziert:

1. Der Angriff erfolgte selektiv auf die iranischen Atomanlagen. Die Zentrifugentechnik selbst wird allerdings weltweit in vielen anderen technischen Anlagen eingesetzt, die (zunächst) nicht in Mitleidenschaft gezogen werden sollten.

2. Die Atomanlagen sind durch eine so genannte Air Gap gesichert, d.h. die Steuerungsrechner sind nicht an ein von außen erreichbares Netzwerk angeschlossen. Der Angriff konnte daher nicht über ein Hacken von irgendwelchen Server-Ports erfolgen.

Ein Angriff war daher nur mit Hilfe eines externen Datenträgers möglich, über den die Schadsoftware übertragen werden konnte, in diesem Fall ein entsprechend präparierter USB-Stick. Nun dürfte es den US-Geheimdiensten recht schwer fallen, die iranischen Anlagen zu infiltrieren und die Software durch einen Spion einschleusen zu lassen. In Frage kam eigentlich nur die passive Mitarbeit eines der Softwarelieferanten – in diesem Fall die Firma Siemens als Lieferant der Steuerungen und des Leitsystems WinCC sowie MicroSoft als Lieferant des Betriebssystems – während eines Softwareupdates Stuxnet im Hintergrund an den Sicherungsprogrammen vorbei zu installieren. Das Betriebssystem als alleiniger Vektor scheidet aus, da die Schadsoftware in die Steuerungen gebracht werden musste, und zu denen hat das

---

9   Man hatte Anfangs auch den Mossad in Verdacht. Die Snowden-Dokumente haben jedoch klar gemacht, wer hier gezündet hat.

Leitsystem den besseren Kontakt. Operatives Ziel war damit die Softwareabteilung von Siemens, und da die Siemens-Ingenieure mit hoher Sicherheit ebenfalls nicht freiwillig mitspielen würden, musste das Einschleusen bei Siemens ebenfalls verdeckt erfolgen.

Das nächste Problem für die NSA: USB-Sticks sind bekanntlich eigentlich nur Datenspeicher, die über eine serielle Schnittstelle an den Rechner angeschlossen werden und das Auslesen von Daten erlauben – in diesem Fall aber auch das unerkannte Installieren und Starten von Programmen bewirken müssen. Dafür gibt es auch mehrere Möglichkeiten:

- Bei Einlegen eines Datenträgers führt das Betriebssystem in der Standardeinstellung bestimmte Systemprogramme aus (z.B. automatisches Abspielen eines Videos). Ein Hacker kann versuchen, hier eine Lücke für die unauffällige Installation seiner Malware zu finden.

- Aktive USB-Einheiten kommunizieren mit dem Betriebssystem, ohne dass der Nutzer das bemerken muss (z.B. Installation bestimmter Treiber). Auch hier kann ein Hacker nach einer Lücke suchen.

- Stuxnet ist Bestandteil eines der Programme, die der Hersteller als Update installiert oder beim Aufspielen der Updates verwendet.

Die ersten beiden Möglichkeiten scheiden aus, da sie nur funktionieren, wenn (zufällig) bestimmte Systemeinstellungen vorhanden sind. Für die NSA war daher die geeignete Option, das Siemens-Leitsystemprogramm WinCC zu infizieren und das nächste Software-Update bei den Iranern abzuwarten.

Um das Leitsystem zu infizieren, musste man aber erst einmal in den Entwicklungsprozess bei Siemens eindringen. Dazu nutze die NSA mehrere bis dahin noch unentdeckte Sicherheitslücken[10] im Betriebs-

---

10 Die Formulierung hat ein gewisses G'schmäckle. Wir haben in „NSA, BND & Co" diskutiert, wie die NSA durch gewisse Kooperationsformen mit MicroSoft und anderen Softwareunternehmen „unentdeckte Sicherheitslücken" in der Software unterbringen kann und dass der Autor im Rahmen seiner Tätigkeit auf Geschäftsvorgänge gestoßen ist, die bei einer solchen Vorgehensweise zu erwarten wären: nach Ausfall wichtiger Komponenten durften die europäischen Dependancen eines Konzerns nicht nach dem Fehler in der Software suchen; der Code war und blieb

system Windows, um den Vektor im Entwicklungs- oder Konfigurationsprozess von WinCC zu platzieren. Das kann beispielsweise durch eine kleine Modifikation der Compiler erfolgen, die im Linkprozess die eingeschleuste Datei mit der Malware in das Programm einbinden.

Um Nägel mit Köpfen zu machen, ist Stuxnet so konstruiert, dass sich die Schadsoftware über das Netzwerk auf andere Systeme übertragen kann, aber auch im Stande ist, bei Aktualisierungen die Air Gap zu überwinden. Es genügt daher, in einem Netzwerk einen Rechner zu infizieren, um alle Rechner zu infizieren und damit auch Zugang zu allen Steuerungen zu erhalten, die an verschiedene Leitsysteme über eigene Netzwerke angeschlossen sind. Um den Erfolg zu garantieren, hat sich die NSA die Aktion etwas kosten lassen, wie ebenfalls aus den Snowden-Papieren hervorgeht: die iranischen Anlagen wurden genauestens ausgespäht und in den USA mit Originalteilen so detailliert nachgebaut, so dass alles getestet werden konnte. Anschließend traf wer auch immer die Entscheidung, die Software freizusetzen.

Wo liegt hier das Problem? Schließlich ging es doch um einen Angriff auf einen Schurkenstaat.

Problem Nr. 1 sind die bewusst einkalkulierten Kollateralschäden, die die Wirkung im Ziel übertreffen: mit dem Angriff auf Siemens wurde eines der weltweit meist eingesetzten Leitsysteme manipuliert. Betroffen von dem Angriff sind daher potentiell alle Unternehmen, die das Siemens-System WinCC einsetzen. Ihre Anlagen sind möglicherweise mit Malware infiziert.

Problem Nr. 2 (und Beginn des Pandora-Prozesses): Die NSA hat zwar den Schaden für das potentielle Ziel gut konfiguriert, aber Nebenwirkungen sind nicht auszuschließen, wie das Beispiel des Beinahe-Blackouts in Österreich zeigt, den wir im letzten Kapitel beschrieben haben. Ist wirklich auszuschließen, dass sich irgendeine Steuerung so verhält, dass die Malwarefunktionen aktiviert werden und nun ganz andere Anlagen sabotieren?

---

geheim, und man musste warten, bis Spezialisten aus den USA neue Geräte (! kein Code-Upgrade) sandten. Das muss nun noch nicht bedeuten, dass die Geräte tatsächlich manipuliert waren. Man kann sich mit viel Mühe durchaus auch harmlose Gründe ausdenken, warum die Prozesse in dem Unternehmen so definiert sind. Andererseits geht aus den Snowden-Papieren hervor, dass von der NSA manipuliert wird ...

Problem Nr. 3 besteht darin, dass niemand weiß, wen die NSA in Zukunft auf ihrem Schurkenschirm hat. Missfällt ihr aus irgendeinem Grund die deutsche Zuckerindustrie, werden deren Steuerungen dann sabotiert? Und als Kollateralschaden gleich alle Rübenzuckerfabriken mit?

Problem Nr. 4 sind andere Hacker, denen es gelingt, der Malware eine neue Richtung zu geben und das, je nach ideologischer Ausrichtung, zur Erpressung oder zum Anrichten unkalkulierbarer Schäden verwenden.[11]

Betroffen von den Zeitbomben 2 – 4 sind alle Siemens-Kunden mit entsprechenden Geräten, auch solche, die nun weder mit dem Hass der USA auf den Iran noch mit der Gegenrichtung irgendetwas zu tun haben. Die Art des Angriffs hat Stuxnet jedenfalls so kompliziert werden lassen, dass die Siemens-Ingenieure lange Zeit nicht sicher waren, die Spuren der Malware in anderen Geräten beseitigt zu haben oder mit einer falsch angegangenen Beseitigung genau die befürchteten Nebenwirkungen auszulösen. Eine Beseitigung ist infolge des hohen Vernetzungsgrades der Systeme eine komplizierte Angelegenheit: eine komplette Industrieanlage herunterfahren kommt in der Regel nicht in Frage, ein Austausch im Betrieb beinhaltet aber die Gefahr, dass ein gerade gesäubertes System von einem anderen wieder infiziert wird, während man ein weiteres bearbeitet.

Welcher Schaden Siemens daraus erwachsen ist – Vertrauensverlust bei Siemens-Kunden, Auftragsverluste aufgrund Abwanderung von Neukunden, Anschuldigung des Irans an einer aktiven Beteiligung an dem Angriff, Schutz der neuen Software gegen eine Reinfizierung über das Internet, Austausch der infizierten Software gegen saubere Versionen – wird nirgendwo genauer beziffert, aber er muss beträchtlich sein. Schäden bei Siemens-Kunden, die Sicherungsmaßnahmen vornehmen bzw. beim Software-Austausch ebenfalls mitwirken mussten, dürften ebenfalls eingetreten sein.

Um einen kurzfristigen politischen Vorteil zu bekommen – dass der Iran allenfalls seinen Zeitplan etwas strecken muss, aber nicht zurücksteckt, war von vornherein klar[12] – haben die USA vorsätzlich

---

11 Das muss nicht eine Zerstörung der Hardware zum Ziel haben wie beim iranischen Beispiel. Stark schwankende Produktqualität kann ein Unternehmen ruinieren, Beimischung gefährlicher Komponenten auch deren Kunden.

- ein großes (deutsches) Wirtschaftsunternehmen angegriffen und sabotiert und einen immensen materiellen und immateriellen Schaden verursacht sowie

- sämtliche Nutzer weltweit dem Risiko ausgesetzt, dass deren Anlagen aus ungeklärten Ursachen Fehlfunktionen aufweisen – mit der Gefahr schwerer wirtschaftlicher Schäden.

Im Sinne der US-Dienste ist alles gut gegangen, d.h. Kollateralschäden sind anscheinend nirgendwo aufgetreten (oder bekannt geworden). Erstaunlich ist trotzdem im Nachhinein, wie folgenlos die NSA-Aktion (wieder einmal) geblieben ist. Weder die geschädigten Unternehmen noch Politik sind in Deutschland in den Medien oder vor irgendwelchen Gerichten groß in Erscheinung getreten, obwohl die Aktion durchaus als terroristischer Anschlag mit weltweiten Folgen interpretiert werden kann und nicht als eine isolierte Geheimdienstoperation, wie man dem Volk im Nachhinein gerne einreden will. Auch die Konsequenz, dass die USA und im Gefolge US-Unternehmen stark an Vertrauen verlieren und dadurch ebenfalls zu den Geschädigten gehören, ist in Europa zumindest öffentlich nicht spürbar.

Pandora II: Counter Strike

Wenden wir das Stuxnet-Prinzip – die Zerstörung von Hardware durch speziell konstruierte Software – auf das Blackout-Szenario an, so kann man ein Land damit im Prinzip mindestens so gründlich zertrümmern wie mit Atombomben. In „NSA, BND &Co" haben wir diskutiert, dass ein Eingriff auf Großtransformatorstationen genügt, die Stromversorgung für lange Zeit auszuschalten, was keine Kommunikation, kein Geld, keine Einkaufsmöglichkeit, kein Benzin, keine

---

12 Da Stuxnet das iranische Atomprogramm nicht stoppen konnte, fordern Mitglieder der US-Repräsentantenhäuser, unterstützt von Medien wie der NY Times, inzwischen (2015) ganz offen eine präventive Bombardierung der iranischen Anlagen, möglicherweise mit Kernwaffen. Vorbild ist die Bombardierung chemischer Fabriken in Libyen ab 1986, bei der auch schon ein Atomwaffeneinsatz in Erwägung gezogen wurde. Dass die Israelis mit ihren psychopathischen Ansichten mitmischen, macht die Angelegenheit noch komplizierter. Dass eines der vermutlichen Ziele des Angriffs – die iranischen Entwicklungen so weit zu verzögern, dass Verhandlungsergebnisse erzielt werden können – inzwischen erreicht ist und ein Vorvertrag besteht, der einen nun erfolgenden Überfall den Überfall Hitlers auf Polen völkerrechtlich locker toppen würde, scheint weder in den USA noch in Israel die Hardliner zu interessieren.

Notfallversorgung, kein Wasser, keine Heizung, also schlicht das Ende des bekannten Lebensstils bedeutet (vergleiche auch Fußnote auf Seite 24).

Ob die Behörden auf solche Szenarien aus sind, ist fraglich. Auf Bitten um entsprechende Informationen bekommt man weder von den Ministerien noch von den Stromversorgern Auskunft, aber längeres Suchen im Internet fördert zumindest eine Studie des Bundestages aus dem Jahr 2011 im Umfang von 130 Seiten ans Tageslicht. Gerade deutsche Versorgungsnetze stehen international im Ruf, alles andere als gesichert gegen ernste Sabotageangriffe zu sein. Passiert ist bisher nichts, aber das muss nicht so bleiben.

Ziele, die von Hackern immer wieder einmal angegriffen werden, sind Server großer Unternehmen wie Banken, Internethändler und Kommunikationsdienstleister oder Server staatlicher Einrichtungen. In der BRD kümmert sich das BSI mit seinen begrenzten Mitteln um eine Abwehr und anschließend die Polizei mit ihren ebenfalls in der Regel schnell an die Grenzen stoßenden Möglichkeiten um die strafrechtliche Verfolgung.

Die USA sehen selbst Angriffe auf Privatunternehmen rigoroser und faseln von Angriffen auf die nationale Sicherheit[13], die nicht nur mit Abwehr, sondern auch mit Gegenschlägen beantwortet werden. Im Klartext: im Fall solcher Angriffe stehen normalerweise zivilrechtliche Ermittlungen und Gerichtsverfahren auf dem Programm, und das zuständige FBI ermittelt mit eigenen Ermittlern schon seit langem in vielen Ländern der Welt. Wenn man zwischen den Zeilen von Medienberichten liest, die man bei Suchen im Internet findet, treten die Agenten dabei anscheinend nicht selten so auf, als würden sie einen Hinterhof in Alabama durchsuchen und nicht in einem anderen Staat operieren. Trotz der zivilrechtlich eigentlich guten Ausgangslage sollen Angreifer zusätzlich mit elektronischen Mitteln eine militärische Antwort erhalten, die vom Ausschalten der Rechner, mit denen

---

13 Unter dem Begriff „nationale Sicherheit" werden militärische Bedrohungen eines Landes verstanden. Die USA verstehen in diesem Sinn Cyber-Attacken als militärische Handlungen, was insofern von Bedeutung ist, als dass sie damit zugeben, selbst unerklärte Kriegshandlungen zu begehen. Die US-Regierung scheint den Begriff allerdings inzwischen so weit auszudehnen, dass sie gegen alles mit der Begründung „nationale Sicherheit" vorgehen kann, was ihr nicht passt, strafrechtlich aber nicht zu ahnden ist.

der Angriff geführt wird, bis zum begrenzten Cyber-Krieg gegen das Herkunftsland der Hacker reichen kann.

Bislang erfolgt das anscheinend bereits fallweise manuell. Nach den Snowden-Papieren hat die NSA jedoch die Absicht, das zu automatisieren. Im Klartext:

> Die Computer erhalten Listen, was wie und wo angegriffen werden kann. Das werden zum großen Teil statische Ziele wie Kommunikations- und Versorgungseinrichtungen sein.

> Bei einem Cyber-Angriff auf eine als wichtig erachtete US-Infrastruktur identifizieren die Analysecomputer automatisch die Quelle(n) des Angriffs als potentielle Ziele oder Zielregionen eines Gegenschlages

> Nach vorgegeben Kriterien entscheidet der Computer ohne weitere menschliche Einwirkung, was und wann durch einen Gegenschlag angegriffen wird.

Die Absicht, eine Automatik für einen Cyber-War zu implementieren, ist insofern erstaunlich, als die potentielle Wucht eines solchen Angriffs den Amerikanern durchaus bekannt sein dürfte und dass die Computerentscheidung immer nur nach vor Eintreten der Situation definierten Kriterien getroffen wird, aktuelle Besonderheiten aber nicht wie ein Mensch berücksichtigen kann. Die Gefahr, einen Fehler mit nicht mehr korrigierbaren Folgen zu begehen, ist daher unvertretbar groß, weshalb man auch während der gesamten Zeit des kalten Krieges bewusst die Option, Computerentscheidungen im Bereich der Atomwaffen vorzusehen, nicht umgesetzt (oder zumindest aufgegeben) hat.

Sollte uns eine Erstschlagsautomatik bei den Amerikanern stören? Wir sind doch Verbündete! Nun ja, wir sind für die USA vermutlich eher entbehrliche Befehlsempfänger, wie wir es auch schon im kalten Krieg waren, aber trotzdem würden menschliche Entscheider vermutlich doch etwas mehr Rücksicht auf uns nehmen als Computeralgorithmen. Was es bedeuten könnte, wenn eine seelenlose Automatik mit kleinen Programmierfehlern die Entscheidung übernimmt, zeigt folgendes Beispiel:

Zwischen 2001 und Anfang 2013 fanden immer wieder Cyber-Attacken auf US-Banken statt, zu denen sich moslemische Gruppen bekannten, die die Amerikaner aber dem Iran anlasteten. Als kleine Revanche für Stuxnet hätte der auch allen Grund dazu gehabt. Werden Bankserver lahm gelegt, entstehen sehr schnell große Schäden, und zwar nicht nur durch Abräumen irgendwelcher Konten, sondern bereits durch Ausschalten der Banktransaktionen mit anderen Banken. Man schätzt, dass eine Woche Blockade genügt, um jede Bank auf diese Weise in den Konkurs zu treiben. Ein Angriff auf eine Bank ist aus Sicht der Amerikaner daher ein Angriff auf die nationale Sicherheit.

Die Angriffe wurden vom NSA-Erkennungssystem ziemlich schnell erkannt und konnten bis auf deutsche Server zurück verfolgt werden, hinter denen sich die eigentlichen Angreifer getarnt hatten. Die Server waren gehackt worden und sandten große Datenmengen an die Bankserver, die aufgrund der Überlastung teilweise den Betrieb einstellten (Denial of Service-Attacke). Die Analyse, dass die deutschen Server nur missbraucht wurden und nicht Urheber des Angriffs waren, dauerte länger als die begrenzten und eher lästigen als wirklich gefährlichen Angriffe selbst.

Ein automatisches Gegenschlagsystem hätte für seine Entscheidung nur die deutschen Server und Ziele in Deutschland zur Verfügung gehabt. Wären die im Algorithmus definierten Kriterien erfüllt worden, hätte der Vergeltungsschlag möglicherweise auch das deutsche Kommunikations- oder Versorgungsnetz ausgeschaltet. Machen wir uns in dieser Hinsicht nichts vor: das ist der NSA mit ihren massiven Mitteln (und vermutlich auch noch weiteren Nachrichtendiensten) ohne Weiteres möglich, da die Sicherheitsqualität der deutschen Netze aus Sicht der IT-Experten als niedrig angesehen wird.

Man kann solche Angriffe auch unter strategischen Gesichtspunkten und nicht als ernst gemeinte Attacken sehen:

- Wie hoch liegt die Messlatte bei den Amerikanern zur Auslösung von Gegenschlägen?

- Mit welchen Mitteln gehen sie vor?

- Kann man durch Täuschung einen Konflikt zwischen den USA und ihren Verbündeten auslösen oder Verbündete von den Amerikanern selbst neutralisieren lassen?

An der Beantwortung solcher Fragen dürften nicht nur die Iraner interessiert sein. Die Gefahr einer Eskalation ist bei automatischen Systemen jedenfalls gegeben, und die Elektronik agiert im Zweifelsfall so schnell, dass menschliches Eingreifen zu spät kommt. Snowden warnt vor solchen Szenarien, die nach seinen Insiderinformationen im Bereich des Möglichen liegen. Der Hintergrund der Terminator-Filme, der Aufstand der Maschinen, nicht nur im Kino sondern live, das ist eine weitere Büchse der Pandora, an der die Amerikaner mit dem Dosenöffner herumfummeln.

Weltweite Manipulation und Sabotage

Das IT-Sicherheitsunternehmen Kaspersky berichtet über andere, von den US-Behörden anscheinend schon länger praktizierte Manipulationen, die äußerst bedenklich sind. Die Rechnertechnik wird üblicherweise so verstanden, dass auf der Hardware Betriebssysteme laufen, auf denen wiederum die Anwendungsprogramme ausgeführt werden. Sicherheitslücken beruhen unter anderem darauf, dass die Kontrollmechanismen mancher Betriebssysteme, welche Anwendung was machen kann, unzureichend sind oder zumindest in der Standardeinstellung unzureichend konfiguriert werden, um dem Nutzer die Bedienung einfacher zu gestalten. Das geht so weit, dass Schadprogramme auch Teile des Betriebssystems manipulieren können, was zu erheblich weiter reichenden Eingriffsmöglichkeiten der Angreifer in das Zielsystem führt. Üblicherweise schützt man sich durch Virenscanner und ähnliche Sicherheitssoftware vor diesen Angriffen.

Was weniger bekannt ist: die Hardware enthält so genannte „embedded systems", d.h. Chips, die über eigene nur auf dem Chip befindliche Software, auch Firmware genannt, verfügen. Wenn man ein bekanntes, aber technisch nicht ganz passendes Bild verwenden möchte, denke man an die Firmware, mit der viele Geräte ausgestattet sind: Software, die zum Betrieb eines Routers, Handys oder auch einer Kamera benötigt wird und fest implementiert ist und normalerweise auch nicht ausgetauscht wird. Hierbei handelt es sich aber meist um normale Software auf einer nicht flüchtigen Speichereinheit und nicht um direkt auf einem Chip implementierte Software. Direkt auf der Hardware implementierte Software ist notwendig, um die geforderte Arbeitsgeschwindigkeit der Chips zu erreichen und ermöglicht gleichzeitig deren Austausch, sollten sich technische Spezifikationen ändern. Und genau hier scheinen die US-Dienste mit kriminellen Mitteln zuzugreifen.

In den USA für den Export produzierte Geräte wie Router werden nach Angaben von Kasperky heimlich, also ohne Wissen der Produzenten der Hardware oder der Kunden, aus dem Transportsystem herausgefiltert, geöffnet und die Firmware gegen spezielle Versionen der

NSA ausgetauscht. Anschließend gibt man sich sehr viel Mühe, die Originalverpackung so wieder herzustellen, dass nichts auffällt, bevor das Gerät an den Kunden ausgeliefert wird.[14]

Man muss sich die Qualität dieser kriminellen Machenschaften, ausgeführt von einer Regierung, die vorgibt, weltweit für Recht und Freiheit der Menschen einzutreten, wirklich einmal klarmachen. Die Manipulationen treffen nicht etwa die klassischen Ziele von Geheimdiensten wie feindliche Staaten und lassen sich auch nicht mit irgendwelchen Fantasien über Terrorgefahr begründen; sie betreffen jedes einzelne Unternehmen und jede einzelne Privatperson auf der Welt, egal wo sie wohnt und welche politischen Einstellungen sie haben mag, deren einziger Fehler offenbar darin besteht, US-Ware gekauft zu haben. Und sie sabotiert gleichzeitig auch die US-Wirtschaft, die schon im eigenen Interesse solche Manipulationen nicht mitmachen kann, will sie weiter Vertrauen bei ihren Kunden haben. Machenschaften der internationalen Mafia wirken im Vergleich damit fast schon wie einfacher Taschendiebstahl.

Die Gefährlichkeit eines solchen Angriffs – und es ist eindeutige ein Angriff – kann man leicht nachvollziehen: auf der Firmware operierende Angriffssoftware umgeht selbst die funktionierenden Kontrollmechanismen der Betriebssysteme und erlaubt jede Art der Manipulation, vom Ausspähen der Daten über deren Manipulation oder Manipulation der Hardwarefunktionen bis hin zu deren Totalausfall. Da sie unterhalb der Betriebssystemebene läuft, kann sie von Sicherheitssystemen wir Virenscannern nicht erkannt werden, denn die haben gar keinen Zugriff auf die Codes. Und selbst wenn man einen Verdacht hat: die Spyware kann nicht entfernt werden. Allenfalls der Hersteller kann seine Geräte noch mit neuer Firmware versehen. Ein Erkennen ist nur indirekt über die Auswirkung der Spyware – sie ist ja

---

14 Verstehen Sie unter „Router" nun nicht ihren WLAN-Router zu Hause. Die kommen ohnehin in der Regel direkt aus China und die US-Dienste wären auch nicht in der Lage, diesen Massenmarkt in der angegebenen Form zu manipulieren. Hier geht es um Großgeräte, die in der Industrie oder den Internetprovidern eingesetzt werden. Aber auch das ist inzwischen ein Massenmarkt, so dass man die Aussage von Kaspersky, die ich oben einmal so stehen gelassen habe, wie sie von ihm kam, vermutlich doch relativieren muss. Aufgrund von Exportbestimmungen ist recht genau bekannt, wo die Geräte eingesetzt werden, und die NSA wird vermutlich nur die sie interessierende Teilmenge herausfiltern und manipulieren (können).

auf eine Kommunikation mit ihrem Programmierer angewiesen, um bestimmte Funktionen so auszuführen, wie das gewünscht wird – erfolgen, und hier kann man eine Menge Tarnung einbauen, die das Erkennen erschweren.

Die Tarnung umfasst offenbar auch spezielle Hardwarechips, die gegen die offiziellen ausgetauscht werden und Kommunikation auf Wegen außerhalb der normalen Netzwerke erlauben wie Datenübertragung im Langwellenbereich oder Kommunikation mit ebenfalls speziell manipulierten USB-Geräten unterhalb der vom Betriebssystem kontrollierten USB-Kommunikation. Die Chip-Manipulation eignet sich damit auch für die Überbrückung von Air Gaps, erfordert aber eine Implementation auf einem nennenswerten Anteil der Weltmarktproduktion, da nur schlecht prognostizierbar ist, wo welcher Chip schließlich landet. Das erfordert wiederum die (freiwillige oder erzwungene) Kooperation der Hardwareproduzenten, und damit geraten nicht nur einzelne Objekte ins Ziel der Manipulatoren, sondern alle IT-Nutzer weltweit.

Laut Kaspersky beschäftigt sich die NSA seit 2001 mit solchen Manipulationen, massiv und umfassend seit dem Beginn der Präsidentschaft von „Friedensnobelpreisträger" Obama 2008.[15] Kaspersky ist erst zur Wende 2014/2015 mit diesen Informationen an die Öffentlichkeit getreten, was einerseits für die Qualität der Tarnmöglichkeiten spricht, andererseits auch für die Realität dieses Angriffs, denn mit so etwas geht man nicht an die Öffentlichkeit, wenn man nicht ganz sicher ist. Selbst die New York Times, bei Snowden noch streng regierungskonform und mehr verschweigend als aufdeckend, konnte nicht umhin, den Angriff in einem größeren Artikel zu referieren.

Mit dieser kriminellen Energie scheint die USA Weltführer zu sein. China als heimlichen Spieler mit vermutlich ähnlichen Möglichkeiten wie die NSA kann man zwar ebenfalls unter Verdacht nehmen (die

---

15 Interessantes Randdetail: die EU wollte 2001 den US-Diensten bei ihren damals noch vergleichsweise beschränkten Lauschangriffen deutliche Zügel anlegen. Die Anschläge vom 9.11.2001 haben dem schlagartig ein Ende gesetzt, und Proteste sind seither anscheinend noch nicht einmal mehr in Arbeit. Wie Arte vermeldet, ist in Frankreich kürzlich sogar ein Gesetz verabschiedet worden, das dem französischen Staat Lauschangriffe gegen das eigene Volk ermöglicht, die noch nicht einmal der Scheinkontrolle durch ein Geheimgericht nach US-Vorbild unterworfen sind. Wir kommen einige Seiten weiter unten auf dieses Gericht zurück.

Amerikaner machen das auch sehr intensiv), zumal zunehmend mehr Geräte in der VR produziert und direkt ausgeliefert werden, was der NSA ein wenig die Butter vom Brot nimmt, wenn es um Chipmanipulation geht. Die chinesischen Unternehmen bestehen in eigenen Stellungnahmen allerdings darauf, unmanipulierte Ware auszuliefern und keinerlei Aktivitäten in diesem Bereich zu verfolgen oder zuzulassen (das hätten allerdings die meisten US-Firmen bis vor kurzem wohl auch behauptet), und die chinesische Regierung ließ ebenfalls verlauten, dass der mögliche Gewinn solcher Aktivitäten den Schaden bei einer Entdeckung nicht aufwiegen würde und man solche Ziele daher nicht verfolge. Kaspersky hat anscheinend auch dort gesucht, verneint aber, irgendetwas in chinesischen Produkten gefunden zu haben, was diesen Aussagen widersprechen würde.

Als Retourkutsche lassen die Chinesen inzwischen nur US-Produkte in China zu, die nach einer ausführlichen Überprüfung als Lizenzprodukte in China gefertigt werden. Ein erfolgreicher Betrug setzt so voraus, dass man die chinesischen Prüfingenieure erfolgreich hinters Licht führen konnte. Auch auf chinesische Niederlassungen ausländischer Unternehmen übt man nach Presseberichten zunehmend Druck aus, in China produzierte Hard- und Software anstelle der mitgebrachten zu verwenden. Allerdings ist auch hier der eine oder andere Pferdefuß zu verzeichnen, aber dazu kommen wir später.

Als Randnotiz, auf die wir zwei Unterkapitel später noch einmal zurückkommen werden, ist anzumerken, dass Kaspersky Lab ein global agierendes und recht erfolgreiches russisches Unternehmen der IT-Sicherheitsbranche ist, das pikanterweise die NSA vorführt und die Chinesen vorläufig entlastet. Die vergleichbaren US-Wettbewerber wie Symantec (Norton Security) und Intel (MacAfee) sind den NSA-Machenschaften nicht auf die Spur gekommen (oder durften es nicht?).

STAATLICHE DIEBESBANDEN

Nicht alle Unternehmen beugen sich dem Druck der NSA, bei der Produktion Hintertüren einzubauen oder Kundendaten zugänglich zu machen,[16] und auf ausländische Unternehmen hat die NSA nur be-

---

16 Der US-Email-Provider Lavabit stellte beispielsweise Mitte 2013 abrupt seinen Betrieb ein. Die Kundenmails auf diesem Dienst waren durchgehend verschlüsselt, so dass die US-Dienste nicht mitlesen konnten. Snowden soll unter anderem auch diesen Dienst für seine Korrespondenz mit den Journalisten genutzt haben. Der Unternehmer gab an, dass

dingten Einfluss. Wenn nicht freiwillig mitgespielt wird und staatlicher Druck (Erpressung) nicht in der gewünschten Weise wirkt, geht die NSA auch den Weg des normalen Kriminellen, um an ihr Ziel zu gelangen. So finden sich in den Snowden-Papiere Dokumente über den Diebstahl von Sicherheitsdaten großer Chiphersteller von SIM-Karten. Damit soll die NSA in der Lage sein, jedes Gespräch entschlüsseln und mithören zu können, das über Geräte mit SIM-Karten dieser Hersteller abgewickelt wird.[17]

Aus Sicht der Nachrichtendienste kann man solche Aktionen ähnlich wohlwollend diskutieren wie den Einbruch des GCHQ bei Belgacom: in Regierungen und Parlamenten sitzen sehr viele Leute, deren Überwachung zum Zweck der politischen Informationsgewinnung für die Nachrichtendienste wünschenswert ist. Der Diebstahl der Sicherheitsdaten macht alle auf einen Streich zugänglich, sofern sie Handys mit den passenden SIM-Karten einsetzen. Man muss nur noch heraus bekommen, welche Handys den Zielpersonen gehören, wozu möglicherweise erst einmal das Abhören aller Handys gehört, d.h. sämtliche Handybesitzer werden zum Kollateralschaden und Privatsphäre bei der Telekommunikation existiert nicht mehr.

RECHTSSTAAT ?

In den Medien wird immer gerne auf das Rechtsstaatsprinzip in den westlichen Ländern hingewiesen, dem schließlich auch die NSA unterliege. In „NSA, BND & Co" berichteten wir schon, wie weit es mit der Rechtsstaatlichkeit her ist, und Glenn Greenwald, der Journalist, der die Snowden-Papiere veröffentlichte, bestätigt dies durch weitere Details. Nochmals zusammen gefasst:

Abhöraktionen der NSA werden durch ein Geheimgericht, dem United States Foreign Intelligence Surveillance Court FISC, abgesegnet, das bereits eine Verhöhnung des Rechtsstaatsprinzips ist:

---

er von den US-Behörden massiv unter Druck gesetzt wurde, die Kundenmails zugänglich zu machen, und er es vorzöge, sein Unternehmen zu schließen statt einer Erpressung nachzukommen und seine Kunden zu verraten. Google, Facebook und weitere größere US-IT-Dienstleister wettern seitdem ebenfalls gegen Erpressungsmethoden der NSA. Ob das ehrlich gemeint ist, ist eine andere Frage.

17 Ob das auch weitere Geräte, in denen SIM-Karten eingesetzt werden, beispielsweise Kreditkarten, Sicherheitskarten usw. betrifft, geht aus den Informationen nicht hervor.

- Die US-Regierung ist die einzige Partei, die Anträge an das Gericht stellen kann. Die Anträge betreffen die Überwachung von US-Bürgern, vermeintlicher Geheimagenten anderer Staaten in den USA und die Offenlegung von Kommunikationsinhalten der Kunden von IT-Providern.

- Die Verhandlungen sind geheim, die US-Regierung ist die einzige Partei, die Zugang hat oder gehört wird.

- Über die Veröffentlichung der Entscheidungen befindet formal das Gericht selbst, in der Regel handelt es sich aber um Dokumente der höchsten Geheimhaltungsstufe.

- Sofern IT-Provider durch einen Beschluss dieses Gerichts zur Offenlegung der Kommunikationsdaten gezwungen werden, können sie anschließend eine Petition an das Gericht richten. Es gibt keine Beteiligung am Verfahren, keine Anhörung, Revision, Gegenklage, Akteneinsicht oder weiteres, was ein ordentliches Gerichtsverfahren ausweist.

Das Gericht muss formal vor einer Observierung konsultiert werden, jedoch wurden mit Zusammenfassung verschiedener Geheimdienste im Department of Homeland Security viele Befugnisse auf dieses übertragen, so dass ein großer Teil der Gerichtsverfügungen erst im Nachhinein eingeholt wird und oft auch nur dann, wenn sich daraus etwas entwickeln könnte, was legalisiert werden muss. Laut Snowden und anderen Insidern hat das Gericht von mehreren 10.000 (!) Anträgen etwa 6 abgelehnt und alles andere abgesegnet, großenteils eben im Nachhinein, wobei selbst offene Rechtsverstöße als unvermeidbare Kollateralschäden abgetan werden.[18] Und Rechtsverstöße sind anscheinen an der Tagesordnung und werden von höchster Stelle gedeckt. NSA-Chef Clapper hat 2013 vor dem zuständigen Senatsausschuss für die Untersuchung der ungesetzlichen Abhörung von US-Bürgern ausgesagt, dass so etwas nicht stattfände; die Washington Post hat anschließend bewiesen, dass dies eine vorsätzliche (!) Lüge

---

18 NSA-Mitarbeitern, denen während einer Abhöraktion klar wird, dass sie verbotener Weise US-Bürger abhören, wird von ihren Vorgesetzten stets mitgeteilt: „Schreib's auf, damit die Akten sauber sind. Wird sowieso genehmigt." Ein früherer Auswerter der NSA nannte das Gericht „a kangaroo court with a rubber stamp", und andere Analytiker kommen zu dem Schluss, dass sowohl das FISC als auch die Geheimdienstausschüsse des US-Kongresses in die Strukturen der Geheimdienste vollkommen eingebunden seien und deren Wertmaßstäbe übernommen hätten.

war und unzulässige Abhöraktionen in großem Umfang stattfinden. Außer einem vorzeitigen Abschied aus dem Amt ist Herrn Clapper nichts passiert (normalerweise bedeutet so eine Falschaussage viele Jahre gesiebte Luft), und nach Ansicht von Bürgerrechtlern ist die Lauscherei eher schlimmer als besser geworden.

Die hierdurch recht mageren Rechte haben ohnehin nur US-Bürger; gegen Ausländer und ausländische Unternehmen können beliebige Maßnahmen angewandt werden, ohne dass die Betroffenen in den USA eine rechtliche Möglichkeiten haben, etwas zu unternehmen. Addiert man zu diesem Rechtsstatus das weiter trotz aller Rhetorik des US-Präsidenten immer noch real existierende Guantanamo als völlig rechtsfreien Raum, in den man beliebig und geheim jede Person entführen kann, wird der Rechtsstaatsbegriff in den USA zur inhaltslosen Hülle: wenn man die Möglichkeiten von Homeland Security mit denen von Gestapo und SD im nationalsozialistischen Reich Hitlers vergleicht, sollte man sich nicht vorab auf eine Rangfolge festlegen.

Auch in der BRD steht es mit dem Rechtsstaatsprinzip in Bezug auf staatliche Rechtsverletzungen nicht zum Besten. Wenn man sich die Strukturen genau anschaut, stellt man zunächst fest, dass die Justiz nicht so unabhängig ist, wie sie sein sollte. Den polizeilichen Ermittlern und den Staatsanwälten kann die übergeordnete Dienststelle nämlich jederzeit einen Fall wegnehmen.[19] Es ist zwar normal, dass eine Ermittlung zentralisiert wird, wenn sich der Fall als zu groß für die zuerst ermittelnde Abteilung erweist, aber in den Medien kann man auch immer wieder lesen, dass „die Bundesanwaltschaft den Fall ... an sich gezogen" hat, wobei es sich von der Fallseite nicht selten um relativ banale Angelegenheiten handelt, die aus politischen Gründen hochgespielt werden. Das gilt aber auch für Fälle, die man nicht in der Presse sieht.

Aus Fernsehkrimis und Kriminalromanen ist die Szene bekannt, dass das honorige Ermittlerteam auf äußerst dubiose Umstände stößt, die in politische Kreise führen, und schwupps steht eine Truppe des LKA, BKA oder gar des BND im Büro und kassiert die Akten ein

---

19 In Frankreich und Italien ist das nicht so. Wenn ein Ermittlungsrichter sich für einen Fall zuständig erklärt hat, kann man ihm legal kaum noch den Fall wegnehmen, weshalb speziell in Süditalien dies lange Zeit mit Hilfe von Handgranaten erfolgte. Inzwischen sind die Mafiaumtriebe aber so weit eingedämmt, dass zu diesem Mittel nur noch sehr selten gegriffen wird.

nebst Verbot, sich weiter mit der Sache zu beschäftigen, und auch der anwesende Staatsanwalt teilt mit, dass er durch seine Vorgesetzten angewiesen wurde, dem nachzukommen. Das ist zwar die Ausnahme – im Normalfall arbeiten Polizei und LKA problemlos zusammen und der BND hat dort nichts zu suchen, so lange keine verdeckte Operation läuft – kommt aber nach sporadisch auftretenden Berichten in den Medien vor. Grundsätzlich besteht damit die Möglichkeit, dass übergeordnete Abteilungen Fälle, an deren Bekanntwerden beispielsweise die Politik kein Interesse hat, an sich ziehen, um sie in irgendwelchen Archiven vermodern zu lassen.

Der BND wiederum untersteht in der BRD direkt dem Bundeskanzleramt und unterliegt einer mindestens so dubiosen Kontrolle wie die NSA. Kontrollieren soll die Geheimdienste das parlamentarische Kontrollgremium des Deutschen Bundestages mit 9 Mitgliedern. Alles, was hier verhandelt wird, unterliegt der Geheimhaltung, auch gegenüber dem Rest des Parlaments. Aktionen des BND, bei denen deutsche Staatsbürger betroffen sind oder sein können, müssen durch das G10-Gremium des Deutschen Bundestages, also ein anderes ebenfalls geheim verhandelndes Gremium, genehmigt werden. Auch das ist natürlich geheim, es sein denn, es kommt zu einem juristischen Verfahren, in dem die gesammelten Beweise benötigt werden.

Fasst man das zusammen, werden Aktionen von einem Gremium genehmigt, das nicht notwendigerweise einen Überblick über die Gesamtoperation haben muss (darin ähnelt es dem US-Geheimgericht), kontrolliert wird von einem Gremium, das nicht unbedingt mitbekommen muss, was alles genehmigt wurde (auch das entspricht dem US-Kontrollmodell durch einen Senatsausschuss), aber beide sind Parlamentsgremien, und da können wir eine kleine Differenz zum US-System notieren: dort sind immerhin Richter mit der Angelegenheit beschäftigt und nicht Parlamentarier, die fachlich oft nicht den Standard haben dürften wie Berufsjuristen, nach Wahlen wechseln und deshalb/darüber hinaus auch noch ganz andere Eigeninteressen entwickeln können.

Wie wenig diese Gremien trotz Geheimhaltungspflicht eingeweiht werden, zeigt die BND-Affäre im Mai 2015, bei der die Herausgabe der so genannten Selektoren der NSA, mit denen der BND abgehörte deutsche Kommunikationsdaten für die NSA gefiltert und wohl teilweise auch selbst ausgewertet hat, gefordert wurde. Das Bundeskanzleramt verweigerte die Herausgabe mit Verweis auf entsprechende

Vereinbarungen mit den Amerikanern, worauf der G10-Ausschuss als Retourkutsche einige Abhöraktionen auf Eis legte. Der Spionageverbund NSA-BND war zu diesem Zeitpunkt schon mehr 10 Jahre in Betrieb, und das Kontrollgremium hat in der gesamten Zeit nichts davon bemerkt. Muss man noch mehr Worte über die Wirksamkeit solcher Kontrollen verlieren?

RELATIVIERUNG

Bislang haben mit einem kleinen Abstecher zum GCHQ vorzugsweise die NSA und die USA Haue bekommen. Wenn Sie bei der Lektüre meiner Ausführungen den Eindruck gewonnen haben, die USA seien eigentlich weniger ein demokratischer Staat, der für Freiheit und Recht eintritt, sondern eher die größte terroristische Vereinigung, die die Welt bisher gesehen hat, so ist das von mir nicht ganz unbeabsichtigt. Die USA/NSA haben aus meiner Sicht völlig zu Recht diese Haue bekommen, sind aber natürlich nicht die einzigen Player im Spiel. Schauen wir uns die anderen größeren Mitspieler an und versuchen, eine gewissen Ordnung hinein zu bringen.

Von den Five Eyes, d.h. der NSA, dem britischen GCHQ sowie dem kanadischen, australischen und neuseeländischen Geheimdienst, haben wir schon gesprochen. Alle betreiben in Gemeinschaft das Projekt, die globale Kommunikation – Internetnutzung, Emails, Telefoniedaten, Geldverkehr – lückenlos zu überwachen. Die NSA ist aufgrund ihrer Größe die führende Organisation und die Kooperation scheint sehr eng zu sein. Alle operieren nach der gleichen Strategie, wie die Snowden-Papiere und die öffentlich gewordenen Machenschaften des GCHQ zeigen. In allen Ländern ist die Überwachung der eigenen Bevölkerung bereits recht ausgeprägt. Ob die Aktivitäten des GCHQ bei Belgacom oder der NSA beim Abhören des Kanzlerhandys ebenfalls in den Bereich Kooperation fallen oder eher Partikularinteressen der Dienst darstellen, ist unklar.

Der israelische Geheimdienst Mossad passt eigentlich nicht in unser Themenspektrum, da er durch seine Randlage kaum Einflussmöglichkeiten auf die Kommunikation in Mitteleuropa hat. Man liegt jedoch sicher nicht falsch, wenn man vermutet, dass er im Nahen Osten in etwa die Funktion der NSA inne hat, die er sich vermutlich mit der NSA selbst und dem saudischen Geheimdienst al-Muchabarat al-'Amma as-Sa'udia teilt. Es gibt aber gute Gründe, ihn hier aufzuführen.

Der Mossad ist eine ziemlich unbekannte Größe (vermutlich ist über ihn weniger bekannt als über den russischen KGB) und obendrein eine Kategorie für sich. Er kooperiert mit allen westlichen Geheimdiensten, allerdings recht einseitig, wenn man den Berichten glauben darf. Aus den Snowden-Papieren geht hervor, dass er zwar viele Informationen insbesondere von den US-Diensten erhält, selbst aber kaum Informationen liefert, obwohl seine Aktionen nahelegen, dass er über verschiedene Angelegenheiten besser Bescheid weiß als seine Partner.

Wenn man sich ein Bild von den Mossad-Aktivitäten macht, ist er anscheinend noch skrupelloser als die anderen, was die Ermordung unbequemer Personen angeht. Bekannt und in Fernsehfilmen verarbeitet ist das Aufspüren und die Liquidierung (die übliche Umschreibung für Mord im staatlichen Auftrag) der für das Münchner Olympia-Attentat verantwortlichen Araber. Weniger bekannt, aber im Internet dokumentiert ist die Ermordung deutscher Geschäftsleute der Imhausen-Gruppe durch Agenten des Mossd auf europäischem Boden, die in den späten 1980er Jahren in Libyen an den später von den Amerikanern bombardierten Chemiefabriken mitgebaut haben.[20] Die wirtschaftliche Beteiligung an einer Unternehmung, die den Israelis verdächtig vorkam, genügte in diesem Fall für eine öffentliche Hinrichtung. Die Ausschaltung lästiger Personen durch den Mossad hat Methode: durch den nahen Osten zieht sich eine blutige Spur öffentlich liquidierter Aktivisten islamischer oder palästinensischer Organisationen, und mindestens vier iranische Atomwissenschaftler sind nach Berichten der Süddeutschen Zeitung und anderen Medien bislang im Iran auf offener Straße von Mossad-Agenten erschossen worden.

Das undurchsichtige und bewusst brutale Verhalten des Mossad und die israelische Paranoia, im leisesten Kritiker einen Staatsfeind zu sehen und sein Umfeld gleich mit zu verurteilen, gibt auch Anlass zu diversen (Verschwörungs)Theorien. Die ungeklärten Todesfälle der Politiker Uwe Barschel, Jürgen Möllemann und Jörg Haider, alle kritisch gegenüber der israelischen Politik und in ihren Parteien mit einigem Einfluss ausgestattet, werden mit dem Mossad in Verbindung gebracht, und das nicht nur von den üblichen Verschwörungstheoretikern, sondern sogar von Medien wie Spiegel, Focus und anderen. Soll-

---

20 Nach Angaben der Libyer Fabriken für Düngemittelproduktion, nach Ansicht der Amerikaner und der Israelis Giftgasfabriken. Da sich beide Produktionslinien viele Chemikalien teilen, ist das von Außen schlecht zu unterscheiden, aber mit angeblichen Giftgasanlagen gibt es ja in den Irakkriegen einschlägige Erfahrungen.

te der Mossad tatsächlich der verlängerte Arm einer psychopathischen Regierung sein, muss man ihn im Auge behalten, falls man etwas vorhat, das ihn stören könnte.[21]

Vom russischen Geheimdienst hört man bei uns seit dem Zerfall der UdSSR nicht mehr sehr viel. Mir dem Zerfall der UdSSR und damit auch des KGB wurde sehr viele IT-Spezialisten arbeitslos und wandten sich entweder dem Hacken zu oder wurden, wie Kaspersky, seriöse Unternehmer. Die Qualität der ehemaligen (?) Hacker und heutigen Geschäftsleute sowie die heute deutlich besseren Möglichkeiten, sich mit Technik zu versorgen, lassen den Schluss zu, dass man weiter mit den Russen rechnen muss, auch wenn sie im Rahmen dieses Buches mangels Nachrichten nicht weiter in Erscheinung treten. So sind große Bot-Netze, d.h. unter Hacker-Kontrolle stehende private PCs, in der Hand russischer IT-Mafiosi, und es ist wahrscheinlich, dass selbst westliche Geheimdienste deren Dienste für bestimmter Aktionen in Anspruch nehmen. Wir berichteten in „NSA, BND & Co" bereits darüber, wie das abläuft. Für die Qualität der Russen sprechen auch Entwicklungen in der Waffentechnik. So kam es im April 2015 zu einer Begegnung eines US-Zerstörers und eines unbewaffneten russischen Bombers im schwarzen Meer, wie u.a. der Spiegel berichtet. Was nicht im Spiegel steht, aber beim Heise-Nachrichtendienst zu finden ist: das russische Flugzeug hat anscheinend die komplette Elektronik des Zerstörers ausgeschaltet. Zumindest behaupten das inoffizielle russische Stellen, und einige Reaktionen der US-Navy darf man trotz offiziellem Dementis durchaus als Bestätigung sehen. Auch der neue T95 Kampfpanzer ist wohl durchaus geeignet, der westlichen Konkurrenz das Fürchten zu lehren. Der Grund, so wenig vom russischen Geheimdienst zu hören, dürfte darin liegen, dass ihm für die bei den Five Eyes so auffälligen Aktivitäten die Infrastrukturvoraussetzungen fehlen (die Hauptwege der weltweiten Internetkommunikation laufen nicht über russisches Territorium) und Russland im Rahmen der Ukraine-Krise von den USA als neuer Hauptfeind aufgebaut wird, über dessen Erfolge man sich besser ausschweigt als sie breit zu treten.

---

21 Eine Bombardierung der iranischen Atomanlagen durch Israel, möglicherweise mit taktischen Atomwaffen, ist bislang wohl nur deshalb nicht erfolgt, weil die Israelis unter den derzeitigen politischen Verhältnissen in Washington Präsident Obama vermutlich gleich mit umbringen müssten. Das Auftreten von Netanjahu in Washington im Frühjahr 2015 ist in dieser Hinsicht sehr deutlich.

Über die weiteren europäischen Geheimdienste ist an dieser Stelle relativ wenig zu berichten, außer dass den Diensten die Grenzen ihres Landes offenbar wenig bekannt sind:

- Der französische Auslandsgeheimdienst DGSE ist durch Abhören im französischen Inland aufgefallen (siehe auch Fußnote auf Seite 40).

- Der deutsche Auslandsgeheimdienst BND ist durch Weitergabe von inländischen Telefondaten und interne Daten deutscher Unternehmen an die NSA aufgefallen. „Weitergabe" schließt ein, dass die Daten erst einmal aufgezeichnet oder zumindest zugänglich gemacht wurden.

Im Vergleich mit den Five Eyes stecken sie noch in den Anfängen, aber bei den Regierungen setzt sich durchgehend die Einstellung durch, dass die Bürger mehr überwacht werden sollten. Vehikel ist natürlich auch hier die Terrorgefahr. Von ihrem Ausbau zur Innenspionage ist auszugehen, zumal die Überwachungsgremien ähnlich ineffizient (oder eher gezielt Operationen an der Grenze der Legalität oder jenseits davon ermöglichend?) sind wie die US-Einrichtungen. Bei der Diskussion der Möglichkeiten, die sich aus einer allgemeinen Überwachung ergeben, werden wir daher davon ausgehen, dass diese auch so realisiert wird.

Die weitaus meisten Hackerangriffe der letzten 10 Jahre werden den Chinesen angelastet. Teilweise scheint Hacken in China ein Volkssport gewesen zu sein: man konnte auch als privater Internetnutzer geradezu aus Spaß einen Server aufsetzen und abwarten, wann der erste Chinese versucht, das Kennwort zu knacken. Allerdings waren das in der Regel keine Profis, wie an der Vorgehensweise zu erkennen war. Die Chinesen sind die einzigen, die beim technisch Aufwand mit der NSA mithalten könn(t)en und das im Bereich der Inlandsüberwachung auch tun. Immerhin verfügen sie inzwischen über den leistungsfähigsten Supercomputer der Welt und nicht mehr die USA. Wir berichteten bereits oben, dass sie inzwischen sehr bemüht sind, originale US-Technik aus dem Land zu halten. Da die NSA sich in die Rechner von Huawei, dem größten IT-Produzenten weltweit, gehackt hat und dazu offensichtlich auch Hintertüren im Betriebssystem nutzten, ist das chinesische Verhalten wohl gerechtfertigt. Ansonsten bestreiten die Chinesen aber offiziell, allgemein spähen zu wollen (was gezieltes Hacken und Spionage natürlich nicht ausschließt), weil ihnen das das Geschäft verderben würde. Kürzlich sind die Behörden allerdings mit dem Versuch aufgefallen, die privaten Schlüssel für die Internetkommunikation von in China betriebenen Rechnern in einer staatlichen chinesischen Datenbank hinterlegen zu lassen. Das scheint aber wieder im Sande verlaufen zu sein.

Ebenfalls großen Aufwand betreiben die Japaner, Taiwanesen und Koreaner. International dürften sie allerdings vorzugsweise mit ihren eigenen Bürgern, Bespitzelungen und Wirtschaftsspionage untereinander und den Chinesen beschäftigt sein und treten deshalb hier in den Medien kaum in Erscheinung. Die angeblich beste Software zur biometrischen Personenerkennung bei der Videoüberwachung stammt aus Taiwan und soll auch von der NSA eingesetzt werden.

Was ist den Diensten gemeinsam, was unterscheidet sie? Zunächst besteht überall die politisch gewollte Tendenz, das eigene Volk enger zu überwachen. Einige sind hier schon weit fortgeschritten, manche wie die Europäer aber erst in der Anlaufphase. Grund ist zum einen die steigende Unzufriedenheit der Bürger mit der Politik, zum anderen die preiswerte Verfügbarkeit der Technik. Man kann den Five Eyes wohl zu einem großen Teil die Verantwortung an Letzterem zuschieben, denn durch ihren großen Bedarf ist nicht nur der Preis gesunken, sondern Überwachung ist auch kein Zufall mehr. Für jede Anforderung finden sich Ingenieurbüros, die genau das liefern, was gewünscht wird (siehe „NSA, BND & Co“).

In die zweite Kategorie fallen Dienste, die zusätzlich Industriespionage betreiben, d.h. die NSA, die Chinesen, vermutlich auch die Russen und die Japaner. Wie weit auch die westeuropäischen Dienste in solche Machenschaften verwickelt sind, ließ sich bis vor kurzem schwer sagen, weil man in Deutschland nun nicht in dem typischen Zielland für BND-Industriespionage sitzt und Nachrichten aus anderen Ländern zu diesem Thema in Deutsch kaum zu erhalten sind. Die Formulierung „nicht das typische Zielland für BND-Industriespionage“ hat sich nun allerdings als unkorrekt herausgestellt. Wie im April 2015 bekannt geworden ist, hat der BND jahrelang Telefondaten deutscher Bürger an die NSA geliefert und auch Industriespionage in deutschen Unternehmen zu Gunsten der Amerikaner betrieben. Die Regierung lässt über die Medien die Nachricht einer „möglicherweise stattgefunden habenden unwissentlichen (sic!) Weitergabe von Informationen“ verbreiten und einige Medien verteidigen sogar die Industriespionage mit dem Argument, dass die Nachrichtendienste nur ihrer Aufgabe nachkämen, wenn sie durch Spionage in den Unternehmen sicher stellen würden, dass Unternehmen keine Embargobestimmungen unterlaufen. Der Abgeordnete Gregor Gysi der Partei Die Linke dürfte allerdings näher am Tatbestand liegen, wenn er dem BND hier Landesverrat vorwirft.

In die dritte Kategorie gehören die Five Eyes. Ihr Ziel geht noch wesentlich über Aufklärung und Industriespionage hinaus und umfasst die Bespitzelung der gesamten weltumspannenden Kommunikation, wobei auch jede Form der Kriminalität kein Tabu ist, wenn sie damit dem Ziel näher kommen. Mit zu diesem Ziel gehört die Beeinflussung der Gesellschaften durch Desinformation und andere Maßnahmen (wir kommen gleich dazu).

China scheidet nach eigenem Bekunden aus dieser Kategorie bereits aus, da ihnen gute Geschäfte wichtiger sind, und die macht man eher mit Ehrlichkeit als mit Betrug. Ob man das glauben soll/will, ist eine andere Sache, wenn man sich an der Inlandsaktivität der chinesischen Dienste orientiert. Auch andere der genannten Nachrichtendienste scheinen sich hier nicht zu tummeln – oder sind zumindest noch nicht aufgefallen, wenn einem diese Formulierung realitätsnaher erscheint.

Wenn man noch eine Kategorie draufsatteln will, bleiben noch die NSA und zumindest von der Grundeinstellung her der Mossad übrig. Sämtliche Staaten betreiben Rüstung im Bereich Cyber-War, aber die Amerikaner und die Israelis besitzen den Größenwahn, Cyber-War-Techniken auch ohne Kriegshintergründe beliebig und gegen jeden, dessen Meinung ihnen nicht passt, einsetzen zu dürfen.

2.3   Das Ende der Demokratie ?

Immer und immer wieder wird uns durch Politik und Medien vermittelt, dass wir in einer freiheitlichen Demokratie leben, die jedem ein Mitgestaltungsrecht einräumt, und sich überall auf der Welt Leute nur deswegen gegenseitig umbringen, weil sie die Demokratie wollen, und nicht etwa deswegen, weil sie nichts zu essen haben. Ein ehrlicher Blick auf das Geschehen zeigt aber, dass wir uns derweil immer weiter von einer Demokratie, sollte sie je wirklich bestanden haben, entfernen. Wahlen werden nicht mehr mit Sachprogrammen geführt, sondern mit Parolen wie „Merkel, damit es weiter geht!", und was nach den Wahlen geschieht, liegt im freien Ermessen der Politik. Proteste und Bürgerbegehren haben etwa die gleiche Wirkung wie der Versuch, einen Bunker aus dem 2. Weltkrieg durch Kopfstöße zu zerkleinern.[22]

Das Resultat ist eine zunehmende Resignation. Weniger als 2/3 der Bürger gehen überhaupt noch zu den wichtigsten Wahlen, bei als unwichtig empfundenen Wahlen können es auch schon einmal weniger als 20% sein. Die Folge ist eine zunehmend schwindende demokratische Legitimation der Politik. Das merkt sie selbst, nennt es „Politikmüdigkeit" und versucht, gegen zu steuern. Allerdings weniger durch Rückkehr zu Volksnähe, Ernst nehmen der Bürgeranliegen, Meinungspluralität und Pragmatismus als vielmehr mit bedenklichen Methoden, die wir uns an einigen Beispielen ansehen.

MANIPULATION DER GESELLSCHAFT

Nicht nur Maschinen werden manipuliert, auch die Manipulation ganzer Gesellschaften, die eigene eingeschlossen, steht inzwischen auf dem offiziellen Arbeitsplan der Nachrichtendienste. Ohne in Details einzusteigen, haben bei vielen Tagesthemen sicher einige Leser im Gespräch mit Bekannten und Freunden feststellen können, dass die „öffentliche Meinung", die man selbst gesprächsweise mit anderen austauscht, nur bedingt etwas mit der „veröffentlichten Meinung", d.h. dem, was Nachrichtenmedien verbreiten, zu tun hat. Ziemlich unisono halten sich fast alle Medien an eine Mainstream-Meinung, die weitgehend der Ideologie der Mehrheitsparteien in den Parlamenten entspricht und den Medien nicht nur den Titel „Lügenpresse" eingebracht hat, sondern nachfolgend Kommentare wie „beweisen mussten sie das jetzt nicht eigentlich auch noch". Gearbeitet wird mit Teilinformationen, aus dem Zusammenhang gerissenen Informationen, extrem scharfer Gut/Böse-Einteilung ohne Zwischentöne und Desin-

---

22 Man kann den Begriff Demokratie unterschiedlich diskutieren. Es ist nicht von der Hand zu weisen, dass eine ausschließliche direkte Demokratie, in der der Bürger auf jede Entscheidung Einfluss nehmen kann, nicht sonderlich gut funktioniert, da die Masse der Bürger gar nicht den intellektuellen Horizont dafür aufweist. Die Geschichte liefert eine Reihe von Beispielen für diese These. In der repräsentativen Demokratie besitzen die Repräsentanten=Abgeordnete daher ein hohes Maß an Freiheit in den Entscheidungen (→ dem Gewissen verpflichtet). Wenn allerdings eine direkte Einflussnahmemöglichkeit in der Theorie verkauft wird, in der Praxis aber vielfach noch nicht einmal mehr eine nennenswerte Repräsentation der Bürgermeinung und auch keine nachvollziehbare rationale Begründung für die Politik zu finden ist, entsteht ein Legitimationsproblem.

formation, d.h. Verbreitung widersprüchlicher oder falscher Information.[23]

Für viele Bürger scheint die sprichwörtliche Bildzeitung immer noch als Nachrichtenmedium zu dienen, und viele junge Bürger interessieren sich selbst dafür kaum noch, aber wer will, hat gerade im Internet in Verbindung mit Suchmaschinen ein hervorragendes Regulativ. Die Suchmaschinen, allen voran der viel geschmähte Marktführer Google, scheinen mir dabei fast schon der letzte Hort der Demokratie zu sein, bringen sie zu den eingegebenen Stichworten neben den Mainstream-Medien zumindest ab der 2. Seite auch andere Stimmen. Allerdings wird daran schon gekratzt. Im Artikel 5 des Grundgesetzes heißt es zwar „Zensur findet nicht statt", aber auf den Suchmaschinen stößt man bei vielen Begriffen auf die Mitteilung „Aus rechtlichen Gründen wurden ... Beiträge auf dieser Seite nicht dargestellt". Wenn man kriminelle Inhalte wie Kinderpornografie oder ähnliches ausschließt, die natürlich Anlass geben, dass behördlicherseits der Link unterdrückt wird, sind es im Wesentlichen zwei Gründe, aus denen Google Suchergebnisse entfernt:

- Mobbing oder Beleidigung von Personen oder Gruppen,

- persönliche Daten von Personen, deren Interesse an einer Nichtdarstellung größer ist als das Interesse der Öffentlichkeit, diese Daten zu sehen zu bekommen.

Das ist durchaus gerechtfertigt und keine Zensur. Wenn man aber beispielsweise mit Hilfe des TOR-Systems[24] einer Suchmaschine eine nicht-deutsche IP-Adresse präsentiert, bekommt man bei in Deutschland politisch mit bestimmten Inhalten vorbelegten Suchbegriffen weitere Ergebnisse, die hier „aus rechtlichen Gründen" nicht dargestellt werden und bei denen der sich nicht in juristischen Haarspalte-

---

23 Der Fachoberbegriff ist Propaganda. Wir werden in diesem Kapitel einige Propagandamethoden diskutieren, verschieben aber die systematische Darstellung auf eines der späteren technischen Kapitel.

24 Das TOR-System ist ein Verbund von Relais-Servern, über die der Aufruf einer Internetseite geroutet werden kann. Jeder kann sich daran beteiligen und seinen Rechner als Relais-Server zur Verfügung stellen, was man in der BRD aber aufgrund der zwielichtigen Rechtslage nur mit Vorsicht machen sollte. Statt Ihrer deutschen IP-Adresse sieht der Internet-Server, von dem Sie eine Seite abrufen, dann eine US-Adresse oder die irgendeines anderen Landes und filtert folglich in Deutschland gesperrte Informationen nicht weg.

reien auskennende Beobachter schon fragt, wie deren Unterdrückung sich mit Artikel 5 verträgt. Wir werden das hier nicht weiter verfolgen (Sie können selbst einmal TOR auf Ihrem System installieren und einige Versuche machen) kommen aber in Kapitel 3.7 noch einmal auf die Entfernung von Links auf Suchmaschinen zurück.

DESINFORMATION DURCH MANIPULATION

Beim Thema Desinformation kommen nun wieder die Nachrichtendienste ins Spiel. Als Aufhänger dazu diene eine kleine Geschichte, die wahr sein kann oder auch nicht. Entscheiden Sie selbst nach Bewertung der inneren Logik.

Für die Geschichte ist ein längeres einleitendes Vorwort notwendig, um die Motivation der verschiedenen Gruppen zu verstehen (oder eben nicht zu verstehen). Das politische Minenfeld, das wir nun betreten, ist die EU-weit gescheiterte Integrations- und Flüchtlingspolitik. Bevor der abgeneigte Leser ob dieses Satzes in heftigen Widerspruch verfällt, möge er bedenken: wenn Leute,

- die teilweise seit mehr als 30 Jahren hier wohnen, sich nicht mit der ethnisch-deutschen Bevölkerung mischen, sondern in abgeschotteten Vierteln wohnen, in die sich teilweise selbst Hilfsdienste wie die Feuerwehr nicht so ohne weiteres hinein trauen dürfen,

- die bei Interviews nach wie vor eines Dolmetschers bedürfen, weil sie immer noch kein Deutsch sprechen,

- die nicht Deutschland, sondern die Türkei oder ein anderes meist arabisches Land als ihre Heimat bezeichnen,[25]

kann man keinem verübeln, wenn er das nicht als Integration betrachtet. Wenn Leute aus anderen Ländern durch viel Einsatz von (natürlich der Muttersprache der Leute mächtigen) Sozialarbeitern dazu gebracht werden, ihren Müll in die Tonne statt aus dem Fenster zu werfen und die Toilette statt der Grünanlage zu benutzen, aber ansonsten die oben genannten Kriterien zutreffen, darf man sich ebenfalls nicht wundern, dass das von einigen Leuten allenfalls als erfolgreiche Zivilisierung, aber nicht unbedingt als Integration gesehen wird. Und bei

---

25 Die Länderauswahl ist nicht zufällig. Von den ebenfalls in großer Zahl in Deutschland lebenden Personen aus den ehemaligen UdSSR-Staaten, den südlichen EU-Ländern oder Ostasien sind Integrationsprobleme kaum zu vermelden.

dem, was sich derzeit in Sachen Flüchtlingen tut, kann man bei aller gebotenen Nächstenhilfe ebenfalls Bedenken bekommen, ob der Zug in die richtige Richtung fährt.[26]

Integration findet natürlich auch statt, aber nicht im wünschenswerten Umfang und in wünschenswerter Form. Es wird von einer zunehmenden Zahl an Bürgern als Fehler empfunden, nicht integrationsbereiten Migranten keine Grenzen zu setzen und keinerlei Steuerungsmechanismen bei der Zuwanderung zu definieren. Man darf wohl unterstellen, dass es genau das ist, was die meisten kritischen Bürger im Sinn haben, und nicht etwa ein ethnisch reines Arierdeutschland, wie gerne von Politik und Medien unterstellt wird. Die Politik möchte, aus welchen Gründen auch immer, über dieses Thema nicht diskutieren und muss daher etwas anderes tun.

So weit der erste Teil der Vorrede, der die Lager aufzeigt, wobei es nicht verkehrt ist, von einer langsamen Migration eines Teils der Bürger in Richtung Kritik zu sprechen. Werden wir im zweiten Teil konkreter und weisen auch gleich auf einige nicht ganz saubere Machenschaften der Politik hin.

---

26 Die Politik unterschlägt gerne, dass die Bürgerkriegszustände in Libyen, Syrien, dem Irak und anderswo in der Regel darauf zurück zu führen sind, dass westliche Länder den ehemaligen Machthabern Bomben an den Kopf werfen mussten und so die Bürgerkriegszustände ausgelöst haben. Frei nach „die Geister, die ich rief, …" versucht die Politik nun ähnlich Micky-Maus im Zeichentrickfilm, das überlaufende Wasser einfach durch „Einwanderung" abzuschöpfen und übersieht dabei, dass Micky Maus mit der Aktion (auch?) keinen Erfolg hatte. Allein im Jahr 2015 rechnet die Bundesregierung mit bis zu 500.000 Zuwanderern, und diese Zahl ist noch deutlich geschönt. Wie aus Medienberichten hervorgeht, handelt es sich bei den Flüchtlingen vielfach um Gruppen junger Männer zwischen 25 und 35, und wie DRadio berichtet, werden zunehmend mehr Anträge auf Familienzusammenführung gestellt. Damit reden wir aber nicht mehr über 500.000, sondern deutlich mehr Zuwanderer. Pro Jahr! Auch wird überhaupt nicht berücksichtigt, dass der afrikanisch-arabische Raum deutlich mehr Emigranten liefern kann als Europa beim besten Willen in der Lage ist aufzunehmen, d.h. so lange die Signale weiterhin auf „jeder wird genommen" stehen, wird die Zahl weiter steigen. Ob der Staat das trotz des ewig beschworenen „uns geht es gut" noch leisten kann und wie integrationsbereit diese Zuwanderer wirklich sind, darf offiziell leider nirgendwo debattiert werden, falls man nicht spontan in der Schublade Ausländerhasser landen will.

Die PEGIDA-Bewegung in Deutschland dürfte dem Leser ein Begriff sein, der nicht weiter erläutert werden muss, ebenso die Anti-PEGIDA-Bewegung, bei der die Ungereimtheiten schon anfangen: während PEGIDA sich in verschiedenen Städten in Form regelmäßiger Demonstrationen um kleine Zellen von Aktivisten entwickelte, waren Anti-PEGIDA-Demonstrationen oft von vornherein größer und selbst in Städten, in denen es so etwas wie PEGIDA gar nicht gab, vorhanden. Das kam nicht von ungefähr: wie die Bürgermeisterin auf Anfrage der AfD zugegeben hat, hat alleine die Stadt Dresden 105.000 € aus Steuermitteln (!) dafür verwandt, eine solche Gegendemonstration zu organisieren. Finden kann man dies nur in Medien der rechten Szene; die Qualitätsmedien schweigen sich zu der mutmaßlich gesetzwidrigen Verwendung von Steuermitteln aus.

Abbildung 2.1: Pro-PEGIDA-Umfage/Petition

Etwas weniger subtil war man in Leipzig. Eine Legida-Demonstration[27] wurde kurzerhand verboten, weil „nicht genügend Polizeikräfte

---

27 Legida ist der Leipziger Ableger der Pegida. Die verschiedenen Demonstrationsaktionen sind anscheinend organisatorisch nicht miteinander verwoben. Um das zu verdeutlichen, verwenden die verschiedenen Organisatoren den Begriff EGIDA mit vorangestelltem Anfangsbuchstaben der jeweiligen Stadt oder Region.

zur Gewährleistung der Sicherheit" verfügbar gewesen seien. Die Gegendemonstrationen, durchsetzt von Antifa-Blocks, die die Gefährdung der Sicherheit repräsentierten und Gewalt gegen Polizei und Legida-Demonstranten ausgeübt hatten, durften allerdings stattfinden, und um die Personalien dennoch angereister Legida-Sympathisanten aufzunehmen und Bußgeldverfahren gegen sie einzuleiten, reichten die Polizeikräfte allemal aus.

Abbildung 2.2: Contra-Pegida-Petition

Auch in anderen Städten war man sehr aktiv. Im fernen Ostfriesland wurde mit mindestens halbseitigen Artikeln an bevorzugter Stelle in den Medien für eine Anti-Demonstration getrommelt, bevor sich überhaupt so etwas wie eine Ogida bilden konnte, und im Ruhrgebiet und Schleswig-Holstein wurden gleich ganze Schulklassen mit der Begründung „Anwesenheitspflicht bei schulischen Veranstaltungen" zur Teilnahme an Anti-Demonstrationen gezwungen. Wer fehlte, riskierte Bußgelder wegen Schulschwänzens. Wieder werden diese Nachrichten weitgehend nur in Medien der rechten Szene veröffentlicht, aber wer diesen nicht glaubt, kann sich auch die eindeutigen Kommentare betroffener Schüler bei Facebook anschauen, die durch eine Suche leicht zu finden sind.

Anscheinend ist PEGIDA ein mächtiger Stachel im Fleisch der Mehrheitsparteien. Da die Demonstrationen infolge Gesprächsverweigerung erst bei den PEGIDA-Machern, dann bei der Politik zu keinem Dialog mit der Politik geführt haben, nimmt die Teilnahme an den Demonstrationen naturgemäß ab, was als erfolgreiche Bekehrung gefeiert wird. Die Realität sieht anders aus: nach Umfragen von Meinungsforschungsinstituten könnte sich die Hälfte der Bevölkerung mit PEGIDA anfreunden, und eine Auswertung von Kommentaren auf Facebook durch zwei Studenten, die der Spiegel veröffentlicht hat, zeigt, dass es sich dabei nicht um Extremisten handelt, sondern „den Nachbarn von Nebenan", der sich in der Öffentlichkeit nicht traut zu sagen, was er in der (vermeintlichen) Anonymität von Facebook oder anderen Blogs von sich gibt.

So weit zu Vorrede zwei, die Sie bitte nicht als politisches Statement, über das es zu diskutieren gilt, auffassen wollen, sondern als Beispiel, wo Ansichten der Politik und der Bürger auseinander driften, wobei die Politik bereits anfängt, mit unlauteren Mitteln zu arbeiten.[28] Wenn man dem Bürger vorspielen kann, dass er mit seiner Meinung doch ziemlich alleine dasteht, lässt er sich vielleicht bekehren oder doch eine Organisation der Kritiker behindern. Wie das gehen könnte, soll das folgende Beispiel verdeutlichen. Zuerst die Fakten:

Genau am Heiligen Abend 2014 tauchten gleichzeitig zwei Internetaktionen auf der Abstimmungsplattform www.change.org auf: eine Petition pro PEGIDA (Abbildung 2.1), eine Anti-PEGIDA (Abbildung 2.2). Nach knapp 2 Tagen, also am 2. Weihnachtstag, lagen beide Abstimmungsaktionen gleich auf und vereinigten je ca. 35.000 Stimmen (!) auf sich. Zu diesem Zeitpunkt wurde die Pro-PEGIDA-Umfrage komplett entfernt, d.h. das komplette Konto bei change.org und damit alle Einträge wurden gelöscht. Als Grund wurde angege-

---

28 Die Darstellung von Demonstrationen gehört ebenfalls bereits in den Bereich Meinungsfärbung. Zunächst wird eine Demonstration von oft relativ wenigen Menschen medial als Abbild der Gesellschaft hochgespielt, was nicht sein muss, und man kann bei der Schätzung der Teilnehmerzahl eine große Intervallbreite feststellen, je nachdem, wer gefragt wird, wobei auch diese Zahlen wieder als Abbild der Gesellschaft herhalten müssen, was natürlich auch zweifelhaft ist.

ben: jeder, der die Petition zeichnet, kann eine Nachricht hinterlassen, und bei Pro-PEGIDA sammelten sich (angeblich) ausschließlich rassistische Kommentare an.[29] Der (unbekannte) Initiator gab an, die redaktionelle Bearbeitung der Kommentare nicht leisten zu können (angesichts der Menge verständlich) und deshalb alles zu Schließen. In der Folgezeit wandten sich etwa 1.000 Leute in einer weiteren Petition an change.org selbst, um die alte Petition wieder zu öffnen, aber das ist den Machern der Seite wiederum nicht möglich, wenn der Initiator sie schließt (warum sie selbst die Petition nicht neu gestellt haben oder ob sie das wollten und nicht zugelassen wurden, entzieht sich meiner Kenntnis).

Anti-PEGIDA lief weiter, durchbrach bereits zur Jahreswende die 150.000-Stimmen-Marke und kam daraufhin ziemlich groß in den Medien heraus. Danach wuchsen die Zahlen zwar noch weiter, stagnierten aber trotz des nun durch die Medienberichte erzeugten großen Bekanntheitsgrads im Bereich 200.000. Im April 2015 wurde etwa die doppelte Zahl erreicht,[30] was recht eindrucksvoll ist. Der Initiator hatte ein Ziel von 1.000.000 Stimmen vorgegeben, das wohl nicht so schnell erreicht werden kann und dafür sorgt, dass die Abstimmung lange auf der Plattform stehen bleibt.

So weit die Chronologie, die man auf change.org und zum Teil auch in Medienberichten aller großen Tageszeitungen ab der 2. Januarwoche für eine kurze Zeit verfolgen konnte. Lassen wir nun einmal die Inhalte beiseite und betrachten lediglich die Umstände des Ganzen etwas kritischer. Einige Details sind auffällig:

a) Da sind zunächst zwei gegensätzliche Abstimmungen, die gleichzeitig von zwei (angeblich) verschiedenen Personen, die nichts miteinander zu tun haben, auf der gleichen Plattform erscheinen. Auf der Pro-Seite wird sogar auf die Kontra-

---

29 Das widerspricht ein wenig der bereits zitierten Veröffentlichung im Spiegel über die Reaktionen auf Facebook, die von einem Pro-Vertreter im wesentlichen sicher nicht als rassistisch angesehen würden. Auf der Abstimmungsplattform ist man aber nicht anonymer als auf Facebook selbst.

30 In Abbildung 2.2 ist eine Stimmenzahl von 508.000 zu bemerken. In einem späteren Kontrollaufruf der Seite waren jedoch nur 485.000 Stimmen vermerkt. Diese merkwürdigen Schwankungen um teilweise mehrere 10.000 Stimmen wurden auch von anderer Seite in Blogs beschrieben. Wir kommen noch darauf zurück.

Seite verwiesen. Immerhin war PEGIDA zu diesem Zeitpunkt schon 3 Monate alt.

b) Zumindest der Kontra-Pegida-Seite sieht man es an, dass sie nicht „mal eben so" ins Netz gestellt wurde, wie es in den Medien später verbreitet wurde. Da ist einiges an Designarbeit investiert worden und hatte eine längere Vorbereitungszeit bzw. ist von Profis gestaltet worden (Abbildung 2.1, 2.2).

c) Dann der perfekt abgestimmte Zeitpunkt und Zeitverlauf. Mit dem Heiligen Abend werden auch bei Pressediensten die Antennen weitgehend eingezogen, und mit dem 2. Weihnachtstag wurde die Pro-PEGIDA-Abstimmung rechtzeitig wieder entfernt, bevor die Presseleute wach werden und Beweise sammeln konnten. Über Pro-PEGIDA ist denn auch nichts bekannt als die Behauptung von ausschließlich rassistischen Äußerungen.[31]

d) Die Teilnahme ist ungewöhnlich, insbesondere wenn man wieder den Zeitpunkt ins Kalkül zieht. Petitionen dümpeln bis zu einem Jahr auf www.change.org herum und sammeln i.d.R. ein paar 100 bis 1.000 Stimmen (natürlich gibt es auch solche, die 350.000 Votes auf sich vereinen), aber je 35.000 in zwei Tagen, und dann noch über Weihnachten, wo selbst eingefleischte Internetaktivisten mit der Oma feiern, um das neue IPad finanziert zu bekommen? Kann so etwas auf einer mäßig bekannten Plattform wie www.change.org so schnell bekannt werden?

e) Eine der potentiellen Möglichkeiten, so eine Aktion bekannt werden zu lassen, sind soziale Netzwerke wie Facebook oder Google+. Doch die Pro- und Kontra-PEGIDA-Gruppen, die dort existieren, brachten zu dem Zeitpunkt weniger als 1/5 der Mitglieder zusammen, als Stimmen nach 2 Tagen verzeichnet wurden.

f) Eine weitere Fehlanzeige bei der Suche nach dem Grund für eine Bekanntheit der Abstimmung ist auch deren Initiator. Laut eigener Recherche verfügt dieser zwar über ein viele Jahre altes Facebook-Konto, aber: keine Altersangabe, keinerlei

---

31 Erstaunlicherweise sind die Seiten noch nicht einmal bei www.archiv.org, dem Internetarchiv, gelistet. Dort kann ich sogar Beiträge aus dem Jahr 2007 von meinem 2013 gelöschten Blog wiederfinden.

eigene Posts (die Petition eingeschlossen), keine Freunde, keinerlei persönlichen Daten – schlicht nichts, was darauf schließen lassen könnte, dass die Person mehr Leuten als sich selbst bekannt ist.

Gleiches für die Sozialplattformen www.fotocommunity.de und Google+: bei der ersten ein altes Konto ohne weitere Angaben, ohne Fotos, ohne Aktivitäten, schlicht nichts; bei Google+ ein schlecht definiertes Profilbild und zwei Posts zu Petitionen auf www.change.org aus den letzten drei Wochen vor der Kontra-Pegida-Petition, aber auch nichts über diese selbst.

g) Die Berichte in den Medien, wach geworden erst zur Jahreswende, sind fast identisch: alle zeigen das gleiche Foto des Kontra-Aktivisten und mehr oder weniger den gleichen Wortlaut, der so eng dem Petitionstext folgt, dass man mit ziemlicher Sicherheit davon ausgehen kann, dass niemand den Initiator persönlich gesprochen hat.

h) Der liebe Gott weiß ja bekanntlich alles – und wenn er einmal etwas nicht weiß, fragt er Google. In diesem Fall hätte er allerdings Pech: auch Google weiß absolut nichts über den Intitiator: keine Aktivitäten, keinerlei Einträge, keine Erwähnung auf irgendwelchen Webseiten, nichts – lediglich das Foto, das in den Medien veröffentlicht wurde und bei dem es sich um ein unscharfes Profilbild bei Google+ handelt.

i) Wohl schon von Ihnen vermutet: auch das Telefonbuch kennt den Initiator nicht. Es kennt noch nicht einmal ähnliche Namen in der angegebenen Großstadt, also auch niemanden, der auf die Idee kommen könnte, sich zu fragen „man, der heißt genau wie ich, bin ich mit dem verwandt?".

Wenn man a) – e) in Beziehung zu f) – i) setzt, stellt sich die Frage „Wie kann jemand, der nach Internetmaßstäben so schlecht vernetzt ist, dass anscheinend noch nicht einmal die Presse sehr weit mit ihren Recherchen gelangt, innerhalb von einigen Tagen fast 40.000 Leute aktivieren?". Und vermutlich kann man über den Urheber der zweiten Petition das Gleiche sagen.

„Schön und gut" wird sich mancher Leser an diesem Punkt vielleicht fragen, „aber warum dieser Bericht von nun fünf Seiten Länge über diese Nebensache?" Der Grund ist eine auch noch aus Snowden-

Beständen stammende weitere Information, die in den Medien nur am Rand erwähnt wird: das GCHQ verfügt über eine Software zur massiven Manipulation von Internetumfragen. Oh! Und nun setzen Sie einmal den Bericht in Relation zu dieser Information!

Was Sie selbst bei Durchdenken dieser Relation wohl schon festgestellt haben: genau dieses Szenarium, wie ich es gerade beschrieben habe, sollte man erwarten, wenn ein Nachrichtendienst eine solche Fingerübung in Richtung gezielte Desinformation und Manipulation startet.

- Kaum echte Kontrollmöglichkeiten, die eine tiefere Verfolgung und Enttarnung erlauben,

- eine überwältigende Bestätigung der Mainstream-Meinung, die die Medien zum Bericht veranlasst, gleichzeitig aber von tieferem Bohren abhält, und

- eine erneut geoutete verabscheuungswürdige Minderheitenmeinung von Extremisten, von der der anständige Bürger sich bitte nicht anstecken lässt.

Denken Sie das beschriebene Szenarium einmal rein logisch in allen Aspekten durch. Sähe eine Fälschung durch einen Nachrichtendienst mit entsprechenden Mitteln genau so aus? Und wäre die Meinung noch unentschlossener Bürger dadurch nicht in eine bestimmte Richtung beeinflussbar?

Es gibt also einige Gesichtspunkte, die mit einem Manipulationsverdacht vereinbar sind. Meine Anfragen bei Medien in dieser Richtung in Verbindung mit der Kontra-PEGIDA-Abstimmung und ob man sich damit nicht einmal etwas genauer beschäftigen wolle blieben allerdings ohne jegliche Reaktion, und www.change.org ließ auf eine ähnliche Anfrage verlauten, dass „die Abstimmungskontrollen keine Manipulation zulassen".

Technisch ist die letzte Aussage allerdings nicht haltbar. Genauer darauf geschaut unterscheiden sich die www.change.org-Kontrollen nicht von denen auf anderen Plattformen und beruhen auf einem Email-System. Für Anmeldung und Abstimmung genügt eine Anmeldung mit einer Email-Adresse, an die ein Bestätigungslink gesandt wird, und schon kann es losgehen. Der einzelne Teilnehmer kann sich daher so oft anmelden, wie er über Emailkonten verfügt. Man darf davon ausgehen, dass auch das GCHQ diese Mechanismen kennt und die

Unterhaltung von einigen 100.000 unauffälligen Email-Konten kein Problem für eine solche Organisation darstellt.[32] Zu einer solchen Manipulation passt auch die Randbemerkung in der Fußnote auf Seite 59 betreffend die in Blogs und auch von mir beobachtete Schwankung der notierten Voten. Eine gezählte Stimme verschwindet aus der Statistik genauso wie eine komplette Petition, wenn das zu ihr gehörende Konto bei www.change.org geschlossen wird. Aus Sicht des Nachrichtendienstes dürfte es zur notwendigen Verschleierung gehören, die verwendeten Emailkonten nach und nach wieder aus dem Prozess heraus zu ziehen, sobald genügend echte Stimmen vorhanden sind, da eine Fälschung trotz aller Umsicht auch die Gefahr einer Enttarnung in sich birgt. Durch eine Analyse der Konten bei www.change.org könnte man Hinweise auf so etwas finden, aber dort wird man sich verständlicherweise nicht in die Karten schauen lassen.

Zwischenbilanz

So weit die PEGIDA-Story. Waren die Abstimmungen nun ein Fake, um die Bürgermeinung zu manipulieren, oder ist das nur ein weiteres Hirngespinst von Verschwörungstheoretikern?

Nun, seien wir ehrlich: selbst wenn es sich um eine Manipulation handelt, werden wir es erst erfahren, wenn sich jemand mit mehr Ressourcen als ich hinter die Sache klemmt und einen Insider findet, der auspackt. Die Wahrscheinlichkeit für letzteres ist gering, und so lange bleibt es eine Verschwörungstheorie, jedoch die Sachlogik in Verbindung mit den Snowden-Papieren sprechen dafür, dass das nicht alles nur aus der Luft gegriffen ist und eine Desinformationsaktion eines Nachrichtendienstes genau so aussähe.

Wenn es eine Geheimdienstaktion war, wer könnte es dann gewesen sein? In Frage käme der GCHQ, weil der über die Software verfügt. Aber der hat in Deutschland keine Interessen in dieser Richtung. Da passt schon eher der BND, der sich der GCHQ-Software zu „Testzwecken" und vielleicht auch im Rahmen diverser „Kompensationsgeschäfte" bedient. Die Ende April 2015 bekannt gewordenen alles andere als koschere und im Bürgerinteresse durchgeführten Operatio-

---

32 In den Medien erschien kurz darauf noch eine Meldung, dass der britische Geheimdienst eine größere Arbeitsgruppe zur gezielten Desinformation gebildet hätte; dabei handelt es sich allerdings um eine gezielte Desinformation, denn die AG gezielte Desinformation beim britischen Geheimdienst wurde schon vor dem 2. Weltkrieg eingerichtet, wie man Geschichtsbüchern entnehmen kann.

nen des BND und das Rumeiern der Regierung, die offenbar auf dem linken Fuß erwischt wurde, fördern nun auch nicht gerade das Vertrauen in den ehrlichen Umgang des Staates mit seinen Bürgern.

Die Medien haben verständlicherweise bei dem Thema ebenso wie die Politik keinerlei Interesse einer Aufdeckung. Würde bekannt, dass die Regierung die demokratische Meinungsäußerung tatsächlich in diesem Ausmaß manipuliert, hätte PEGIDA wohl noch größeren Zulauf und der Mainstream könnte sich zumindest bei diesem Thema in ein schmales Bächlein verwandeln.

Dass auch www.change.org alles abstreitet, ist verständlich, denn würde eine Fälschung in dem Ausmaß offensichtlich, wäre es auch das Aus für www.change.org. Niemand würde noch ernst nehmen, was dort an Abstimmungsergebnissen herauskommt.[33] Aber selbst ein Auffliegen einer solchen Operation wäre noch ein Gewinn für den Nachrichtendienst, denn www.change.org wird mit seinen Umfragen und Petitionen dem Establishment an der einen oder anderen Stelle ebenfalls lästig, und alles manipulieren kann man nun auch wieder nicht ohne aufzufallen. Einer Laus – PEGIDA oder www.change.org – hat man sich mit dieser Aktion auf jeden Fall entledigt.

Schließen wir das Thema, das sich nun lange genug an einem möglichen Beispiel für die Manipulation der Öffentlichkeit durch die Regierung und ihre Dienste aufgehalten hat, mit einer allgemeinen Schlussfolgerung: Internet-Abstimmungen sind auf vielen Webseiten – privaten und solchen der Nachrichtenmedien – zu finden. Sie gehören zur demokratischen Meinungsbildung und werden fallweise in Berichten der Medien auch gerne verwendet, um „die Stimmung im Volk" wiederzugeben. Die wiedergegebene Grundstimmung sollte aber überwiegend positiv sein, damit die Politik mit dem Argument „Populismus" weiterhin der Diskussion aus dem Weg gehen kann und sich nicht weiter um abweichende Ansichten kümmern muss.

Die Nachrichtendienste sind in der Lage, solche „Stimmungen" zu manipulieren, und der diskutierte Fall zeigt, wie eine Manipulation aussehen könnte, wenn sie es tun.[34] Laut Snowden tun sie es und grei-

---

33 Wenn man genauer nachforscht, wird man sicher auch noch weitere Abstimmungen dort finden, die im Nachhinein etwas merkwürdig sind, wenn vielleicht auch nicht derart massiv wie in dem beschriebenen Fall.

34 Falls sie es doch nicht waren: ich beanspruche in diesem Fall hiermit das Urheberrecht auf diese Vorgehensweise. Wenn Sie als BND-Desinforma-

fen mit solchen Techniken die Demokratie, die doch angeblich immer verteidigt werden soll, direkt an. Was ist unter solchen Umständen noch vertrauenswürdig? Selbst wenn keine Manipulation vorliegt, bleiben Zweifel.

DIE 4. GEWALT

Die Rolle der Medien ist im Rahmen der Demokratie eigentlich ein Regulativ zur Begrenzung der Regierungswillkür. Bereits durch die Inhalte der vorhergehenden Kapitel dürften aber schon leise Zweifel aufgekommen sein, ob die Medien dieser Aufgabe im gebührenden Maße nachkommen. Werfen wir daher einen näheren Blick darauf.

Wie der Journalist Glenn Greenwald, an den sich Snowden mit seinen NSA-Papieren gewandt hatte und der die auslösenden Berichte mit viel Mühe in die Medien brachte,[35] berichtet, ist die 4. Macht im Staate, die Medienwelt, zumindest in den USA so mit der Politik verbandelt, dass nur noch bedingt mit echter Aufklärung zu rechnen ist. Anders als in Deutschland, wo Politiker bekanntlich in lukrative Posten in der Wirtschaft wechseln, bestehen in den USA kaum Grenzen zwischen Politikern und Medienleuten: man lebt in den gleichen Vierteln, gehört zu den Spitzenverdienern und wechselt von den Medien in die Politik, von dort in die Administration und wieder zurück in die Medien. Im Rahmen der Snowden-Affaire hat sich die US-Medienlandschaft nicht nur zurückgehalten, sondern zusammen mit der Regierung dementiert und dagegen gehalten und erst vorsichtig berichtet, als sich das durch Berichte in anderen Ländern nicht mehr unter den Tisch kehren ließ, aber auch dann immer noch vorsichtig und eher darauf bedacht, nicht das Gesicht zu verlieren.

---

tions-Manager etwas nach diesem Schema aufbauen möchten, nehmen Sie bitte vorab Kontakt mit mir zwecks Aushandeln der Tantieme-Vereinbarung auf.

35 Nach eigener Darstellung hat Greenwald zunächst versucht, die Story bei der New York Times und der Washington Post unterzubringen, was diese aber erst machen wollten, nachdem sie alles der Regierung mehr oder weniger zur Zensur vorgelegt hätten. Der Kritisierte sollte somit entscheiden, wie viel Kritik er verträgt. Nach einigem dubiosen Hin und Her mit den Amerikanern, das in einem seiner Bücher ausführlich beschrieben ist, hat Greenwald die Geschichte schließlich mit der britischen Zeitung The Guardian veröffentlicht, allerdings auch da erst nach einigem Hin und Her mit der US-Dependance der Zeitung.

Auch wieder Verschwörungstheorie, diesmal von Herrn Greenwald, der sauer ist, als freier Journalist nicht ernst genug genommen worden zu sein? Grund zu dieser Vermutung hätte man, schildert Greenwald doch selbst in einem seiner Bücher, dass er technisch nicht in der Lage war, innerhalb von einem halben Jahr PGP auf seinem Rechner zu installieren, und ihm dies schließlich erst durch telefonische Beratung durch Snowden persönlich, der schon befürchtete, keiner nehme ihn ernst, gelungen ist. Technische Überforderung, und ausgerechnet der kommt jetzt mit einem IT-Thema?

Wenn man das Ausmaß einer möglichen Verbandelung der Medien in den USA mit der Politik bewerten will, ist zu beachten, dass in der Medienlandschaft weltweit und nicht nur in den USA seit 50 Jahren eine Konzentration auf wenige Konzerne stattgefunden hat. Selbst wenn eine mittlere Ebene wollte, könnte sie gegen Direktiven der obersten Etage, eine bestimmte Politik zu verfolgen, kritische Nachrichten lancieren? In den 1970er Jahren war es noch möglich, eine Regierung über einen Skandal wie Watergate nicht nur stolpern, sondern in den Dreck fallen zu lassen. In den 1980er Jahren wiederholte sich das Spielchen teilweise mit der Iran-Contra-Affaire, aber schon deutlich abgeschwächt in der Wirkung. Damalige Beteiligte u.a. Georg W. Bush sen., dem das langfristig nicht geschadet hat und der aus der Geschichte lernen konnte. Schließlich die äußerst dubiosen Vorgänge bei den Wahlen von Georg W. Bush jun. und das offene Lügen der Bush-Administration bei der Auslösung des zweiten Irakkrieges – alles durchaus in der Qualität von Watergate, aber anscheinend hatte die US-Administration die Sache bereits Anfang 2000 so weit im Griff, dass sie sogar ohne blaue Flecken davon kam. Kaum anzunehmen, dass sich daran 10 Jahre später etwas abgeschwächt hat. Die längerfristige Entwicklung spricht dagegen, Greenwalds Klagen als puren Frust abzutun.

Greenwald veröffentlichte die Snowden-Story schließlich in Großbritannien in der britischen Tageszeitung The Guardian, was ja aufgrund der Five Eyes-Kooperation der Geheimdienste auch keine falsche Adresse ist. Der Guardian ist nicht konzernbeherrscht wie die meisten anderen Blätter, und deren Redakteure haben es deshalb leichter, für die Regierungen unangenehme Fakten zu publizieren. Die Reaktion der US-Streitkräfte auf diese Veröffentlichungen war die Sperrung der Webseiten des Guardian im Streitkräftenetz: zumindest US-Soldaten sollten nicht in den Genuss peinlicher Enthüllungen kommen. Solche Zensur fand damit nicht das erste Mal statt: auch die auf wikileaks veröffentlichten Manning-Papiere sollten die Soldaten nicht zu Gesicht bekommen. Soweit die US-Administration es direkt im Griff hat, findet Zensur statt.

Aber auch im Heimatland des GCHQ sieht es nicht gerade rechtsstaatlich aus: die britische Regierung hat mehr oder weniger das Recht, Medien ganz einfach zu schließen, wenn ihr die Berichterstattung nicht passt – unabhängig davon, ob Fakten oder Fiktion berichtet werden. Der Guardian wurde massiv unter Druck gesetzt, was schließlich zu der den meisten Lesern vermutlich bekannten Farce, Festplatten unter Aufsicht von Geheimdienstmitarbeitern zu zerstören, führte. Anscheinend hat die britische Regierung es noch rechtzeitig verstanden, mit welchem Feuer sie da spielte, aber nicht rechtzeitig genug, um sich nicht lächerlich zu machen.[36]

Wie weit man in Regierungskreisen bereit war zu gehen, zeigt eine kleine ebenfalls von Greenwald in einem seiner Bücher geschilderte Randaffaire, die vermutlich weniger bekannt ist, aber rechtsstaatlich um so gravierender: der Journalist und Lebenspartner von Glenn Greenwald, David Miranda, wurde auf dem Flughafen Heathrow festgenommen und genötigt, Smartphone und Notebook sowie die Kennworte auszuhändigen. Der Zugriff erfolgte im internationalen Bereich und war nach internationalem Recht unzulässig, die Durchsuchung und Nötigung erfolgte ohne Rechtsgrundlage, zuzüglich weiterer Verstöße gegen andere internationale Rechtsprinzipien; kurz und gut: in Großbritannien spielt sich Rechtsstaatlichkeit auf Gestapo- und SD-Niveau ab, zumindest, wenn es um Belange der Geheimdienste geht.

Und die deutschen Medien? Auch hier ist eine immer stärkere Konzentration der Medien auf wenige Konzerne zu beobachten. Außerdem schwindet insbesondere Printmedien als Folge des Internets die lesende Kundschaft, was finanzielle Einbußen bedeutet. Eine ausgleichende Geschäftsausweitung auf die online-Medien ist anscheinend

---

36 Eines der üblichen „nicht das Gesicht verlieren"-Spielchen. Hochrangige Regierungsvertreter konnten es nicht zulassen, einfach klein bei zu geben, aber massiv durchziehen konnte man die angedrohte Schließung des Guardian nun auch nicht. Also einigte man sich auf die „Vernichtung des Beweismaterials", wobei sich alle Seiten darüber im Klaren waren, dass weltweit jede Menge Backups vorhanden sind, die von der Aktion nicht betroffen waren. Es gehört wohl bei diesen Jobs dazu, sich mental an manchen Stellen nicht über das Niveau von 6-jährigen hinaus zu entwickeln.

in finanzieller Hinsicht noch nicht gefunden. Aus beiden Gründen wird journalistische Recherchearbeit nicht mehr universell betrieben: überregionale Nachrichten erscheinen vielfach wortwörtlich in verschiedenen Zeitungen wieder, und selbst in Blättern unterschiedlicher Konzerne erscheinen die gleichen Meldungen mit den gleichen sachlichen Fehlern, d.h. man bringt die Berichte von wenigen Agenturen mehr oder weniger unredigiert, falls man nicht direkt voneinander abschreibt. Recherchieren Sie beispielsweise die bereits oben erwähnte Berichterstattung über die PEGIDA-Abstimmungen auf www.change.org. Gleichlautende Texte und Fotos auf sämtlichen Medien, d.h. Spiegel, Fokus, FAZ, Süddeutsche und anderen. Wenn man sich für ein Thema interessiert, genügt das Lesen einer Zeitung – die anderen bringen praktisch keine anderen Aspekte, wie dies früher vielleicht einmal der Fall gewesen ist.

Wenn Sie schon einmal beim Recherchieren sind, können Sie auch gleich feststellen, dass kaum noch eine Berichts- oder Meinungsvielfalt mehr herrscht. Nachrichten zu Sachthemen beleuchten zunehmend nur eine Seite: in Syrien wurde ausschließlich die Position der Aufständischen dargestellt; dass etwa die Hälfte des syrischen Volkes auf Seiten der Assad-Regierung stand, wurde nicht erwähnt. Diese Art der Berichterstattung lässt sich auch bei den anderen Bürgerkriegen im Rahmen des so genannten arabischen Frühlings wiederfinden, und erst mit dem zunehmenden Terror durch die IS-Milizen scheint man etwas vorsichtiger zu werden. Desgleichen wird im Ukraine-Konflikt ausschließlich die Sache der ukrainischen Regierung vertreten; die Lage der russisch-stämmigen Bevölkerung spielt überhaupt keine Rolle in der Berichterstattung, und auch die Rolle ukrainischer Milizen, die nahezu unkontrolliert operieren und auch an Verhandlungsergebnisse nicht gebunden sind, findet nirgendwo Berücksichtigung.

Man muss nun gar nicht eine Übersicht über die Gesamtlage besitzen, um die Einseitigkeit zu konstatieren. Es genügt, auf das Fehlen bestimmter Informationen zu achten, um zu Erkennen, dass es sich gar nicht um neutrale Information, sondern um Propaganda handelt. Das Hauptziel der Sach(!)-Berichterstattung zur Ukraine scheint zu sein, die russische Putin-Regierung an den Pranger zu stellen und den kalten Krieg wieder anzufachen.

Zu der Propagandavermutung gibt es weitere klare Hinweise. Beispielsweise war auch allen Medien klar, dass der Ende Februar in Moskau ermordete Oppositionspolitiker Boris Nemzow auf das Konto Putins geht, ohne dass den russischen Behörden auch nur die Zeit gewährt wurde, Ermittlungen aufnehmen zu können (denn, das ist den Medien in ihren Kommentaren genauso klar, die russischen Ermittler und Gerichte lügen nur dann nicht, wenn sie genau das heraus bekommen, was in den Medien vorab veröffentlicht wurde; kommen die zu einem anderen Ergebnis, ist das natürlich eine Lüge oder Fälschung). Logisch ist eine Urheberschaft der Putin-Regierung an einem politischen Mord allerdings nicht, denn spätestens mit dem Anschlag auf Charlie Hebdo ist klar, dass medial und öffentlich bis dahin unbekannte Personen oder Organe dadurch eine gigantische Aufmerksamkeit erhalten[37] und die westlichen Politiker alles weidlich ausnutzen[38], für sich Reklame zu machen. Eine Entwicklung, die der durch die Ukraine-Krise ohnehin schon angeschlagenen Putin-Regierung mit Sicherheit nicht förderlich ist.

In dem Zusammenhang sei noch eine Meldung auf dem norwegischen Radiosender NRK P 4 erwähnt, bei der man ebenfalls darüber nachdenken sollte, was dahinter steckt: „Russische Kapitäne sollen auf Anordnung der russischen Regierung die Norwegische Küste ausspionieren und auf einen Kriegsfall vorbereitet sein...". Strategischer Hintergrund seien die Gas-Pipelines der norwegischen und britischen Gasfelder, führt der Kommentator weiter aus. Logisch betrachtet ist das so lächerlich wie möglich, aber selbst sonst eher kritische Hörer springen auf eine solche Desinformation auf, und die Meinung der Bevölkerung wird in eine bestimmte Richtung gedrängt.

Ich habe auch hier wieder den Bogen etwas weiter gespannt. Auf die Frage des „Cui bono?" wollen wir hier nicht eingehen, denn da könnte man vermutlich stundenlang die wildesten Vermutungen anstellen, ohne wirklich Greifbares in der Hand zu haben. Der weite Bogen soll

---

37 Der Überfall auf Charlie Hebdo hat sich für den Verlag gelohnt. Von der Normalauflage von ca. 30.000 Exemplaren schnellte die Auflage über Wochen in den weiten Millionenbereich und erreichte im Maximum 7,5 Millionen. Zynisch betrachtet hat sich der Verlust einige Redakteure finanziell gelohnt.

38 So müssen sie bei jeder Katastrophe im Weg stehen, um sich zu „informieren". Beim Absturz der German Wings-Maschine reisten gleich drei Regierungschefs in die Alpen, was unter Beachtung der üblichen Entourage 3-5 Großhubschrauber und um die 30 Leute Personal bedeutet. In einer schwach besiedelten Region steht man so sehr effektiv im Weg. Bezeichnenderweise brachte die Regierung gleichzeitig einen Gesetzesentwurf zur Eindämmung des Katastrophentourismus auf den Weg.

Ihnen nur verdeutlichen, dass auch in deutschen Medien die Sachbe-richterstattung zwar nicht falsch, aber anscheinend einseitig einge-färbt ist, erkennbar an Auslassungen, die allerdings – das werden Sie beim aufmerksamen Studium der Berichte selbst feststellen – schon so geschickt in der Masse der Meldungen „versteckt" sind, dass man schon bewusst danach suchen muss. Hierbei handelt es sich um typi-sche Propaganda-Techniken, auf deren Details wir in Kapitel 4.3 nä-her eingehen werden.

Aber nicht nur die Sachberichterstattung ist inzwischen sehr einseitig, die Meinungsmache (=Kommentare und Feuilletons) geht ebenfalls unisono in eine Richtung mit extrem wenigen Abweichungen. Ob nun Islam oder Weltpolitik, einheitlich wird

- Regierungsmeinung = demokratisch, freiheitlich, rechtsstaat-lich, menschenrechtsorientiert,

- andere Meinung = populistisch, fremdenhasserisch, antiisla-misch, antisemitisch, antidemokratisch, rechtsextrem

vertreten. Eine Nachfragen, was jemand mit einer anderen Meinung eigentlich meint, kommt für die Kommentatoren nicht in Frage – auch dies wieder eine typische Propaganda-Technik.

Das grenzt gar nicht so selten für Beobachter, die sich länger als 24 Stunden an eine Sache erinnern können, ans Absurde und Lächerli-che. So warfen die politischen Parteien beispielsweise der PEGIDA (mir tut es fast schon leid, immer wieder auf dieses Thema zurück zu kommen, aber es gibt symptomatisch halt einiges her) zunächst im-mer wieder vor, Gespräche und Dialoge zu verweigern, um ihrerseits in dem Augenblick, in dem die PEGIDA-Vertreter „gut, reden wir" verbreiten ließen, durch oberste Parteivertreter verlauten ließen, „mit solchen Leuten sprechen wir nicht!". Die Medien stört solch ein wi-dersprüchliches Verhalten nicht, im Gegenteil. Die Demonstranten sind erst Extremisten, weil sie nicht reden, und anschließend Extre-misten, mit denen man nicht redet.[39] Wenn Sie außer PEGIDA noch andere Beispiele für das anscheinend mit Regenwürmern konkurrie-

---

39 Es ist schon peinlich, wenn in der Sendung „Günter Jauch" in der Anmo-deration von „auch gewaltbereiten Rechtsextremisten" die Rede ist und im anschließenden Videobeitrag ausschließlich Rentnerpaare mit Geh-hilfen zu sehen sind, die sich beschweren, dass man sie immer mehr ver-nachlässigt und sie auf der Straße zunehmend belästigt werden.

rende Langzeitgedächtnis[40] der Medien untersuchen wollen, nehmen Sie sich einmal die verschiedenen Finanzkrisen und die Aussagen von Finanzminister Schäuble dazu vor, die teilweise noch nicht einmal eine Bestandszeit von einem Tag aufwiesen, bevor sie als Lüge entlarvt wurden. Bei den stolzen Verkündern der Wahrheit konnte sich aber kaum einer daran erinnern, dass ihm am Vortag noch das Gegenteil erzählt wurde und man sich an der Nase des Ministers, wäre er mit Pinocchio verwandt, inzwischen ohne Weiteres auf den Mond hinauf hangeln könnte. Auch die merkwürdigen Gedächtnislücken bei Herrn de Maizière in seinen verschiedenen Ministerämtern gaben den Medien keinen Anlass, so lange auf ihn einzuschlagen, bis er zurück tritt. Einen krassen Kontrast dazu findet man bei Christian Wulff, den man mit vereinten Kräften schließlich über ca. 150 € hat stolpern und fallen lassen.

Aus all dem kann man den Schluss ziehen, dass die 4. Gewalt auch in Deutschland im Prinzip kaum noch in der von der Theorie vorgesehenen Form präsent ist, sondern sich weitestgehend darauf beschränkt, bestimmte Parteimeinungen zu vertreten, oder etwas brutaler ausgedrückt, zu Propagandamedien reduziert ist. Sehr klar äußert das auch der Journalist Udo Ulfkotte, der aufgrund seiner kritischen Bücher von den Mainstream-Medien gerne ins Lager der professionellem Verschwörungstheoretiker gestellt wird. Allerdings hat er 17 Jahre für die FAZ und damit für den Mainstream gearbeitet, weiß also, was dort abläuft. Nach seiner Darstellung musste er während dieser Zeit eine bestimmte Berichterstattung unabhängig von der Gesamtfaktenlage oder seiner eigenen journalistischen Einschätzung auf Anordnung durch die Chefetage durchziehen, und das unterstellt er auch der heutigen journalistischen Belegschaft. Das geht nach seiner Darstellung so weit, dass teilweise nur die Namen der Journalisten für Artikel herhalten, die von Geheimdienstmitarbeitern verfasst werden. Im Gegenzug gibt es für jeden solcher Artikel allerdings Schmiergeld oder auch einmal einen der begehrten „Journalistenpreise".

Wer hat nun Recht, Ulfkotte oder die Mainstream-Presse, die das abstreitet? Bewerten Sie auch das einmal logisch: ein Journalist, der seinen ehemaligen Arbeitgebern Bestechung und Fälschung vorwirft und Klartext über seine Kollegen redet – und keiner kommt auf den Ge-

---

40 Regenwürmer können sich nach Untersuchungen von Biologen ca. 20 Minuten lang daran erinnern, dass einer von zwei möglichen Kriechwegen nicht zu einer Nahrungsquelle führt.

danken, bei solch massiven Vorwürfen eine Klage wegen Verleumdung anzustrengen? Der Vorwurf der Verschwörungstheorie wirkt so nicht mehr unbedingt glaubhaft.

NEUE ZWISCHENBILANZ

Die Medien sind nicht mehr das, was sie einmal waren (oder zumindest behaupten, einmal gewesen zu sein). Um breiter angelegte Informationen zu erhalten, darf man sich nicht auf die Tagesschau oder die FAZ verlassen, sondern sollte/muss zusätzlich ins Internet schauen, was mühsam und natürlich auch nicht einfach ist, denn auch hier gilt es abzuwägen, welchen Quellen man wie weit vertrauen darf. Insofern darf man die großen Suchmaschinen ungeachtet aller Schmähreden über deren Datensammelei als eines der letzten Bollwerke der Demokratie betrachten, denn sie ermöglichen zumindest ein Herankommen an Informationen (wenn auch dort zunehmend Zensurversuche zu beobachten sind).

Bedenklich ist, dass der Großteil der Bevölkerung den Medienberichten mehr oder weniger kritiklos vertraut und nichts hinterfragt. Der erfolgreichen Propaganda sind damit Tür und Tor geöffnet, und wer noch den heimlichen BBC-Hörer im 3. Reich als Held feiert, der die Propaganda Goebbels zu neutralisieren sucht, lächelt mitleidig über den, der das Internet mit einer ähnlichen Absicht konsultiert, und merkt nicht, wie weit er selbst schon der Propagandamaschinerie unterliegt.

Wie schon angemerkt, bin ich in diesem Kapitel teilweise weit vom direkten Technikeinsatz abgewichen. Die ausführlichen Fallschilderungen genügen Ihnen hoffentlich, um die Schlussfolgerung, dass vieles anders abläuft als man uns glauben machen will, zu verifizieren. Die Ausführlichkeit sollte auch die Methodik verdeutlichen, wie man mit den Dingen methodisch-analytisch umgehen kann, und hilft Ihnen hoffentlich auch an anderer Stelle weiter. Die politische Bewertung soll hier nicht erörtert werden, die muss jeder Leser mit sich selbst abmachen.

WAS IM HINTERGRUND LAUERT

Die Ausführungen und Beispiele laufen darauf hinaus, dass die Bürger einer gezielten Propaganda unterliegen. Die Politik wirbt nicht für ihre Ideen, sie versucht vielmehr, den Bürger gezielt in bestimmte Richtungen zu beeinflussen, und das inzwischen ziemlich dreist, wenn man die Vorgehensweise analysiert. Im Vergleich mit der gerne zitierten Goebbelsschen Propaganda-Maschine sind die Möglichkeiten heute durch sehr viel präsentere Medien, Internet, gesunkenen sozialen Zusammenhalt der Menschen und individuellere Kenntnisse über den Einzelnen ungleich größer und subtiler als in früheren Zeiten. Ergänzen wir die Betrachtungen der hier angesprochenen Themen durch einige abschließende Bemerkungen und Beispiele.

Die angesprochenen Manipulationsmöglichkeiten von Internetabstimmungen sind erst der Anfang. Grundsätzlich muss man davon ausgehen, dass auch sehr viel Anderes manipuliert werden kann, wenn die Nachrichtendienste auch nur ansatzweise über die Fähigkeiten verfügen, die man ihnen zutraut, und wenn man eine Kooperation der Medien in die Rechnung mit einbezieht.

Das Harmloseste ist noch die Verbreitung von falschen Nachrichten oder aus dem Zusammenhang gerissenen Nachrichten. Es ist keine große Kunst, eine längere Aussage so zusammen zu streichen, dass der Sinn der Aussage genau entgegen gesetzt ist. So wurde aus einer Rede der Bundeskanzlerin Merkel mit dem Inhalt

```
... in Zuchthäusern sitzen nun einmal
verhältnismäßig mehr kriminelle Ausländer,
damit müssen wir uns abfinden und dürfen es
nicht übersehen ...
```

so zitiert

```
mit kriminellen Ausländern müssen wir uns
abfinden
```

und der Schluss gezogen, Merkel erteile kriminellen Ausländern einen Freibrief. Quellen werden natürlich fast nirgendwo überprüft, und so hatte diese falsche Zusammenfassung in einem Blog sehr viele empörte Parteigänger zur Folge.[41]

Das war eine private Randerscheinung ohne große Folgen, aber so etwas passiert auch in den Medien und hat dann eine mediale Hinrichtung und Vorverurteilung des Betroffenen zur Folge. Man denke an Eva Herman, diverse Ex-Bundespräsidenten, Martin Hohmann und

---

41 Die propagandistischen Tricks kennen beide Seiten, was die Interpretation der Informationen, die man selbst zusätzlich zu den Presseberichten aus dem Internet zieht, kompliziert macht. Letzten Ende ist eine Synthese aller Informationen notwendig, was jedoch nur mit größerem Zeitaufwand möglich ist.

andere, wenn man nachvollziehen will, wie schnell eine solche soziale Hinrichtung in Szene gesetzt werden kann.

Der Hohmann-Fall aus dem Jahr 2003 ist wegen einiger Details besonders pikant. Ähnlich wie beim geschilderten Merkel-Zitat wurde ihm aufgrund einer Rede zum Tag der Deutschen Einheit Antisemitismus vorgeworfen, wobei der genaue Wortlaut aber auch ganz anders interpretierbar ist. Wohl aufgrund der Befürchtung, dass viele Leute das Original lesen und Unstimmigkeiten feststellen würden, wurde der komplette Text einige Tage nach dem Bekanntwerden des Falls im gesamten Netz, also auch auf allen Medienseiten, die sie bis dahin noch veröffentlicht hatten, gelöscht. Da der Schuss irgendwie nach hinten losging, hatte später zumindest der Spiegel ein Einsehen und stellte die komplette Rede wieder an unauffälliger Stelle im Netz zur Verfügung.

Eine weitere Art des Verschweigens kann man in der Ukraine-Krise beobachten. In den Berichten wird ausführlich kommentiert, dass die russischen Separatisten (die mit Putin gleichgesetzt werden) irgendeine Bestimmung der Minsker Abkommen nicht oder nur verzögert eingehalten haben. Wer gut hinhört, wird feststellen, dass von irgendwelchen Nachrichten über das Verhalten der ukrainischen Armee nirgendwo die Rede ist, obwohl Präsident Poroschenko ganz offen auch in unseren Medien zum Krieg hetzt und Kompromisse ausschließt und die ukrainische Armee mit westlichen Geldern massiv aufgerüstet wird.[42] Und bis zum Juni 2015 war praktisch noch weniger als Nichts ist von den ukrainischen Milizen zu hören, die ebenfalls mit schweren Waffen ausgerüstet sind, von niemandem kontrolliert werden und auch nicht Bestandteil der Minsker Vereinbarungen sind.[43]

Über diese Beispiele medialer Manipulation hinaus dürften den Geheimdiensten zusätzlich sämtliche Manipulationsmöglichkeiten offen stehen, die man aus Spionagefilmen kennt: Manipulation von Websei-

---

42 Das ist schon bezeichnend: auch die Bundesrepublik zahlt hunderte von Millionen an das Proschenko-Regime „zur Linderung der Not der Bevölkerung", die aber von dem Geld nichts sieht, weil postwendend Waffen gekauft werden. Immerhin sind zumindest die Russen inzwischen schlau genug, Erdgas nicht mehr auf Kredit zu liefern.

43 Erfahrungen aus früheren Konflikten sprechen für eine verdeckte Beteiligung der CIA bei der Bewaffnung. Einigen Medien scheint es inzwischen doch aufzufallen, dass diese Gruppe bei der Berichterstattung über Verletzungen der Waffenruhe nicht ignoriert werden darf.

ten, Fälschen von Emails, Hinterlassen verfänglicher Daten auf Computern, die anschließend von Strafverfolgungsbehörden „entdeckt" und genutzt werden können, Manipulation von Zahlungen usw. Angesichts der kriminellen Energie, die die NSA und das GCHQ im Auftrag ihrer Regierungen bereits bewiesen haben, dürften solche Manipulationen nicht außerhalb ihrer ethischen Grundsätze liegen. Ein Nachweis, etwas nicht gemacht zu haben, dürfte schwer sein, und im Zweifelsfall wird der Betroffene es sicher vorziehen, etwas gerupft von der Szene abzutreten und fortan etwas anderes zu machen.

2.4   Wohin will die Politik ?

Wir entfernen uns nun noch ein wenig weiter vom Inhalt eines reinen Sachbuchs, aber das lässt sich kaum vermeiden, wenn man auf Ungereimtheiten im Zusammenhang mit den technischen Möglichkeiten und ihren Anwendungen stößt. Dieser Abschnitt enthält eine Reihe politischer und persönlicher Bewertungen, und auch wenn ich versuche, ihnen einen sachlichen Hintergrund zu verpassen, müssen Sie die Schlussfolgerungen nicht teilen.

Seit Oswald Spenglers Buch „Der Untergang des Abendlandes"[44] geistert der Begriff der Dekadenz unserer Gesellschaft durch die Diskussionen. Dummerweise bemerkt der von Dekadenz Betroffene selbst nichts von seiner Dekadenz, sondern wähnt sich ethisch und gesellschaftlich an der Spitze stehend, um nachfolgend um so sicherer von dynamischen Newcomern gestürzt zu werden. Typische oft zitierte Beispiele sind das römische Imperium oder die französische Monarchie.

Schauen wir uns unser politisches System genauer an, so ist (leider) eine fürchterliche Ideologiegebundenheit festzustellen. Politik ist ohnehin wenig rational, und in den meisten Fällen geht es nicht um

---

44 Die Lektüre empfehle ich im Gegensatz zur Allgemeinheit eher nicht. Spengler versucht langatmig, mit Ausflügen in die Mathematik zu punkten. Bei Soziologen ist dieser Trick nicht unbeliebt: viele sind von naturwissenschaftlich-mathematischen Ausführungen ihrer Kollegen beeindruckt, weil sie selbst nichts davon verstehen – Spengler aber leider auch nicht, und so gerät das Buch zusammen mit ständigen Wiederholungen zu einer Qälerei, bei der man den Eindruck gewinnt, nicht vom Fleck zu kommen. Zumindest ging es mir so.

sachliche Auseinandersetzungen, sondern um gekränkte Eitelkeiten. „Das Gesicht verlieren" ist beliebte Floskel in Medienberichten und auch heute noch Ursache vieler Katastrophen, und ob die Gekränkten nun einige 100.000 Tote später als „Große" in die Weltgeschichte eingehen (z.B. Napoleon) oder als Psychopathen gehandelt werden (z.B. Hitler), hängt davon ab, ob sie gewonnen oder verloren haben. Schauen wir uns einige Beispiele für ideologische Scheuklappen an:

- Unsere westlichen Gesellschaften betrachten sich als ethisch an der Spitze stehend und im Besitz der allein richtigen und selig machenden Weisheiten. Kaum ein Tag vergeht, ohne dass andere Staaten selbstherrlich über das Selbstbestimmungsrecht der Völker und die Menschenrechte belehrt werden, und Wirtschaftsdelegationen sollen neben der Klärung von Sachfragen auch regelmäßig zur Übernahme „westlicher Werte" auffordern.[45]

  Nicht ganz zu Unrecht gibt der eine oder andere Staat dann zu verstehen, dass man seine eigene Kultur habe und die ja auch niemandem aufdrängen wolle – abgesehen davon, dass sich der Westen selbst nur sehr bedingt an seine Normen hält.

- Die Klimaänderung der Erde – auch von so genannten Leugnern <u>nicht</u> bestritten – ist vom Menschen verursacht, und man könne durch Verhaltensänderung sogar Einfluss darauf nehmen.

  Unter dem Suchbegriff „Erwärmung der Planeten" findet man im Internet allerdings Messungen der Astronomen, die parallele Entwicklungen der Temperatur auch auf Mars, Jupiter und Neptun anzeigen. Um bei der Frage „wie kommt das menschengemachte CO_2 dort hin?" nicht ins Schleudern zu geraten, wird dies von den Klimaideologen kurzerhand verschwiegen, ohne allerdings Theorie und Politik aufzugeben oder zumindest zu modifizieren (→ Gesichtsverlust).

- Auch an so genannten Erneuerbaren Energie-Konzepten wird stur fest gehalten. Alternative Kernenergiekonzepte werden gar nicht erst untersucht (im Gegensatz zu ethisch über ihre

---

45 Meist erfährt man kaum etwas über den Sinn und Zweck der Reise, darf sich in den Medien aber am Gezeter der politischen Parteien erfreuen, die sich über den unzureichenden Auftrag, auf die Einhaltung der westlichen Werte zu drängen, echauffieren.

Verantwortungslosigkeit belehrten Ländern) und fossile Kraftwerke zunehmend außer Betrieb genommen.[46]

Auch dabei ist es unerheblich, dass ausgerechnet einer der Wirtschaftspäpste, auf den man sich sonst gerne beruft, Prof. Sinn vom IfO-Institut, detailliert vorrechnet, dass Windkraft und Fotovoltaik die Ziele aus rein physikalischen Gründen gar nicht realisieren können. Auch andere Wirtschaftler rechnen vor: gefördert wird fast immer die teuerste und unwirtschaftlichste Technologie – Gesichtsverlust?

Die Ideologiesteuerung erreicht bei den beiden letzten Themen sogar den Wissenschaftsbereich. Klima und Energie werden in den bekannten Medien nur im Sinne der allgemein bekannten Mainstream-Ideologie diskutiert, Abweichler sind auf weniger bekannte Blogs und Foren beschränkt. Diskussionen zwischen den Gruppen verdienen zumindest von Seiten der Staatsideologien schon längst nicht mehr die Bezeichnung „Diskussion"; es werden vielmehr mittelalterlich anmutende Diffamierungen und Verdammungen ausgesprochen.

Das ist auch darauf zurück zu führen, dass im Wissenschaftsbereich ebenfalls eine Konzentration der wissenschaftlichen Medien auf wenige Konzerne (z.B. Elsevier, der Verleger der meisten wissenschaftlichen Zeitschriften) stattgefunden hat und das damit verbundene Peer-Review-System – Artikel werden vor der Veröffentlichung durch mehrere Wissenschaftler bewertet – eine nicht zu unterschätzende Zensur auf das ausübt, was erscheinen darf. Wissenschaftliche Karrieren im universitären Bereich hängen von der Anzahl der Veröffentlichungen und damit mehr und mehr von den „richtigen" Themen ab, und wirt-

---

46 Die heute in Betrieb befindlichen Reaktortypen basieren auf militärischen Entwicklungen: die US-Navy wollte Reaktoren für Schiffe, die US Air Force (kein Scherz!) Langstreckenbomber damit betreiben – und zwar möglichst schnell. Sauberer oder sicherer Betrieb spielte keine Rolle. Nach Einschätzung der Entwickler sind allerdings mehrere hundert verschiedene Reaktortypen möglich, darunter auch solche, die den derzeitigen Abfall verbrennen, kaum Abfall produzieren, der obendrein nach ca. 100 Jahren völlig ungefährlich ist und keine Kernschmelze zulassen. Während die Technik andernorts untersucht wird, teilte mir das zuständige Ministerium mit, man habe nun mal den Ausstieg gesetzlich beschlossen und könne nun nicht mehr zurück. Eine merkwürdige Aussage im politischen Geschäft, das sich doch sonst schon am Abend nicht mehr an das erinnert, was am Morgen beschlossen wurde.

schaftliche Interessen von durch die Entwicklung inzwischen mächtig gewordenen Gruppen tun ein Übriges.

So weit an Hand von Fakten untersuchbare Gebiete. Jetzt wird es etwas schlüpfriger: die Entwicklung zu multikulturellen Gesellschaften. Wer in Geschichtsbücher schaut, wird schnell feststellen, dass Multi-Kulti noch nie in der Geschichte funktioniert hat: nicht nur deutlich unterscheidbare Ethnien sind sich gegenseitig immer wieder an die Gurgel gegangen, auch Leute, die wir so ohne Weiteres gar nicht unterschiedlichen Lagern zuordnen können, geraten unversehens in Streit und bringen sich mit Vergnügen gegenseitig um. Die Ukraine ist ein aktuelles Beispiel: wer könnte Russen und Ukrainer auseinander halten, wenn es einem keiner sagt?

Sind oder werden wir Muli-Kulti? Eher nicht, denn genau hingeschaut ist Multi-Kulti die Ausnahme und Parallel-Kulti die Regel. Wie in den USA – Schwarze, Italiener, Juden, Chinesen, Griechen usw. leben in ihren eigenen Vierteln – finden wir in den Großstädten inzwischen Gettos, in denen kaum Deutsch gesprochen wird (ich wurde beispielsweise in Berlin von einer jungen Türkin mit „Entschuldigen Sie, sprechen Sie Deutsch?" angesprochen), unser Werte- und Rechtssystem mit Duldung durch die Behörden längst durch etwas anderes abgelöst ist und man als sich ethnischer Deutscher allenfalls noch geduldet fühlt.[47]

Eine der Hauptursachen für die strenge Trennung in fast berührungslose Lager ist die Religion, deren gesellschaftliche Wichtigkeit mit der Zuwanderung von Muslimen in einem unerbittlichen Vormarsch zu sein scheint. Nach Thilo Sarrazin Rückzugsgebiet der Lernverweigerer, deren verletzte „religiösen Gefühle" zunehmend militant gegen unsere Kultur in Szene gesetzt werden, unterstützt von einer Politik, die eher zur Verhärtung der Fronten beiträgt als sie abbaut.[48] Multi-

---

47 Bitte beachten: ich spreche hier von der Regel. Natürlich gibt es auch erfolgreiche Integration, und vermutlich jeder kann den einen oder anderen Namen eines angenehmen Nachbarn ausländischer Herkunft nennen. Wir kommen auf die Zusammenhänge zwischen Masse und Namen in Kapitel 4.3 noch einmal zurück.

48 Wenn man sich als moderner Mensch nicht selten den größtmöglichen Blödsinn anhören darf, der jeder naturwissenschaftlichen oder historischen Erkenntnis widerspricht, und dann empfohlen bekommt, mit Rücksicht auf die religiösen Gefühle nicht zu widersprechen oder wahlweise die Folgen einer handgreiflichen Belehrung, die man ja selbst pro-

Kulti lässt sich nur mit Leuten machen, mit denen man nach der Arbeit auch feiern kann – mit Moslems beispielsweise unmöglich, es sei denn, es wird ausschließlich nach Moslemart gefeiert, also Mono-Kulti statt Multi-Kulti.

Noch gravierender: der Islam erlaubt zunehmend weniger Parallel-Kulti, sondern drängt auf Mono-Kulti. Wie man durch die Suchmaschineneingabe „Scharia-Polizei" feststellen kann, berichten fast alle großen Medien inzwischen, dass Anhänger von unbehelligt in Islamzentren operierenden Hasspredigern als Scharia-Polizei in verschiedenen Städten patrouillieren und beispielsweise nachts heimkehrende Disko-Besucher auf die nach moslemischen Maßstäben Schändlichkeit ihres Tuns „hinweisen". Dabei sind verschiedene dieser selbst ernannten Prediger zusätzlich dadurch in die Medien geraten, dass sie als völlig mittellose und arbeitsunwillige Männer mit mehreren Frauen hohe Hartz-IV-Zuwendungen erhalten, aber trotz Mittellosigkeit im Oberklasse-Benz so lange und dreist durch die Gegend fahren, dass selbst das Sozialamt nicht mehr um eine Betrugsanzeige herumkommt, sich allerdings die Gerichtsverhandlungen durch die zahlreichen anwesenden Anhänger des Predigers mehr oder weniger in Kasperle-Theateraufführungen verwandeln, was sich viele Gerichte anscheinend gefallen lassen.[49]

In Umkehrung der sonstigen Argumentationsweise, Einzelfälle zu generalisieren, hört man, egal was gerade geschehen ist, die ideologische Formel „das ist nicht der Islam", vorgetragen von unseren Politikern, Medienvertretern und so genannten Zentralräten der Muslime. Aber:

- Sämtliche islamische Länder sind nach unseren ethischen Maßstäben unfreie Meinungsdiktaturen, die systematisch Menschenrechte verletzen.

- Immer wieder zeigt sich, dass Islamisten hier frei und ungehindert Kinder und Jugendliche aufhetzen dürfen.

---

voziert hat, zu tragen, stelle ich mir die Frage „Und was ist mit meinen Gefühlen?". Quid pro quo, wobei ich allerdings doch bezweifle, dass ein Gericht mir einen kulturellen Bonus einräumt, wenn ich einem physikalischen Ignoranten die newtonsche Erkenntnis „Kraft=Masse*Beschleunigung" an seinem Gesicht demonstrieren würde.

49 Wenn Sie meinen „Der trägt nun aber wirklich zu dick auf!", suchen Sie einmal im Internet. Solche Formulierungen können Sie auch im Spiegel oder anderen großen Medien finden.

Es mag den friedlichen und aufgeschlossenen Islam geben – ich weiß es nicht. Es ist nur offensichtlich, dass unsere Politik nichts macht, um ihn zu fördern. Möglichkeiten wären vorhanden: Kriminelle und Extremisten könnte man ausweisen, islamische Religion könnte auf Deutsch und von in Deutschland ausgebildeten und auch kontrollierten Personen vermittelt werden,[50] die deutsche Sprache könnte verpflichtend gemacht werden, Aufenthaltsgenehmigungen und Einbürgerungen könnten mit Arbeitsnachweisen verbunden werden und anderes mehr. Nichts passiert, die Gettos wachsen, die Notwendigkeit einer Zuwanderung wird schon gebetsmühlenartig wiederholt, Pragmatismus wird mehr und mehr über Bord geworfen.[51]

„Was hat das nun mit unserem Thema zu tun?" wird sich der eine oder andere inzwischen fragen. Ganz unbemerkt bleiben die Probleme doch nicht, und sie werden zur Begründung einer immer stärkeren Überwachung gerne verwendet. Als Nebenargument muss noch „wer nichts zu verbergen hat, hat nichts zu befürchten!" herhalten. Hat man nichts zu verbergen?

Klammern wir einmal aus, dass man natürlich sehr vieles für sich privat halten möchte, auch wenn das in Zeiten der sozialen Netzwerke und des damit verbundenen allgemeinen Exhibitionismus kaum danach aussieht. Wenn man sich ein wenig darüber beruhigen möchte, dass bei allgemeinem Ausspähen private Sachen notiert werden, kann man sich überlegen, dass in der Regel nur Maschinen diese Sachen sehen und keine Menschen. Und selbst wenn Menschen sie sehen, wird es voraussichtlich ein anonymes Ereignis in einer Menge gleichartiger sein (so einzigartig sind wir nun auch nicht). Also ist das Ausspähen doch nicht so schlimm?

Das Problem am „wer nichts zu verbergen hat" ist die Definition des „nichts". Niemand garantiert, dass etwas, das heute nicht verborgen werden muss, morgen nicht ganz anderen Randbedingungen unter-

---

50 Heute erledigen das, abgesehen von der Gruppe der selbst ernannten Prediger, in der oft deutsche Konvertiten zu finden sind, Angestellte des türkischen Religionsministeriums.

51 Teilweise läuft sogar das genaue Gegenteil dessen ab, was die Politik im Munde führt: der Teufelskreis „keine Aufenthaltsgenehmung ohne Arbeit / keine Arbeit ohne Aufenthaltsgenehmigung" dürfte hinreichend bekannt sein. Und trotz ständiger Betonung des Fachkräftemangels weigern sich Wirtschaft und Staat bislang standhaft, ausländische Berufsabschlüsse anzuerkennen.

liegt. Eine heute noch zulässige und damit im oben angesprochenen Sinn anonym bleibende Bemerkung oder Einstellung kann morgen schon unter irgendein Verdikt fallen, und dann werden Sie deanonymisiert mit den entsprechenden Folgen. „Wer nichts zu verbergen hat, hat nichts zu befürchten!" gilt nur dann, wenn die Gesellschaft kontrolliert, was mit „nichts" gemeint ist und nicht eine politische Kaste.

Das ist die persönliche Seite, daneben existiert auch die unpersönliche. Die summarische Auswertung der Informationen liefert auch ein Stimmungsbild der Gesellschaft und eröffnet Möglichkeiten der Manipulation. Werden die ideologischen Schwachstellen zu vielen Leuten offenbar, kann durch geeignete Propaganda die Meinung wieder ins gewünschte Lot gebracht werden, und die Ausspähung liefert Messwerte zu Beurteilung der Qualität der Propaganda.

... UND NUN ?

Man kann hinter allem wieder eine Verschwörungstheorie entdecken und alles weitgehend ignorieren, aber wenn nicht – und dazu haben wir einige Gründe in diesem Kapitel aufgezeigt – stellt sich die Frage: Wem kann man eigentlich noch trauen?

Der eigenen Regierung? Das dürfte schon nach der Lektüre des ersten Bandes schwer gefallen sein, und die bedenklichen neuen Fakten und Entwicklungen stimmen nicht hoffnungsfroher. Die Herrschenden nehmen zunehmend nur das zur Kenntnis, was ihrer eigenen Meinung entspricht – Demokratie hin oder her. Und wenn sie die Möglichkeit haben, sich durch Machenschaften der Geheimdienste den Rücken freier zu halten ...

Den Medien? Ich kann nur wiederholen und jedem empfehlen, die Nachrichten kritisch zu verfolgen und auf Vollständigkeit bzw. Übereinstimmung mit dem, was einige Wochen zuvor berichtet wurde, zu überprüfen. Je gründlicher man das macht, des gründlicher kommt man zu der Überzeugung, den Medien allenfalls bedingt trauen zu dürfen, zumindest was die jeweils aktuellen Kommentierungen angeht.

Dem Internet? Ein ähnliches Problem wie bei den Medien. Auch hier muss man sorgfältig prüfen und darf beispielsweise einen Bericht der

```
... Bäckereifachverkäuferin Angelika Schmitt
aus S., 23 Jahre, blond, mit einem modisch
pinkfarbenen Strickpulli gekleidet ...
```

nicht unbedarft verallgemeinern, was diese aufwändige persönliche Vorstellung unterschwellig erreichen soll (ein Propaganda-Trick, den die Medien übrigens auch gerne anwenden).

Die andere Frage ist, ob man sich gegen (zu viel) Spionage und Beeinflussung noch schützen kann. Und macht es unter solchen Bedingungen Sinn, über den Einsatz des Internets zur Eindämmung solcher Tendenzen nachzudenken, beispielsweise durch eine stärkere Beteiligung der Bürger an den politischen Prozessen durch Abstimmungen mit Hilfe des Internets, oder ist das von vornherein hoffnungslos weil noch besser manipulierbar?

Die Antworten sind zwiespältig: gegen manches kann man sich nur schwer schützen, für anderes lassen sich durchaus positivere Szenarien entwickeln, allerdings setzen diese auch eine gewisse Disziplin bei den Anwendern voraus, die heute nicht vorhanden ist. Wir kommen im letzten Kapitel des Buches noch einmal darauf zurück, nachdem wir uns mehr den technischen Aspekten gewidmet haben.

3 Weiß ich alles über mich?

Wir kommen nun zu den mehr technisch orientierten Kapiteln. Im ersten wollen wir untersuchen, welche persönlichen Daten sich ein Nachrichtendienst über eine beliebige Person verschaffen kann und was daraus zu entnehmen ist. Zunächst können wir feststellen, dass zwei Sammler am Werk sind: der Staat und private Unternehmen. Die weiteren Teilkapitel listen mehr oder weniger nur auf, was von wem gesammelt wird. Die neuerliche BND-Affaire im April/Mai 2015 weist darauf hin, dass man mit der Vermutung, alle Daten irgendwo in den Datenbanken der Nachrichtendienste zu finden und auch nicht groß zwischen verschiedenen Diensten unterscheiden zu müssen, wohl nicht allzu falsch liegt.

STAATLICHE DATENSAMMLUNG

Die erste Quelle sind amtliche Daten, die jeder Bürger im Behördenverkehr zu liefern verpflichtet ist, die aufgrund öffentlich-rechtlicher Vorgänge entstehen oder auf die sich der Staat mit mehr oder weniger nachvollziehbaren Gründen legalen Zugriff verschafft hat. Wir haben im Buch „NSA, BND & Co." die amtlichen Quellen nebst den daraus entnehmbaren Informationen ausführlich aufgelistet. Das Spektrum umfasst Daten der Meldeämter, Kfz-Zulassungsstellen, der Polizei (Ordnungswidrigkeiten, kleinere Straftaten usw., sowie die Meldezettel, die bei Übernachtungen in der Fremde auszufüllen sind und traditionell ebenfalls bei der Polizei landen), Akten bei Gerichten, Finanzbehörden (Steuerdaten, Arbeitsstelle, usw.) und Sozialämtern, Bankdaten einschließlich Zahlungsverkehr[1], Kommunikations- und Versorgungsdaten (Telekommunikation, Handyortung, Gesprächslisten, Strom-, Gas- und Wasserverbrauch, Müllentsorgung) und einiges mehr. Wir wiederholen die Details hier nicht; Sie können selbst eine Weile darüber nachdenken, welche Daten Sie tagtäglich unbewusst

---

1 Das Bankgeheimnis war früher recht streng, und Behörden hatten einige Probleme, sich bei vermuteten Straftaten Zugriff zu verschaffen. Mit den Argumenten „Steuerhinterziehung" und „Drogenhandel" wurde in der BRD das Bankgeheimnis so vollständig gekippt, dass inzwischen sogar der Ankauf gestohlener Daten von Gerichten legalisiert ist.

freiwillig abliefern, und das eine oder andere Detail wird einem dabei vielleicht gar nicht mehr einfallen.

Die meisten dieser Daten sollen nach Datenschutzbestimmungen nur bestimmten Dienststellen zugänglich sein, teilweise auch nur mit richterlicher Genehmigung, und nach einer gewissen Zeit gelöscht werden; wie weit man sich darauf verlassen will, muss jeder für sich selbst entscheiden. Offiziell gelöscht heißt ja nicht, dass die Nachrichtendienste nicht doch noch irgendwo heimlich Kopien aufbewahren, und Stasi- und andere Unterlagen aus vergangener Zeit werden ja ebenfalls nicht gelöscht, obwohl nach mehr als 25 Jahren außer nachträglicher Drangsalierung ehemaliger Stasi-Informanten eigentlich kein Grund für das Verwahren der meisten Akten besteht.[2]

PRIVATE DATENSAMMLUNG

Nicht nur der Staat sammelt Daten. Andere Datensammler wie Google, Facebook, amazon, ebay und viele weitere kommerzielle Dienste sammeln Daten über ihre Nutzer, natürlich mit einer anderen Motivation als die Nachrichtendienste (wir haben die Sammler in „NSA, BND & Co" nur relativ kurz dargestellt). Nachdem man lange Zeit nur vermuten konnte, was dort alles aufgezeichnet wird, sind sie aufgrund aktueller Rechtsprechung inzwischen für den Nutzer etwas transparenter geworden (und sie machen tatsächlich alles, was man nur vermuten konnte – und einiges mehr). Bei Facebook können Sie ein persönliches Dossier mit allen Ihren Aktivitäten anfordern, was einige Zeit dauern kann, weil die Daten aus verschiedenen Datenbanken zusammengesucht werden müssen; bei Google kann man nach Eröffnung eines Kontos auch viele Daten seiner aufgezeichneten Internetaktivitäten einsehen. Die Dossiers können recht groß werden; ob Ihnen die Unternehmen alle Daten mitteilen oder nur auf das beschränken, was man ohnehin vermutet, und einen Teil für sich behalten, ist eine andere Frage. Juristisch spitzfindig formuliert sind alle Daten, die man selbst eingibt, private Nutzerdaten, für die man ein

---

2   Offiziell wird als Grund auch angegeben, dass jeder ehemalige DDR-Bürger ein Recht darauf hat, zu erfahren, was die Staatssicherheit alles über ihn in Erfahrung gebracht hat. Medien stellen denn auch gerne hin und wieder „sehr betroffene" Bürger vor. Es wäre einmal interessant, den Betroffenheitsgrad über die Bespitzelung durch den Unterdrückungsstaat DDR mit Karteikartendatenbank mit dem zu vergleichen, der entstehen dürfte, wenn die gleichen Leute erfahren, was im Freiheitsstaat BRD mit festplattengestützter Datenbank alles über sie gespeichert wird.

Einsichtsrecht hat, während alle Daten darum herum, die man nicht eingibt, Daten des Dienstleisters sind, die er auch speichern kann und auf die man kein Einsichtsrecht besitzt.

Das Ziel der Unternehmen: mit dem Sammeln von Daten Geld zu verdienen, vorzugsweise über maßgeschneiderte Werbung. Geld lässt sich nach US-Recht aber auch anders verdienen: Daten gehören dem, der sie aufgezeichnet hat und besitzt, und nicht, wie in Deutschland, dem, den sie betreffen.[3] Die Nachrichtendienste sind natürlich zur Ergänzung ihrer Dossiers über die Bürger an den Daten der Unternehmen interessiert, und an viele Daten kommen sie direkt auch nur mühsam heran, da es sich um dynamische Daten handelt. Für sie ist es günstiger, die Daten bei den Sammlern zu kaufen, als selbst eine Infrastruktur zur Erfassung aufzubauen. Geschäft ist Geschäft, d.h. die kommerziellen Sammler werden beim Verkauf von Daten nur an der Stelle gebremst, wo die Öffentlichkeit auf das Bekanntwerden sauer reagiert und durch Verhaltensänderung eventuell einen Verdiensteinbruch verursacht.

Das ist keine Verschwörungstheorie, wie Die Welt und andere Medien berichten. Offiziell beschweren sich die Unternehmen inzwischen öffentlich, dass die Nachrichtendienste sie zwingen, ihre Daten heraus zu rücken (wir berichteten bereits), allerdings erst seitdem die Angelegenheit durch die Snowden-Papiere an die Öffentlichkeit gekommen sind. Aber sie sind bislang auch gut dafür bezahlt worden, der NSA im Rahmen von deren PRISM-Programm alle Daten zu liefern.[4] Die US-Gesetze sehen sinnigerweise nicht nur eine Verpflichtung zur Lieferung der Daten auf der Grundlage eines Urteils des angesprochenen Geheimgerichtes vor, sondern auch eine Entschädigung des Datenlieferanten, was dessen Motivation zu Beschwerden stark vermindern dürfte. Die Beschwerden dürften eher der Beruhigung der Kun-

---

3   Das ist auch Gegenstand einer Klage gegen Facebook, durch die verhindert werden soll, dass die Daten auf US-Servern gespeichert werden. Aus Datenschutzgründen sollen die Daten von EU-Bürgern auf Servern in der EU gespeichert werden. Allerdings: Facebook betreibt bereits Server in Europa, und wie will man Datenverkehr zwischen verschiedenen Serverstandorten eines Konzerns kontrollieren und verhindern?

4   PRISM ist das Kürzel für eines der vielen Überwachungsprojekte der NSA. Betonung auf EINES. Allgemein bekannter ist vermutlich das seit den 1970er Jahren laufende ECHELON-Programm. Wo eines der Projekte aufhört und das andere anfängt, ist schwer zu sagen. Wer es genauer wissen will, muss sich durch die Snowden-Unterlagen wühlen.

den dienen, zumal sich an der Gesetzeslage in den USA nichts geändert hat. Und seit Facebook, Google und andere konsequent ihre Seiten mit HTTPS verschlüsseln, müssen die Dienste die Daten sogar kaufen, wenn sie wissen wollen, wie sich die Nutzer der Internetdienstleister verhalten.

3.1 Soziale Netzwerke

Es macht sich immer recht gut, wenn man ein Thema an einem Namen aufhängen kann. Reden wir daher in diesem Kapitel über den Marktführer, und das ist Facebook. Wenn wir über Facebook sprechen, sprechen wir natürlich nicht nur über Facebook:

- Neben Facebook betreiben weitere Dienstleister soziale Netzwerke, beispielsweise Google+ oder so.cl (MicroSoft). Manche sind spezialisiert wie die Wissenschaftsnetzwerke LinkedIn oder ResearchGate, manche eher gruppenorientiert als allgemein wie Tumblr oder setzen auf Spontanität wie Twitter.

  Je nach Orientierung existieren natürlich Unterschiede in der Datenaufzeichnung und Auswertung. Twitter ist ist auf einzelne Kurznachrichten spezialisiert, Wissenschaftsnetzwerke haben sich weniger mit politischen oder banalen bis schwachsinnigen Themen auseinander zu setzen, und nicht alle werden so detaillierte Daten aufzeichnen wie die ganz großen, weil es keinen finanziellen Hintergrund dafür gibt.

  Wir werden hier nicht weiter zwischen den verschiedenen Anbietern differenzieren, sondern uns an Facebook orientieren, wobei ich davon ausgehe, dass Sie wissen, wie diese Plattform aus Nutzersicht funktioniert.[5]

---

5   Es kann nicht schaden, sich mit verschiedenen Plattformen auseinander zu setzen, wenn man die technischen Zusammenhänge besser begreifen und ein Gefühl dafür bekommen will, wie sich die Nutzer verhalten. Auch wenn Sie ein entschiedener Feind von solchen Netzwerken sind und aus prinzipiellen Gründen bislang kein Facebook-Konto unterhalten, spricht wenig dagegen, sich ein halbwegs anonymes Email-Konto für Versuche zu organisieren und sich einfach einmal anzumelden, um sich umzusehen. Es zwingt Sie niemand, private Daten dort anzugeben. Machen Sie aber möglichst nicht den Fehler, sich in Diskussionen zu beteiligen, zumindest nicht mit Ihrer wirklichen Meinung! Manch einer ist des-

- Zur Facebook-Gruppe gehören weitere Unternehmen wie WhattsApp, Oculus und Moves, die weitere Dienstleistungen anbieten und deren Daten auch genutzt werden können. Gleiches gilt für die anderen Unternehmen auch, wie Google+ mit Picasa, Youtube usw. Zusätzlich zu den Daten im sozialen Netzwerk stellen die Nutzer über diese anderen Dienste Fotos oder Videos in größerem Umfang ins Netz oder tauschen private Nachrichten untereinander aus, die den Sammlern natürlich ebenfalls zugänglich sind.

In Bezug auf weitere Daten hat Google deutlich die Nase vorn. Wir werden Daten aus anderen Bereichen hier aber noch nicht berücksichtigen, sondern uns auf die Facebook-Funktion des sozialen Netzwerkes beschränken.

Was sammelt Facebook? Wenn Sie Kunde oder Mitglied oder Nutzer sind (suchen Sie sich die Bezeichnung aus, die Ihnen am Besten gefällt), werden Sie die folgende Liste bereits kennen.

Da sind natürlich zunächst die persönlichen Nutzerdaten, die Namen, Wohnort, Herkunft, Familie, Geburtsdatum, Schulausbildung, Arbeitsstätte, Hobbys, Musik- und Filmgeschmack und weitere private Details enthalten. Das meiste muss man nicht angeben; Facebook selbst legt lediglich Wert auf den echten Namen und die Altersangabe. In gewisser Weise wird das sogar gesetzlich gefordert, denn Anbieter sind gehalten, sich zu vergewissern, dass Nutzer beispielsweise ein bestimmtes Mindestalter für die Nutzung bestimmter Dienste aufweisen, und die Einhaltung gewisser ethischer Regeln ist auch eher gewährleistet, wenn man nicht anonym ist. Wer hier etwas Falsches angibt, läuft Gefahr, dass sein Konto gesperrt wird. Kontrollen erfolgen automatisch – die Algorithmen von Facebook suchen nach unplausiblen Angaben oder Fantasienamen – sind aber nicht sehr akribisch, so dass die Gefahr einer Sperrung relativ gering ist. Beispielsweise kann man mehrfach diese Angaben drastisch ändern, ohne dass irgendetwas passiert.

Die Daten werden nach offiziellen Angaben von Facebook abgefragt, um anderen Teilnehmern im sozialen Netzwerk das Auffinden von Bekannten oder Gleichgesinnten zu erleichtern, und das ist nur möglich, wenn sie nicht frei erfunden sind, aber so ganz selbstlos ist die Abfra-

---

wegen schon auf der Plattform hängen geblieben, obwohl das gar nicht so geplant war. Eine moderne Form der Sucht eben.

gerei natürlich nicht. Dahinter steckt natürlich noch das Interesse des Unternehmens, maßgeschneiderte Werbung auf die Seite zu bringen oder anderen Unternehmen Daten zu verkaufen, mit denen diese ihre Werbung optimieren können.[6] Viele Nutzer scheinen beim Ausfüllen der Felder denn auch trotz aller immer wieder betonten Datenschutzbedenken relativ ehrlich und freizügig zu sein, und wenn man das nicht ist und beispielsweise kein Foto von sich hinterlegt oder seine Adresse nicht offenlegt, darf man sich in Diskussionen von anderen Nutzern auch schon einmal fragen lassen, was für „ein Troll" man denn sei.

Wenn diese Daten von Nachrichtendiensten erworben werden, können die noch mehr damit anfangen als Facebook: durch Abgleich mit den amtlich gesammelten Daten oder Rückgriff auf Daten anderer Dienstleister dürfte bei vielen Nutzern die echte Identität problemlos feststellbar sein, selbst wenn gemogelt wird. Facebook hat mindestens Ihre Emailadresse, und ist diese nicht an einen Internetanschluss gebunden, für den Sie einen Vertrag unterschrieben haben, hat der Emailprovider mit einiger Wahrscheinlichkeit weitere Emailadressen oder Ihre Telefonnummer für eine Verifizierung bei der Einrichtung des Kontos abgefragt. Hobbys und weitere teilweise noch nicht bekannte Daten aus dem privaten Bereich fallen zusätzlich an.

Viele Facebook-Nutzer dürften auch auf der einen oder anderen Plattform ein Konto unterhalten, und wer unter einem Pseudonym auftritt, wird dieses in der Regel nicht nur einmal verwenden. Nachrichtendienste können Daten verschiedener Plattformen untereinander abgleichen und Hinweise auf Identitäten selbst in Netzwerken extrahieren, deren Daten sie nicht kaufen (oder kaufen können). Da wir hier noch bei statischen Daten sind, sind solche Abgleiche natürlich mehr oder weniger unscharf, d.h. eine Identitätszuordnung ist unter Umständen nicht eindeutig möglich oder es kommen sehr viele Identitä-

---

6   „Daten für Werbung. Das geht ja gar nicht!" so der große Aufreger, der die meisten Datenschützer beschäftigt: der Empfänger soll dazu verleitet werden, mehr zu konsumieren. Ein wenig scheinheilig ist das schon, denn 1. wird man ja nicht gezwungen, ein bestimmtes Produkt zu kaufen (in anderer Beziehung sind die Leute ja auch ziemlich dickfällig, wieso nicht hier ebenso?), und 2. erhält man ja auch eine Gegenleistung. Die wenigsten Meckerer wären vermutlich bereit, für Google oder Facebook ähnliche Gebühren wie für die GEZ zu zahlen, wenn keine Ausnutzung der Daten für Werbung damit verbunden wäre.

ten in Frage. Das dürfte sich bei Auswertung der dynamischen Daten ändern, wie wir gleich begründen werden.

Zurück zu den auf Facebook gespeicherten Daten: jeder Nutzer kann Fotos hochladen und thematisch in Alben ordnen. Facebook verfügt damit über ein chronologisches Bilderdossier des Nutzers, d.h. man (=der Nachrichtendienst) kann analysieren, für was sich ein Nutzer interessiert, wie gut er als Fotograf ist und welche Kamera er benutzt (Exifdaten der Fotos), wo er war (Bildinhalte, ggf. GPS-Daten), wann das gewesen ist und wer noch zu sehen ist. Auf den Bildern kann nämlich jeder sich und andere Personen markieren. Jeder Nutzer erhält zwar von Facebook eine Mitteilung, wenn das passiert, aber es ist durchaus nicht selten, dass ein „Freund" eine Person auf einem Bild eines anderen Nutzers markiert, der dem markierten völlig unbekannt ist und auf das er möglicherweise gar keinen direkten Zugriff hat, weil er nicht zum Freundeskreis gehört. Wo man überall seine Spuren hinterlassen hat, ist daher für den Facebook-Nutzer selbst nach einiger Zeit nicht mehr nachzuhalten.

Für Nachrichtendienste sind natürlich auch dies interessante Daten. Die Identität kann biometrisch abgesichert werden, die Biometrie selbst kann sehr viel feiner kalibriert werden, als das Fotos in Personalausweisen erlauben, die Identität von Freunden kann in markierten Fotos biometrisch überprüft werden, Reisen und privates Verhalten kann analysiert werden (Gruppenmensch oder Einzelgänger, Stadtmensch oder mehr naturverbunden, usw.).[7]

Kommen wir zu den dynamischen Daten: Facebook notiert jede Aktivität eines Nutzers. Wann ruft er Facebook auf, wie lange ist er eingeloggt, was liest er durch? Es ist gar nicht notwendig, selbst eine Nachricht zu kommentieren: Facebook weiß, welche Beiträge es dem Nutzer zugesandt hat, wie weit dieser scrollt und mit welcher Geschwindigkeit, ob Kommentarbereiche geöffnet wurden oder nicht, notiert Klicks auf Links, die aus der Seite hinaus führen (z.B. Zeitungsartikel, Beiträge anderer Nutzer, Profile anderer Nutzer). Da viele Nutzer ihr Mobiltelefon oder ihren Tablet-PC nutzen und diese Geräte meist permanent online sind und über GPS verfügen, kann Facebook auch die Standorte der Nutzer feststellen; die IP-Adressen sowie die Gerä-

---

7 Andere Interessenten sind Personalagenturen und Manager, die eine Bewerberin für eine Sekretariatsstelle auch schon mal ablehnen, weil sie auf einem Foto barbusig in der Disko tanzt – oder sie genau deshalb einstellen.

temerkmale (welches Gerät wird zu welchen Zeitpunkten genutzt) werden ohnehin notiert. Wenn Sie Nutzer von Facebook sind, können Sie das selbst verifizieren. Wenn Sie ein neues Gerät nutzen, fragt Facebook nicht nur Ihr Kennwort ab, sondern sendet Ihnen sogar eine Sicherheits-Email zu, und wenn Sie ein wenig suchen, finden Sie sicher auch Beiträge von Nutzern, die Ihr Handy verwendet haben und bei deren Nachrichten Sie im Kennungsbereich „… war hier" anklicken können, um sich auf Google-Maps den genauen Standort beim Versenden anschauen zu können.

Neben diese passiven Nutzungen treten die aktiven: Beiträge der Nutzer werden gespeichert, zu den Beiträgen kommen die Kommentare, und zwar sowohl die anderer und des Nutzers selbst zu eigenen Beiträgen als auch Kommentare zu Beiträgen anderer Nutzer. Neben dem Text wird Uhrzeit, verwendetes Gerät und, soweit bei mobilen Geräten verfügbar und freigegeben, auch der Standort registriert. Man erhält in der Regel sofort eine Benachrichtigung, wenn jemand auf einen eigenen Beitrag eine Antwort verfasst, so dass die Reaktionszeiten oft sehr kurz sind. Auch Likes werden in dieser Weise notiert, d.h. Ihr Interesse ist Facebook bekannt, selbst wenn Sie nichts zu dem Thema beitragen.

Natürlich wird auch notiert, wer Ihre Freunde sind, wer Ihre engen Freunde sind, wer zu Ihrer Familie gehört oder wessen Beiträge Sie nur abonniert haben. Suchen werden vermerkt, und zwar sowohl nach Themen als auch nach weiteren Freunden. Facebook weiß, wen es Ihnen als Freund vorgeschlagen hat, ob Sie auf die Seite der Person geschaut haben, ob eine Freundschaftsanfrage gestellt wurde und ob diese abgelehnt oder zurückgezogen wurde. Umgekehrt gilt das natürlich auch, und in seiner Chronik kann man auch Anfragen anderer Nutzer finden, die man schon längst nicht mehr auf dem Schirm hat.

Nach all diesen Aktivitäten richtet Facebook das Angebot an den Nutzer aus. Verteilt man viele Likes an Beiträge mit bestimmten Inhalten (z.B. Krieg, Ausländer, Tierschutz) oder Beiträge von Nutzern, die noch nicht einmal zum Freundeskreis gehören müssen, nimmt deren Anteil an den Ihnen präsentierten neuen Beiträgen zu, während andere Themen und auch Beiträge eigener Freunde zunehmend weniger präsentiert werden; inzwischen werden auch Medienberichte zielgerichtet und thematisch passend in die Seite eingebunden. Wer nur Fußballthemen anklickt, muss keine Sorgen haben, plötzlich mit Berichten über Krankheiten belästigt zu werden, und wer sich bei der

Suche nach neuen Freunden vorzugsweise die Vorschläge von Facebook anschaut, die weibliche Facebook-Nutzer präsentieren, wird nach einiger Zeit feststellen, dass die meisten neuen Facebook-Vorschläge Frauen im anscheinend von Ihnen bevorzugten Alter sind, die ähnliche Themen vertreten, an denen Facebook Ihnen ein besonderes Interesse unterstellt.[8]

Im Klartext: Facebook erstellt aufgrund Ihrer Aktivitäten ein psychologisches Nutzerprofil und bringt Sie vorzugsweise mit den Themen und den Personen in Kontakt, die Ihrem Profil entsprechen. Wenn man nur den Facebook-Vorschlägen folgt, dürfte man gewissermaßen in einem geistigen Getto landen. Viele Nutzer gerieren sich denn auch als Gettobewohner und reagieren aggressiv auf Leute mit anderen Meinungen. Das gilt es zu berücksichtigen, will man Facebook nicht nur als Spielwiese für verbales Hoologantum nutzen, sondern auch Informationen daraus ziehen.

Doch zurück zur Datenaufzeichnung durch Facebook. Auch Aktivitäten auf anderen Webseiten werden bei Facebook notiert. Links auf externe Seiten sind keine direkten HTTP-Links, die Ihr Browser ohne Umweg öffnet, sondern werden über den Facebook-Server rangiert, damit dieser weiß, für welche Links Sie sich interessieren. Außerdem nutzen viele andere Webseiten mit Kommentarfunktionen inzwischen Facebook zum Login. Jeder Betreiber einer Webseite kann bei Facebook ein kleines JavaScript-Programm herunterladen und in seine Webseite einbauen, und bei Anklicken wird ihm Facebook mitteilen, dass der Nutzer unter einem bestimmten Namen bei Facebook registriert ist. Da es bei Kommentarfreischaltungen darum geht, im Bedarfsfall den Urheber zu ermitteln, genügt das den Webseitenbetreibern, da sie den Nutzer auf seine Facebook-Identität zurück verfolgen können und sich so eine eigene Registratur ersparen können.[9] Facebook entwickelt sich im Bloggersegment nach Ansicht von IT-Redak-

---

8 Sie können Eigenschaften, nach denen die Facebook-Algorithmen in Ihrem Verhalten suchen und nach denen sie das Informationsangebot ausrichten, in einfachen Selbstversuchen herausfinden. Klicken Sie einfach bestimmte Berichte – auch in Online-Medien über die Facebook-Buttons – verstärkt an, auch wenn Sie sich gar nicht dafür interessieren, und beobachten Sie, was Ihnen Facebook im Weiteren alles auf der Startseite oder in Vorschlägen präsentiert.

9 Für den Nutzer ist das auch einfacher, da er sich nicht verschiedene Kennwörter merken muss. Ob alles in Summe sicherer ist, ist eine andere Frage

teuren von Computerzeitschriften damit langsam zum Authentifizie-
rungs-Standard, eine Rolle, um die im Shop-Segment amazon und
PayPal (ebay) buhlen.

Wir schauen uns kurz an, wie dies technisch funktioniert. Facebook
legt beim Login ein Permament-Cookie auf Ihrem Rechner ab. Ein
Cookie ist ein kleiner Datensatz, der vom Server an den Browser gesendet wird und den dieser zusammen mit der URL des Servers spei-
chert. Bei jedem Aufruf des Servers werden vom Browser alle Cookies
mit der gleichen URL mitgesendet, aber auch nur diese. Cookies mit
anderen URL-Kennungen rückt der Browser nicht heraus. Haben Sie
sich bei Facebook einmal eingeloggt, wird diese Information im Cookie hinterlegt, und der Server erkennt Sie beim nächsten Mal wieder,
so dass ein wiederholtes Login mit Name und Kennwort entfällt.

Abbildung 3.1: Cookie-Menü eines Browsers

Natürlich kann sich nun auch jeder einloggen, der Ihren Rechner verwendet. Deshalb wird bei der Einrichtung des Cookies abgefragt, ob
es sich um ein mobiles oder ein stationäres Gerät handelt. Bei mobilen Geräten ist die Gefahr der Fremdnutzung deutlich höher, weshalb
die Lebensdauer des Cookies eingeschränkt wird. Heimische PCs erhalten Cookies mit oft unbegrenzter Lebensdauer, so dass erneutes

Anmelden selbst nach längerer Zeit entfällt, während die Cookies auf mobilen Geräten oft nur bis zum Schließen des Browserfensters gelten und bei erneuten Öffnen auch eine erneute Anmeldung notwendig ist. Sie können sich die Einstellungen der Cookies in Menü für die Einstellungen der Privatsphäre in Ihrem Browser auch selbst anschauen (Abbildung 3.1). Es liegt allerdings in der Verantwortung des Nutzers, ein mobiles Geräte auch tatsächlich als mobiles zu deklarieren oder sich das Leben bequemer zu machen und ein unbegrenztes Cookie zu akzeptieren.

Das Stehlen eines Cookies und seine Verwendung auf einem anderen Rechner funktioniert zwar prinzipiell auch, jedoch kann der Serverprogrammierer sein Cookie so gestalten, dass das erkannt wird und der Server das Login nicht akzeptiert. Facebook kontrolliert beispielsweise, ob ein neuer oder anderer Rechner verwendet wird, auch wenn Sie sich korrekt einloggen, und sendet Ihnen eine Kontrollnachricht. Wie die Kontrolle erfolgt, wird im nächsten Kapitel erklärt.

Um sich beispielsweise bei Spiegel-Online mittels Facebook einloggen zu können, wird hinter dem Facebook-Logo ein kleines JavaScript-Programm mit einem Link auf den Facebook-Server hinterlegt. Java-Script-Programme werden vom Server an Ihren Rechner gesendet und dort ausgeführt. Die JavaScript-Umgebung ist aber so konstruiert, dass JavaScript-Programme nur Informationen der Seite, mit der sie in den Browser geladen werden, lesen können. Sind mehrere Browser-Fenster geöffnet, können deren Informationen genauso wenig ausgelesen werden wie Daten auf Ihrer Festplatte. Durch diesen Sandbox- oder Sandkastenmechanismus sind JavaScript-Programme sicher, obwohl sie von Unbekannten programmiert und auf Ihrem System ausgeführt werden.[10]

Beim Anklicken des Logos wird das Javascript-Programm aktiviert, das vom Facebook-Server eine Information (meist eine Bilddatei) anfordert und dabei das Facebook-Cookie mitsendet. Die Anforderung erfolgt asynchron, was bedeutet, dass die bestehende Seite nicht

---

10 Es bestehen natürlich Möglichkeiten, einigen Unfug mit dem Browser anzustellen, was bei unerfahrenen Nutzern von Hackern ausgenutzt werden kann, diesen zu Reaktionen zu verleiten, die letztlich doch zu Unsicherheit führen können. Das Mitspielen des Nutzers in der einen oder anderen Form ist daher notwendig. Wenn man weiß, was man macht, kann nicht viel passieren – aber in dem „wissen, was man macht", steckt leider heute ein Problem.

durch eine neue ersetzt wird, sondern nur Teile nachgeladen werden, während Sie mit dem Browser weiterarbeiten können. Normalerweise funktioniert auch das aus Sicherheitsgründen nicht, da JavaScript das Nachladen nur vom gleichen Server erlaubt und ein Nachladen vom Facebook-Server somit verboten ist, wenn Sie eine Seite von Spiegel-Online geladen haben. Der Webprogrammierer von Spiegel-Online muss Ladeoperationen von Facebook-Servern ausdrücklich zulassen, damit der Datenabruf funktioniert.

Ob Facebook Sie anhand des Cookies erkannt hat, ist in den Daten kodiert, die der Browser vom Facebook-Server erhält. Da sich alles im gleichen Browserfenster abspielt, kann das JavaScript-Programm die Antwort von Facebook nun an den Spiegel-Online-Server senden, der Sie im Erfolgsfall ebenfalls akzeptiert und das in eigenen Cookies vermerkt. Daten und Antworten enthalten Kennungen der aktiven Seite, zufällige Daten und genaue Zeitpunkte, alles signiert von den Servern und u.U. auch verschlüsselt, d.h. die Datensätze können vom Nutzer oder einem Hacker nicht gefälscht werden und auch ein Wiederholen eines alten Datensatzes aus einer anderen Sitzung nützt nichts. Facebook weiß, dass Sie sich bei Spiegel-Online angemeldet haben und Spiegel-Online kann sicher sein, dass es eine korrekte Information von Facebook erhalten hat.

Ich habe den Ablauf recht ausführlich dargestellt, damit Sie einen Eindruck davon bekommen, was ein simpler Mausklick Ihrerseits bewirkt, und außerdem ein Gefühl dafür bekommen, dass trotz des offenen Systems genügend Sicherheitsregeln vorhanden sind, die Ihre Daten schützen, so lange Sie sich selbst verantwortungsbewusst verhalten. Ergebnis dieser Aktion in Bezug auf unsere Fragestellung: Facebook weiß ebenfalls, auf was für Seiten Sie sich sonst noch herumtreiben und wie oft das passiert, und dazu ist noch nicht einmal notwendig, dass Sie sich auf der Facebook-Seite befinden.

Wenn man sich als Informatiker das Sammelgeschehen anschaut, stellt man fest, dass all das nicht sonderlich komplizierte oder umfangreiche Datensätze sind. Auch die Algorithmen, die für einen Nutzer eine Seite zusammenstellen, müssen nicht sonderlich kompliziert sein. Das Problem ist nur die immense Datenmenge, die sich bei Facebook ansammelt. Die geschätzte Anzahl der Nutzer liegt inzwischen bei ca. 1,5 Milliarden. Entsprechend sind die Daten hierarchisch organisiert und auf alle möglichen Datenbanken und Standorte verteilt.

Wir erwähnten schon die logisch recht zweifelhafte Klage gegen die Speicherung von Daten europäischer Nutzer auf US-Servern, weil dann eben die NSA und andere Interessenten Zugang dazu hätten.[11] Wo soll nun beispielsweise ein Kommentar eines deutschen Nutzers auf den Beitrag eines US-Amerikaners gespeichert werden? Technisch sinnvoll wäre es, den Kommentar beim Beitrag abzulegen, um schnell zugreifen zu können – aber das wäre in den USA; rechtlich soll er auf einem EU-Server abgelegt werden – aber dann würde Facebook möglicherweise nicht mehr funktionieren.[12]

Wenn man wissen will, was Facebook über einen weiß, kann man seine „komplette" Aktivitätshistorie bei Facebook anfordern und erhält nach einiger Zeit, oft erst nach Tagen, eine umfangreiche Datei mit den eigenen Aktivitäten. Technisch passt die Wartezeit zu der Kommentierung der Klage im letzten Absatz: Facebook muss anscheinend Bot-Agenten in den weltweit verteilten Datenbanken nach den Einträgen suchen lassen, da eine zentrale Indizierung aller Nutzeraktivitäten nicht vorhanden ist. Ein Erfolg der Klage könnte daher tatsächlich zu Einschränkungen der Kommunikationsmöglichkeiten zwischen Europa und dem Rest der Welt via Facebook führen.

Komplett ist das Dossier aber nur bezüglich eigener Aktivitäten; viele der oben angesprochenen Auswertungen, die Facebook selbst vornimmt, um „die Benutzung des Dienstes zu optimieren", und bei denen man nicht selbst etwas angeklickt, sondern nur gelesen hat, sind natürlich nicht enthalten, da es sich um Interpretationen der Nutzung von Facebook durch den Betreiber, also gewissermaßen private Notizen des Betreibers handelt und nicht um Ihre Nutzeraktivitäten. Und

---

11 Die Klage enthält auch die recht zweifelhafte Begründung, dass man „heute auf Facebook angewiesen ist, um mit seinen Freunden zu kommunizieren", um dem Argument „es zwingt dich doch keiner" entgegen zu treten. Die persönliche Kommunikation zwischen Menschen wird juristisch mehr oder weniger zum exotischen Notbehelf herabgesetzt. Nur ein Trick, um mehr Aussicht auf Erfolg zu haben, oder doch symptomatisch für unsere Zeit?

12 Bislang sind die Konzerne irgendwelchen rechtlichen Vorgaben recht bereitwillig nachgekommen und haben ihre Marktmacht nicht ausgespielt. Interessant wäre es, zu beobachten, was passiert, wenn beliebte Funktionen mit dem Vermerk „aufgrund rechtlicher Vorgaben können wir Ihnen dies in der Bundesrepublik Deutschland leider nicht länger anbieten" entfallen. Gegen Kriege mit deutscher Beteiligung regt sich nur wenig Widerstand, aber den Kiddies das Spielzeug wegnehmen?

noch andere Informationen fehlen, worauf wir gleich zurückkommen. Aber auch die ausgelieferte Historie dürfte Sie erstaunen, was Sie alles so gemacht haben und woran Sie sich beim besten Willen nicht mehr erinnern können.

Abbildung 3.2: Facebook-Dossier

Auch andere Aktivitäten liefern technische Hinweise über die Speicherstrategien bei Facebook, insbesondere was älterer Daten betrifft: wenn man seine sichtbare Historie auf der Statusseite löscht (das kann eine Weile dauern, weil selbst bei Wenignutzern doch einiges zusammen kommt) und nach einiger Zeit die Seite nochmals öffnet, ist die mit neuen oder besser älteren Daten, die durch das Löschen wieder in den aktuellen Fokus geschoben wurden, wieder angefüllt.

Wenn man sein Aktivitätenprotokoll abruft, erhält man eine tabellarische Aufstellung in HTML-Form (Abbildung 3.2), in der man nahezu jeden eigenen Klick nachvollziehen kann, IP-Adresse, Betriebssystem und verwendeten Browser eingeschlossen. Allerdings – so ganz stimmt das nicht. Was fehlt in der Liste? Wenn Sie Ihr eigenes Aktivitätenprotokoll abrufen und sich nicht von der Masse der Daten blenden lassen, stellen Sie fest:

96

> Ihre Kommentare zu Beiträgen anderer Nutzer tauchen nirgendwo in diesem Protokoll auf (zumindest nicht in der Version, die ich überprüft habe).

> Kommentare anderer Nutzer zu Ihren Beiträgen sind ebenfalls nicht aufgelistet.

> Verlinkung Ihrer Beiträge auf Pinnwände anderer Nutzer fehlen. Auch weitere Informationen über Aktivitäten anderer Nutzer, die Sie betreffen, suchen Sie vergebens.

> Links von Pinnwänden anderer Nutzer sind zwar aufgeführt, aber ohne Information, was Sie von dort zu sich gelinkt haben.

Es ist leicht verständlich, dass diese Daten das Paket noch einmal gewaltig aufblähen würden und teilweise ohne Rückgriff auf den Gesamtkontext einer Diskussion auch nicht verständlich wären. Man käme dann auch an eine Grenze, persönliche Aktivitäten anderer Nutzer in das Protokoll einschließen zu müssen, was automatisch eine Legion von Datenschützern auf den Plan rufen würde. Facebook hat deshalb hier eine Grenze eingezogen; wer mehr wissen will, muss das selbst erledigen, indem er beispielsweise einen Software-Agenten schreibt, der regelmäßig die eigenen online-Informationen, in denen auch die eigenen Kommentare für einige Zeit sichtbar sind, die Informationen einsammeln lässt und sie selbst abspeichert (es soll aber die Möglichkeit geben, erweiterte Protokolle zu erhalten, die mehr enthalten; für Nachrichtendienste sicher kein Problem, und sofern die NSA irgendwann einen Refinanzierungsbedarf sieht, können Sie Ihre Daten möglicherweise gegen eine geringe Gebühr dort anfordern).

Andererseits sind gerade diese Informationen aber besonders interessant/brisant, denn:

✗ Kommentare sind meist offener und hitziger als Beiträge, und man verrät oft mehr durch Reaktionen auf eine Nachricht oder Provokation durch einen anderen Kommentar als durch einen wohlüberlegten Beitrag.

✗ Kommentiert werden nicht selten auch Themen, bei denen man sich mit eigenen Beiträgen stark zurück hält, oder

✗ Beiträge anderer Nutzer, die man in Form und Inhalt so selbst nicht ins Netz stellen würde.

- ✗ Aktivitäten spielen sich auch nicht nur bei den „Freunden" ab, sondern möglicherweise auch bei deren Freunden, auf die man in Kommentaren stößt, oder

- ✗ Fremden, denen man beim vagabundieren im Netzwerk begegnet, wobei hier die Themenauswahl von Interesse ist.

Umgekehrt ist auch die Frage, was andere aus Ihren Beiträgen machen, nicht unwichtig:

- ✗ In welchem Tenor (Ablehnung, Zustimmung) und Stil (sachlich, aggressiv) sind Kommentare zu Ihren Beiträgen gehalten?

- ✗ Wie groß ist die Reaktion auf Ihre Beiträge, viele oder wenige Kommentare?

- ✗ Wie groß ist die Wiederkehrrate der Leser?

- ✗ Wer teilt Ihre Beiträge an seiner eigenen Pinnwand (Freunde, Fremde) und wie ist die Ausrichtung und der Stil dort?

Wie schnell man aufgrund solcher Auswertungen irgendwo anecken kann, habe ich selbst bereits erfahren müssen, wobei aber nicht Facebook der Auslöser war, sondern in diesem Fall die Suchmaschine Google. Inhalte eines von mir privat betriebenen Blogs wurden von NPD-nahen Kreisen auf deren Seiten verlinkt oder teilweise unter Nennen der Quelle, also meines Namens, kopiert. Das ist – objektiv betrachtet – nichts Aufregendes, denn irgendwo gibt es auch zwischen verfeindeten Parteien Schnittmengen, aus denen beide jeweils den anderen zitieren können, um zu belegen, dass sie Recht haben. In der BRD ist das – subjektiv betrachtet – allerdings etwas furchtbar Schlimmes, denn hier genügt die schlichte Existenz eines Zitats auf einer NPD-verdächtigen Seite, den Zitierten selbst unmittelbar zum Nazi zu deklarieren. Trotz grundgesetzlich garantierter Meinungsfreiheit und Inhalten, die nichts mit irgendeinem Extremismus zu tun haben, sondern lediglich partei- und regierungskritisch sind, sieht man sich durch den falschen Leserkreis schnell zu der Entscheidung gezwungen, seine Ausführungen zu entfernen und sich weiterer Kritik möglichst zu enthalten oder das Risiko einzugehen, sozial abgestraft zu werden und sich darüber jahrelang vor Gericht zu streiten.

Was kann man nun mit dem Aktivitätsprotokoll anfangen, außer sich die alten Beiträge durchzulesen? Der normale Nutzer wird durch solche Fragestellungen vermutlich etwas überfordert sein, aber inzwischen gibt es mit www.wolframalpha.com eine mathematische Webseite, die vorführt, wie man mit diesen Daten Statistik betreiben kann, ohne komplexe Algorithmen etwa der Computerlinguistik oder Bildauswertung zu benötigen. Die Webanwendung greift – nach entsprechender Genehmigung durch den Nutzer – direkt auf die online-Daten von Facebook zu und nicht auf das Protokoll und kann daher einige der Informationen, die im Protokoll fehlen, auswerten, hat aber nicht alles zur Verfügung und kann auf ältere Daten nicht zurück greifen.

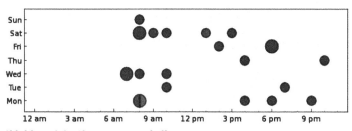

Abbildung 3.3: Aktivitätenprotokoll

Der erste Auswertungsteil umfasst die Aktivitäten des Nutzers. Die Anzahl der Beiträge sowie deren Länge als Funktion der Zeit liefern Hinweise, wann Sie von einem Thema besonders angesprochen sind, eine Wordcloud (Abbildung 3.4), in der die in den Posts verwendeten Worte nach Häufigkeit gewichtet sind, möglicherweise auch Hinweise auf die Themen. Wenn gleichartige Stichworte zeitgleich in den Medien auftauchen, schreiben Sie vermutlich keine Beiträge zum Hungerstreik des nachbarlichen Wellensittichs wegen eines Nachtflugverbots im Wohnzimmer.

Eine genauere Auflösung Ihrer zeitlichen Aktivität erlaubt es, Ihren Tagesablauf genauer zu recherchieren (Abbildung 3.3). Berufstätigen ist es im Allgemeinen nicht erlaubt, während der Arbeitszeit auf Facebook zu surfen. Tun Sie das doch, kommen nur bestimmte Berufe oder Arbeitslosigkeit in Frage.

Die Anzahl der Kommentare und der Kommentatoren zeigt an, wie Ihre Beiträge andere Nutzer erreichen. Wenig Kommentare weisen Sie als Einzelgänger auf, Kommentare nur von „Freunden" auf eine beschränkte Verbreitung und Rezeption, Kommentare nur von wenigen „Freunden" weisen eine schwache Anlaufstelle aus, relative viele Kommentare von wenigen Nutzern aber immerhin auf eine intensivere Diskussion mit bestimmten Leuten. Die Aussagekraft wird allerdings durch eine Reihe von Filtern beeinflusst:

Abbildung 3.4: Wort-Cloud

- **Ranking.** Beiträge mit vielen Lesern werden bei Facebook eher auf Seiten anderer Leser dargestellt als solche mit wenigen, Beiträge von in diesem Sinn erfolgreichen Schreibern von Beiträgen haben ebenfalls größere Verbreitungschancen, d.h. das System vertieft die Gräben des Bekanntheitsgrads zwischen verschiedenen Nutzern.[13] Das gilt sowohl für die Darstellung der Beiträge bei Freunden als auch bei Fremden.

  Um in die Spitzengruppe zu gelangen, ist daher eine gehörige Portion Eigenwerbung zusammen mit einer gewissen Beitragsqualität notwendig, um eine größere Leserschaft zu erhalten. Ist man bekannt, wird Eigenwerbung weniger interessant.

- **Persönliches Interesse.** Nachrichten, die den vermuteten Interessen entsprechen, werden mit größerer Wahrscheinlichkeit präsentiert als solche, für die das nach Meinung von Fa-

---

13 In diesem Zusammenhang sei auch noch einmal an die Pegida-Geschichte erinnert. Ein Unbekannter hat kaum Chancen, seine Ansicht einem größeren Publikum zur Kenntnis zu bringen.

cebook nicht gilt. Im Klartext: wenn Sie sich als Salafist bekennen, werden Sie viele Beiträge anderer Rechtgläubiger sehen, aber wohl keinen Beitrag mit dem Thema „Islam ist Mist".

Damit soll vermutlich verhindert werden, dass sich Hassexezesse zwischen den Gruppen aufschaukeln. Eine Politik des permanenten Wegsehens beseitigt allerdings nicht das Problem und bietet auch keine Chance, ausgleichend zu wirken.

· **Globales Interesse.** Neben dem Mainstream einherlaufende Inhalte haben ebenfalls weniger Chancen auf weitere Verbreitung. Die Folge sind mehr oder weniger geschlossene Gruppen, in denen bestimmte Themen diskutiert werden.[14]

· **Persönliche Zensur.** Last but not least kann Facebook natürlich auch dafür sorgen, dass Beiträge bestimmter Nutzer nicht in den automatischen Listen erscheinen, sondern von anderen Nutzern gezielt angewählt werden müssen.

Bei den „Freunden" wird das Geschlechterverhältnis, die Altersgruppe, der Sozialstatus (ledig, verheiratet, usw), die Herstellung des Freundschaftsstatus (haben Sie eine Freundschaftsanfrage versendet oder selbst eine Anfrage akzeptiert) und die gegenseitigen Aktivitäten (Kommentieren Sie viel bei den Freunden, kommentieren diese auch bei Ihnen?) ausgewertet. Das beantwortet Fragen wie „wer ist ein enger Freund?" oder (über Zwischenstufen) nur ein „Bekannter" ohne eigentlichen Freundschaftsbezug. Zusammen mit anderen Informationen kann daraus gewissermaßen auf die Position im „Rudel" geschlossen werden.

Bei den Freunden wiederum wird ausgewertet, wie viele Freunde diese haben, wie viele Freunde einer ihrer Freunde mit einem anderen Ihrer Freunde gemeinsam hat, ohne dass Sie einen davon zu Ihren Freunden zählen (das sind potentielle Gleichgesinnte, die aus irgendeinem Grund noch nicht zu Ihnen gefunden haben), oder wie viele Ihrer Freunde wiederum einander kennen. Letzteres lässt Netzwerke erkennen (Abbildung 3.5), wobei man typischerweise zu mehreren verschiedenen Netzwerken gehört (politische Diskussionsgruppe, Verwandtschaft, Sportverein, usw.).

---

14 Hier sei auf die früher angesprochene Konzentration auf wenige Konzerne im Medienbereich verwiesen, die ebenfalls zu einer gewissen Zensur vorzugsweise bei den Themen Energie und Klima führen.

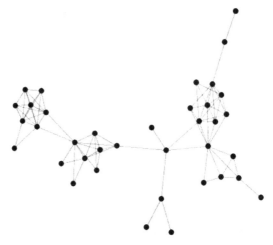

Abbildung 3.5: Netzwerk der Freunde

So weit die Auswertungen von www.wolframalpha.com. Die Auswertungen umfassen Daten, die nicht in Ihrem Facebook-Aktivitätsprotokoll enthalten sind, und basieren auf sehr einfachen Algorithmen. Es werden nur bestimmte Eigenschaften gezählt und in Verbindung zu anderen gesetzt. Die einzige Kunst besteht in der Festlegung, was gezählt und miteinander korreliert wird und wie das Ergebnis anschaulich dargestellt werden kann. Wenn man darüber nachdenkt, fallen einem sicher noch weitere Auswertungsoptionen ein, als www.wolframalpha.com bereits bietet.

Wenn die Beiträge und Kommentare komplett zur Verfügung stehen, sind sehr weit reichende Rückschlüsse auf die Persönlichkeit, die Interessen, die Einstellung zu bestimmten Themen und den Werdegang der Person möglich. Wie wir später darlegen werden, sind selbst solche Auswertungen für die Nachrichtendienste automatisch durchführbar, d.h. sie beschränken sich nicht auf wenige ausgewählte Personen, die „von Hand" durch einen Sachbearbeiter überprüft werden, sondern betreffen alle Facebook-Nutzer. Nachrichtendienste durchforsten die Datenbänke dabei nicht wertfrei, sondern aufgrund spezifischer Fragestellungen, die durch die Ziele vorgegeben sind (z.B. NPD-Sympathisanten, Islamisten, usw.). Die Wahrscheinlichkeit, in einem solchen Fragenetz nicht hängen zu bleiben, wenn man in das Raster passt, dürfte äußerst gering sein (das sieht allerdings anders aus, wenn man Ihnen aus irgendeinem Grund persönlich ans Leder will, wie das oben beschriebene Beispiel von Zitaten durch eine falsche Gruppe zeigt). Die Auswertung kann beliebig mit anderen Fragestellungen wiederholt werden, wenn neue Ziele ausgegeben werden, und sie ist nicht zeitkritisch. Ein Teil der gewaltigen Rechenmaschinerie der NSA und anderer Nachrichtendienste kann sich permanent mit solchen Problemen beschäftigen und immer feinere Dossiers erstellen.

Beiträge können auch zum Wiedererkennen einer Person verwendet werden; wir haben bei den statischen Daten bereits darauf hingewiesen. Der Mensch ist ein Gewohnheitstier, was in diesem Fall bedeutet, dass Beiträge wiederkehrende Strukturen aufweisen. Charakteristisch können unter anderen sein:

- Länge und Art des Zitierens sowie Spannweite der zitierten Quellen.

- Wortwahl, Fremdwortgebrauch und spezielle Formulierungen jenseits der Word-Cloud.

- Satzfehler, Auslassungen (z.B. Verben vergessen, falsche Satzkonstruktionen)

- Schreibfehler, Groß-/Kleinschreibung und Zeichensetzungsfehler.

Man kann sich die Auswertung ähnlich wie die Identifizierung von Spam vorstellen: nach vorgegebenen Regeln, der so genannten Heuristik, werden die Texte aufgearbeitet und in so genannte Phrasen zerlegt. Als thematisch nicht ganz passendes, aber dafür besser verständliches Beispiel aus der Spam-Erkennung betrachten Sie die Zuordnungen

1. Phrase(viagra): v!agra, v1aGra, v<!-->i<!-->agr<!-->a, ...

2. Phrase(viagra): Viagra

Beide Phrasen behandeln den Begriff „Viagra", der traditionell Spam-Emails symbolisiert, weil vor einigen Jahren die Email-Postfächer mit lästiger Werbepost für diesen Steifmacher überfüllt waren. Spam-Versender wissen, dass Textfilter nach „Viagra" suchen und diese Mails aussondern. Der Begriff wird daher so verfälscht, dass der Textfilter ihn nicht erkennt, das menschliche Gehirn aber schon. Seriöse Emails werden den Begriff andererseits in der korrekten Schreibweise verwenden und sollten natürlich nicht ausgefiltert werden. Programmierer wissen um die Problematik und die verwendeten Tricks und programmieren die Texterkennung so, dass sie Begriffe wie das menschliche Gehirn erkennt und die verwendeten Tricks nutzt, gleiche Begriffe unterschiedlichen Kategorien, eben die Phrasen, zuzuordnen.

Solche Auswertungen erfordern keine spezielle künstliche Intelligenz, sondern sind mit so genannten regulären Ausdrücken, die zum Bestandteil eines Informatikstudiums gehören, sehr einfach durchführbar. Was alles ausgewertet wird (die Heuristik) hängt mehr oder weniger vom Einfallsreichtum des Programmierers und dem Erfolg in der Praxis ab.

Werden Emails vom Nutzer manuell in gute und schlechte Emails unterschieden, kann die Software untersuchen, welche Phrasen (natürlich wird nicht nur nach „Viagra" gesucht, sondern alle Wörter eine Email in Phrasen umgewandelt) vorzugsweise in welcher Sorte von Emails auftreten. Nach einiger Zeit kann die Software aufgrund dieser Statistik selbst eine neue Mail als gut oder schlecht klassifizieren, wobei natürlich Irrtümer möglich sind, weshalb Spam auch nicht sofort entsorgt wird, sondern zur Nachkontrolle in einen speziellen Ordner wandert.

Ähnlich verhält es sich bei der Wiedererkennung von Personen aufgrund ihrer Texte. Sind genügend Texte bekannt, die einer Person zugeordnet werden können, kann statistisch leicht überprüft werden, welche Phrasen signifikant häufig auftreten. Ist die Heuristik hinreichend ergiebig, können Texte gewissermaßen über ihre Fingerabdrücke einer Person oder einer begrenzten Gruppe zugewiesen werden.

Nach der Konsultation der Statistik kontrollieren Sie einmal Ihr Aktivitätenprotokoll einmal punktuell auf den Inhalt. Können Sie sich an alles erinnern? Können Sie Links, die Sie übernommen haben, noch irgendwie einordnen? Vertreten Sie weiterhin die gleiche Meinung zu bestimmten Themen, oder wundern Sie sich mehr darüber, was Sie einmal gesagt haben? Meinungen und Ansichten ändern sich, und das spiegelt sich in den Aufzeichnungen wider. Und das können die Nachrichtendienste bei Bedarf ebenfalls in Ihr Dossier aufnehmen.

Fassen wir zusammen: wenn Sie Nutzer von Facebook sind, führt jemand genauestens Buch über Sie, so genau oder vielleicht noch genauer als ein Tagebuch. Tagebücher haben im Allgemeinen die Eigenschaft, Privatsache zu sein, in der noch nicht mal die nächsten Familienangehörigen etwas zu schnüffeln haben, und wenn sie veröffentlicht werden, ist der Tagebuchführer in der Regel bereits vor einiger Zeit gestorben. Wer sie vorher lesen will, muss in Ihren persönlichen Sachen herumschnüffeln. Facebook stellt Ihr Tagebuch von vornherein offen und für alle lesbar ins Netz, wenn auch nicht mit allen Details (zumindest nicht für die nicht zahlende Kundschaft). Schieben Sie aber nicht Facebook die Schuld in die Schuhe, wenn Ihnen das nicht gefällt. Facebook (und alle anderen sozialen Netzwerke, in denen Sie sonst noch Mitglied sind) schnüffelt nämlich gar nicht. Sämtliche Daten haben die Nutzer persönlich und freiwillig dort zur Verfügung gestellt.

3.2 Surfen mit der Suchmaschine

Das Surfen im Netz verbinden wir wieder mit dem Marktführer, und der heißt Google. Wie bei Facebook reden wir bei Google aber nicht nur über Google, sondern auch über Yahoo, Bing und weitere. Den Suchdiensten angeschlossen sind weitere Dienstleistungen, aus denen die Konzerne ebenfalls Daten gewinnen können. So gehört die Video-Plattform youtube genauso zum Google-Konzern wie der Fotodienst picasa, der Emaildienst gmail, Cloud-Anwendungen für die dezentrale Datenhaltung des Nutzers, Backup-Dienste, Terminkalender und vieles mehr.[15] Mit Google+ bietet Google darüber hinaus eine eigene Facebook-Variante an, etwas nobler im Design, aber im Prinzip das gleiche. Was wir bereits bei Facebook gesagt haben, trifft somit auch auf Google und weitere Suchmaschinenanbieter, die ebenfalls soziale Netzwerke betreiben, zu.

Der wichtigste und bei Facebook nicht vorhandene Dienst von Google ist der Suchdienst. Bei Suchen kann man zwischen Informationssuche und Produktsuche unterscheiden (manchmal ist das das Gleiche). Die Möglichkeit der umfassenden Informationssuche ist geschäftlich gesehen der Aufhänger, um regelmäßige Nutzer zu gewinnen, die bei einer Produktsuche dann natürlich ebenfalls die Suchmaschine benutzen und nun auf den ersten Positionen Links von Anbietern erhalten, die dafür zahlen, an den ersten Positionen zu stehen.

---

15 Manche Dienste sind nicht zum Teilen mit anderen vorgesehen und die Daten werden nach Angaben des Konzerns auch vertraulich behandelt. So lange eine Verschlüsselung aber nicht beim Nutzer vor dem Überstellen an den Server und mit einem nur dem Nutzer bekannten Schlüssel erfolgt ...

Die überwiegende Anzahl der Nutzer klickt zunächst genau diese Links an, und wenn das zum Kaufabschluss führt, hat auch der Anbieter ein Geschäft gemacht.[16] Allerdings wird das zunehmend nerviger:

- Auf den vorderen Positionen finden sich nicht selten Anbieter, die gar nicht das gesuchte und gewünschte Produkt anzubieten haben. Das ist aber vermutlich eher weniger die Schuld von Google. Schließlich promoten die ihre Kunden auch nur nach deren Vorgaben, und wenn diese aus welchen Gründen auch immer auch dann genannt werden wollen, wenn sie voraussichtlich kein Geschäft abschließen können, kann das Google egal sein.

- Viele der vorderen Positionen werden von sekundären Suchmaschinen bevölkert, die davon leben, den günstigsten Anbieter für ein Produkt zu ermitteln und auf diesen weiter zu verlinken – und offenbar so gut leben, dass sie sich die Google-Kosten für vordere Positionen leisten können.

Der Konzern möchte aber nicht nur auf Anfrage Produktangebote machen, sondern auch, wenn der Nutzer gar keine Produkte sucht. Dazu muss er gewissermaßen erraten, wofür sich ein Nutzer interessieren könnte, und dazu braucht er Daten über den Nutzer. Über Cookies – wir haben sie im Facebook-Kapitel im Rahmen einer Nutzeranmeldung in Blogs via Facebook-Account erwähnt – wird der Nutzer zunächst wiedererkennbar. Google kann Buch führen, was es an welchen Rechner geschickt hat. Und davor kann man sich nur sehr schwer drücken.

Ein verbreiteter Irrtum: Browser bieten die Möglichkeit, ein privates Fenster zu öffnen, was mit anonymem Surfen verwechselt wird.

- *✗* **Anonymes Surfen** bedeutet, dass die gesamte Aktivität vom Server nicht zu einem bestimmten Rechner zurück verfolgt

---

16 Dafür ist der Konzern im April 2015 in das Schussfeld der EU-Kommission geraten, die dem Konzern genau das vorwirft: die vorderen Positionen bei Produktsuchen werden von konzerneigenen Angeboten sowie von der zahlenden Kundschaft bevölkert, und wer nicht zahlt, kommt eben erst später dran, wird aber ebenfalls angezeigt. Die EU sieht darin einen Verstoß gegen das Wettbewerbsrecht. Die Logik muss man erst einmal verstehen. Mit der gleichen Begründung sollte man eigentlich einen VW-Händler abmahnen können, wenn der einen in seinen Verkaufsräumen nicht ausdrücklich darauf hinweist, dass der Opel-Händler nebenan ein vergleichbares Fahrzeug billiger liefern kann.

werden kann und Aktivitäten folglich vom Server auch nicht einer Historie zugeordnet werden können.

✗ Beim Surfen mit einem **privaten Browserfenster** werden aber lediglich vorhandene Cookies nicht gesendet und die Sitzung nicht lokal in der Browserhistorie aufgezeichnet.

```
▼ Request headers (1,196 KB)
    Host: "www.google.de"
    User-Agent: "Mozilla/5.0 (X11; Ubuntu; Linux x86_64; rv:36.0) Gecko/20100101 Firefox/36.0"
    Accept: "text/html,application/xhtml+xml,application/xml;q=0.9,*/*;q=0.8"
    Accept-Language: "en-US,en;q=0.5"
    Accept-Encoding: "gzip, deflate"
    DNT: "1"
    Cookie: "PREF=ID=57dd97aa5810ed73;U=00aaa52b29ad5898:FF=0:LD=de:TM=14107031...sAi/AZ7046xZ
    Connection: "keep-alive"
    Cache-Control: "max-age=0"
```
Abbildung 3.6: HTTP-Header des Browsers

Das bedeutet aber nicht, dass man anonym ist. Der Server hat nämlich auch noch andere Möglichkeiten, einen Rechner wieder zu erkennen. Bereits im Standardmodus ist der Browser recht geschwätzig und überträgt eine Reihe von Systeminformationen an den Server (Abbildung 3.6). Da die Webseiten heute meist ein sehr aufwändiges Design besitzen, benötigt der Server solche Informationen, um eine optimale Präsentation abliefern zu können. Die Geschwätzigkeit ist daher technisch durchaus sinnvoll, hat aber auch Nachteile. Die Informationen in den HTTP-Headern zusammen mit der IP-Adresse genügen zwar noch nicht zur eindeutigen Identifikation, aber es gibt ja noch Java-Script. Javascript besitzt Zugriff auf viele weitere Systeminformationen, die helfen können, eine Webseite optimal zu präsentieren. Deren Kenntnis ist für die Systemsicherheit unkritisch, da dadurch auf dem Rechner nichts verändert werden kann und auch keine Daten gestohlen werden können – allerdings sehr kritisch, wenn man anonym bleiben möchte.

Zusätzlich zum Feld „User-Agent" aus den HTTP-Headern können folgende Informationen ausgewertet werden:

➢ **Browser-Plugins**, z.B. Plugin 0: DivX® Web Player; DivX Web Player version 1.4.0.233; libtotem-mully-plugin.so; (AVI-Video; video/divx; divx). Plugin 1: …

Es können 10-20 Plugins installiert sein, jeweils in unterschiedlichen Versionen, und in verschiedenen Browsern in unterschiedlicher Reihenfolge.

➢ **Zeitzone** und **Bildschirmauflösung**.

➢ **Schriftarten** wie KacstFarsi, LM Mono Slanted 10, Droid Sans Armenian, Meera, FreeMono, LM Mono 10, LM Mono 12, Padauk Book, Loma, Droid Sans, Century Schoolbook L, KacstTitleL, Ubuntu Medium, ...

➢ ...

JavaScript sammelt diese Informationen und berechnet davon einen Hashwert (beispielsweise MD5), der an den Server versandt wird. Auch wenn man es nicht vermutet – schließlich sieht doch jede Webseite auf unterschiedlichen Rechnern nahezu gleich aus – die Hashwerte sind fast so einmalig wie menschliche Fingerabdrücke. Testen Sie das selbst einmal. Im Internet sind Seiten zu finden, die das für Sie erledigen und Ihnen vermutlich mitteilen,

> *„unter 5.187.231 bisher getesteten Browsern ist Ihre Signatur einzigartig."*

Natürlich ändert sich der Fingerabdruck, wenn irgendetwas aktualisiert wird oder weitere Plugins oder Schriftarten installiert werden. Für die Identifizierung wäre das aber nur ein kleines Problem: bei unbekannten Fingerabdrücken kann zusätzlich der komplette Datensatz an den Server übertragen werden, was Ihnen bei Nutzung des Ajax-Übertragungsmechanismus gar nicht auffällt, weil alles im Hintergrund abläuft. Durch einen Vergleich mit vorhandenen alten Daten, zu denen als Filter noch die IP-Adresse hinzukommt, kann der Upgrade Ihrer Installation zentral registriert werden.

Server, d.h. auch Google, können Sie mit diesen Methoden einigermaßen sicher identifizieren, auch wenn Sie privat über Google surfen und keine Cookies übertragen. Wenn im privaten Fenster der Link zum persönlichen Google+ - Konto fehlt, heißt das nicht, dass Google nicht trotzdem wüsste, wer sie sind. Und wenn Sie bei irgendeinem der vielen Google-Dienste registriert sind, kennt Google auch Ihren Namen.

Bei der Nutzung der Suchmaschine zeichnet Google die Nutzeraktivitäten auf, wie wir es schon von sozialen Netzwerken her kennen. Wie die anderen Datensammler, Nachrichtendienste eingeschlossen, weiß auch Google nur bedingt, welche Information sich morgen zur Verbesserung des Service als sinnvoll erweisen werden, ergo wird erst einmal alles aufgezeichnet, was sich aufzeichnen lässt, d.h.

• jede Suchanfrage mit Zeitpunkt und genauem Suchtext,

- das Blättern in den Ergebnislisten,

- alle Klicks auf Links in den Ergebnissen mit Zeiten[17],

- ihre Stimme, sofern Sie die Google-Spracheingabe nutzen,

- Bilder, sofern Sie die Bildersuche nutzen,

- und alle sonstigen Informationen, die die verschiedenen Spezialsuchdienste von Ihnen erhalten.[18]

Und wie bei Facebook kann man sich (zumindest teilweise) ansehen, was man alles gemacht hat, wenn man ein Google-Konto eröffnet (Abbildung 3.7).

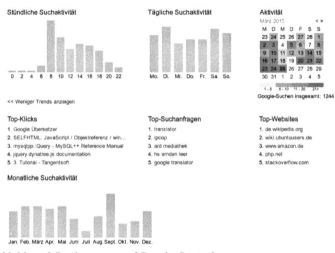

Abbildung 3.7: Aktivitäten auf Google, Statistik

Was macht Google nun mit all diesen Daten, die bei der Nutzung aufgezeichnet werden? Oberflächlich beantwortet: Google möchte Ihnen in dem Augenblick, in dem Sie irgendein Produkt kaufen möchten, dieses so anbieten, das der Konzern auch einen Anteil vom Kaufpreis erhält. Detaillierter gefragt wird man bezüglich vieler Daten vermut-

---

17 Wie bei Facebook handelt es sich um indirekte Links, die über den Google-Server abgewickelt werden, so dass dieser weiß, welche Seiten Sie besuchen. Besonders offensichtlich ist dies bei Bildersuchen, bei denen nach dem Anklicken eines Bildes der Google-Server gar nicht erst verlassen wird, sondern die Zielseite nur in einem Frame unterbringt.

18 Beispielsweise Google-Maps mit Details, was Sie sich anschauen, ob Sie einen Routenplan erstellen lassen, ob StreetView ebenfalls verwendet wurde, usw.

lich die Auskunft „wissen wir auch nicht so genau" bekommen. Im Hintergrund stehen anscheinend die Ziele,

- dem Nutzer eine gesuchte Information auch dann auf den ersten Seiten liefern zu können, wenn die formulierte Suchanfrage dazu selbst gar nicht scharf genug ist (oder das Ergebnis ohne Zusatzbewertung auf Seite 153.211 von 20.779.134 Verweisen insgesamt steht),

- dem Nutzer ein Produkt bereits dann anbieten zu können, wenn der sich erst im Unterbewusstsein dafür zu interessieren beginnt.

Um dahin zu gelangen, wird ein möglichst großer Datenpool angelegt, über dessen Auswertung man sich immer wieder neue Gedanken machen kann. Wie weit Google dabei schon gekommen ist, werden die Konzernleute allerdings kaum offenlegen. Die gezielte Produktwerbung ist natürlich auch wieder ein Punkt, auf den sich die Datenschützer stürzen wie Fliegen auf Kuhfladen. Ob sich daraus tatsächlich das Ende der Willensfreiheit ergibt, wie gerne behauptet wird, werden wir im letzten Kapitel diskutieren.

Google sammelt in seiner Funktion als Suchmaschine noch weitere Daten über die Nutzer: beim Untersuchen der Webseiteninhalte von Servern werden nicht nur Produkt- und allgemeine Informationen in die Suchdatenbanken übernommen, sondern auch Informationen über Personen. Haben Sie ein Buch geschrieben? Haben Sie in einem frei zugänglichen Forum einen Beitrag verfasst oder etwas kommentiert? Sind Sie irgendwo in einem Beitrag erwähnt worden? Führen Sie einmal ein Ego-Surfing auf einer Suchmaschine durch, und Sie werden sich wundern, was die alles über Sie weiß.

Dabei kann man sich natürlich wieder fragen „Was will Google mit diesen persönlichen Informationen?" und sich über fehlenden Datenschutz, Datenkraken et cetera echauffieren. Allerdings: die meisten Daten hat man (wieder einmal) selbst produziert, und wenn man von einer Suchmaschine erwartet, dass diese möglichst genaue und umfassende Informationen auf beliebige Suchbegriffe liefert, kann man nicht erwarten, dass ausgerechnet die eigenen Daten fehlen. Hinzu kommt, dass die Suchmaschine die Entscheidung, ob es sich um Ihre Daten oder nicht handelt, gar nicht treffen kann. Eine Ego-Suche nach „Heinrich Müller" wird eine Menge Leute mit diesem Namen finden, aber welcher sind Sie? Sie werden diese Zuordnung treffen können, Ihre Bekannten vermutlich auch, und Leute, die Ihnen Böses wollen oder die, wie die Nachrichtendienste, über eine noch größere Datenbasis verfügen als die Suchmaschinen, vielleicht ebenfalls, aber die Suchmaschine selbst könnte das vermutlich nur in sehr wenigen Fällen.

Abschließend noch ein Wort zum Chrome-Browser von Google. Google ist wie Facebook durch sein Datensammeln für viele Datenschützer der eigentliche Buhmann im Internet, und konsequenterweise wird dem Google-Chrome-Browser von manchen Nutzer unterstellt, dieser sende Informationen selbst dann an Google, wenn man die Google-Suchmaschine gar nicht nutzt. Die Spekulationen gehen von jeder direkt aufgerufener Webseite bis zu jedem Tastenanschlag, wobei letzteres auch die Übertragung von Namen und Kennworten einschließen würde, wäre es wahr.

Chrome	Einstellungen	In Einstellunge
Verlauf	Anmelden	
Erweiterungen	Melden Sie sich an, um Ihre Tabs, Ihre Lesezeichen, Ihren Verlauf und Ihre anderen Einstellungen auf allen	
Einstellungen	Ihren Geräten aufzurufen. Sie werden auch automatisch in Ihren Google-Diensten angemeldet. Weitere Informationen	
	In Chrome anmelden	
Über		

Abbildung 3.8: Google-Chrome-Menü

Genauer betrachtet macht der Chrome-Browser nach allen Berichten von Leuten, die sich den Datenverkehr angeschaut haben, nichts was er nicht dürfte. Speziell an den Spekulationen, selbst die Tastenanschläge auf Webseiten würden ausgespäht, ist nichts dran. Der Teufel liegt allerdings im Detail, nämlich in den Einstellungen (Abbildung 3.8). Google informiert den Nutzer, dass zur Verbesserung und Individualisierung der Browserfunktionen bestimmte Daten an die Google-Server übertragen werden können. Davon sind auch Daten betroffen, die nicht bei der Nutzung der Google-Suchmaschine anfallen. Auch verschiedene, vom Anwender genutzte Geräte können/werden hier notiert und können dadurch auch persönlich zugeordnet werden. Welche Daten das sind, wird in den Informationsseiten beschrieben, und der Nutzer kann/muss auch ein Nutzer-Konto bei Google einrichten und sich dort anmelden, damit Google die Informationen voll vernetzen kann.

Das Menü zur Konfiguration der Einstellungen ist umfangreich, und man kann dort auch die Datenübertragung „zur Verbesserung der

Browser-Funktionen" unterdrücken, muss sich dazu allerdings durch verschiedene Menüpunkte klicken, was wieder Beschäftigung mit der Materie verlangt. Die Grundeinstellung des Browsers ist so gestaltet, dass für den technisch weniger versierten Nutzer ein möglichst hoher Sicherheitsstandard eingehalten wird, Google allerdings auch mit relativ vielen Informationen versorgt wird.

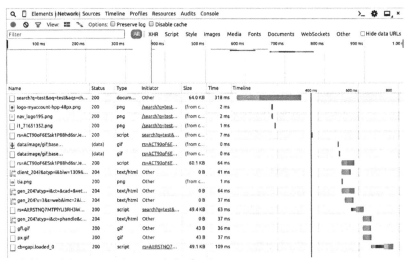

Abbildung 3.9: Internet-Datenverkehr des Browsers

Deaktiviert man die verschiedenen Datenaufzeichnungen für den Google-Server, werden auch keine Nachrichten an diesen versandt. Die Browser bieten heute die Möglichkeit, sich unter dem Menüpunkt „Tools" auch den Datenverkehr anzuschauen, der beim Aufruf einer Seite entsteht (Abbildung 3.9). Diese Entwicklerwerkzeuge werden eingebunden, weil die Gestaltung einer eigenen Webseite auch von vielen privaten Nutzern betrieben wird und solche Informationen für die Fehlersuche notwendig sind. In diesen Aufzeichnungen kann man auch den Datenverkehr mit dem Google-Server finden (oder eben nicht, wenn das deaktiviert wurde), allerdings setzt die Analyse schon einige Kenntnisse der Übertragungsprotokolle voraus.[19]

---

19 Mit Wireshark und anderen unabhängigen Programmen stehen Möglichkeiten bereit, den gesamten Datenverkehr zu beobachten. Besonders misstrauische Zeitgenossen können damit verifizieren, dass die Webaufzeichnung des Browsers nicht betrügt und im Hintergrund keine heimlichen Nachrichten versendet, die vorne nicht zu sehen sind.

Fazit: die Konzerne zeichnen tatsächlich eine Reihe von Daten auf, wenn man sie lässt. Sie machen das aber nicht heimlich, sondern informieren korrekt, was sie aufzeichnen (aber natürlich weniger darüber, was sie damit machen). Man kann in den Menüs selbst einstellen, was aufgezeichnet wird und was nicht, d.h. der Nutzer ist selbst dafür verantwortlich, welche Informationen die Konzerne erhalten. Man kann diesen – und da sind Facebook, Twitter und andere im gleichen Boot wie Google – lediglich vorwerfen, dass sie sich in den Standardeinstellungen relativ große Aufzeichnungsrecht einräumen, die vom Nutzer explizit abgewählt werden müssen. Datenschützer hätten es natürlich gerne anders herum.

3.3   Surfen im Netz

Wir bleiben bei Google. Was man in der Google-Historie nicht sieht, für Google aber auch sehr interessant ist, sind Folgeereignisse, wenn ein Link angeklickt wird. Was machen Sie auf einer Seite, zu welchen Seiten wechseln Sie anschließend. Das ermitteln dieser Daten übernehmen andere Konzernunternehmen: zu Google gehören auch DoubleClick und ähnliche Dienste, die auf den Seiten der Produktanbieter operieren, und zwar in deren Interesse und von diesen beauftragt und bezahlt.

Wählen Sie beispielsweise ein bestimmtes Produkt auf der Seite eines angeschlossenen Unternehmens aus, bindet dieses einen Lade-Link auf den DoubleClick-Server ein, der Informationen über das Produkt enthält. Im Rahmen des Seitenaufbaus wird der Ladebefehl ausgeführt und sendet dabei wie beschrieben auch Cookies von DoubleClick an dessen Server, der Sie damit identifiziert hat (wahlweise werden Sie wieder über den Browser identifiziert). Damit sind weitere Informationen, wofür Sie sich interessieren und was Sie in Ihren Warenkorb hineinlegen, bei Google angekommen. Diese Aufzeichnung funktioniert auch, wenn Sie gar nicht über die Suchseite auf die Unternehmensseite gelangen. Der HTTP-Header enthält auch Informationen, wie Sie auf eine Seite gelangt sind, so dass aus der Buchführung im günstigsten Fall ein komplettes Verlaufsprotokoll des Surfens vom Öffnen des Browsers bis zu dessen Schließen in der Datenbank landet.

Beim Surfen gelangen Sie häufig auch auf Seiten, die Ihnen nichts verkaufen wollen, aber Werbe-Banner von Google installiert haben. Wie oben beschrieben werden von diesen beim Seitenaufbau Informationen an den Google-Server gesendet, der aufgrund Ihrer vorhergehenden Suchen und/oder bereits ausgewählten Artikeln gezielt Produkte mit Links auf Anbieter zurückschickt. Für die Produktwerbung zahlen die Anbieter an Google, und klicken Sie einen der Links auf den Werbe-Bannern an, bekommt auch der Seiteninhaber ein kleines Entgelt dafür, dass er Platz für die Werbe-Banner zur Verfügung gestellt hat. Wenn Sie sich fragen, wieso Sie an jeder Ecke Rasenmäher angeboten bekommen – nun wissen Sie es: irgendwo haben Sie den Begriff einmal als Such- oder Produktbegriff eingegeben.

Hier tummeln sich aber noch weitere Sammler. Facebook mit seinem anscheinend sich immer weiter verbreitenden indirekten Login-System, mit dem man sich auf anderen Websites anmelden kann, ist schon genannt worden. Der amazon-Konzern, der auf seiner Webseite neben in Eigenregie vertriebenen Produkten auch Angebote anderer Verkäufer anbietet,[20] alternativ mit Logistik durch amazon oder Eigenlogistik des Verkäufers, weiß dadurch sehr gut, wonach Kunden suchen, und ist ebenfalls mit eigenen DoubleClick-Varianten auf anderen Webseiten unterwegs. Abbildung 3.10 zeigt recht eindringlich, wie dicht das Netz der Beobachter ist. Nach Besuch von nur 4 Websites zeigt das für Browser erhältliche Lightbeam-Tool bereits 16 Tracker an, die sich an die Fersen des Surfers gehängt haben.

Außerdem teilt sich amazon noch das Vertriebsmodell, auch private Anbieter zum Zuge kommen zu lassen, mit ebay. Beide wissen somit auch, was ihre Kunden loswerden wollen oder wo eventuell Ersatz zu verkaufen ist. Das Login-Tracking von Facebook wird bei amazon und ebay durch Zahlungstracking ersetzt, d.h. die Konzerne wissen auch immer häufiger, wo Kunden kaufen, wenn sie nicht über die Konzernseiten gehen (viele Händler bieten inzwischen an, die Zahlung über amazon oder PayPal abzuwickeln).

Die Informationen aus den Zahlungsdienstleistungen sind zwar (noch) deutlich dünner als diejenigen, über die Google verfügt, für die Produktwerbung aber sehr interessant, denn die Konzerne wissen

---

20 Amazon wäre dadurch zwar in der Lage, andere Anbieter nach Bedarf unterbieten zu können, aber hier greifen wohl spezielle Wettbewerbsmechanismen, die weder die Verkäufer von der amazon-Seite vertreiben noch die EU auf den Plan rufen.

nicht nur, für was Sie sich interessieren, sondern auch, was Sie sich tatsächlich gekauft haben und wieviel Geld Sie bereit sind, für ein bestimmtes Produkt auszugeben. Derzeit läuft dem Surfer nach dem Besuch einer Webseite mit speziellen Werbe-Ads noch wochenlang Werbung für ein Produkt hinterher, dass man bereits gekauft hat oder für das man sich gar nicht mehr interessiert und das auch sonst nicht beim Surfen gesucht und angeklickt wird. Das dürfte bei weiterer Verbesserung der Analysen wegfallen, weil es den potentiellen Kunden bei zu penetranter Bewerbung eher abstößt als anlockt, genau wie zum Teil auch recht aufwändige Briefwerbung für einen Mercedes oder einen BMW, wenn die Auswertung ergibt, dass Ihre Kragenweite beim Fahrzeugpreis eher der Dacia oder der Mazda ist.

Abbildung 3.10: Tracker: 4 Seiten aufgerufen, 16 Tracker aktiv

Weitere Mitspieler in diesem Club sind Versicherungen, die beispielsweise über den TrustedShops-Dienst ebenfalls wissen, wieviel Geld Sie wo ausgeben, Bankservices wie DirektÜberweisung und auch Kreditkartenunternehmen, die als Dienstleister ebenfalls nicht an Bankregeln gebunden sind. In der EU derzeit nicht denkbar, in den USA und anderswo schon: insbesondere Suchmaschinen wie Google könnten diese Daten zukaufen, um ihre Produktwerbung gezielter zu platzieren.

Wie realistisch sind die Ziele, Internetnutzern gezielt Produkte in der richtigen Preislage genau dann anbieten zu können, wenn zeitnah ein Bedarf besteht? Wir werden in den Kapiteln 4.2, 4.3 und 5 ähnliche Fragestellungen aus Sicht der Nachrichtendienste betrachten, und erfolgreiche Einsätze der Datenauswertung zeigen, dass diese Techniken ein beträchtliches Potential aufweisen. Auch wenn es unserem Ego und unserer Individualität nicht gefällt: die Reaktion des Menschen auf bestimmte Umstände scheint doch in einem gewissen Rahmen vorhersagbar zu sein (Psychologen haben das ja schon immer behauptet und Demagogen in der Praxis zumindest als Massenphänomen für ihre Zwecke nutzbar gemacht). Die Beschränkung der Bewerbung ohnehin nicht in Frage kommender Produkte dürfte den Empfänger zusätzlich empfänglicher für Produkte machen, die er sich leisten kann. Ich glaube allerdings eher, dass es sich wirklich mehr darum handelt, Produkte genau dann anzubieten, wenn Bedarf besteht, und weniger darum, den Kunden mehr oder weniger zu einem Kauf von etwas zu zwingen, was er gar nicht haben möchte, wie viele Kritiker unterstellen.[21]

3.4   Surfen zu Fuß

Nicht nur im Internet wird eingekauft, und auch an den Daten im direkten Kundenverkehr kann man aus Gründen effizienterer Werbung interessiert sein. Vielfach wird heute bereits bargeldlos eingekauft, und Unternehmen können gekaufte Artikel mit Kreditkartenzahlungen korrelieren. Was datenschutzrechtlich zulässig ist und was tatsächlich passiert sind zwei verschiedene Fragestellungen.

- Wenn Kunden mit einem Lastschriftverfahren belastet werden, muss der Verkäufer die Bankdaten mit den gekauften Produkten verbinden, um ggf. seine Ansprüche beweisen zu können, d.h. die Korrelation liegt vor.

- Bei Abwicklung über eine PIN-Zahlung, die nicht widerrufbar ist, ist keine Korrelation möglich. Wird sie trotzdem durchgeführt?

---

21 Die Differenzierung liegt hier vermutlich zwischen „was er nicht haben möchte" und „war er nicht braucht". Wir kaufen vieles, was wir nicht brauchen, aber trotzdem unbedingt haben möchten und können in den meisten Fällen auch ganz gut damit leben, ohne notorische Meckerer ernster als notwendig zu nehmen.

- Darf ein Unternehmen anonymisierte Kundendaten in einen Pool mehrerer Unternehmen einspeisen, um übergreifende Analysen zu ermöglichen?[22]
- Kreditkarten wie VISA usw. unterliegen anderen Nutzungsbestimmungen. Liefern Unternehmen Listen gekaufter Produkte mit den Zahlungsverkehrsdaten gleich mit ab?

Für Nachrichtendienste können solche Daten für bestimmte Fahndungsaspekte recht interessant sein, so dass wir wieder davon ausgehen können, dass sie sich Zugriff darauf verschaffen. Voraussetzung dafür ist jedoch, dass die Unternehmen die Infrastruktur für solche Datenzugriffe bereit stellen – und dann werden sie sie auch für sich nutzen.

Aber nicht alle Kunden kaufen mit Kreditkarten, und man bewegt sich bei Datenaufzeichnungen in der BRD in einer datenschutzrechtlichen Grauzone. Um mehr Kunden zum freiwilligen und rechtlich unbedenklicheren Mitspielen zu bewegen, wird ein Trick aus den 1950er-1970er Jahren hervorgeholt. Damals gab es beim Tante-Emma-Laden Rabattmarken beim Einkauf, und wenn man ein Heftchen voll geklebt hatte, bekam man eine D-Mark. Vermutlich haben sich viele Kinder so das Taschengeld aufgebessert, während die Oma froh war, nicht selbst zum Laden laufen zu müssen. Heute macht man auch das elektronisch, in Deutschland mit der PayBack-Karte oder der DeutschlandCard. Legt man die Karte beim Bezahlen vor, ist das ein zusätzlicher und freiwilliger Vorgang, der keine rechtlichen Probleme beinhaltet, wenn die Produkte gleich mit registriert werden, und die Kundenidentität ist bekannt, denn Name, Anschrift und Emailadresse sind bei Beantragung der Karte anzugeben. Ein deutliches Plus gegenüber Kreditkarten, bei denen diese Informationen verborgen bleiben und das Bewerben des Kunden außerhalb des Geschäftes durch Emails oder Werbesendungen nicht möglich ist. Die Rabatte sind zwar deutlich geringer als früher, im Gegenzug gibt es Bonusprogramme für bestimmte Produkte, die dann jedoch auch nur bei bestimmten Handelsketten zu kaufen sind.

Eines der Szenarien, die bei Handelsketten in der Pipeline sind und durch solche Techniken ermöglicht werden sollen, ist der elektroni-

---

22 Die Kundendaten könnten durch einen Hashwert anonymisiert werden, wobei natürlich jedes Unternehmen aus den Hashwerten der anderen Teilnehmer doch wieder auf den Kunden zurückschließen kann und das natürlich auch muss, will es individuell Produkte bewerben.

sche Einkaufswagen. Dieser ist mit einem Flachbildschirm ausgestattet, der den Kunden auf seinem Weg durch die Regalzeilen auf Sonderangebote hinweist, und zwar möglichst solche, von denen bekannt ist, dass der Kunde sie häufiger kauft. Ein wenig weiter gesponnen darf dann auch ruhig der Hinweis kommen, dass das Milchregal sich zwei Regalreihen weiter hinten befindet; schließlich kauft der Kunde im Schnitt alle drei Tage Milch, und heute ist schon der vierte seit dem letzten Kauf. Für diese Individualisierung der Einkaufsunterstützung ist allerdings eine Anmeldung des Kunden beim Betreten des Geschäfts im Serverportal notwendig, damit der Wagen weiß, mit wem er unterwegs ist. Lösen kann dieses Problem ein RFID-Chip in der Kundenkarte, die für die Benutzung des Einkaufswagens (anstelle der derzeitigen Münzen) verwendet oder notfalls auch berührungslos und damit unbemerkt vom Kunden abgefragt werden kann.[23]

Grundsätzlich trägt man diese Technik in Form der neuen Personalausweise bereits mit sich herum (siehe „NSA, BND & Co"; der Chaos Computer Club hat nach Markteinführung des Ausweises auch sehr schnell nachgewiesen, dass ein unbemerktes Auslesen problemlos möglich ist).

Noch weiter gehen Techniken, die Waren selbst zu markieren. Kleidung von Markenherstellern besitzen bereits heute eingewebte und damit nicht entfernbare RFID-Kennungen, die es erlauben, sie von Plagiaten zu unterscheiden. Die Großhandelskette METRO ist bereits vor ca. 15 Jahren damit aufgefallen, Taschen und andere Gegenstände mit RFID-Chips auszustatten, die eindeutige Kennungen zur Wiedererkennung des Kunden aufwiesen (aber das wurde damals abgestellt). Die Technik ist inzwischen subtiler geworden, und aufgrund der Allgegenwärtigkeit von Elektronik dürften weder Chips noch Erfassungsgeräte heute großartig auffallen.[24]

---

23 Die Technik ist noch nicht so weit; die Karten besitzen bislang keine solchen Chips und eine unbemerkte Abfrage dürfte zu Recht die Datenschützer auf den Plan rufen. Ob die Pläne so weit gehen, dass entwendete Einkaufswagen Flaschensammler auf Pfandflaschen am Wegesrand hinweisen, ist allerdings zu bezweifeln.

24 Kleidung von Markenherstellern wird bereits mit eingenähten RFID-Transpondern ausgestattet, die nicht zerstörungsfrei entfernbar sind. Damit sind Plagiate eindeutig identifizierbar. Vom Nachweis der Echtheit eines T-Shirts mit Krokodillogo bis zur eindeutigen Identifikation des einzelnen Kleidungsstücks ist es allerdings weniger als ein kleiner Schritt.

Nicht ausschließen auf die Dauer sollte man auch den Einsatz biometrischer Verfahren. Videoüberwachung von Geschäften ist heute Realität, und mit dem Massenmarkt kommen weitere Gerätefunktionen hinzu. Es ist vermutlich nur eine Frage der Zeit, bis die Aufzeichnungsgeräte über eine Software zur Personenerkennung ohne Aufpreis verfügen. Die darf dann zwar aus Datenschutzgründen voraussichtlich nicht aktiviert werden, aber wer will das schon kontrollieren, und für die Unternehmen ist es sicher interessant, ihre Stammkunden und Stammdiebe zu erkennen.

Mit den unternehmensübergreifenden Kundenkarten ist ein Schritt getan, das Kundenverhalten globaler zu beobachten und Marktanteile optimieren zu können. Bislang steckt das zumindest in Deutschland noch in den Kinderschuhen. Wenn man die erweiterten Identifikationstechniken berücksichtigt, könnte man sich durchaus vorstellen, dass hier irgendwann ein Google 2.0 entsteht. Die Fortsetzung davon wäre die generelle Warenkodierung und die intelligenten Haushaltsgeräte, etwa der Kühlschrank, der weiß, was noch in ihm gelagert und wie hoch der Durchschnittsverbrauch ist und der den Einkaufswagen informiert, dass Milch gekauft werden sollte.[25]

Das ist noch Zukunftsmusik, weshalb führe ich so etwas hier auf? Dafür gibt es zwei gute Gründe:

- Die Technik gibt es her, und zwar sehr preisgünstig.

- Zukunftsforscher preisen die Vorzüge einer solchen Zukunft an, ohne auf Details und negative Auswirkungen einzugehen, und erhalten dafür auch Forschungsgelder aus öffentlichen Förderprogrammen.

Tatsächlich bringen solche Techniken neue Bequemlichkeiten für den Nutzer mit sich und werden deshalb – Datenschutz hin oder her – auch akzeptiert. Ein Beispiel ist das bereits angesprochene autonome Fahren, das letztendlich nur dann richtig funktioniert, wenn die Fahrzeuge vernetzt werden. Die Technologie wird massiv entwickelt und

---

25 Oder nach Rücksprache mit der Badezimmerwaage kurzerhand das Bier streicht, weil Sie ohnehin schon zu dick sind. Manche Zukunftsszenarien gehen aber noch weiter: „Brille?" - Ihr Handy hat inzwischen über das hausinterne Ortungssystem herausbekommen, dass Sie die RFID-markierte Brille im Schlafzimmer liegen gelassen haben und informiert sie entsprechend. Was allerdings passieren soll, wenn Sie das Handy verlegt haben, ist bislang ein wenig unklar.

gefördert. Über die Gurtsensoren in den Sitzen, die das Personengewicht registrieren (Standard!), weiß der Fahrzeugcomputer bereits heute, wer sich auf welchem Sitz befindet. Wenn Sie in einigen Jahren in Ihrem Auto sitzen, ist das Fahren nicht nur sehr bequem, die Nachrichtendienste wissen auch sehr genau, wo Sie sich befinden und ob Sie abgenommen haben, wie Sie auf Facebook angekündigt haben, und wenn nicht, können Sie bei der NSA eine Analyse anfordern, welche Nahrungsmittel Sie zukünftig besser vom Einkaufsplan streichen.

Um noch einen weiteren Bereich anzusprechen: im Versorgungssektor, also Energie, Abfall und Wasser, werden auch zunehmend mehr elektronische Hilfsmittel eingesetzt. Mülltonnen sind kodiert, und die Abfallbetriebe können genau darüber Buch führen, wie oft Sie Ihre Tonne an den Straßenrand stellen und wie schwer sie ist. Die Betriebe können/wollen die Abfuhr damit natürlich optimieren, aber zumindest in Wohngebieten mit Ein- oder Zweiparteienhäusern erfährt man damit auch eine Menge über individuelle Gewohnheiten.

Stromzähler sind „intelligent", d.h. sie übermitteln die Verbrauchsdaten stetig an den Versorger. Der kann nun nicht nur die Versorgung besser planen – durchaus Notwendigkeit aufgrund des wenig pragmatischen Umgangs mit der Versorgungssicherheit – sondern auch mit Einverständnis des Kunden steuern, beispielsweise größere Verbraucher wie Waschmaschinen oder Trockner dann anschalten, wenn viel Strom zur Verfügung steht.[26] Die Daten erlauben aber auch noch ganz andere Aussagen, an denen wiederum die Nachrichtendienste interessiert sein dürften: wann gehen Sie schlafen, wann stehen Sie auf, wieviele Lichtquellen sind gleichzeitig in Betrieb, wann schalten Sie den Fernseher oder einen anderen Verbraucher ein, und welchen? Die Messgeräte sind so empfindlich, dass es unter bestimmten Nebenbedingungen sogar möglich ist, aus den Stromschwankungen beim Fernsehen, die aufgrund unterschiedlicher Hell/Dunkelanteile im Bild entstehen, heraus zu bekommen, was Sie sich im Fernsehen anschauen (ob Sie brav die Werbung in den Pausen schauen oder sich aufs Klo oder in die Küche verkrümeln und dort das Licht anschalten, ist eine leichtere Auswertungsübung, die wiederum die Werbeleute interessieren dürfte).

---

26 Vielleicht in Absprache mit der einen oder anderen Textilhandelskette auch deutlich seltener als gewohnt, damit Sie sich einen größeren Vorrat an Unterwäsche zulegen.

3.5 Die Software auf Ihrem Rechner

Die Trennung zum vorhergehenden Abschnitt ist etwas willkürlich. MicroSoft passt als Anbieter von Emailkonten, Serverdiensten, Suchmaschinen, Clouds, Telefonieanwendungen usw. genauso in die anderen Kapitel, wie Google und Apple als Anbieter von Betriebsystemen und Software auch hier genannt werden können (selbst Linux-Distributoren passen formal hier hinein, wenn auch bei diesen nicht unmittelbar ein Interesse zu erkennen ist, die Praktiken der kommerziellen Anbieter zu übernehmen).

MicroSoft (wie Apple und Google via Android) versorgt nach wie vor ca. 80% der Computersysteme mit seinem Betriebssystem Windows. Im Mobiltelefon- und Tabletbereich liegen Apple und Google vorne, aber MicroSoft und auch Linux-Distributoren drängen ebenfalls in den Markt. Kommerzielle Programme wie das Betriebsystem und Office-Pakete muss man lizensieren, bei AppleSystemen läuft gar nichts ohne Apple, und bei Android kommt man auch nur schwer um Google herum, weil dieser Anbieter eine breite Plattform zur Verteilung betreibt.

Zwar wird bei der Lizenzierung meist keine Authentifizierung verlangt, sondern nur der Nachweis, dass die Software ordnungsgemäß erworben wurde, aber die Hersteller wissen, auf welchem Rechner welche Software läuft, und zwar mehr oder weniger komplett. Ihre eigenen installierten Anwendungen kennen sie über die Registrierung, Fremdsoftware über Einträge in der Installationsdatenbank. Das Auslesen der Installationsdatenbank ist zwar eine Vermutung meinerseits, wäre aber durchaus plausibel, da solche Informationen auch zur Wartung der Software dienen können. Ein Nachweis, dass solche Informationen im Rahmen der Fernwartung (Updates und Sicherheitsupdates) übertragen werden, dürfte nicht einfach sein, ein Nachweis, dass das nicht geschieht, allerdings auch nicht. Wie schon bei den Browsern lässt sich aus der Gesamtinstallation ein Fingerabdruck Ihres Rechners generieren, der Ihren Computer eindeutig identifizierbar macht (besser als beim Browser, da mehr Informationen zur Verfügung stehen). Sind automatische Updates aktiviert, sind die Hersteller auch immer auf dem Laufenden.

Um auch namentlich bekannt zu sein, muss in der Beschaffungskette der Software nur ein direkter Kauf bei einem der Hersteller vorhanden sein. Apps (von application programm, Anwendungsprogramm oder einfach Anwendung) für Mobiltelefone oder Tablet-PC lassen sich am einfachsten von den Apple- oder Google-App-Stores installieren (bei Android können Sie auch andere Wege gehen, aber das ist eher nichts für den Normalnutzer), und spätestens bei kostenpflichtigen Apps brauchen Sie ein Konto bei den Stores, über das der Bezahlvorgang abgewickelt wird – und schon sind Sie namentlich bekannt. Da meist noch die Emailadresse im Spiel ist, lässt sich für die Universalanbieter fast alles miteinander verbinden: Software, Computer, Handy, Tablet, soziales Netzwerk, Suchen, Käufe usw.

Worüber sich die meisten Nutzer nur begrenzt Gedanken machen: die Betriebssystemhersteller haben volle Kontrolle über Ihre Systeme, und viele installierte Apps haben ebenfalls sehr weit reichende Befugnisse auf dem Rechner. Beginnen wir bei den Apps: wenn eine App auf einem Tablet-PC installiert wird, verlangt sie nicht selten Zugriff auf Bereiche, die nichts mit der Funktion zu tun haben, d.h. eigentlich fragt nicht die App, sondern das Betriebssystem, ob es der App etwas erlauben soll. Berechtigungen lassen sich auf zwei Arten steuern:

a) **Unix-System.** Jede Datei[27] wird einem Eigentümer (User) und einer Gruppe zugewiesen. Menschliche Nutzer sind ebenfalls User, und Dateien, die sie auf das System aufspielen, werden ihnen als Eigentümer zugewiesen. Apps, also alle Dateien, die geladen werden, werden vom Betriebssystem ebenfalls einem User und einer Gruppe zugewiesen.

Im Gegensatz zu Dateien können die User aber Mitglied in mehreren unterschiedlichen Gruppen werden (und ihre Dateien auch unterschiedlichen Gruppen zuweisen).

Die Rechte gliedern sich in Lesen, Schreiben und Ausführen und können für den User, die Gruppe und den Rest der Nutzer auf einem System getrennt vergeben werden.

b) **Zugriffslistensystem.** Für jede Datei existiert eine Liste der Nutzer mit den Rechten, die diese wahrnehmen dürfen.

Die Rechtesteuerung mit b) bedarf vermutlich keiner Erläuterung, ist aber in der Regel nur auf größeren Serversystemen vorhanden.

Die Rechtesteuerung nach a) erläutern wir an einem Beispiel: für Kamera und Mikrofon Ihres Systems seien zwei einzelne User=Eigentü-

---

27 Unter dem Begriff „Datei" werden Datendateien, Programme, Verzeichnisse oder Geräte wie Mikrofon, Kamera, usw. subsummiert.

mer definiert, deren Dateien jeweils einer von zwei Nutzergruppen angehören (also insgesamt 4 Gruppen).[28] Eine Gruppe jedes Users enthalte jeweils die Dateien, die das Ein/Ausschalten erlauben, eine weitere diejenigen, die das Bedienen ermöglichen. Sie als menschlicher User sind Mitglied aller Gruppen, haben also vollen Gruppen-Zugriff (die Eigentümer der Geräte haben u.U. noch mehr Rechte). Eine App, die installiert wird, ist nun ein weiterer User (zur Kontrolle, wir sind nun bei 4 Usern). Sie soll die Geräte bedienen, aber nicht ein- oder ausschalten können, d.h. ihr User wird nur den Gruppen zugewiesen, die das erlauben. Eine weitere App soll nur das Mikrofon bedienen können. Sie ist daher ein weiterer User (Nr. 5), der nur in die Gruppe für die Bedienung des Mikrofons eingetragen wird. Beide Apps können allerdings nur aktiv werden, wenn Sie selbst vorher die Geräte einschalten, und können nichts weiter machen, wenn Sie sie wieder ausschalten.

Das hört sich sehr einfach und auch recht sicher an, ist aber nicht einfach und wird deshalb auch nicht in dieser sicheren Weise verwendet.

> Überlegen Sie einmal, wie viele Nutzer und Gruppen es geben müsste, wenn Sie auf Basis des Rechtesystems a) auch nur 5 Funktionen in allen denkbaren Kombinationen sauber trennen wollten.

> Eine App müsste so programmiert sein, dass sie für jedes System genau weiß, was sie beantragen muss. Da die Betriebssysteme ja ebenfalls Änderungen unterliegen und neue Funktionen einführen oder alte ändern, wären Kompatibilitätsprobleme vorprogrammiert.

> Bei der Installation einer App würde dem Nutzer eine längere Liste der Rechte präsentiert, die die App wünscht. Die meisten Nutzer wären damit hoffnungslos überfordert und würden ohnehin alles blind zulassen, also auch Rechte zugestehen, die die App gar nicht bekommen soll.

> Beim Rechtesystem b) wäre das Verfahren noch komplizierter, da der Anwender eine noch größere Liste erhält, deren Sinn er vermutlich nicht überprüfen kann.

---

28 Die physikalischen Geräte können von anderen Nutzern nicht direkt angesteuert werden, sondern nur über die Programmdateien eines speziellen Users. Dafür sorgt das Betriebssystem.

Gezielte Rechtevergabe ist somit nur etwas für Fachleute oder vielleicht noch etwas für Nutzer, die bereit sind, sich einige Stunden mit dem Sinn des einen oder anderen Zugriffs einer App zu beschäftigen, aber nicht für den Normalnutzer, der mit 2 Klicks eine Funktion erwartet. Die Rechte werden daher auf den Systemen sehr global vergeben:

✗ Jede App wird vom Betriebssystem unter einem eigenen Nutzernamen installiert. Das ist unkritisch, da sich die Nutzernamen nur auf die installierten Dateien beziehen. Dazu gibt es eine Standardgruppe, die ebenfalls das Betriebssystem vergibt. Sie sind Mitglied dieser Gruppe, damit Sie auf die Dateien der App zugreifen können.

✗ Die App teilt dem Betriebssystem während der Installation mit, dass sie zusätzlich auf bestimmte Geräte zugreifen will. Damit das nicht zu kompliziert wird, werden nur sehr wenige Geräte und Gruppen definiert, d.h. hat man Zugriff auf das gewünschte Gerät, kann man auch auf viele weitere Geräte zugreifen, für die ein Zugriff gar nicht notwendig ist.

✗ Das Betriebssystem fragt Sie als Nutzer, ob Sie zulassen wollen, dass eine Kamera-App auch Zugriff auf Ihre Emaildaten, Ihre Kennworte, Ihr Facebook-Konto, Ihre Zahnbürste und Ihren Ehepartner haben möchte. Sie können das nun zulassen, oder ablehnen, was dazu führt, dass die App nicht arbeiten kann.

Wohlgemerkt, die App braucht den Zugriff auf Ihre Emaildaten, Ihre Kennworte und Ihr Facebook-Konto gar nicht, besitzt eine eigene Zahnbürste und findet die Ehefrau Ihres Nachbarn ohnehin sympathischer, aber die Systemprogrammierer haben sich mit derlei Feinheiten nicht aufgehalten und gleich alles in einen Topf geworfen.[29] Apps aus

---

29 Zur Sicherheit nochmals für diejenigen, die sich gerne darüber aufregen, welche Rechte eine App alle haben will. Es ist nicht die App, die Sie fragt, sondern das Betriebssystem, das eben alle Rechte auflistet, die freigegeben werden, also auch die, die die App gar nicht haben möchte. Und das Betriebssystem macht das, weil genau die Leute, die sich über die App aufregen, alles in die Ecke schmeißen und nach einem System fragen, das nicht so blöde Fragen stellt, wenn das Betriebssystem die Rechte genauer vergeben würde. Bei der Alternative „sicher – aber unverkäuflich" oder „meckern – aber Kassenschlager" bleibt den Systementwicklern kaum eine Wahl.

den offiziellen App-Stores unterliegen zwar einer rudimentären Kontrolle und sollten auch nur das nutzen, was sie für die vorgesehene Funktion benötigen, aber im Prinzip kann man kann nur hoffen, dass der Programmierer einer App keine Hintergedanken hat.

Von den Nachrichtendiensten weiß man allerdings genau, dass sie die haben. Es sind Apps im Angebot, die die Kamera und das Mikrofon einschalten und die Tastatureingaben mitlesen. Mit den Möglichkeiten, die ein Nachrichtendienst hat, ist es auch kein Problem, eine App sehr professionell und ansprechend zu gestalten und sie zu Konditionen anzubieten, die sie für viele Nutzer interessant macht und entsprechende Verbreitung findet. Das Handy wird auf diese Weise zum Überwachungsgerät, mit dem der Hacker jederzeit beobachten und belauschen kann, was der Inhaber macht. Es ist kaum festzustellen, ob ein Handy in dieser Weise mit Spyware ausgestattet ist:

- Ein erhöhtes Datenaufkommen könnte das Ausspähen verraten, dürfte aber nicht oder nur sehr schwer zu beobachten sein, da
  - nur bei einem gezielten Überwachungseinsatz die Funktion länger aktiviert sein dürfte und
  - durch das permanente Geschnatter der Nutzer auf Facebook oder Twitter ohnehin ein hohes Datenaufkommen zu beobachten ist.
- Eine aktive Überwachung wirkt sich auf die Akkulaufzeit aus. Aber auch das dürfte beim heutigen Nutzerverhalten nur schwer nachzuweisen sein.

Was auf Betriebssystemebene läuft, ist natürlich noch schwerer kontrollierbar. MicroSoft & Co sind natürlich am Vertrauen ihrer Kunden interessiert und betonen laufend, dass die Betriebssysteme keine Spyware enthalten. Von der Identifizierung eines Rechners über seine Installation bis zur Installation von fremdkontrollierter Software ist es allerdings nur ein sehr kleiner Schritt. Als Endnutzer ist man gezwungen, dem ganzen System zu vertrauen.[30]

---

30 Es sei hier noch einmal an Stuxnet erinnert. Die Schadsoftware wurde von der NSA über eine „bis dahin unbekannte Sicherheitslücke im Betriebssystem Windows" eingeschleust. „Bis dahin unbekannt" kann man glauben oder nicht.

So weit zur Technik. In der Anwendung trifft man auf folgende Nachrichtenlage:

- Das FBI kritisiert Google und Apple, weil diese ihre Geräte mit Verschlüsselung ausstatten. Das FBI will eine Umgehung der Verschlüsselung.

  Die NSA hat mit hoher Sicherheit Hintertüren auf allen Systemen, die die Verschlüsselung aushebeln. Hintertüren bedeutet aber gezieltes Belauschen einzelner Teilnehmer, unverschlüsselt globales Belauschen aller Teilnehmer. Verschlüsselung ist zwar ein Schritt in die richtige Richtung, der obendrein viel zu spät kommt, aber kein Grund, nun alles für sicher zu halten.

- Die US-Behörden kritisieren China, weil dieses eine generelle Hinterlegung der geheimen Schlüssel bei einer staatlichen Behörde anstrebt. Gemeint sich die privaten Schlüssel der Zertifikate, die für die Webseitenauthentifizierung und Kommunikationsverschlüsselung eingesetzt werden, die aber auch eine Verschlüsselung von Emails, Telefonaten, SMS usw. zwischen privaten Nutzern erlauben.

  Damit man nicht meint, nur die Chinesen und die USA seien böse: das hat Frankreich schon vor langer Zeit gemacht und ein Gesetz verabschiedet, nach dem die Schlüssel bei staatlichen Stellen hinterlegt werden mussten. Heute ist das natürlich so nicht mehr durchsetzbar, wird aber von der EU wieder erneut diskutiert.

  Als privater Nutzer hat man es dabei ohnehin schwerer als Unternehmen. Die Schlüssel- und Zertifikatgenerierung ist technisch recht anspruchsvoll, also lässt man sich die Daten von Dienstleistern erzeugen.[31] Wenn Sie den neuen Personalausweis mit elektronischem Zertifikat anfordern, sollte man davon ausgehen, dass der Geheimschlüssel „zur Sicherheit" auch auf irgendeinem Server der Bundesregierung hinterlegt ist, auch wenn etwas anderes versprochen wird.

---

31 Wenn Sie das selbst einmal ausprobieren wollen: das Programm XCA erlaubt Ihnen alles einigermaßen menügeführt (noch puristischer ist OpenSSL in einem Konsolenfenster), und Sie könnten sich solche Zertifikate auch gegenzeichnen lassen und wären dann sicher, dass niemand den privaten Schlüssel kennt.

- In China darf in chinesischen Unternehmen nur Standardbetriebssystemsoftware eingesetzt werden, die in China intensiv überprüft und anschließend für den Einsatz in China dupliziert wurde. Direktimporte aus den USA dürfen nicht verwendet werden. Das gleiche gilt inzwischen auch für Hardware. Damit wollen die Chinesen den Manipulationen der NSA einen Riegel vorschieben.[32]

  Die Chinesen üben zunehmenden Druck auf ausländische Unternehmen aus, in Niederlassungen in China nur chinesische Software einzusetzen, um auch dieses Loch zu stopfen – auch das natürlich ein Kritikpunkt der Amerikaner, die im Gegenzug von eingebauten chinesischen Löchern ausgehen.

Man kann das so interpretieren, dass die Unternehmen sich bemühen, dem Vertrauen, dass die Kunden in sie setzen, gerecht zu werden und sich und ihre Produkte sicherer vor dem Zugriff der Nachrichtendienste zu machen. Sie sollten das auch schon aus Selbstschutz tun, denn auch die Industriespionage ist ein zunehmendes Geschäft der Nachrichtendienste.[33] Die Regierungen üben auf der anderen Seite immer stärkeren Druck auf die Unternehmen aus, wenig Sicherheit einzubauen oder zumindest Hintertüren für die Nachrichtendienste offen zu lassen, wobei nach dem bereits Berichteten davon auszugehen ist, dass sie zumindest teilweise damit Erfolg haben. Die chinesischen Prüfungen deuten an, dass die US-Dienste vermutlich Zugriff auf mehr haben, als sie zugeben. Das Verhalten der Chinesen ist auf der anderen Seite aber auch nicht Vertrauen fördernd.

---

32 Nicht von ungefähr: die NSA hat sich schon an einem Einbruch bei Huawei versucht und war dabei zeitweise erfolgreich.

33 Das wird juristisch natürlich auch wieder geschönt, wie man sich an der BND-Affaire im April/Mai 2015 anhören darf: Produktspionage? Nein, das wäre ja ungesetzlich! Die Nachrichtendienste brechen lediglich ein, um zu überprüfen, ob das Unternehmen beispielsweise Embargoware an den Iran liefern will, und das ist legal. Wenn Airbus mit auf der Spionageliste steht und zwar nichts an den Iran liefert, im Wettbewerb mit Boeing um neue Flugzeuge für die US Air Force aber preismäßig bislang die Nase vorn hat, ist das reiner Zufall. Das ist ungefähr so glaubwürdig wie die Nachricht, dass sich Papst Franz mit Ayatollah Chamene'i in Tel Aviv trifft, um mit ihm und Netanyahu bei saftigem Schweinefilet und schottischem Single Malt die Hochzeit mit seiner dritten Frau zu feiern.

3.6 Bewertungsportale

BESTELLT

Man stellt nicht nur selbst Informationen über sich ins Netz, man lässt auch stellen oder wird gestellt. Bewertungsportale werden hauptsächlich von Unternehmen verwendet, um die Qualität ihres Angebots vom Kunden attestiert zu bekommen und bei einem Vergleich einen Vorsprung vor dem Wettbewerb zu erhalten. Die Bewertungen sind in der Regel öffentlich und werden von neutralen Anbietern verwaltet, die dafür auch bezahlt werden.

Einige Zeit nach einem Kauf erhält man in einem solchen Fall eine Email mit der Bitte um Bewertung, der vermutlich viele Kunden nachkommen werden, unabhängig davon ob sie zufrieden oder unzufrieden waren. Die statistische Aussage dürfte daher einigermaßen verlässlich sein und die Bewerteten haben einen guten Überblick über die Ansichten ihrer Kunden und können bei negativen Bewertungen auch entsprechend reagieren.

BEKANNT

Universalverkäufer wie amazon oder Branchen wie der Buchhandel bieten Bewertungsmöglichkeiten in Form von Kommentaren/Kundenmeinungen auf Produktebene an, ohne dass der Produzent, beispielsweise ein Autor, dabei ein Mitspracherecht hätte. Wer möchte, kann hier frei kommentieren, ob und wie ihm etwas gefallen hat. Bewertet wird jeweils ein spezielles Produkt, d.h. ein Hersteller kann für unterschiedliche Produkte auch sehr unterschiedliche Bewertungen bekommen, unter Umständen auch für das gleiche Produkt auf Seiten unterschiedlicher Anbieter.

In der Regel wissen die Produzenten, auf welchen Plattformen ihre Produkte angeboten werden, und können die Rezensionen kontrollieren und gegebenenfalls auch Stellungnahmen abgeben. Problematisch ist allerdings der Zeitaufwand. Ein Autor müsste beispielsweise regelmäßig sämtliche Internetbuchhändler aufsuchen und prüfen, ob neue Bewertungen vorliegen. Ein automatisches Benachrichtigungssystem ist, soweit mir bekannt, nirgendwo vorgesehen.

Da der Kunde nicht explizit durch eine Erinnerung aufgefordert wird, seine Meinung kund zu tun, sondern sich selbst dazu entschließen muss, die Webseite aufzusuchen, das Produkt anzuwählen und dann einen Kommentar einzugeben, wird man hier ein kleineres Spektrum der Erfahrungen erfassen als bei Bewertungsportalen, die mit einer Email zur Bewertung auffordern. Daraus resultiert die Gefahr, dass negative Stimmen überproportional vertreten sind. Das gilt noch mehr für die folgende Kategorie.

Anonym

Noch einen Schritt weiter gehen persönliche Bewertungsportale, in denen Mitglieder bestimmter Berufsgruppen bewertet werden, d.h. recht persönliche Bewertungen. www.MeinProf.de ist ein solches Bewertungsportal, es existieren aber noch viele weitere.

Das Problem bei solchen Portalen ist, dass der Bewertete mitunter gar keine Kenntnis davon hat, dass ein solches Portal existiert und dass er dort gelistet und bewertet wird. Gibt man auf einer Suchmaschine den Begriff „Bewertungsportal", findet man gleich mehrere Übersichten, die 20 und mehr Bewertungsportale auflisten und deren Einträge trotz dieser Vielzahl nicht unbedingt deckungsgleich sind. Bei Webshops und dergleichen wird man vermutlich erwarten, Bewertungsportale zu finden, Portale für Autowerkstätten und kleine Unternehmen sind vielleicht noch verständlich, wenn es auch schon fraglich ist, was ein Ostfriese mit der Information über eine Werkstatt in Südbaden anfangen soll, Portale für die Bewertung von Ärzten, Rechtsanwälten, Lehrern und anderen Berufsgruppen, die sich direkt auf die Personen dahinter beziehen, kann man aber auch als grenzwertig ansehen. Die Daten der Bewerteten werden von den Bewertern eingegeben, und die Portale fühlen sich in der Regel noch nicht einmal veranlasst, durch eine Kontroll-Email sicher zu stellen, dass die Angaben korrekt sind und der Betroffene von seiner Erfassung informiert wird. Der stößt allenfalls durch freundliche Hinweise oder ein Ego-Surfing darauf.

Bei der Frage nach dem Wert solcher Portale sind zwei Gesichtspunkte zu beantworten:

1. Wie viele Bewertungen sind vorhanden?

2. Welche Motivation steckt hinter einer Bewertung?

Eine für statistisch signifikante Aussagen notwendige Anzahl von Bewertungen wird nach meinem Dafürhalten eher selten erreicht. Bei Produktrezensionen bei amazon kann man in einigen Fällen 100 oder mehr Bewertungen finden, was schon einige Aussagekraft hat. Bei 2-3

Rezensionen ist die allgemeine Aussagekraft eher zweifelhaft. Man neigt bei negativen Erlebnissen eher dazu, eine Bewertung abzugeben als bei positiven. Wenn nichts da ist, melden sich statistisch eher Meckerer zu Wort als Lobende; liegen jedoch bereits mehrere Bewertungen vor, ist die Hemmschwelle für beide Seiten niedriger, was die Aussage schließlich auch statistisch signifikanter macht. Zusätzlich sollte man sich bei negativen Aussagen auch die Begründung anschauen: nicht selten findet man deutliche Hinweise, dass ein Käufer gar nicht in der Zielgruppe des Produkts, das er erworben hat, ist – also ein klassischer Fehlkauf infolge mangelhafter Recherche vor dem Kauf – oder Bedienungsfehler vorliegen. Es sei angemerkt, dass natürlich auch der umgekehrte Fall vorliegen kann: positive Bewertungen können auch vom Produzenten in irgendeiner Form beauftragt sein.

Sehr negative Bewertungen auf bekannten Webseiten oder im Grauzonenbereich können als Geschäftsschädigung angesehen werden, und der Betroffene ist möglicherweise daran interessiert, dass solche Bewertungen gelöscht werden. Das ist allerdings schwierig: rechtlich kann man dem Betreiber eines Bewertungsportals nicht das Handwerk legen, sondern man kann nur gezielt gegen einzelne Bewertungen vorgehen, was in der Regel mit juristischem Aufwand verbunden ist, falls es sich nicht um offensichtliche Beleidigung oder Mobbing handelt oder der Portalbetreiber lieber negative Bewertungen löscht als juristische Risiken einzugehen. Der Erfolg des Löschens einer Bewertung verhindert zudem nicht, dass anschließend weitere Bewertungen dieser Art auftauchen, gegen die meist erneuter juristischer Aufwand notwendig ist.

Wie problematisch die Situation ist, zeigt ein BGH-Urteil vom 1.Juli 2014. Dort hatte ein Arzt ein Bewertungsportal auf Herausgabe der Urheberdaten einer Verleumdung geklagt und verloren. Lediglich die verleumderische Bewertung musste gelöscht werden; ein Schadensersatzverfahren für die erlittene Geschäftsschädigung wurde dem Mediziner unmöglich gemacht, da die Anonymität des Urhebers vom Gericht nicht aufgehoben wurde. Ähnliche Verfahren sind auch in anderen Bereichen anhängig, ebenfalls mit geringer Aussicht auf Erfolg, obwohl es Mitarbeitern des Verbraucherschutzes mehrfach gelungen ist, gefälschte negative Bewertungen auf Portalen unterzubringen, die angeblich jedes Kritik prüfen. Mit falschen Bewertungen aus Rache oder zur Schädigung eines Wettbewerbers muss man daher wohl genauso wie mit gefälschten positiven Bewertungen durch Strohleute des Bewerteten rechnen, besonders wenn es sich um kleinere Unter-

nehmen handelt, die ohnehin nur wenige Bewertungen auf sich ziehen.[34]

3.7   Konsequenzen für den Einzelnen

Wenn Sie alles zusammenfassen, weiß die von Ihnen verwendete
Suchmaschine oder das von Ihnen bevorzugte soziale Netzwerk buchstäblich mehr über Sie als Sie selbst. Um diese persönliche Aussage zu
relativieren: Ihre Daten stehen verteilt in vielen verschiedenen Datenbanken, und der Einzelne ist für diese Unternehmen nur eine statistische Hausnummer, aufgrund der versucht wird, Geschäfte mit ihm zu
machen. Das sieht dann zwar persönlich aus, ist es aber nicht.

Nachrichtendienste wie die NSA wissen unter Umständen noch mehr,
da der Nachrichtendienst von verschiedenen Plattformen Daten kaufen und zusammenführen kann. Auch für die sind Sie aber zunächst
nur eine statistische Hausnummer, und von Ihnen persönlich will
man gar nichts. Es geht „nur" darum, die Gesellschaft in eine bestimmte Richtung zu lenken, und wenn die Gesamtstatistik stimmt,
interessiert es dort auch niemanden, wenn Sie als propagandaresisten-
ter Bürger nicht auf die Lenkungsmechanismen hereinfallen. Kritisch
wird es für Sie persönlich erst, wenn Sie die Statistik durcheinander
bringen oder jemandem auf die Füße treten, der genügend Einfluss
auf die Dienste hat. Dann können die Daten auch persönlich ausgewertet werden. Beides schauen wir uns in den nächsten beiden Kapiteln an.

Es gibt allerdings noch weitere Interessenten, die die Angelegenheit
persönlich nehmen, als da wären

- der Arbeitgeber, der gewisse Vorstellungen von Loyalität ihm
  gegenüber besitzt und der seine Angestellten in dieser Hinsicht kontrollieren möchte,

---

34 Beruflich könnte ich auch etwas dazu beitragen, da ich als Hochschulleh-
rer ebenfalls von anonymen Bewertungen betroffen bin. Da ich kein freier Unternehmen bin, der um seinen Umsatz bangen muss, betrachte ich
das allerdings etwas anders: Sie wissen, wo das Empire State Building
steht? Das ist ungefähr die Entfernung, in der mir diese Kritiken am A...
vorbei gehen.

- der potentielle neue Arbeitgeber, der gewisse moralische Vorstellungen von seinen neuen Mitarbeitern hat,

- der Kunde, der wissen möchte, ob es ratsam ist, mit Ihnen Geschäfte zu machen.

Diese Leute können sich der zugänglichen Informationen im Netz bedienen, und deshalb haben die gespeicherten Informationen auch eine direkte Wirkung auf das Umfeld einer Person. Aus den Datenbanken der Provider (und der Nachrichtendienste) lässt sich nichts mehr löschen, wenn es einmal drin ist, aber lässt es sich zumindest verhindern, dass als störend empfundene Daten in Suchmaschinen oder auf Webseiten angezeigt werden? Zur Beantwortung der Frage müssen wir verschiedene Fälle untersuchen.

Zunächst: was man selbst ins Netz bringt, ist auch irgendwo zitierbar. Man kann nicht auf seiner Webseite ein Foto veröffentlichen und hinterher Google verbieten, das Foto in Suchergebnissen zu präsentieren oder Betreibern anderer Webseiten verbieten, einen Link auf diesen Beitrag zu setzen (man kann sich aber formal aufregen, wenn der Link oder das Zitat nicht korrekt gekennzeichnet ist). Will man einen eigenen Beitrag nicht mehr öffentlich sehen, muss man ihn zunächst selbst löschen und hoffen, dass er in Suchmaschinen ebenfalls in kurzer Zeit verschwindet.

Hat jemand Kopien Ihrer Daten oder Fotos angefertigt und stellt diese öffentlich ins Netz, kann man die Löschung verlangen und bei unerlaubter Kopie auch nach dem Urheberrecht klagen. Man kann allerdings nicht verhindern, dass jemand anstelle der Präsentation einer Kopie Ihrer Daten in einem eigenen Beitrag behauptet, Sie hätten dieses oder jenes gesagt. Für sich eine private Kopie anzufertigen ist zulässig, und wenn der Gegner im Streitfall eine solche Kopie vorlegt, die seine Behauptung beweist, können Sie dagegen kaum etwas vorbringen. Gesagt ist gesagt, und kein Gericht wird den Kontrahenten zwingen können, eine beweisbare Aussage zurück zu nehmen.

Allerdings funktionieren solche Beschwerdeverfahren in der Regel nur bei Serverbetreibern in der EU. Ist der Server nicht in der EU angesiedelt und der Betreiber nicht zu ermitteln oder wohnt ebenfalls im Ausland, bleibt außer Bitten nichts, was man tun könnte. Wenn der andere nicht darauf eingeht, muss man sich mit der Darstellung auf dem Server abfinden.

Zumindest kann man aber inzwischen einen Link auf solche Server in Suchmaschinen unterdrücken. Dazu muss man einen Antrag an den Suchmaschinenbetreiber stellen, der von diesem überprüft wird und der ggf. den Link unterdrückt. Google erklärt dazu in einem online-Formular:

```
Gemäß einem kürzlich ergangenen Urteil des
Gerichtshofs der Europäischen Union vom 13.
Mai 2014 (C-131/12) können bestimmte Personen
bei den Betreibern von Suchmaschinen
beantragen, dass bestimmte Suchergebnisse aus
den Suchergebnislisten bei einer Suche nach
ihrem Namen entfernt werden. Voraussetzung
hierfür ist, dass die Datenschutzrechte der
betreffenden Person schwerer wiegen als das
Interesse an der Verfügbarkeit der
betreffenden Suchergebnisse.


Wenn Sie einen solchen Antrag stellen, wägen
wir Ihre Datenschutzrechte als Einzelperson
gegen das öffentliche Interesse an den
Informationen und das Recht auf
Informationsfreiheit ab. Dabei prüfen wir, ob
die in den Suchergebnissen enthaltenen
Informationen über Sie veraltet sind und ob
ein öffentliches Interesse an diesen besteht.
Zum Beispiel lehnen wir den Antrag
möglicherweise ab, wenn es um Betrugsmaschen,
berufliches Fehlverhalten, strafrechtliche
Verurteilungen oder das öffentliche Verhalten
von Amtsträgern geht.
```

Selbst da treibt der deutsche Datenschutz sein Unwesen. Google fordert bei einem Löschungsantrag aus naheliegenden Gründen einen Identitätsnachweis, damit nur der Rechteinhaber ein Löschen durchsetzen kann, aber genau der ist nach Auffassung deutscher Datenschützer rechtswidrig, wenn Google durch die Vorlage eines Personalausweises einen zweifelsfreien Identitätsnachweis erhält. Schlimmstenfalls muss man das Problem über einen Mittelsmann – Anwalt oder öffentlicher Datenschutzbeauftragter – lösen, wenn man sich nicht ausweisen will.

Der verschlungene Hintergrund dieses EUGH-Urteils ist in unserem Zusammenhang ebenfalls interessant. Es beruht auf einer Klage eines spanischen Anwalts, gegen den in den 1990er Jahren ein Zwangsvollstreckungsverfahren eingeleitet wurde und der heute beratend im Finanzsektor tätig ist. Die spanische Behörde, bei der die Akten gelagert sind, hat diese in den letzten Jahren digitalisiert und in irgendeiner Form im Netz zugänglich gemacht. Google hat diese Information jedenfalls gefunden und unter dem Namen des Anwalts in den Suchergebnissen veröffentlicht, was den einen oder anderen Kunden wiederum abschreckte. Der Anwalt empfand dies als geschäftsschädigend und hat gerichtlich schließlich die Löschung der Suchergebnisse durchsetzen können.

Interessant ist nun, dass eine Behörde fast 20 Jahre alte Daten so ungeschützt ins Netz stellt, dass eine Suchmaschine darauf stößt. Das Interesse des Anwalts, längst verjährte Angelegenheiten nicht jedermann zugänglich zu machen, ist verständlich, aber wieso prozessiert er nur gegen Google (ein Rüffel für die spanische Behörde ist im Verfahren nicht zu finden)? Gibt es ein öffentliches Interesse, das eine Behörde veranlasst, recht persönliche Daten ungeschützt zugänglich zu machen? Und wenn ja, wieso wird das öffentliche Interesse gleich wieder damit eingeschränkt, dass man die Suchergebnisse löschen lassen kann? Die Fragekombination deutet auf die Ratlosigkeit hin, mit der Gesetzgeber und Justiz an solchen Sachen herumdoktorn.

Kompliziert wird die Angelegenheit, wenn Dritte indirekt etwas über Sie veröffentlichen, beispielsweise einen Foto mit vielen Personen ins Netz stellen und Sie darauf markieren (Facebook), ein Video ins Netz stellen oder Sie in einem Wortbeitrag in einen bestimmten Zusammenhang stellen. Markierungen bei Facebook kann man beispielsweise selbst löschen, das Foto allerdings nicht, weil es Ihnen nicht gehört. Das Problem liegt darin, dass neben Ihren Rechten und Interessen nun auch die Rechte und Interessen anderer betroffen sind. Man hat zwar ein Recht am eigenen Bild und dessen Nichtdarstellung in der Öffentlichkeit, aber rechtfertigt ein „ich will das nicht" auch, dass sich 5 andere Personen nun ebenfalls nicht mehr im Internet bewundern dürfen? Möglicherweise teilt Ihnen der Plattformbetreiber mit, die beanstandete Seite entspräche seinen Richtlinien und der eigentliche Urheber sei weder bereit, etwas zu ändern noch seine Identität so ohne weiteres Preis zu geben. Dann bleibt nur noch der Weg über ein Gericht – und das ist teuer, langwierig, hat einen ungewissen Ausgang, funktioniert nur in der EU und muss bei jedem neuen Fall von neuem eingeklagt werden.

Wenn Sie nun selbst diszipliniert genug sind, keine Ihnen schädlichen Informationen ins Netz zu stellen und auch Ihre Freunde so weit unter Kontrolle haben, dass diese ebenfalls nicht gegen Ihre Interessen verstoßen, sind Sie aber noch nicht auf der sicheren Seite. Leider ist es furchtbar einfach, Identitäten im Internet zu fälschen. Wenn Ihnen jemand schaden will, und da zähle ich nun die Nachrichtendienste ausdrücklich hinzu, ist es kein Problem, irgendwo ein Email-Konto mit Ihrem Namen zu eröffnen und dann beispielsweise Kommentare oder Beiträge auf irgendwelchen sozialen Plattformen unterzubringen, die mit Ihnen in Verbindung gebracht werden. Wenn das halbwegs geschickt angestellt wird, ist es auch nicht schwer, polizeiliche Ermittlungen nach einer Strafanzeige im IP-Nirwana enden zu lassen oder Zweifel nicht ausschließen zu können, dass Sie das nicht doch selbst verzapft haben.

Ebenso einfach ist es, Ihren Namen in irgendwelchen Beiträgen zu zitieren, und auch Fotomontagen können so geschickt angefertigt werden, dass man den Betrug auf einem kleinen Foto auf einer Webseite nicht bemerkt. Überhaupt müssen Sie in solchen Fällen auch erst einmal dahinter kommen, dass jemand schädliche Sachen über Sie ins Netz stellt. Der Urheber ist nicht daran interessiert, dass Sie das allzu schnell bemerken, sondern eher der letzte sind, dem es auffällt. Und geschickt angefangen ist schließlich der Nachweis, dass etwas nicht von Ihnen stammt, schwieriger als der Nachweis, dass Sie der Urheber sind.

Hier liegt unter Umständen eine Gefahr für Aktivisten, wenn sie den Mächtigen unbequem werden, oder wenn Sie jemanden geärgert haben, der es Ihnen heimzahlen will, oder wenn es schlicht um Ihre Karriere geht, die ein anderer machen möchte. Verleumdungen oder Indiskretionen sind leicht losgetreten und entwickeln sich medial schnell zu Selbstläufern. Je umfassender die Informationen sind, über die ein Nachrichtendienst verfügt, desto glaubhafter kann er eine Lüge oder eine ganze Lügengeschichte aufbauen.

4 Allgemeine Auswertung

Im letzten Kapitel haben wir untersucht, welche persönlichen Spuren wir in der Öffentlichkeit hinterlassen und dabei vorzugsweise kommerzielle Datensammler wie Suchmaschinen und soziale Netzwerke im Blickfeld gehabt. Wir kommen nun zu den Datensammlungen der Nachrichtendienste und deren Auswertungsmöglichkeiten, die auf zwei Kapitel verteilt sind. Wir unterstellen, dass die Nachrichtendienste weitgehend auf die Daten der privaten Sammler zurückgreifen können, darüber hinaus aber auch Zugriff auf Daten haben, die den privaten Sammlern nicht zur Verfügung stehen.

Bei den Aufzeichnungen fallen Daten sehr vieler Personen an, deren individuelle Verfolgung (zunächst) wenig Sinn macht, da nur wenige als potentielle Bedrohung in Frage kommen. Die Daten sind allerdings fast alle personalisierbar, d.h. sie können mit der Identität einer bestimmten Person verknüpft werden. Das gilt auch dann, wenn von anonymen oder korrekter anonymisierten Daten die Rede ist und liegt daran, dass sie im Gesamtprozess personalisiert werden müssen, um Datensätze verschiedener Quellen miteinander zu verbinden, denn nur dann sind sie nutzbar. Eine Anonymisierung ist daher eine scheinbare und kann jederzeit aufgehoben werden, ja, muss das sogar, wenn so genannte Vorratsdaten unterschiedlicher Quellen mit neuen Fragestellungen nochmals bearbeitet werden.

Stellen die Nachrichtendienste/der Staat mit ihrem Datensammeln tatsächlich alle Bürger unter Generalverdacht, wie oft argumentiert wird? Oder mehr technisch gefragt: generieren die Geheimdienste riesige, aber im Prinzip nutzlose Datengräber, von denen im Bedarfsfall ein winziger Bruchteil zur Auswertung gelangt, oder können sie damit doch etwas anfangen?

Wie bereits im letzten Kapitel kurz angesprochen, muss man bei der Auswertung der Daten differenzieren zwischen allgemeinen Auswertungen, deren Ergebnisse zur Lenkung der Gesellschaft in irgendeiner Form dienen, und speziellen Auswertungen, die eine bestimmte Person oder einen bestimmten kleinen Personenkreis aus rechtlichen oder politischen Gründen unter die Lupe nehmen. Für beide Zwecke werden die gleichen Daten verwendet, wobei eine Personalisierung meist zwangsweise entsteht. Wir schauen uns in diesem Kapitel anhand von Beispielen an, wie Nachrichtendienste zu allgemeinen Aussagen über die Gesellschaft kommen könn(t)en. Wir gehen dabei wieder davon aus, dass die sammelbaren Daten auch alle gesammelt werden und für Analysen zur Verfügung stehen. Ob personalisierte Daten bei dieser Verwendung wieder so weit anonymisiert werden, dass die nutzenden Abteilungen nicht auf einzelne Bürger schließen können, ist im Moment nicht weiter von Interesse.

4.1 Demonstrationen

Wir beginnen mit der Beobachtung von größeren „Demonstrationen" mit vielen Teilnehmern wie PEGIDA, 1. MAI-Demo usw. Vielfach demonstrieren zunehmend gleich zwei gegensätzliche Gruppen, wobei die Angelegenheit in den letzten Jahren nicht selten in Gewalt ausartete. Die größte Gruppe bei bestimmten Demos stellt daher in manchen Fällen die Polizei, die die Gruppen trennen soll und dann mit einer oder gar beiden ins Handgemenge gerät. Der Grund für die Ausartung in Gewalt liegt zum großen Teil darin, dass zum einen der eigentliche Zweck einer Demonstration – die Politik auf einen Handlungsbedarf hinzuweisen – von der Politik immer offener ignoriert, zum anderen der gewaltbereite Teil – nach Polizeiberichten fast ausschließlich Linke und nicht Rechte, wie die Politik gerne behauptet – politisch gedeckt wird.[1]

Das Interesse der Politik besteht in der Klassifizierung der Teilnehmer nach gesellschaftlichen Gruppen. Sind die Gruppen bekannt, können seitens der Politik spezifische Gegenmaßnahmen eingeleitet werden, und kann auch analysiert werden, wie sich die Gruppenzusammensetzung im Laufe der Zeit ändert, erhält die Politik Rückmeldungen über die Wirksamkeit ihrer Maßnahmen.

Die klassische Methode ist die Beobachtung von Veranstaltungen und Interviews mit Teilnehmern. Das ist aufwändig, mit Fehlern behaftet,

---

1 Nicht selten marschieren in den Gegendemos, von denen oft die Gewalt ausgeht, Politiker mit, die anschließend die „Polizeigewalt" öffentlich geißeln oder gefasste Straftäter gar juristisch unterstützen. Das sorgt für zunehmend schlechte Stimmung bei der personell ohnehin überlasteten Polizei.

da vieles geschätzt werden muss, und bedingt repräsentativ, da nicht alle Interviewpartner zu den Fragen Stellung beziehen. Die Teilnehmer bleiben bei dieser Methode allerdings anonym, falls sie nicht von sich aus ihre Identität bekannt geben.

Die klassische Methode lässt sich durch die Auswertung von aufgezeichneten Massendaten ersetzen oder zumindest ergänzen, wie wir im Folgenden zeigen wollen. Die Daten stehen definitionsgemäß ohnehin zur Verfügung und eine Auswertung ist nur eine Frage der geeigneten statistischen Fragestellungen, d.h. die zusätzlichen Kosten halten sich im Rahmen. Im Unterschied zur klassischen Methode müssen Daten verschiedener Quellen verbunden werden: wenn eine Quelle die Information über die Teilnahme an einer Demonstration liefert, ist eine zweite Quelle notwendig, um die gesellschaftliche Gruppe identifizieren zu können. Wie in der Einleitung schon angesprochen, führt dies zwangsläufig zu einer persönlichen Identifizierung der Teilnehmer.

Eine Identifizierung läuft zwar auf eine Kenntnis der individuellen Identität hinaus, die jedoch nicht für irgendwelche Maßnahmen auf individueller Ebene verwendet wird, so lange die Fragestellung nach den gesellschaftlichen Gruppen nicht durch eine andere ersetzt wird. Die Teilnahme wird durch die Auswertung zu einem Gruppenmerkmal einer Person, das in einer Datenbank steht. Nach Abschluss der Auswertungen könnte es gelöscht werden, doch zeigt die Erfahrung, dass das eher nicht passiert, weil solche Informationen ja noch sinnvoll sein können, wenn die Auswertungen eine persönliche Ebene erreichen, wie wir sie in Kapitel 5 untersuchen werden. Insofern ist es gerechtfertigt, von einem Generalverdacht gegen alle Bürger zu sprechen,

Die folgenden Auswertungsmethoden sind wieder rein hypothetischer Natur. In der BRD wären sie aufgrund der Datenschutzgesetze verboten. Wie die Vorgänge um den BND und die NSA im Mai 2015 zeigen, sind Nachrichtendienste auch in Deutschland anscheinend nicht mehr öffentlich kontrollierbar. Die Regierung mauert komplett, und wenn doch etwas an die Öffentlichkeit gelangt, scheut sich niemand bis hinauf zur Bundeskanzlerin, dem mit dreisten Lügen zu begegnen.[2] Wir untersuchen die Möglichkeiten der Datenauswertung in der Abfolge

• Einzeldemonstration

• Demonstrationsfolge

• Querverbindung mit anderen Merkmalen

Die Demonstration wird zunächst mit einigen Merkmalen in einer Datenbanktabelle erfasst.

✗ **Kategorie.** Was war das Thema der Demonstration? Das lässt sich sicher nicht mit einem Wort umschreiben, und wenn wir aus dem Stand etwas dazu sagen sollten, wäre das Ergebnis nicht zufrieden stellend. Den Diensten liegen allerdings ausführliche Berichte und Erfahrungen aus vielen Jahrzehnten vor, so dass den Analytikern sicher auch aussagekräftige Kategorisierungen für die Datenbanken eingefallen sind.

✗ **Zeiten/Orte.** Die Demonstration hat eine Versammlungs-, Durchführungs- und Auflösungsphase, die in Listen beispielsweise im 10-Minuten-Raster notiert werden können. Zu jedem Zeitpunkt gehört eine Ortsliste, die die Ausdehnung beinhaltet.

✗ **Protokoll.** Hier werden allgemeine Beobachtungen der Polizei notiert, wie Teilnehmerzahl, Blockbildung, Altersdurchschnitt, Gegendemonstrationen, Ausschreitungen, Transparente, Fotografien, Interviews usw., mit anderen Worten, das klassischen Repertoire einer Versammlungsaufzeichnung.

Mit diesen Daten können nach der Demonstration die Analytiker nun Querverbindungen zu anderen Ereignissen ziehen.

Die wichtigste allgemeine Quelle der elektronischen Analyse sind die Bewegungsprofile der Mobiltelefone. Mobiltelefone gehören für die meisten Menschen inzwischen gewissermaßen zur Kleidung, so dass davon auszugehen ist, dass die Mehrzahl der Teilnehmer mit einem Mobiltelefon ausgerüstet ist. Zeiten und Orte der Demonstration mit den Bewegungsprofilen der Mobiltelefone abzugleichen ist scheinbar

---

2 So hat Frau Merkel anlässlich der ersten NSA-Spionagewelle von einem Abkommen mit den Amerikanern gesprochen. Zur Kenntnis der Presse gelangter Emailverkehr zeigt jedoch, dass die Erklärung etwa die gleiche Qualität hat wie die von Walter Ulbricht, „niemand hat vor, eine Mauer zu bauen".

trivial, der Analytiker hat jedoch zu bewerten, mit welcher Wahrscheinlichkeit es sich bei dem Inhaber eines im Umfeld der Demonstration registrierten Mobiltelefons um einen Teilnehmer an der Demonstration handelt.

Die Qualität der Auswertung hängt von der Genauigkeit der Ortung eines Mobiltelefons ab, und diese wiederum von den zur Verfügung stehenden Daten. Verfügbare Daten von Mobiltelefonen in aufsteigender Qualität bezüglich der Ortung sind:

a) **Access Point.** Datenverbindungen werden über einen Zugangsknoten (Access Point) abgewickelt. Im einfachsten Fall werden nur die Zugangsknotendaten aufgezeichnet, was zu einer ungenauen Ortung führt, da das Telefon irgendwo im Bereich der Funkzelle sein kann. Bei der diskutierten Vorratsdatenspeicherung sind diese Daten gemeint.

b) **Login Point.** Damit Datenverbindungen unterbrechungsfrei sind, meldet sich das Mobilgerät bei allen verfügbaren Funkzellen an und schaltet bei Verlassen einer Zelle rechtzeitig auf die nächste Zelle um. Besitzt man zusätzlich zum Zugangsknoten die weiteren Knoten, bei denen das Mobilgerät angemeldet ist, lässt sich der Standort genauer eingrenzen.

c) **Quality of Service.** Um b) zu gewährleisten, wird die Sendequalität ständig gemessen. Stehen auch die Pegel der Funkzellen zur Verfügung, lässt sich der Standort relativ genau angeben.[3]

d) **GPS.** Exakt bis auf einige Meter lassen sich die Standorte über die GPS-Funktion, über die heute die meisten Handys verfügen, feststellen. Dies ist allerdings eine Information, die das Handy aktiv senden muss und die nicht als allgemeine Betriebsfunktion des Netzes zur Verfügung steht.

Möglichkeit d) wäre aus Sicht der Nachrichtendienste für die Beobachtung einer Demonstration natürlich die wünschenswerteste Option, weil die Daten so genau sind, dass keine Zweifel bleiben, ob eine Person nun Teilnehmer war oder nicht. Um an diese Daten zu gelangen, könnte

---

3 Da durch Bauten usw. die Qualität eines Sendemastes nicht kontinuierlich mit der Entfernung abnimmt, sondern schwanken kann, ist für genaue Auswertungen eine Eichkarte notwendig.

- der Datenverkehr überwacht und auf das Senden von GPS-Daten untersucht werden, was aber eine aktive App voraussetzt, die unverschlüsselt diese Daten halbwegs regelmäßig sendet (z.B. macht die Facebook App so etwas, allerdings verschlüsselt, und auch Google zeichnet solche Daten auf, wenn man über ein aktives Google-Konto verfügt und der Aufzeichnung zustimmt bzw. nicht widerspricht);

- der Nachrichtendienst aktiv eine laufende App auf dem Gerät ansprechen, die die Daten auf Anforderung überträgt. Das setzt voraus, dass eine App vom Nachrichtendienst missbraucht werden kann oder eine spezielle Spionage-App, mit der das möglich ist, installiert ist.

Die Verwendung einer App ist technisch weniger unwahrscheinlich, als man zunächst denkt. Abgesehen von einer Mitnutzung von Apps der kommerziellen Datensammler kann mit Kenntnis der Mobilfunknummer bei Google oder den anderen App-Stores eine Liste der installierten Apps ermittelt werden. Ein Nachrichtendienst wie die NSA wird sich sicher Gedanken darüber gemacht haben, welche Apps in seinem Sinn manipulierbar sind, beziehungsweise auch Apps in den Stores anbieten, die von ihm selbst stammen und Spionagefunktionen beinhalten. Die Frage ist auch hier weniger, ob etwas technisch möglich ist, als vielmehr, ob an den Rechtsstaatsprinzipien vorbei so etwas auch gemacht wird.

Abgesehen vom rechtlich dunkelgrau-schwarzen Bereich stellt sich die Frage, ob d) in Massenabfragen technisch sinnvoll ist und nicht eher auf Individualüberwachungen, für die eine gerichtliche Freigabe erlangt werden kann, beschränkt bleibt. Viel Bandbreite benötige eine Abfrage der GPS-Daten nicht und die meisten Internet fähigen Handys sind ständig online und fragen verschiedene Server nach neuen Informationen ab, die dem Besitzer umgehend signalisiert werden, d.h. der Datenverkehr fällt selbst dann nicht auf, wenn die Datenmenge der gebuchten schnelle Verbindung überschritten ist und die Geräte im Schneckentempo Daten austauschen. Für den Nachrichtendienst stellt es ebenfalls kein Problem dar, im Bedarfsfall einige 10.000 Geräte zyklisch im 5- oder 10-Minuten-Maßstab abzufragen. Gehen wir deshalb davon aus, dass Daten der Kategorien b) – c) immer zur Verfügung stehen, die Abfrage von Daten der Kategorie d) nach Bedarf zugeschaltet werden kann.[4] Mögliche Kriterien der Ortungsauswertung sind

> **Zeitdauer der Übereinstimmung.** Telefone, die nur kurzfristig im Bereich der Demo registriert wurden, können Passanten, die zufällig den Weg gekreuzt haben, aber nicht an der Demonstration teilgenommen haben, zugeordnet werden. Inhaber von Telefonen, die vom Start bis zum Ende dabei waren, kommen als Teilnehmer in Frage.

> **Phasenzuordnung.** War ein Telefon schon bei der Versammlungsphase dabei oder hat es sich schon vor der Auflösungsphase entfernt? Diese etwas komplexeren Fragestellungen können dazu verwendet werden, zwischen Neugierigen, die die Demonstration nur einige Zeit beobachtet haben, spontanen Teilnehmern, die sich erst auf der Demonstration für eine Unterstützung entschieden haben, oder eine von vornherein geplante absichtliche Teilnahme zu unterscheiden.

> **Inhaber.** Zu den Telefonnummern lassen sich die Inhaber feststellen und über das Melderegister wiederum deren Wohnort. Wohnen die Inhaber am Ort der Demo und bleibt der Standort ihres Telefons konstant, können nicht beteiligte Anwohner heraus gefiltert werden. Teilnehmer an der Demonstration und auch Unbeteiligte, die durch die vorhergehende Filterung nicht ausgeschlossen wurden, werden durch

---

4 Im April 2015 wurde bekannt, dass der BND jahrelang Telefondaten deutscher Bürger an die NSA weitergeleitet hat sowie in deutschen Unternehmen Industriespionage zu Gunsten der Amerikaner betrieben hat. In den Nachrichtenmedien wird dies mit „möglicherweise unwissentlich" umschrieben. Wenn der BND Nachrichten unwissentlich weitergibt, dann haben die Liedermacher Schobert und Black doch Recht, wenn sie behaupten, der IQ beim BND werde in Gehlen gemessen (General Gehlen war Chef der Heeresaufklärung Fremde Heere Ost und hat nach 1950 den BND aufgebaut), und für den Eintritt in den BND seien 20 Gehlen notwendig. Das Erkennen einer Pappnase aus 50 cm Entfernung bringe aber bereits 55 Gehlen. Gregor Gysi von Die Linke dürfte schon deutlich näher an der Wahrheit liegen, wenn er dem BND Landesverrat vorwirft. Es sieht allerdings wieder so aus, als solle alles weitgehend unter den Teppich gekehrt werden, der allmählich so beulig ist, dass statt des obligaten Hamsters beim Ausrollen versehentlich ein kompletter Mastiff darunter geraten sein muss.

diesen Schritt individualisiert, d.h. sind nicht mehr anonyme Mobiltelefone.

- ➤ **Anonyme Telefone.** Gerade bei gewaltbereiten Gruppen spielt sicher die Anonymität von Mobiltelefonen eine Rolle. Wir werden in Kapitel 6.6 zeigen, dass es sich meist nicht um eine wirkliche Anonymität handelt, es sei denn, der Inhaber betreibt einen großen Aufwand und hält sich an sehr strenge Verhaltensregeln. Der Versuch, anonym zu bleiben, ist an sich schon aufschlussreich.

Beim Demo/Gegendemo-Szenarium muss aus den Bewegungsprofilen auch darauf geschlossen werden können, zu welcher Gruppe die als mögliche Demo-Teilnehmer identifizierten Leute gehören.

In einem weiteren Schritt können die Verbindungsdaten der identifizierten Teilnehmergruppe in einem Zeitfenster um die Demonstration ausgewertet werden.

- ➜ Normale Teilnehmer werden mehr oder weniger mitmarschieren und nicht telefonieren.

- ➜ Teilnehmer, die im Vorfeld oder im Nachspann der Demo miteinander telefonieren, sind möglicherweise den Organisatoren zuzurechnen.

- ➜ Verbindungen von Teilnehmern untereinander während der Demonstration sind insbesondere bei Auseinandersetzungen aufschlussreich (Absprache von militanten Gruppen).

Wie genau ist dieses Bild bereits, dass sich aus der Auswertung lediglich der Handydaten einer Demonstration ergibt? Welche Korrelationen sind noch möglich, ohne dass weitere Daten hinzu gezogen werden (es wäre noch das eine oder andere denkbar, aber aufgrund mangelnder Fakten pure Spekulation)? Das könnten einem die NSA, das GCHQ oder möglicherweise sogar deutsche Dienste sagen, müssten dann aber zugeben, illegal zu handeln. Das war aber nur der erste Schritt.

Demonstranten sind in der Regel Wiederholungstäter, und Demonstrationen Wiederholungstaten. Solche Daten fallen bei jeder Demonstration an, und sie können ebenfalls miteinander korreliert werden.

- ➤ Mehrfache Registrierung erhöht die Wahrscheinlichkeit, dass es sich um Demo-Teilnehmer handelt, insbesondere wenn eine Anreise notwendig ist.

➢ Verbindungsaktivitäten bei mehreren Demos weisen auf die Zugehörigkeit zum „harten Kern" hin, also einen Aktivisten mit einer bestimmten Ausrichtung.

Der Nachrichtendienst ist durch diese Auswertung in der Lage, einer Person bestimmte Persönlichkeitsmerkmale zuzuordnen, wenn auch nur mit einer gewissen Wahrscheinlichkeit. Wie die Liste möglicher Persönlichkeitsmerkmale aussieht, kann auch wieder nur spekuliert werden. Die Interessenten, also die Politik, wird den Nachrichtendiensten sicher mitteilen, an was sie interessiert ist, die Dienste haben zusätzlich ihre eigenen Vorstellungen, und die Liste wird eine gewisse Dynamik aufweisen, da morgen vielleicht andere (oder besser: weitere, denn verkürzt wird die Liste mit Sicherheit nicht) Kriterien interessant werden. Wesentlich an diesen Vorgängen:

1) Die Eingangs angesprochenen Datengräber werden auf überschaubare Mengen reduziert.

2) Die Auswertung erfordert fast keinen Aufwand und kann automatisiert werden, wenn die Auswertungskriterien erst einmal fixiert sind.

Der Dienst ist damit aber noch längst nicht am Ende mit den automatischen und damit preiswerten Auswertungen. Nennen wir nur einige weitere Beispiele:

- Wird der Demonstrationsteilnehmer auch auf Demonstrationen anderer Kategorien registriert? Hieraus lässt sich das politische Spektrum, dem der Teilnehmer zuzuordnen ist, sowie seine Aktivität entnehmen.

- Ist der Demonstrationsteilnehmer in anderen Bereichen registriert, beispielsweise als Teilnehmer an kleineren Versammlungen, möglicher Straftäter oder Zeuge/Beteiligter an Ermittlungsverfahren?

- Zu welchen sozialen Netzwerken gehört die Person? Dies betrifft die Auswertung einer Vielzahl von Daten aus dem großen „Datengrab", also auch der Internetdaten, und ist nicht mit einer Demonstration verbunden.

- In welche soziale Gruppe gehört der Teilnehmer? Hier können Arbeits-, Finanz- und sonstige Daten ausgewertet werden.

Brechen wir hier einmal ab. Was alles miteinander korreliert werden kann, hängt nur von den Anforderungen der Interessenten, d.h. der Regierung, und der Fantasie der Analytiker des Nachrichtendienstes ab. Man muss sich dabei klar machen, dass das Ganze bis hier noch völlig unpersönlich ist, also gewissermaßen geschäftlich und nicht privat. Weder Interessenten an den Auswertungen noch die Analytiker selbst spionieren hinter konkreten Personen her. Trotzdem können die interessierenden Aussagen nur gewonnen werden, wenn die Informationen selbst nicht anonym sind; anonym ist nur die entstehende Statistik. Auch wenn dadurch letztlich zu jeder Person ein sehr detailliertes Dossier entsteht, geht es zunächst „nur" um die möglichst genaue Klassifizierung von Gruppen in der Gesellschaft.

Ein immer genauer werdendes Dossier kann allerdings über das Argument des Generalverdachts gegen jeden Bürger hinaus auch als aktive Ermittlung ohne Verdachtsmoment interpretiert werden. Misstrauen ist angebracht, denn es wäre nicht das erste Mal in der Geschichte, dass sich etwas Geschäftliches in etwas Persönliches umwandelt, zumal wenn die Möglichkeiten dazu vorhanden und der Umgang mit ihnen kaum zu kontrollieren ist. Wie sicher und stabil ist unsere freiheitliche Demokratie wirklich? Greifen nicht gerade Bilderbuchdemokraten gar nicht so selten zu den Mitteln, deren Einsatz sie Extremisten zum Umsturz der Ordnung unterstellen? Sarkastisch formuliert: Google & Co wollen uns etwas verkaufen – in einer entsprechenden Formulierung mit dem Staat als Subjekt fehlt das Wörtchen „etwas".

4.2   Allgemeine Gefahrensituationen

Eine durchaus positiv einzuschätzende Absicht der Sicherheitsbehörden ist, bei drohenden Gefahrensituationen für die öffentliche Sicherheit bereits im Vorfeld der Situation Ordnungskräfte vor Ort zu platzieren, um die Gefahr abzuwenden oder zumindest unter Kontrolle halten zu können. In den USA wird dies in verschiedenen Regionen bereits praktiziert.

Was eine Gefahrensituation genau ist, lässt sich nicht exakt definieren, sondern allenfalls an Beispielen aufzeigen. Voraussetzungen sind, dass

- die Ereignisse wiederholt stattfinden,

- eine gefährliche Situation mit einer bestimmten statistischen Auswertung allgemeiner Beobachtungsdaten verbunden werden kann und

- dass das Zeitfenster zwischen Erkennung und voraussichtlichem Eintritt so groß ist, dass die Ordnungskräfte auch pünktlich vor Ort erscheinen können.

Zufällige Ereignisse wie Verkehrsunfälle, Brände usw., die natürlich auch Gefahrensituationen darstellen, fallen daher aus.

Die Vorgehensweise ähnelt derjenigen, die wir im Kapitel „Demonstrationen" entwickelt haben. Zunächst ist das Ereignis, bei dem es zu Problemen gekommen ist, wieder möglichst gut zu kategorisieren. Die Kategorien sind allerdings komplizierter:

➢ Vorhersehbare Ereignisse wie Sportveranstaltungen und ähnliches, bei denen der Termin halbwegs bekannt ist. In gewisser Hinsicht sind wir damit wieder bei dem Modell der Demonstration, nur dass die Zielrichtung der Datenauswertung nun eine völlig andere ist.

➢ Spontane Ereignisse wie zufällige Menschenansammlungen aufgrund irgendwelcher Vorkommnisse, die nichts mit der Situation an sich zu tun haben müssen.

In den USA entstehen solche Situationen häufig nach Auseinandersetzung zwischen Schwarzen und der Polizei, aber auch hier können Sie auf derartige Situationen stoßen, wenn sich aufgrund irgendeiner Nichtigkeit mehr oder weniger aus dem Nichts heraus eine größere Gruppe bestimmter gesellschaftlicher Schichten, die sich benachteiligt fühlen und eine gewisse Gewaltbereitschaft mitbringen, aufbaut.

➢ Verdeckte Ereignisse wie Einbruchs- oder Diebstahlserien, die auch in Deutschland zunehmend organisiert und in Banden durchgeführt werden.

Zur statistischen Auswertung zur Verfügung stehen

✔ Mobilfunkdaten, d.h. Bewegungsprofile und Verbindungsaktivitäten sowie Persönlichkeitsmerkmale der Inhaber.

✔ Verkehrsdaten, d.h. Fahrzeugdichte und Kennzeichen sowie Persönlichkeitsmerkmale der Fahrzeuginhaber.

✔ Videoüberwachung, d.h. Gruppenerkennung, Personenanzahl, Gruppenbewegung und Gruppenkennzeichen.

Bezüglich der Videoüberwachung sei auf die Ausführungen in „NSA, BND & Co." erinnert. Wenn Personen über eine längere Zeit in verschiedenen Kameras sichtbar sind, ist eine Verfolgung auch bei größerer Personendichte softwaretechnisch kein Problem, selbst wenn die Kamerapositionen nicht überlappend sind und es zu Pausen in der Verfolgung kommt. Bewegen sich viele Personen über eine größere Strecke mit halbwegs konstantem Abstand zueinander in die gleiche Richtung, kann es sich um eine Gruppe handeln; ähnliche zufällig entstehende Bewegungsmuster können in Stoßzeiten entstehen, dürften sich aber durch Fluktuation und wiederkehrende bestimmte Zeitpunkte unterscheiden. Die Kleidung von Personen lässt sich ebenfalls klassifizieren (denken Sie an „typische" Kleidung von Muslimen, Punks oder rechten und linken Gruppen), und auch das Geschlechterverhältnis ist anhand bestimmter Merkmale feststellbar.[5]

GEPLANTE VERANSTALTUNGEN

In der ersten Phase gilt es durch nachträgliche Analyse heraus zu finden, welche statistischen Merkmale für eine Voraussage einer Gefahrensituation benötigt werden. Zumindest bei vorhersehbaren Ereignissen hat der Statistiker Positiv- und Negativsituationen zur Hand, d.h. Ereignisse, bei denen es nicht zu kritischen Situationen gekommen ist, sowie solche mit Problemen, wobei bei beiden flankierend die jeweils getroffenen Maßnahmen der Polizei ebenfalls bekannt

---

5   An der Stelle fragte meine Lektorin „Warum schreibst du nicht gleich Busen?". Antwort: das ist zu kurz gedacht, weil neben der einen oder anderen pompösen Barockkonstruktion auch so mancher Flachbau unterwegs ist, was – um unangebrachtem Gendergeschrei bezüglich dieser Beschreibung vorzubeugen – auch für Männer gilt, wenn man den Blick etwas tiefer richtet. Außer der Kurvenausstattung des Brustbereiches kann die Frisur, Gesichtszüge, Bart, Schulter/Hüfte/Becken-Relation, Gang, Muskulatur und Weiteres herangezogen werden. Wenn wir in der Regel mitleidig lächeln, wenn in einer Filmhandlung eine Frau wochenlang als Mann durchgeht, obwohl wir das oft auf Anhieb durchschaut haben, liegt das auch daran, dass wir mehrere dieser Merkmale heranziehen und auch dann ziemlich sicher ein Urteil fällen können, wenn das eine oder andere Merkmal für die andere Geschlechtergruppe passt. Die Frage „Sind Sie nun eine Männin oder ein Frauer?" dürfte nur selten wirklich notwendig sein.

sind. Die systematische Vorgehensweise ist zunächst ähnlich wie die, die wir für die Auswertung von Demonstrationen entwickelt haben:

✗ Kann via Mobilfunkauswertung eine Gruppe identifiziert werden, die den Problemsituationen zugeordnet werden kann?

✗ Können via Videoüberwachung Gruppen und Gruppenmerkmale identifiziert werden?

✗ Sind bei den Personen Merkmale notiert, die auf die Zugehörigkeit zu einer Problemgruppe hinweisen? Hier kann alles hinzu gezogen werden, d.h. auch Daten aus sozialen Netzwerken usw.

Die Auswertungsergebnisse dürften allerdings ungenauer sein, da die Gruppen kleiner sind (Probleme bei der Ortung und genauen Feststellung der Gruppenzugehörigkeit), verschiedene Gruppen möglicherweise auch räumlich nicht deutlich getrennt sind, die Person nicht das Ziel der Auswertung ist und Queranalysen vermutlich ebenfalls keine Rolle spielen.

Möglicherweise ist eine Verbindung einer bestimmten Gruppe mit einer Gefahrensituation auch gar nicht möglich. Einzelpersonen als Auslöser sind so kaum fassbar, und in Stresssituationen können Personen, die unterschiedlichen Gruppen zuzuordnen wären, ähnlich reagieren. Das macht das Problem für den Statistiker nicht einfach. Mit welchen Fragestellungen er die Daten noch auswertet (beispielsweise Dichte der Ansammlung, Anzahl von Gesprächsverbindungen in einem bestimmten Zeitraum), ist wieder seinem Einfallsreichtum überlassen. Da wir ohne Kenntnis konkreter Ergebnisse nur in den blauen Dunst spekulieren können (was in einem Fall zu Erkenntnissen führt, muss es im nächsten Fall nicht unbedingt), brechen wir hier ab und gehen im Weiteren davon aus, dass aussagekräftige Merkmale gefunden werden können.

Auch wenn sich dies ähnlich liest wie die Vorgehensweise bei einer Demonstration, die Zielsetzung ist eine völlig andere. Aus der Demo-Beobachtung sollten Teilnehmer identifiziert und die Teilnahme in ihren Merkmalskatalog aufgenommen werden, hier aber sollen Merkmale von Personen identifiziert werden, die dafür sprechen, dass die Betreffenden, zumal als Gruppe, Ärger bereiten könnten. Die Aussichten auf Erfolg sind um so größer, je mehr individuelle Merkmale von Personen zur Verfügung stehen. Dabei ist auch zu berücksichtigen, dass die Gruppenzusammensetzung wechseln kann: ob eine auf Krawall gebürstete Hooligan-Gruppe nun aus Dresden oder Berlin stammt, ist völlig gleichgültig, sofern die Merkmalskombinationen passen. Das Individuum wird mehr oder weniger uninteressant.

In der zweiten Phase gilt es nun, Beziehungen zwischen Bewegungsmustern von Mobilfunk, Fahrzeugen und Videoüberwachungen zu finden, die für eine Prognose verwendet werden können. Die erste Phase weist ja nur im Nachhinein einen Zusammenhang zwischen einem Problem und einer Gruppe auf, und wenn man diese Datensituation findet, ist es bereits zu spät. Wieder kann man sich vielfältige Analysefragen vorstellen:

✗ Bewegen sich Personen mit Merkmalen, die auf die Zugehörigkeit zu einer Problemgruppe hinweisen, rechtzeitig erkennbar zum Ort des Geschehens? Hierbei kann es sich um Bewegungsdaten relativ weit im Vorfeld bei der Anfahrt (Auswertung von Fahrzeugkennzeichen oder verstärkte Gruppenmerkmale bei der Videoüberwachung von Bahn/Bus-Reisen) oder mehr kurzfristige Hinweise (Bewegungsdaten von Mobiltelefonen) handeln.

✗ Sind vorab häufige Verbindungen zwischen kritischen Personen feststellbar? Dies kann Telefonverbindungsdaten betreffen, die ebenfalls relativ weit vor dem Ereignis liegen (Verabredung) oder sehr zeitnah sind (rufen von „Hilfe" zum Problemort), aber auch Kontakte in sozialen Netzwerken, die auf Probleme hinweisen (wer von den Lesern sich einmal von der Offenheit, mit der Absprachen getroffen werden, überzeugen möchte, klicke einmal die Seite „linksunten.indymdia.org" an).

Hier ist die Spekulationsunsicherheit, was alles an Daten herangezogen werden kann und vielleicht brauchbare Hinweise liefert, noch größer als in den anderen Phasen. Sie bekommen aber vermutlich schon ein Gefühl dafür, wie die Vorgehensweise aussieht.

Die einzige Beschränkung der nutzbaren Datenquellen wird durch Phase 3 definiert. In Phase 3 erfolgt eine Echtzeitauswertung der laufenden Datenaufzeichnung, wobei Echtzeitauswertung bedeutet, dass die Datenauswertung so schnell erfolgt, dass eine Reaktion auf eine sich anbahnende Gefahrensituation erfolgen kann.

Auch dazu ein Beispiel: zu einer Prognose in Stadt A seien Videoüberwachungsdaten aus Stadt B hilfreich. Denken Sie an den Trupp Hooligans, der sich im Bahnhof von B versammelt, um nach A zum Spiel zu fahren. Die Analyse der Daten in B sei jedoch so organisiert, dass in Stoßzeiten nur aufgezeichnet wird und erst in Ruhezeiten die Aufzeichnungen ausgewertet und an eine zentrale Auswertungsstelle weiterleitet werden, die ihrerseits ebenfalls nach bestimmten Prioritäten arbeitet und die für A notwendigen Daten nur mit einer größeren Verzögerungen bereit stellen kann. Das kann nun durchaus zu der Situation führen, dass der Analytiker die Bedeutung der Daten ermittelt hat, sie aber erst zur Verfügung stehen, wenn kein Einfluss mehr auf die Situation in A genommen werden kann. Darauf kann unterschiedlich reagiert werden:

1. Die Daten sind nicht von hoher Wichtigkeit für die Prognose, und man verzichtet auf sie.

2. Die Verarbeitungsstrategien in B und der Zentrale werden so geändert, dass die Daten rechtzeitig geliefert werden können.

3. Da man bei 2. mit einiger Wahrscheinlichkeit in Konflikt mit anderen Echtzeitanforderungen gerät, wird die Technik so weit aufgestockt, dass alle Anforderungen erfüllt werden können (das scheint heute die bevorzugte Strategie zu sein).

4. Man kann halt nicht rechtzeitig die Daten bereit stellen und verzichtet auf hinreichend sichere Prognosen, d.h. man lebt wie vorher mit den Situationen (das ist zumindest nicht im Sinne der Nachrichtendienste, die dann auch keine Mittel zur Aufstockung ihrer Überwachungstechnik erhalten).

SPONTANE EREIGNISSE

Beispiele dieser Kategorie sind in Medienberichten aus den USA in der letzten Zeit häufiger zu finden, aber auch in Deutschland spielt sich Ähnliches ab, ohne dass groß darüber berichtet wird.

In den USA kommt es in letzter Zeit immer wieder zu Rassenunruhen: insbesondere Schwarze werden bei kleinen Delikten erwischt oder von der Polizei kontrolliert, die Situation eskaliert zu brutalerem Vorgehen der Polizei, und in kurzer Zeit rotten sich größere Gruppen an Schwarzen zusammen und rächen sich nun ihrerseits für den Polizeiterror. Dieses Szenarium dürfte hinreichend aus Medienberichten bekannt sein, um nicht mehr dazu sagen zu müssen.[6]

Auch in Deutschland findet man Vergleichbares, wenn man hier auch in den Medien eher darüber schweigt und die deutsche Polizei auf einer vergleichenden Polizeigewaltskala vermutlich den letzten Platz einnimmt (hier wird selbst dann noch notorisch von unnötiger Polizeigewalt gefaselt, wenn ein Täter einen Polizisten niedergestochen hat und der zweite in Notwehr schießt). Ein Problem mit einem Ausländer führt nicht selten dazu, dass sich die Polizei in wenigen Minuten 50 oder mehr gegenüber sieht, und auch mit deutschen Hooligans kann man die eine oder andere unangenehme Überraschung erleben.

Die Identifizierung der Problemgruppen kann nach dem bereits diskutierten Schema ablaufen, allerdings sind die Gruppen oft kleiner, was die Angelegenheit erschwert. Zur Analyse können wieder Bewegungsmuster von Mobiltelefonen, Anrufdichten und Videoüberwachungen, letztere diesmal mit mehr Gewicht, herangezogen werden.

Da die Situationen zufällig entstehen, gilt es, den Auslöser einer möglichen Problemsituation zu erkennen. Muster alleine werden in der Regel nicht ausreichen: bei der Beobachtung von kleineren Gruppen können kurzfristig durchaus Situationen entstehen, die ein ähnliches Muster besitzen, aber nichts zu sagen haben. Erst wenn es einen konkreten Auslöser mit Zeitpunkt und Ort gibt, kann man aus dem Auftreten eines mit diesen Größen korrelierten Musters auf einen signifikanten Vorgang schließen. Wie erkennt man nun einen Auslöser?

1. Beteiligte sind, am Beispiel der USA leicht nachzuvollziehen, Polizeikräfte. Polizeifahrzeuge sind dort großenteils mit Videokameras ausgestattet, so dass eine direkte Videoüberwachung besteht; teilweise sind die Polizisten selbst mit Kameras am Körper ausgestattet. Die Zentrale sieht somit, was pas-

---

6   Ich habe dies nun so beschrieben, wie man es in den Medien lesen kann. Wenn Sie darauf achten, werden Sie bemerken, dass diese Berichte wieder spezifisch eingefärbt sind. Die Opfer sind meist nicht die Unschuldsengel, als die sie hier in den Medien dargestellt werden, wenn man weitere Quellen hinzu zieht. Und auch dass soziale Erfolglosigkeit nicht ausschließlich durch Diskriminierung erklärt werden kann, sondern stets eine gehörige Portion Verweigerungshaltung mit im Spiel ist, wird gerne übersehen.

siert, zusätzlich können die Beamten auch einen Notfallknopf drücken.[7]

2. In der Öffentlichkeit steht vorzugsweise eine Videoüberwachung zur Verfügung. In den USA sind dies nicht nur die von den Behörden installierten Kameras, sondern auch private Überwachungskameras, deren Daten von den Nachrichtendiensten mitbenutzt werden. Aufgrund der Menge besteht allerdings nur bedingt eine Möglichkeit der direkten Auswertung. Die Entscheidung muss hier der Computer treffen.[8]

Wir sehen: die Videoüberwachung bekommt in diesem Bereich ein größeres Gewicht. Die Auswertung muss allerdings diesmal in Echtzeit erfolgen, weil unmittelbar auf den Auslöser die Problemsituation anläuft. Polizei und Störer haben die gleiche Zeit, sich zu organisieren.

Aus Videoanalysen erledigter Problemsituationen können Analytiker eine Reihe von Anzeichen ermitteln (da in den USA die Techniken bereits eingesetzt werden, habe ich das Wort „vermutlich" in diesem Satz ausgelassen). Einige werden einfach auszuwerten sein: so könnte analysiert werden, ob die Bewegungsanalysen von Personen mit bestimmten Merkmalen (z.B. Schwarze in typischer, aus vielen Fernsehserien bekannter „Getto"kleidung) über viele Kamerastandpunkt eine konzentrische Bewegung in Richtung Auslöser anzeigen. Je dichter das Beobachtungsnetz ist, desto leichter wird die Analyse.

Anderes wird komplizierter sein: wie kann ein Computer beispielsweise analysieren, ob das Auftreten einer Gang auf einem U-Bahnhof gewaltsam eskalieren könnte? Analytiker können im Nachhinein möglicherweise auch wieder Anzeichen für ein eingetretenes Problem

---

7 Den gibt es seit einigen Jahren auch bei der deutschen Polizei, die zuvor mit Analogfunk ausgerüstet war – leicht abzuhören und nicht gerade eine ideale Reichweite. Die Ausbilder können das eine oder andere Lied von der Umstellung singen: „Und nicht diesen Knopf drücken!" - „Warum nicht?" (drück) – und schon war wieder ein Anruf in der Notfallzentrale notwendig.

8 Dabei handelt es sich nicht nur um ein Anzapfen der Kameras durch die Behörden, wie an anderer Stelle schon bemerkt wurde. In einigen Gemeinden sprechen sich die Nachbarschaften bezüglich der Installation einer alles erfassenden Videoüberwachung ab und stellen alles freiwillig den Behörden zur Verfügung. Aus Gründen der Sicherheit, wie sie sagen – in Deutschland in mehrfacher Hinsicht eine absolute Unmöglichkeit.

identifizieren, aber die Anzahl der Fälle genügt vermutlich kaum, Computer auf das Erkennen solcher Situationen zu trainieren.

Hier kann auf Techniken zurückgegriffen werden, die bei der Armee schon seit längerer Zeit auch für das Konfigurieren automatischer Videosysteme verwendet werden: es werden gezielte Manöver mit gefährlichen oder harmlosen Situationen durchgeführt, und der Computer, ausgestattet mit einer selbstlernenden Software auf der Grundlage neuronaler Netzwerke, bekommt lediglich die Information „harmlos" oder „gefährlich". Den Rest muss die Software selbst herausbekommen, was bei genügend vielen Trainingsbeispielen recht gut funktioniert. Pannen sind aber nicht ausgeschlossen: so hat man bei der US-Armee beispielsweise bereits vor mehr als 15 Jahren ein Freund-Feind-Erkennungssystem für Panzer entwickelt, das allerdings im Manöver zu 50% Verlusten durch „friendly fire" führte. Mit anderen Worten, die Software wählte die Panzer nach dem Zufallsprinzip aus und hatte anscheinend nichts gelernt. Eine Analyse ergab: die Software hatte sogar recht gut gelernt, aber etwas anderes. Die Trainingsbilder der Abrams-US-Panzer (Freund) entstammten Hochglanzprospekten der Industrie, die russischen Panzer (Feind) waren Manöverbilder mit schlammverkrusteten Stahlungetümen. Die Software hatte dadurch gelernt, gutes von schlechtem Wetter zu unterscheiden und nicht, wie gewollt, die Panzertypen. Nach Korrektur des Trainingssatzes wurde das Projekt durchaus erfolgreich.

Das lässt sich ohne Wiederholung solcher systematischen Fehler auch in den zivilen Bereich übertragen: Organisationen wie das FBI haben durchaus die Möglichkeit, in den Rahmen der Ausbildung gezielt einige Stuntkurse einzubauen, die zum Training der Erkennungssoftware dienen.

BANDENKRIMINALITÄT

Kann man diese Techniken auch zur Bekämpfung von Bandenkriminalität einsetzen? Eine Kriminalitätsart, die in der BRD zunehmend mehr Bürger beunruhigt und deren Aufklärungsrate kaum 10% erreicht, ist der Einbruch in Wohnungen oder Häuser. Wie Erfahrungen der Polizei zeigen, genügt bereits eine hinreichende Präsenz der Polizei oder Aktivitäten der Nachbarn, um die Verbrechensrate deutlich zu senken. Allerdings wird die eine oder andere Maßnahme der Anwohner durch Gesetzesunfug wieder zu Nichte gemacht, wie im nächsten Teilkapitel dargelegt wird.

Gegen Einbruchskriminalität kann man natürlich relativ wenig tun, wenn es sich um Gelegenheitstaten von Einzeltätern handelt. Bei Wiederholungstätern bestünde eine geringe Wahrscheinlichkeit, sie über ihre Mobiltelefondaten zu ermitteln, sofern sie ihr Handy mit sich führen und eingeschaltet haben. Gewerbsmäßig geklaut wird selten in der direkten Nachbarschaft, und nach Ausfiltern alles Anwohner besteht durchaus die Möglichkeit, dass es sich bei einem Handy, das bei mehreren Straftaten in der Nähe registriert wird, um das des Täters handelt. Lässt sich von den in Frage kommenden Handys ein GPS-Signal abzapfen, wenn das Muster für eine mögliche weitere Tat spricht, hätte man eine genügend genaue Ortung, um den Betreffenden nun persönlich etwas genauer unter die Lupe zu nehmen.[9] Die Aktivitäten von NSA und GCHQ gehen genau in die Richtung, diese Daten auch zu erfassen, wobei die Manipulation der Telefone, um an diese Daten zu gelangen, Bestandteil der Gesamtstrategie ist.

Heute handelt es sich bei Wiederholungstätern nicht selten um organisierte Banden, die systematisch auf Diebestour gehen. Wohl wissend, dass die Polizei meist zu wenig Beamte besitzt, um ein größeres Gebiet zu schützen, besteht ein Trick darin, mehrere Unfälle in größerer Entfernung von dem Ort, an dem sie zuschlagen wollen, zu melden. Die Polizei muss sich darum kümmern und findet allenfalls Bagatellschäden vor, für die man sie nicht hätte herbitten müssen. Erfahrene Beamte wissen oft schon, was passiert ist: während sie mit dem Streifenwagen durch die Gegend kurven, läuft am anderen Ende des Reviers die Einbruchsserie ab, und bevor sie den Einbruchsort erreichen können, sind die Einbrecher schon wieder fort.

Man kann davon ausgehen, dass die Banden mit Mobiltelefonen ausgerüstet sind, denn Kommunikation ist für sie notwendig. Man kann gedanklich verschiedene Szenarien durchspielen, wie die Banden mit ihrer Technik umgehen – anonyme Einmaltelefone, anonyme mehr-

---

9   Die Ortung müsste für solche Fahndungsmaßnahmen schon die Quality-of-Service-Genauigkeit aufweisen, um überhaupt eine Aussicht auf Erfolg zu haben. Es handelt sich dann zwar um deutlich größere Datenmengen als wenn nur der Access-Point aufgezeichnet wird, die Speicherdauer könnte allerdings begrenzt werden. Angesichts des stetig steigenden Umfangs dieser Kriminalitätsart, der parallel sinkenden Aufklärungsquote und der immensen psychischen Belastung, die ein Einbruch mit Diebstahl persönlicher Sachen und Verwüstung der Wohnung auslösen, könnte hier ein Hebel liegen, Vorratsdatenspeicherung doch irgendwie attraktiv zu machen.

fach verwendete Telefone, Anzahl der mit Telefon ausgestatteten Bandenmitglieder, usw. – und ob sie insgesamt mobil sind oder von einer festen Basis aus operieren. Und man kann sich durchaus vorstellen, dass sich Anzeichen für eine mögliche Einbruchsserie ausmachen lassen, denen man mit erhöhter Präsenz in den in Frage kommenden Gebieten begegnet. Allerdings lässt sich der Erfolg kaum messen: wenn es ruhig bleibt, kann das am erfolgten Einsatz liegen, kann aber genauso gut darauf zurückzuführen sein, dass sich der Computer geirrt hat und auch ohne Sondereinsatz nichts passiert wäre.

Die Überwachung und Auswertung müsste allerdings zentral erfolgen, und bereits daran scheitern heute schon die Erfolge. Die Banden operieren häufig überregional, und während die Polizei des Bundeslands A versucht, die Kollegen aus Bundesland B aufzuscheuchen, weil die Täter sich über die Grenze davon gemacht haben, haben diese genügend Zeit, komplett von der Bildfläche zu verschwinden. Noch weniger Erfolg ist Fahndungen beschieden, die Staatsgrenzen überschreiten. Falls nicht gerade gemeinsame Sonderkommissionen gebildet werden, wie es angesichts der nach der Öffnung der Grenzen aufgrund des Schengener Abkommens sich häufenden Fällen spontaner Besitzumverteilungen im Osten Deutschlands zwischen polnischen und deutschen Polizeibehörden der Fall ist, verläuft sich vieles im bürokratischen Sumpf.[10]

FAZIT

Halten wir fest: die Möglichkeiten der Behörden, eine öffentliche Sicherheit durch präventive Maßnahmen zu gewährleisten, sind um so besser, je umfassender die Ausspähung der Bürger ist. In den USA, wo

---

10 Als kleines Beispiel sei ein Vorfall erwähnt, der sich zwischen deutschen Behörden abspielte: die bayerische Polizei ließ einen Bus mit illegalen Asylbewerbern und führerscheinlosem Fahrer nach Herauspicken einiger gesuchter Personen weiterfahren und informierte anschließend die brandenburgischen Kollegen über ihren „Fehler". Die griff umgehend, d.h. 5 Stunden nach der bayerischen Kontrolle, die Asylbewerber auf, während Bus und Fahrer bereits über alle Berge waren. Nach dem hätte auch schon früher in Thüringen, Sachsen oder Sachsen-Anhalt gefahndet werden können, was aber unterblieb. In die Medien geriet der Vorfall durch den Unmut der Brandenburger, die den Bayern Absicht unterstellten, um ihnen die Asylbewerber aufzuhalsen. „Bürokratischen Sumpf" bedeutet somit nicht, dass nichts passiert, sondern dass so viel Zeit- und Informationsverlust auftritt, dass die Drahtzieher der Straftat genügend Zeit haben, ihre Spuren zu verwischen.

solche Techniken in die Praxis umgesetzt werden, zeigen sich bereits Erfolge. Als Bürger müsste man daher eigentlich mit Überwachungsmaßnahmen einverstanden sein, wären da nicht ein paar kleine Unstimmigkeiten.

Zunächst geben die Behörden gar nicht zu, dass sie solche Ziele verfolgen, welche Daten sie heranziehen und welche Daten zu welchen Erfolgen führen. Würde man die Techniken offenlegen, wäre möglicherweise der Schrecken, was alles beobachtet und ausgewertet wird, sehr groß. Darüber hinaus könnten auch Forderungen hinsichtlich des Verzichts auf bestimmte Aufzeichnungen und Auswertung sowie Anonymisierung der Daten resultieren. Beides ist weder im Sinne der Nachrichtendienste noch der Politik, die offensichtlich wesentlich weiter reichende geheime Kontrollen anstrebt. Das lässt sich schon daran erkennen, dass Sicherheitsszenarien, wie wir sie eben diskutiert haben, im Vokabular der Politiker gar nicht erst vorkommen.

Eine weitere Unstimmigkeit greift speziell in Deutschland schon weit im Vorfeld, nämlich der so genannte Datenschutz. Dem Bürger ist es nicht erlaubt, sein Eigentum durch elektronische Überwachung im öffentlichen Raum zu schützen, um Kriminelle bei Straftaten zu beobachten und sie zu überführen.[11] Wird beispielsweise Ihr Auto demoliert und Sie bringen eine Überwachungskamera an, um die Wiederholungstäter zu überführen, so darf die Kamera nach verschiedenen Gerichtsurteilen nur einen so schmalen Bereich des Gehwegs erfassen, dass das Auto nicht mehr drauf ist, und auch das nur, wenn es sich um ihr eigenes Haus handelt. Ein Benutzer des Gehwegs würde durch die Videoüberwachung in seinen Persönlichkeitsrechten verletzt, so die Gerichtsurteile. Kameras zur Verhinderung von Sachbeschädigung an Miethäusern sind nach höchstrichterlicher Meinung nur dann zulässig, wenn sie nicht mehr als den eigenen Klingelknopf überwachen, da sich andere Mieter in ihrer Privatsphäre verletzt fühlen, wenn man mitbekommen könnte, dass jemand bei ihnen klingelt. Das betrifft sogar Kameraattrappen: nach höchstrichterlichem Befinden sind selbst die zu entfernen, obwohl sie außer Staub fangen und Schatten werfen nichts tun.

---

11 Das betrifft natürlich nicht Alarmanlagen, aber die piepsen nur und können nicht zur Identifizierung des Bösewichts beitragen. Ihr eigenes Grundstück oder Ihre Wohnung dürfen Sie auch videoüberwachen – sofern die Kamera nicht durchs Fenster auf die Straße schaut.

Das glauben Sie nicht? Ich schreibe Schwachsinn? Fragen Sie die nächste Suchmaschine! Die Schwachsinnigen haben lange dunkle Roben an und komische Hüte auf, sitzen auf erhöhten Podesten und geben weltfremde Weisheiten von sich. Und sie machen das auf Antrag netter Nachbarn, die seelenruhig zusehen, wie das Eigentum anderer beschädigt oder entwendet wird. Man sollte sich wirklich einmal Gedanken um den geistigen Zustand unserer Gesellschaft machen, wenn sich Nachbarn, die wissen, dass es sich um eine Attrappe handelt und sie definitiv nicht beobachtet werden, trotzdem durch mehrere Instanzen klagen und dann noch auf eine juristische Logik stoßen, die selbst mit weiblicher Logik nicht mehr zu erklären ist.[12]

Selbst zufällig mit elektronischen Mitteln beobachtete Rechtsverstöße sind juristisch geschützt. Dash-Cams – Videokameras in fahrenden Autos – sind in Deutschland in einer Grauzone zwischen „verboten" und „geduldet". Nimmt eine Kamera einen Unfall auf, so sind Richter in anderen Ländern froh ob eindeutiger Beweislage. Nicht in Deutschland und anderen westeuropäischen Ländern! Wenn die Aufnahme zufällig entstanden ist, ist deren Verwendung vor Gericht nicht zulässig – im Gegenteil läuft man Gefahr, wegen Verletzung der Persönlichkeitssphäre belangt zu werden, wenn die Aufnahmen aus dem fahrenden Auto mehr zeigen als die schöne Gegend. Leute, die durch mitlaufende Kameras ohne konkreten Anlass als Zeugen Verstöße aufzeichnen und zur Anzeige bringen, werden mit Bußgeldern belangt (Anzeigen ohne Videoaufzeichnungen sind zulässig, aber dann steht Wort gegen Wort, und da hat der Täter nun wieder den Vorteil).[13] Um

---

12 Bitte interpretieren Sie das als Ironie und nicht wörtlich. Es ist psychologischer Fakt, dass Frauen eher zu intuitiven Reaktionen neigen als Männer, die Situationen eher rational-logisch betrachten. Intuitiv kommt oft eine andere Schlussfolgerung heraus als rational, was denn aus Sicht der Männer zum geflügelten Wort der weiblichen Logik geführt hat. Mit der Unterstellung irgendeines geschlechtlich bedingten Defizits hat das nichts zu tun, es sei denn, man unterstellt den Männern, sie hätten ein intuitives Defizit.

13 So laut Medienberichten ein Anwalt, der als Zeuge (nicht als Betroffener) mehrfach Drängler auf der Autobahn mit der Dashcam aufgezeichnet und zur Anzeige gebracht hat. Statt sich um Verkehrsrowdies zu kümmern, die anderer Leute Leben in Gefahr bringen, zogen es die Gerichte vor, den Anwalt wegen wiederholter Verstöße gegen Persönlichkeitsrechte mit einer saftigen Ordnungsstrafe zu belegen. Artikel 12 des Grundgesetzes – freie Berufswahl und Ausübung desselben – gilt in Deutschland anscheinend besonders für Verbrecher aller Art.

das Maß der juristischen Logik voll zu machen, sind von einigen unteren Instanzen inzwischen Aufnahmen als Beweismittel zugelassen worden, aber nur unter der Voraussetzung, dass die Kamera erst im Augenblick des Rechtsverstoßes aktiviert wurde und nur diesen aufgenommen hat. Im Klartext: wenn jemand auf der Autobahn drängelt, lassen Sie das Steuer los, holen Sie die Kamera aus dem Handschuhfach, drehen Sie sich um und filmen Sie den Drängler. Das ist genauso zulässig wie das Herausholen und Anschalten der Kamera zur Aufnahme des Unfalls, der sich in 12 Sekunden ereignet, wenn sich aus der Seitenstraße heraus ein anderes Auto in Ihre B-Säule schiebt. Alles andere ist verboten, Nachdenken über solche Urteile eingeschlossen.

Was für Privatleute gilt, gilt in Deutschland auch für die Polizei: ein pensionierter Berliner Polizeibeamter schildert im Internet seine Erlebnisse mit Drogenhändlern. *„Ich habe Deutsche, Jugoslawen, Türken, Araber und nun Schwarzafrikaner erlebt. Man fängt immer nur die Kleinen, und die lässt der Staatsanwalt gleich wieder laufen und macht sonst gar nichts."* resümiert er. Verbessert hatte sich die Situation nach Aufstellen von Videokameras. Da wären dann auch einige größere Dealer mit bis zu 150 kg Koks ins Netz gegangen. Aber. *„Nach kurzer Zeit mussten wir die Kameras wieder entfernen, weil ein Normalbürger sich in seinen Persönlichkeitsrechten beeinträchtigt fühlen könnte."* Hätte man da vielleicht sehen können, dass sein Hund auf den Gehweg kackt und der Besitzer den Dreck nicht entfernt?

Als Privatbürger darf man sich nicht schützen, weil sich jemand beobachtet fühlen könnte. Die Polizei darf solche Mittel nicht gezielt einsetzen, um Straftaten zu verhindern, eben aus den gleichen Gründen. Dabei wäre der Bereich „Sicherheitsprävention" noch am leichtesten kontrollierbar und würde Transparenz in das bringen, was der Staat heimlich macht.

- Um zu verlässlichen Prognosen zu kommen, müssen zwar viele Daten gesammelt und individuell zugeordnet werden, aber bei der Auswertung spielt das einzelne Individuum keine Rolle. Es besteht durchaus die Möglichkeit, eine Anonymisierung der Daten durchzuführen, deren Aufhebung nur in begründeten Fällen durch richterlichen Beschluss möglich ist.

- Die Datenauswertung erfolgt vollautomatisch, was Missbrauch schwieriger macht.

- Alles kann öffentlich und unabhängig von der Politik kontrolliert werden (wenn auch der Begriff „unabhängig" durch seine häufige Verwendung bei eindeutig politisch gefärbten Kommissionen vielfach einen Lachkrampf auslöst).

- Durch die Öffentlichkeit weiß auch der Bürger, was er alles an Daten preisgibt und was damit gemacht werden kann. Er könnte mit diesem Wissen bewusster mit dem Thema umgehen und vielleicht sogar tatsächlich mitreden.

Verstehen Sie das nun nicht als Plädoyer für eine staatliche Überwachung! Das soll es keineswegs sein. Aber die allgemeinen Überwachungsmöglichkeiten sind nun einmal vorhanden und mit relativ geringem Aufwand realisierbar. Auch in Deutschland wird die generelle Überwachung durch die Geheimdienste großzügig ausgebaut, während offiziell von Datenschutz gefaselt wird. Wenn es schon nicht zu verhindern ist, was ist dann die bessere Option? Ein öffentlich bekanntes Spionieren, das sogar einige positive Aspekte hat, zumindest teilweise kontrolliert werden kann und den Bürger in die Lage versetzt, sich mit den Techniken auseinander zu setzen? Oder ein heimliches, sehr viel weiter gehendes Spionieren, das unkontrollierbar ist und jede Menge Missbrauch einschließt?

Zur vergleichenden Bewertung sei daran erinnert, dass es sich bei den Datenschutzbestimmungen um ein typisch europäisches, vielleicht sogar typisch deutsches Phänomen handelt. In einer Fußnote auf Seite 152 habe ich darauf verwiesen, dass in den USA die Sicht der Dinge vielerorts genau umgekehrt ist: die Bürger tragen selbst zu einer flächendeckenden Überwachung des öffentlichen Raumes bei. Wie ein Filmbericht in Arte zeigte, kann in manchen Gemeinden jeder in seinem Fernsehgerät verfolgen, wer gerade in der Nachbarschaft in sein Auto steigt und fort fährt. Der Grund ist leicht zu ermitteln: die Kriminalitätsrate sinkt, und das wiegt den teilweisen Verlust der Privatsphäre offenbar auf.[14]

---

14 Allerdings ist auch das Beispiel eine Extremposition, mit der man sich nicht anfreunden muss. Irgendwo dazwischen ließe sich aber sicher ein sinnvoller Bereich finden, der Sicherheit zu akzeptablen Bedingungen gewährt. Der Filmbericht zeigte auch ein Beispiel einer erfolgreichen Verbrechensaufklärung: ein Überfall auf eine Frau mit Handtaschendiebstahl wurde gefilmt und die Täter aufgrund der Videoaufnahmen schnell gefasst.

4.3 Lenkung der Öffentlichkeit

Wir haben im Kapitel „Problematische Entwicklungen" bereits ange-sprochen, dass ein Ziel der globalen Beobachtung die Lenkung der Gesellschaften ist. Das ist nicht neu. Bereits im 1. Weltkrieg lief paral-lel zu den Kriegshandlungen insbesondere in Frankreich, Großbritan-nien und den USA in der Presse eine Hetzkampagne gegen Deutsch-land an, die in ihrer Machart den späteren antisemitischen Exzessen in der nationalsozialistischen Wochenzeitung „Der Stürmer" nicht nachstand, beispielsweise: deutsche Soldaten würden französische und belgische Babys zum Spaß auf ihre Bajonette spießen und gegne-rische Soldaten töten, um aus ihnen Seife zu kochen. Mit zunehmen-der Kriegsdauer wurde diese Art der Propaganda wichtiger, um das ei-gene Volk bei der Stange zu halten.

Die spätere Propaganda der Nationalsozialisten ist bekannt, vermut-lich weniger aber die ursprüngliche Aufgabe des gefürchteten Ge-heimdienstes der SS, dem SD, der „dem Volk auf's Maul zu schauen" sollte, d.h. durch Informanten Witze und Stammtischgerede im Volk zu registrieren. Der SD hatte wöchentliche und monatliche Berichte abzuliefern, nach denen die Propagandaleute ihre Informationsstrate-gie ausrichteten. Der SD war nicht die einzige Informationsquelle für Goebbels Propaganda-Apparat; zusätzliche Informationen lieferte das Forschungsamt Görings (Telefonüberwachung) sowie die Post (Brie-füberwachung). Die Lenkung des Volkes erfolgte mehr durch indirek-te Maßnahmen des Propagangda-Apparates als durch direkte Unter-drückung, wie heute gerne behauptet wird.

Eingebaut wurden die spezifischen Propaganda-Informationen in die allgemeine Hetzpropaganda gegen Juden und Kommunisten, um dem Ganzen Glaubwürdigkeit zu verleihen. Auch wenn heute von fast al-len Zeitzeugen oder deren Nachkommen immer wieder gerne be-hauptet wird, man habe schon damals alles durchschaut und außer ein paar Hardlinern sei keiner dafür gewesen – Filme und Dokumente sprechen eine andere Sprache. Die Propaganda-Maschine war im Großen und Ganzen erfolgreich. Die Mehrheit der Bevölkerung stand hinter dem Regime und Skeptiker waren nur eine bescheidene Min-derheit.[15]

---

15 Häufig wird das Argument „ich war nicht in der Partei" bemüht, um sei-ne Gegnerschaft nachzuweisen. Die Zahl der Parteimitglieder – 1933: 3,9 Mio, 1939: 5,3 Mio, 1943: 7,7 Mio – zeigt allerdings deutlich, wie

Propaganda im Sinne der Aufhetzung war kein rein deutsches Spezifikum. Insbesondere in den USA wurde seit 1933 sehr kräftig gegen Deutschland und Deutsche gehetzt, und die Amerikaner kamen, um mit den „Krauts" abzurechnen. Die Gründe für diese anti-deutsche Propaganda waren vielschichtig und die Rollen waren auf allen Seiten gut besetzt, auch wenn es offiziell heute nur einen Bösewicht gibt.

Das war nun wieder eine längere Vorrede, und das Thema ließe sich noch beliebig weiter verfolgen. Das Gesagte genügt aber für den Nachweis, dass wir es nicht mit einem neuen Phänomen zu tun haben, sondern nur mit dem Einsatz neuer Techniken auf einem bestens bekannten Gebiet. Die wesentlichen Punkte einer erfolgreichen Propaganda sind ebenfalls bereits genannt:

- Die gezielte Teil- und Desinformation.
- Die Beobachtung der Wirkung der Teil- und Desinformation zur Rückkopplung auf die Informationsstrategie.

Die Aufgabe des SD war somit gewissermaßen ein Vorläufer des heutigen Abhörens von Emails oder Überwachens von sozialen Netzwerken wie Facebook und anderen, womit wir wieder in der heutigen Zeit angekommen sind.

Eine meinungsbildende Propaganda erfordert eine Kontrolle über die Informationsmedien. In der Zeit des Nationalsozialismus unterstanden sämtliche Medien Goebbels Propagandaministerium, so dass die Kontrolle evident und effizient war. Heute existieren derartige Kontrollstrukturen nicht; formal gibt es keine Kontrolle. Wir haben aber bereits in einem früheren Kapitel darauf hingewiesen, dass die Unabhängigkeit der so genannten 4. Macht allenfalls noch eingeschränkt existiert. Zu groß sind die gleich lautenden Berichte und das zeitgleiche Erscheinen auch nicht tagesaktueller Kommentare in fast allen Medien, um noch zufällig zu wirken.

Eine so enge Kontrolle wie im NS-Staat ist möglicherweise aber auch gar nicht mehr notwendig. Durch die lange Geschichte der Einflussnahme sind hinreichend viele Menschen heute bereits vorkonditioniert, so dass wenig Misstrauen herrscht oder Fragen gestellt werden. Die Ausdünnung der Medienlandschaft erlaubt es, bei der Berichter-

---

groß der Rückhalt letztlich war. Im Vergleich: heute kommen alle Parteien zusammen auf ca. 1,2 Mio Mitglieder. Die Zahl der Gegner des heutigen demokratischen Systems wäre daher mit der Begründung „ich bin in keiner Partei" noch sehr viel höher, wenn man das Argument zulässt.

stattung flächendeckend auf die „korrekte politische Einstellung" zu achten. Die gut verdienende Journalistenschicht des Mainstreams hält sich an die Vorgaben der Chefetagen, denn die Alternative bedeutet den sozialen Abstieg in den unteren Einkommensbereich der Branche, wenn nicht sogar das komplette Aus in ihrem Beruf. Diese Zustandsbeschreibung entspricht den Darstellungen des ehemaligen Mainstream-Journalisten Udo Ulfkotte, den wir bereits auf Seite 71 zitiert haben.

Die Meinungslenkung selbst erfordert nur wenige einzuhaltende Regeln:

1. **Wiederholung.** Ständige Wiederholung einer These führt schließlich zu einer breiten Akzeptanz, selbst wenn Unwahrheiten präsentiert werden.

    Versuchen Sie, den Effekt ständiger Wiederholung einer falschen Aussage selbst einmal zu beobachten. Wenn man die korrekten Fakten kennt oder zumindest zu kennen meint, wird man zunächst mit Kopfschütteln auf etwas Falsches reagieren, bei weiterer Wiederholung mit Zorn und Ablehnung, aber wenn man den Wiederholungen nicht entgehen kann, werden sich mit hoher Wahrscheinlichkeit irgendwann Zweifel einstellen, und nicht wenige Zweifler werden im Weiteren vom eigenen Irrtum überzeugt und wechseln die Seiten.[16]

2. **Teilinformationen.** Aus der Gesamtinformation wird nur eine Teilinformation zusammen gestellt, die ein anderes Bild der Angelegenheit liefert (wir haben das oben schon angesprochen).

    Obwohl an allen möglichen Stellen immer wieder auf die Angabe von Quellen für bestimmte Feststellungen gedrängt wird und fehlende Quellenangaben schnell zum Verlust des Doktortitels führen kann,[17] nimmt sich niemand die Zeit, Quellen

---

16 Konkret können Sie das an Erinnerungen älterer Menschen über die NS-Zeit beobachten. Hier wirkt die Einflussnahme inzwischen über 70 Jahre hinweg. Gefühlt lässt sich aus den Erzählungen schließen, dass ca. 10.000 überzeugte Nationalsozialisten die restlichen 79.990.000 Deutschen über 12 Jahre in Furcht, Schrecken und Unterdrückung gehalten haben.

17 Sicherlich kann jeder Leser den einen oder anderen Politiker benennen, den der Entzug der Doktorwürde getroffen hat. Eigenartigerweise kom-

tatsächlich zu kontrollieren. Dazu fehlt oft auch die Fähigkeit, Quellen überhaupt verstehen zu können, und zusammen mit der Wiederholung entsteht die Situation, dass die Teilinformation genau das abdeckt, was man ohnehin als eigene Meinung betrachtet, also warum die Quelle noch konsultieren? Das geht vielfach so weit, dass Hinweise, die Quellen sagten etwas anderes aus, ohne eigene Kontrolle empört zurückgewiesen werden.

3. **Personalisierung.** Statt eine nüchterne Statistik zu präsentieren, wird eine konkrete Person vorgestellt und damit eine menschliche Beziehung zum Empfänger der Information geschaffen.

Anstelle der Beschäftigtengruppe beim Einzelhändler XY wird Frau Maria P., 28 Jahre, ledig, mit weiteren persönlichen Details vorgestellt. Zur Steigerung der Betroffenheit kann man ihr auch noch einen verwaschenen blassblauen Pullover und eine zu weite Jeans verpassen. Richtig angefasst führt das dazu, dass sich der Empfänger von der Person ein konkretes Bild im Sinne eines Kopffotos erzeugt und so die spezifische Ungerechtigkeit, mit der sie behandelt wird, um ein Vielfaches deutlicher empfindet als bei einer nackten Statistik. Die so erzeugte persönliche Betroffenheit geht dann so weit, dass die konkrete Statistik gar nicht mehr wahrgenommen oder sogar als Lüge empfunden wird.

4. **Polarisation.** Die eigene Meinung oder Interpretation ist nicht eine Meinung, sondern DIE EINZIGE RICHTIGE Meinung, und alle abweichenden Interpretationen sind -istisch, wobei man aufgrund der negativen Konnotation fast alle auf -istisch endenden Worte verwenden darf (wahlweise auch Anti~ als Worteinleitung oder ~leugner bzw. ~lügner als Wortausklang).

---

men die Doktorväter und -mütter bislang ganz gut davon, denn eigentlich hätten sie den Betrug sofort merken müssen. Böse Stimmen aus dem Cabaret-Bereich sprechen denn auch von Geschwätzwissenschaften, in denen es drunter und drüber geht. Man kann allerdings auch bei naturwissenschaftlichen Doktortiteln seine Zweifel bekommen: wer Aussagen der in Physik promovierten Bundeskanzlerin mit denen eines Physikbuches vergleicht, wird häufig genug den Eindruck gewinnen, dass sie zumindest bei diesem Stoff irgendwie die Vorlesung geschwänzt hat.

Diese Wortkonstruktionen werden auch als Totschlagsargumente bezeichnet, weil sie den Benutzer der Notwendigkeit entheben, mit dem Andersdenkenden zu diskutieren. Schließlich ist der durch die Extremisierung in der Wortkonstruktion definitionsgemäß nicht mehr belehrbar. Dabei hört sich der Gebrauch der Totschlagvokabeln oft noch relativ höflich an, was den Gegenüber nicht selten zu ebenso höflichen Sachargumentationen veranlasst, wobei er aber gesprächstaktisch bereits in der Defensive ist. Kommt es dazu, wird mit einigen völlig an der Sache vorbei gehenden Ideologiephrasen geantwortet und die Totschlagvokabeln nochmals angehängt. Man will weder höflich sein noch auf Argumente antworten, auf die man im Prinzip keine pragmatischen Gegenargumente hat.[18]

Prüfen Sie einmal selbst in der Medienlandschaft, ob noch ein Meinungsspektrum existiert. Sie finden bei fast allen Themen natürlich Medien, die eine Meinung vertreten, und andere, die mehr oder weniger die gegenteilige Meinung vertreten (man muss meist suchen, da es sich um ~istische Medien handelt, deren Lektüre geächtet ist), aber existiert zwischen den Extremen noch etwas? Bei den Kernfragen, die die Gesellschaft bewegen bzw. Ursachen gesellschaftlicher Probleme sind, sucht man meist vergebens nach einem Spektrum. Die starke Polarisation verbunden mit negativer Konnotation bis hin zur Diffamierung oder sozialen Ausgrenzung macht es schwierig, selbst eine moderate Meinung zwischen den Extremen zu vertreten.

5. **Experten.** Präsentieren Sie anerkannte Experten. Wichtig ist hier das Adjektiv „anerkannt". Es suggeriert zweierlei: erstens ist der Experte offenbar in Fachkreisen eine akzeptierte Kapa-

---

18 Die merkwürdige, aber genau dem Schema entsprechende Strategie, den PEGIDA-Initiatoren die fehlende Gesprächsbereitschaft vorzuwerfen, um genau in dem Augenblick, in dem diese darauf eingehen, selbst jedes Gespräch zu verweigern, habe ich bereits erwähnt. Der Umgang mit der AfD, mit Professoren und Wirtschaftsmanagern im Vorstand sicher keine Proletenpartei, ist ebenfalls ziemlich deutlich. In den 1990er Jahren berichtete ein nicht parteigebundenes Blatt aus dem rechten Medienspektrum von parteiinternen Anweisungen, auf Bürgerversammlungen auf Diskussionen mit NPD-Leuten nicht einzugehen, weil „wir argumentativ nicht dagegen halten können." (mir wurde dies später privat bestätigt).

zität, und zweitens vertreten nicht anerkannte Fachleute eine äußerst zweifelhafte Minderheitenmeinung.

Wer anerkannt wird, bestimmen Sie selbst. Es muss sich weder um eine bekannte Person noch um einen tatsächlichen Fachmann handeln. Wenn Sie die Medien aufmerksam beobachten, werden Sie des Öfteren auf Ihnen bis dahin meist unbekannte Politiker stoßen, die als „der ... - Experte der ..." präsentiert werden. Zum Thema Kernkraft brachten viele Medien nach 2005 wiederholt Berichte wie „500 Wissenschaftler sprechen sich gegen die Kernkraft aus", und im Internet findet man unter dem Stichwort „Wissenschaft für Atomausstieg" gar 1.200 Personen notiert. Anfangs fand man nicht einen Naturwissenschaftler in den Listen, mehr als ¼ dürften es allerdings immer noch nicht sein, und wer einen Physiker darunter findet, sollte es auch einmal mit Lotto versuchen. Über die insbesondere mit der Klimadiskussion sich mehrenden Stimmen, nun überwiegend Naturwissenschaftler, die Anti-Position beim Thema Atomkraft zu überdenken, wird nur wenig berichtet. Diese Wissenschaftler sind nicht anerkannt, und man kann darüber leicht zur Polarisationsstrategie übergehen, indem man beispielsweise von Leugnern der Gefährlichkeit der Atomkraft spricht.

Ähnliches gilt für den Bereich der Klimadiskussion. Wer feststellt, dass bei irgendeinem Prozess CO_2 frei wird, tut aus Karrieregründen gut daran, einen Bezug zur Klimaerwärmung herzustellen, während mir die leicht durch eine Internetsuche verifizierbare Bemerkung, dass Astronomen auf Mars, Neptun und einigen Jupitermonden eine zur Erde parallele Erwärmung gemessen haben und die doch kaum vom irdischen CO_2 herrühren könnte, auch schon mal einen Rausschmiss aus einem Wissenschaftsforum eingebracht hat.

6. **Ablenkung.** Wenn eine Wahl besteht, beschäftigt sich der Mensch lieber stundenlang mit Banalitäten als mit wichtigeren Sachen, die anstrengend sind. So wird schon im Buch „Parkinson's Law" von C.N.Parkinson genüsslich beschrieben, wie in einer Vorstandssitzung gerade einmal 10 Minuten benötigt werden, um den Bau eines Kernkraftwerkes zu beschließen, während sich die Diskussion über die Farbe der

Fahrradständer vor der neuen Kantine mehr als 2 Stunden hinzieht und dann vertagt wird.

Auch diese menschliche Grundeigenschaft wird von der Propaganda verwendet, indem von den 15 Minuten einer Nachrichtensendung zumindest die letzten 5 Minuten mit Informationen der Art vollgestopft werden, dass irgendwo in China ein Sack Reis umgefallen ist, möglichst noch mit Life-Interview mit einem Korrespondenten vor Ort, ob sich aus dieser Katastrophe eine Hungersnot entwickeln könnte.

So unwichtig und belanglos diese Information auch ist, dass menschliche Gehirn nimmt so etwas dankbar auf, weil es mitreden und mitfabulieren kann und kein Gedankenschweiß notwendig ist, um beispielsweise die Auswirkung einer Kriegserklärung zu ermitteln.

Die Meinungsführung übernehmen schließlich die Massenmedien. Sie bestimmen letztendlich die breite öffentliche Meinung, während andere Stimmen immer weiter zurück gedrängt werden und das Nischendasein des Paria führen.

Prüfen Sie die Liste der Regeln einmal selbst in den Medien anhand eines der gesellschaftlich brisanten Themen, wobei Sie versuchen sollten, Ihre eigene Meinung einmal völlig auszuklammern und nur zu beobachten. In den Mainstream-Medien werden Sie ständige Wiederholungen der gleichen Thesen finden, die je nach Thema nur schwer allgemein haltbar sind, weil eigentlich nur Einzelfälle bekannt werden, die so nicht zu verallgemeinern sind, oder die beschwichtigend als Einzelfälle bezeichneten Widerlegungen in solchen Massen auftreten, dass von Einzelfällen keine Rede sein kann. Wer allerdings auf diese Widersprüche hinweist, bekommt das -isten-Prädikat.

Auch die Wirkung dieser Beeinflussung lässt sich beobachten. Wenn man offensichtliche linke und rechte Ideologen einmal heraus nimmt und darauf achtet, wie Menschen der so genannten bürgerlichen Mitte in den medialen Darstellungen auftreten, dürfte auffallen, dass die Gesellschaft tatsächlich extrem polarisiert zu sein scheint: der eine Teil vertritt vehement die politisch korrekte Position, ohne darüber diskutieren zu wollen, der andere Teil meist eine vorsichtig kritische Position, ohne die Chance zu bekommen, darüber diskutieren zu können. Noch auffälliger ist die Polarisation in sozialen Netzwerken. Surfen Sie einmal durch die politischen Bereiche und prüfen Sie, ob irgendwo diskutiert wird oder immer wieder die gleichen Leute in abgeschlossenen Zirkeln immer wieder die gleichen Parolen austauschen. Wenn Sie ein genügend hartes Fell haben, geben Sie irgendwo einmal eine gut begründete abweichende Ansicht zu Kenntnis und warten ab, was passiert.

Wenn man noch ein wenig genauer hinschaut, stellt man fest, dass die Leute offenbar nur durch Erfahrung ihre Meinung ändern, nicht aber aufgrund sachlicher Begründungen. Der strenge politisch korrekte Bevölkerungsteil hat mit dem Problem in den meisten Fällen nichts direkt zu tun, weil in seiner Umgebung die kritischen Zustände nicht auftreten. Ist man jedoch Betroffener, weil es in der Umgebung plötzlich unruhig wird, die Lebensqualität sinkt und sich die Dinge völlig anders entwickeln, als dies zuvor von politisch korrekter Seite versprochen wurde, ändert sich das.[19] Statt nun auf Verständnis und die Bereitschaft zu stoßen, an Veränderungen zu arbeiten, stoßen die Betroffenen auf Ignoranz, Ablehnung und Ausgrenzung. Die Propaganda wirkt, was um so bedeutungsvoller ist, als die Zahl der Kritiker inzwischen stetig wächst, ohne dass sich an der starken Polarisierung und den Gründen für einen Meinungswechsel – direkte schlechte Erfahrung – bislang etwas ändert.

Kommen wir nun auf die technischen Aspekte zurück. Um die Rolle des SD, d.h. die direkte Beobachtung der breiten Meinung, zu übernehmen, genügt nun nicht mehr eine Auswertung von Bewegungsdaten, sondern die Nachrichtendienste müssen auf die Auswertung der Kommunikation zurück greifen. Ein erstes Meinungsbild, auf das die Nachrichtendienste zugreifen können, verschaffen ihnen die Medien selbst, allerdings im begrenzten Umfang. Meldungen können von den Lesern kommentiert werden, und die Medien können Umfragen starten und deren Ergebnis beobachten. Wenn man sich Kommentare und Umfrageergebnisse anschaut, geht das möglicherweise nicht sel-

---

19 Auch wenn die Medien allenfalls vorsichtig darüber berichten, sind viele Anwohner deutlich weniger begeistert, wenn die „mit Freude erwarteten" Migranten dann tatsächlich nebenan wohnen. Wer ein weniger politisches Thema bevorzugt, denke an strikte Gegner konventioneller Energie, die noch deutlichere Worte zu den Windkraftanlagen in der Nähe ihres Gartens finden. Man liegt falsch, alles dem St-Florians-Prinzip, nachdem man lediglich dann dagegen ist, wenn etwas vor der eigenen Haustür abläuft, zuzuschieben. Hier finden echte Meinungsänderungen statt, die auch kritisch bleiben, wenn sich die Vorgänge später woanders wiederholen.

ten an den Intentionen vorbei: sehr viele Kommentare sind außerordentlich kritisch, obwohl zensiert wird, und viele Umfragen weisen ebenfalls nicht die Ergebnisse auf, die sie im Sinne des begleitenden Textes eigentlich haben sollten. Es ist unstrittig, dass vorzugsweise Widerspruch zum Kommentieren reizt, d.h. das Meinungsbild wird einseitig gefärbt sein, aber immerhin zeigt es, dass auch eine Menge Kritiker die Medienplattformen nutzen.

Außer den professionellen Medien sind Blogs und anderen Plattformen inzwischen eine wichtige Informationsquelle für die Internetnutzer. Für Nachrichtendienste eröffnet dies eine Möglichkeit, falsche Informationen zu streuen. **Desinformation** ist ein Propagandamittel, das von professionellen Medien nur in Form der Teilinformation eingesetzt werden kann, für von Nachrichtendiensten betriebene Webseiten aber kein Problem darstellen, da sie an keine Regeln gebunden oder auf Kunden angewiesen sind und hemmungslos lügen können, wenn es notwendig erscheint. Mit Hilfe eigener Blogs können so bewusst falsche Informationen gestreut werden, um die Meinung in eine bestimmte Richtung zu lenken. Aufgrund der zur Verfügung stehenden Mittel können Nachrichtendienste dies außerordentlich professionell und aufwändig gestalten und auch dafür sorgen, dass bei Suchen nach entsprechenden Stichworten ihre Seiten sehr weit oben in der Liste der Suchmaschinen stehen.

Auch das ist nicht neu. Vor einigen Jahren wurden mit großem Aufwand noch ganze Rundfunkanstalten betrieben, um bestimmte Propagandainhalte in feindliche Länder zu übertragen. Damit verglichen ist auch eine größere Anzahl an Servern kein Problem. Der Betrieb von Internetseiten mit speziellen Aufgaben eine einfache und preiswerte Aktion, und wie wir bereits an anderer Stelle angemerkt haben, soll der britische Geheimdienst nach Medienberichten über eine spezielle Abteilung für Desinformation via Internet verfügen.

Der Einsatz geheimdienstlicher Propagandaseiten kann auch andere Ziele verfolgen als reine Informationsmanipulation. Bewusst extremistisch gestaltete Seiten, so genannte Honey Pots (Honigtöpfe), können zum Anlocken einer entsprechenden Klientel zur leichteren Feststellung ihrer Identität und zur Beobachtung der Szene verwendet werden. Honey Pots sind in der IT-Branche ein Mittel zum Anlocken von Hackern auf ein falsches Ziel, um sie anschließend ausheben zu können. Warum nicht auch für politische Zwecke?

Bereits angesprochen wurde die Fähigkeit des GCHQ zur Manipulation von Internetumfragen (siehe Kapitel 2.3). Internetumfragen erfordern in der Regel ein Login mit einer gültigen Emailadresse. Für Nachrichtendienste ist es kein Problem, eine größere Menge unauffälliger Emailkonten einzurichten und mit Bot-Programmen gültige Nutzerkonten auf verschiedenen Webseiten zu erzeugen. Gewonnen hat der Nachrichtendienst auf jeden Fall, denn entweder sagt das Abstimmungsergebnis etwas anderes aus als die Meinung der Mehrheit der echten Teilnehmer, oder die gesamte Abstimmungsplattform verliert jede Vertrauenswürdigkeit, wenn bekannt wird, dass die Ergebnisse gefälscht sind.

Nicht nur Abstimmungsergebnisse können von Nachrichtendiensten gefälscht werden. Dies gilt auch für Leserbeiträge in Foren. Vor einiger Zeit hat eine IT-Arbeitsgruppe an einer Hochschule einmal den Versuch gemacht, Kommentare auf Facebook durch ein automatisches System zu posten. Das Programm reagierte auf bestimmte Gruppen und/oder Beitragsinhalte in Facebook-Beiträgen (im fraglichen Fall im Umfeld von Fahrrädern), die durch Stichwortsuchen oder zufälliges Surfen gefunden wurden, und postete zufällige Beiträge aus einer vorgegebenen Liste, die thematisch halbwegs passen sollten, teilweise durch das wenig intelligente Verfahren aber auch aus dem Zusammenhang gerissen wirkten. Operiert wurde mit mehreren angenommenen Identitäten, um auch den Einfluss von Alter und Geschlecht prüfen zu können. Das Ziel war, versteckte Werbeinhalte in den Kommentaren unterzubringen (in diesem Fall bestimmte Fahrradmarken).

Facebook ist sich bewusst, dass die Plattform für Werbezwecke missbraucht werden kann, und hält mit automatischen Erkennungssystemen, die vermeintliche Werbebots ausschließen, dagegen. Vergleichbar ist dies mit dem Spam-Filter der Emailagenten, nur ist eine effektive Filterung für Facebook natürlich ungleich problematischer, da nur schwer auf Massenauftreten der gleichen Nachricht getestet werden kann, das Datenaufkommen sehr hoch ist und der Spam-Kommentar thematisch nicht unbedingt aus dem Rahmen fällt, wie dies bei Email-Spam meist der Fall ist.[20] Wie die Facebook-Algorithmen genau aussehen, ist Betriebsgeheimnis der Facebook-Programmierer, aber

---

20 Wie aus Diskussionen in sozialen Netzwerken hervorgeht, haben nicht wenige Nutzer ohnehin Probleme mit dem Verständnis dessen, was der Vorgänger geschrieben hat, und oft noch größere Probleme mit der Formulierung einer halbwegs verständlichen Antwort. Das macht die Angelegenheit für den menschlichen Leser oft schon recht anstrengend.

sie operieren, zumindest in diesem Testfall, nur mit begrenztem Erfolg: einer der Bots, der eine junge Frau simulierte, wurde von Facebook schnell erkannt und gesperrt, ein anderer, der für eine Frau in den mittleren Jahren stand, hatte bis zum Ende des einige Wochen laufenden Tests keine Probleme, obwohl teilweise die gleichen Antworten gegeben wurden.

Es ist daher wahrscheinlich, dass auch Nachrichtendienste solche Techniken benutzen, um gezielt in Newgroups und Foren mit manipulierten Nachrichten einzudringen. Ihre Entdeckung dürfte weitaus schwerer sein, da keine Werbeinhalte vermittelt werden und die automatischen Programme sicherlich wesentlich ausgefeilter sind als das Testbeispiel der Hochschulgruppe.

Neben diesen aktiven Rollen müssen die Nachrichtendienste aber auch messen, wie erfolgreich sie mit ihren Maßnahmen sind. Dazu sind die konkreten Inhalte der anderen Teilnehmer auszuwerten. Wir haben die entsprechende Techniken im Band „NSA, BND & Co." nur kurz angerissen und schauen uns dies noch einmal genauer an.

MASCHINELLE TEXTAUSWERTUNG

Dass es alles andere als einfach ist, Texte maschinell auszuwerten, kann man sich am einfachsten anhand von Übersetzungen klarmachen. Obwohl eine Standardaufgabe, existieren nur wenige Programme, die Texte von einer Sprache in eine andere so übersetzen, dass in der Zielsprache ohne Rückgriff auf die Quellsprache vollständig klar wird, was gemeint ist. Google bekommt das inzwischen recht passabel hin, wenn beispielsweise der letzte Satz ins Englische übersetzt wird:

"The problem of evaluating texts automatically, you can most easily make clear based on translations. Although a standard task, there are few programs that translate text from one language to another so that in the target language without resorting to the source language is completely clear what is meant."

Die Rückübersetzung ist jedoch recht holprig:

"Das Problem der Bewertung der Texte automatisch, Sie können am einfachsten machen deutlich, auf Übersetzungen basiert. Obwohl eine Standardaufgabe, es gibt nur wenige Programme, die Text aus einer Sprache in eine andere zu übersetzen, so dass in der Zielsprache,

ohne auf die Quellsprache ist völlig klar, was gemeint ist."

Es genügt offensichtlich nicht, Texte einfach Wort für Wort zu übersetzen, und es gehört noch wesentlich mehr dazu, wenn ein Text auf eine Kernaussage verdichtet werden soll. Um einen Satz zu analysieren, sind zwei Datensätze notwendig:

1. Ein Wörterbuch, das Worte mit allen grammatikalischen Schreibweisen, grammatikalischen Kategorien, gegebenenfalls auch Regeln für die Kombination mit anderen Worten sowie Bedeutungen/Synonymen enthält.

2. Eine Grammatik mit den grammatikalischen Kategorien (von denen die an die Worte gebundenen Kategorien nur eine Teilmenge darstellen) sowie Regeln, wie Kategorien aufgespalten oder zusammmen geführt werden dürfen.

Das hört sich kompliziert an, hat aber noch nichts mit Computern zu tun, sondern systematisiert die Regeln einer Sprache und wird zum Lernen einer Sprache benötigt und dabei in der Regel auch erklärt. Sehen wir uns als Beispiel den Satz

```
"Der graue Hund lief nach Hause."
```

an und zerlegen diesen zunächst anhand der Grammatik. Dieser Satz entspricht der grammatikalischen Aufbaugrundregel

```
Satz=[Subjekt, Prädikat, Objekt]

Subjekt={Der graue Hund}, Prädikat={lief nach},
Objekt={Hause}.
```

Subjekt, Prädikat und Objekt sind grammatikalische Oberkategorien, die weiter zerfallen, hier

```
Subjekt= [Artikel={der}, Adjektiv={graue},
          Substantiv={Hund}]
Prädikat=[Verb={lief}, Adverb={nach}]
Objekt=  [Substantiv={Hause}]
```

Der komplette Satz lässt sich baumartig in Kategorien zerlegen, wobei die Blätter schließlich die Worte enthalten, die zu der entsprechenden Kategorie lauf Wörterbuch gehören müssen.

Lassen wir diese Aufgabe durch einen Computer erledigen, so sind die einfachsten Vorgehensweisen:

a) Der Algorithmus geht von **Satz=[...]** aus und weist Wort-gruppen von Links nach Rechts bestimmten Oberkategorien zu. Anschließend werden diese schrittweise bis zu den Blät-tern weiter zerlegt, d.h. der Oberkategorie **Subjekt** werden sukzessive **Artikel**, **Adjektiv** und **Substantiv** zugewiesen. „lief" als **Verb** hat keinen Platz mehr in dieser Kategorie und kommt in die nächste, die in gleicher Weise zerlegt wird. Die-se Vorgehensweise nennt man top-down-Strategie.

b) Der Algorithmus analysiert die Worte lexikalisch und ver-sucht, rückwärts die erkannten Blattkategorien zu Oberkate-gorien zusammen setzen, bis der komplette Satz entstanden ist. Dies wäre die bottum-up-Strategie.

Beide Vorgehensweisen haben ihre Probleme. Beispielsweise kann bei der top-down-Strategie **Subjekt** verschiedene Zerfallsregeln besitzen:

```
Subjekt=([Substantiv],[Artikel,Subtantiv],
         [Artikel,Adjektiv,Substantiv],
         [Artikel,Adjektiv,Adjektiv,Substantiv],
         ...)
```

Der Algorithmus muss eine Vielzahl von Möglichkeiten untersuchen und würde hier beispielsweise feststellen, dass die ersten beiden Zer-legungsregeln für ein **Subjekt** nicht zu einer gültigen Zuordnung der Worte führen. Unter Umständen endet der Versuch sogar in gültigen Mehrdeutigkeiten wie im folgenden Satz:

```
"Hans sah die Frau mit dem Fernrohr."
```

Hat Hans eine Frau, die ein Fernrohr mit sich führt, gesehen, oder musste Hans selbst ein Fernrohr verwenden, um die Frau zu sehen? Beides ist grammatisch zulässig und führt zu unterschiedlichen Zerle-gungen. Was zutrifft, kann nur durch Kontextkenntnisse außerhalb des Analyseschrittes entschieden werden, also durch satzübergreifen-de Auswertung.

Auch bei der bottom-up-Analyse kann es zu Problemen kommen: ist "nach" ein Adverb oder eine Präposition? Auch hier sind vom Algo-rithmus mehrere Zweige zu untersuchen, von denen (hoffentlich) nur einer übrig bleibt. Um den Aufwand zu minimieren, mischen Algo-rithmen verschiedene Strategien und arbeiten auch mit Strategien, die unserem Hirn abgeschaut sind, indem etwa bei komplizierteren Sät-zen nach zentralen Ankern gesucht wird, von denen der Rest nach beiden Seiten entwickelt wird.

Die Analysen sind bei solchen Sätzen noch einfach, aber der Satzaufbau kann auch grundsätzlich ein anderer sein (z.B. „Und dann lief der graue Hund nach Hause"), was die Anzahl der zu untersuchenden Zerlegungen weiter erhöht, und wird noch deutlich komplizierter, wenn Nebensätze vorhanden sind. Im Deutschen sind solche Sätze meist durch Kommata abgetrennt, im Englischen sind aber auch Sätze wie

```
"The dog raced past the fence caught the mouse"
```

zulässig, was als

```
"The dog, who raced past the fence, caught the
mouse"
```

oder

```
"The dog raced past the fence and caught the
mouse"
```

ausgewertet werden kann (wobei zur besseren Verständlichkeit beide Möglichkeiten mit deutscher und damit bewusst aus Sicht des Englischen falscher Zeichensetzung versehen sind). Wahre Meisterschaften von Nebensatzverschachtelungen hat man im Kirchenlatein des Mittelalters und der Renaissance ausgetragen, in der manche Sätze über mehr als zwei Seiten eines Buches wie diesem reichen und nur unter entsprechend großen Problemen zu analysieren sind.[21]

In Texten aus sozialen Netzwerken oder Emails muss man allerdings eher selten mit sehr komplizierten Sätzen rechnen, die beim menschlichen Adressaten ein längeres Nachdenken erfordern, d.h. für die Entwicklung von Auswertealgorithmen ist

- vorteilhaft, dass die zu analysierenden Texte nicht von Literaten verfasst werden und

- nachteilhaft, dass die zu analysierenden Texte nicht von Literaten verfasst werden, weil

---

21 Ich habe einmal versucht, mit meinen Kindern Latein anhand eines Dokuments in einem Buch über Kirchengeschichte zu üben. Ich hätte das vorher aber erst einmal alleine probieren sollen. Nach 10 Minuten und ¼ der Seite ließ mich der Nachwuchs alleine weiter rätseln, und nach weiteren 15 Minuten und ½ der Seite gab auch ich auf, den Satz, der sich nach Zählen der Kommas bis auf die Mitte der nächsten Seite fortsetzte, zu durchschauen. Mein Angebot, zusammen zu üben, wurde in der Folgezeit ziemlich abweisend beschieden.

den Schreibern die Rechtschreibung und die Grammatik nicht selten ziemlich egal ist, angefangen mit der Zeichensetzung, von der im Deutschen viel Gebrauch gemacht wird. Viele Leute wissen oft nur noch, dass ein bestimmter Satz mindestens 5 Kommata enthalten sollte, die mangels weiterer Regelkenntnisse nach dem Zufallsprinzip verteilt werden. Das kann hinsichtlich der Bedeutung des Satzes völlig in die falsche Richtung gehen, wobei Sie selbst einmal darüber sinnieren dürfen, welcher der beiden Sätze das originale Schiller-Zitat ist:

```
„Der gute Mann denkt an sich, selbst zuletzt."
„Der gute Mann denkt an sich selbst zuletzt."
```

Manches, was in den Sätzen vom Schreiber verhunzt wird, kann vom Computer ähnlich korrigiert werden, wie unser Gehirn das macht. Beispielsweise kann der Text

```
"Gmäeß eneir Sutide eneir elgnihcesn Uvinisterät
ist es nchit witihcg, in wlecehr Rneflogheie die
Bstachuebn in eneim Wrot snid, das ezniige was
wcthiig ist, ist, dass der estre und der leztte
Bstabchue an der ritihcegn Pstoiion snid. Der Rset
knan ein ttoaelr Bsinöldn sien, tedztorm knan man
ihn onhe Pemoblre lseen. Das ist so, wiel wir
nciht jeedn Bstachuebn enzelin leesn, snderon das
Wrot als gseatems"
```

von Ihnen vermutlich ohne große Probleme "gelesen" werden, und das Prinzip haben Sie danach auch verstanden. Für Computer stellt dies ebenfalls kein gravierendes Problem dar: mit Hilfe von so genannten regulären Ausdrücken lassen sich die meisten Fehler, auch solche, in denen Buchstaben fehlen oder durch andere ersetzt sind, korrigieren. Tippfehler und grammatikalische Unkenntnis folgen ebenfalls bekannten Regeln, und ein Fehlerbild kann sogar dazu benutzt werden, den Schreiber wieder zu erkennen oder gar zu identifizieren.

Ein weiteres Problem stellen Audiotranskriptionen in Textform dar. Gesprochener Text ist oft noch diffuser als geschriebener, und ein Lautbild kann Anlass zu völlig unterschiedlichen Sätzen bieten. Wenn Sie die folgenden englischen Wortkombinationen einigermaßen schnell und flüssig sprechen, erhalten Sie ein fast gleiches Lautbild:

```
„we caught six eels with inadequate baits."
„week ought sick seals within adequate baits."
```

Die erste Zeile ist ein gültiger Satz, die zweite ähnelt eher den verunglückten Übersetzungsversuchen, die Google manchmal abliefert oder mit denen chinesische Produzenten bis vor kurzem noch die Bedienungsanleitungen ihrer Geräte füllten (glücklicherweise haben die inzwischen dazugelernt). Eine Analyse der unterschiedlichen Möglichkeiten dürfte zwar meist zur richtigen Lösung führen, aber das kostet auch Rechenzeit.

Der eine oder andere Leser, der über Programmiererfahrung verfügt, hat inzwischen vermutlich schon gerätselt, wie man das alles noch in halbwegs handliche Algorithmen pressen kann. Wenn man in Programmiersprachen wie Java, C++ oder anderen der „normalen" Sprachen denkt, ist man allerdings in der falschen Kategorie. Mit Lisp und Prolog verfügt die Informatik schon seit langem über Programmiersprachen, die genau für diese Problematik – mathematisch formuliert das Suchen von Lösungen in größeren Datenmengen auf der Grundlage der Prädikatenlogik – erdacht sind. Für Nachrichtendienste wie die NSA besteht zusätzlich die Notwendigkeit, sich mit vielen Sprachen auseinander zu setzen, die darüber hinaus in mehreren Spielarten vorliegen können (Dialekte). Auch Grammatiken sind nicht starr, beispielsweise:

- In Deutschland wird das von ausländischen Zuzüglern zur „Kanaksprak" modifizierte Deutsch von einigen Vertretern der Germanistik als natürliche Sprachevolution bezeichnet, anstatt darauf hinzuweisen, dass die Leute eben kein Deutsch sprechen können und das erst einmal lernen sollten.

- Die Weltsprache Englisch bringt sogar viele Vertreter einer „Kanaksprak" hervor, was auch kaum zu ändern ist, da Englisch vielerorts bedarfsweise und ohne Korrekturmöglichkeiten durch „native speakers" gesprochen wird. Die Sprecher tendieren unter solchen Umständen dazu, die Eigentümlichkeiten ihrer Sprache zum Teil auf das Englische zu übertragen.

Ist zu vermuten, dass gerade die interessanteren Inhalte in Sätzen stehen, die sich den Auswertungsalgorithmen entziehen, muss der Nachrichtendienst seine Software und Datenbanken passend nachrüsten.

Mit der Analyse eines Satzes haben wir, oder besser der Nachrichtendienst, aber erst die halbe Strecke hinter uns. Wir kennen nun die Syntax (oder mehrere oder vielleicht auch keine), aber nicht die Bedeutung oder Semantik. Von Bedeutung ist zunächst die Zeit. Bei der Aussage

```
„Wir haben eine Bombe gebaut und gezündet. "
```

ist schon alles geschehen und man kann sich allenfalls noch mit Wischmob und Staubsauger auf den Weg machen, um aufzuräumen.

```
„Wir haben eine Bombe gebaut und werden sie
zünden. "
```

lässt noch die Möglichkeit offen, den Zündort abzuriegeln, um die Bombenleger beim Bombenlegen zu erwischen oder zumindest den Schaden zu begrenzen. Die dritte Möglichkeit

```
„Wir werden eine Bombe bauen und zünden. "
```

bietet die Chance, die Bombenbaubedarfsabteilung von ebay oder amazon genauer zu beobachten, um die Bösewichte bereits zu identifizieren, bevor sie anfangen.[22]

Von den Worten und Wortgruppen ist zu ermitteln, welche Bedeutung sie in einem Satz haben. Für das Verb „laufen" liefert ein Bedeutungswörterbuch unter anderem:

1. Bedeutung: gelten [v] im Sinne von gültig sein, Gültigkeit haben, Laufzeit haben, verbindlich sein, laufen

2. Bedeutung: hinziehen [v] im Sinne von umhergehen, laufen

3. Bedeutung: laufen [v] im Sinne von laufen, Gültigkeit haben

4. Bedeutung: tröpfeln [v] im Sinne von fließen, quellen, rinnen, tropfen, laufen, sickern

5. Bedeutung: einen Spaziergang machen [v] im Sinne von gehen, sich bewegen, hinausgehen, laufen, spazieren gehen

6. Bedeutung: herumlaufen [v] im Sinne von herumgehen, flanieren, spazieren gehen, wandern, laufen, umhergehen

7. ...

---

22 Das liest sich sicher witzig, stimmt aber zumindest zum Teil. Einigen der von den Ermittlungsbehörden gemeldeten rechtzeitigen Festnahmen von terroristischen Bombenbauern ist zu entnehmen, dass die Käufe potentieller Bombenbauutensilien genauer analysiert wurden und man so den Leuten auf die Spur gekommen ist.

Die Liste ist noch wesentlich länger. Die Bedeutung lässt sich teilweise im Satz ermitteln, wenn man sie mit Klassifizierungen oder Eigenschaften anderer Begriffe im Satz assoziiert. In den Sätzen

```
„Der Hund läuft in den Teich."
„Die Säure läuft in den Teich."
```

fällt „der Hund" in die Klasse **Körper**, „die Säure" aber in die Klasse **Flüssigkeiten**, genauso wie „der Teich"(bzw. sein Inhalt). Assoziiert mit „laufen" erhält das Verb die Bedeutung 6. in Verbindung mit dem Hund, 4. in Verbindung mit der Säure, und wenn die Säure noch in der Unterkategorie **gefährlich** zu finden ist, sollte man sich um den Teich Sorgen machen (was bei einem **gefährlich**en Hund nicht der Fall ist). Ähnlich kann man bei

```
„Der Hans läuft nach Hause."
„Der Hund läuft nach Hause."
```

unter Umständen von einer schnelleren Bewegung bei Hans ausgehen, während der Hund sich normal bewegt.

Für Leser mit Programmiererfahrung sei angemerkt, dass die Klassifizierungen vermutlich ähnlich aussehen wie die Vererbung in objektorientierten Sprachen. Das täuscht aber ein wenig. In der Praxis handelt es sich ebenfalls um Listen wie beim Verb „laufen", die assoziativ miteinander verbunden werden (d.h. etwas aus mehreren Listen taucht in allen gemeinsam auf), womit wir wieder bei ähnlichen Programmierschemata wie für die Satzanalyse landen. Das Ergebnis könnte folgendermaßen aussehen:

```
„Der Hund läuft in den Teich." =
    „Ein Lebewesen schwimmt im Gewässer."

„Die Säure läuft in den Teich." =
    „Das Gewässer ist vergiftet."
```

Das ist natürlich noch etwas zu vereinfacht dargestellt, denn zur Erzeugung eines solchen Ergebnisses ist eine entsprechende Fragestellung zu formulieren, d.h. ebenfalls eine Liste.

Wem das jetzt alles noch zu abstrakt vorkommt, um sich etwas darunter vorstellen zu können, der denke an eine Anfrage an die Deutsche Bahn der Form

```
„Welche Verbindungen bestehen zwischen Klein-
Dettelsau und Porschetsried am Dienstag ab 9:30
Uhr Abfahrt?"
```

Wenn man die Füllworte heraus nimmt, bleiben die beiden Bahnhöfe, der Wochentag und die Uhrzeit. Die Bahn verfügt über Listen ihrer Züge mit den Ankunfts- und Abfahrtzeiten auf den Haltebahnhöfen und muss nun eine Liste mit den beiden Bahnhöfen als Start- und Endpunkt erstellen, wobei dazwischen auch mehrfaches Umsteigen notwendig ist. Die Aufgabe ist vom Schwierigkeitsgrad her vergleichbar mit der Textauswertung und wird mit vergleichbaren Methoden (assoziative Datenbankauswertung) gelöst, und die Schnelligkeit, mit der der Fahrplan generiert wird, zeigt, dass die Algorithmen sehr effektiv implementiert werden können.

Wenn es gelingt, einem Satz eine Bedeutung im Sinne einer vorgegebenen Fragestellung zu entnehmen, muss man diese wiederum in den Rahmen des Kontextes einpassen, in dem der Satz geäußert wurde. Für die Auswertungen des Nachrichtendienstes sind die Diskussionen mit vielen Sätzen unterschiedlicher Verfasser in sozialen Netzwerken, längere Emails oder auch Serien von Emails zu einem Thema relevant. Beispiel:

```
„Ich könnte ihn umbringen."
```

kann bedeuten, dass

- der Schreiber oder Sprecher in der Lage ist, die Tat auszuführen, weil er die Zielperson gerade im Zielfernrohr seines Scharfschützengewehrs sieht, oder

- eine Ehefrau wieder einmal fürchterlich sauer auf ihren Mann ist, der schon wieder den Hochzeitstag vergessen hat.

Es stellen sich für die Analyse daher eine Reihe weiter Fragen, deren Antworten ebenfalls wieder aus Auswertungen nach den beschriebenen Methoden zu ermitteln sind:

✗ Was ist das Thema der Gesamtkommunikation? Meist wird das zu Beginn genannt und man kann es der Bedeutung der ersten Sätze entnehmen.

✗ Passt die Bedeutung des Satzes zum Thema? Oft werden in eine Kommunikation andere Themen eingebaut, die wenig mit dem Hauptthema zu tun haben.

✗ Welche Informationen gehören zu welchen Verfassern?

Stellen Sie sich die Gesamtaufgabe etwa in der Art vor, dass Sie auf Facebook auf eine Diskussion stoßen, in der sich jemand über das Verhalten einer bestimmten Gruppe von Leuten aufregt (wenn Sie Facebook kennen, werden Sie wissen, dass es nicht schwierig ist, solche Themen zu finden, die mit vielen Diskussionsbeiträgen und Likes aufwarten). Regt der Initiator zur Gewalt an? Folgen ihm die Teilnehmer oder stacheln sie gar weiter auf? Oder ist das doch mehr ein Stammtischklübchen, das verbalen Dampf ablässt, aber nicht zu weiteren Aktionen neigt? Kann man einen Computer dazu bringen, so eine Diskussion wie ein Mensch zu bewerten und im Gefahrenfall eine rote Lampe anzumachen?

Wenn Sie an Ihre Schulzeit mit Textinterpretationen denken, bei denen Sie vollständig davon überzeugt waren, richtig zu liegen, die Benotung aber oft nicht einmal in die Näher Ihrer Überzeugung gelangte, eine komplizierte Aufgabe. Die lange Erfahrung der mitarbeitergestützen Auswertung – diese werden wissen, nach welchen Kriterien ein Text auszuwerten ist – und der nahezu unbegrenzte Etat machen es wahrscheinlich, dass Nachrichtendienste in der Lage sind, Texte automatisiert auszuwerten und als nächste Stufe eine längere gezielte automatische oder gar manuelle Überwachung der Gruppe einzuleiten. Das ist allerdings Gegenstand eines anderen Kapitels. Für eine statistische Auswertung der allgemeinen Stimmung im Volke genügt eine grobe Kontrolle, und eine Fehlerrate von einigen Prozent ist unerheblich.

Auswertungsstrategien

Die Auswertung der Kommunikation ermöglicht eine Statistik der veröffentlichten und der öffentlichen Meinung. Wenn das System einmal funktioniert, ist menschliche Kontrolle nur stichprobenartig notwendig. Deckt sich der Extrakt des Computers mit dem des Sachbearbeiters? Die Rückkopplung erlaubt eine stetige Verbesserung der Algorithmen und der Fragestellungen. Möglich ist eine ganze Reihe verschiedener Fragestellungen:

1. Wie wird ein bestimmtes Thema in den Medien dargestellt?

   Interessant kann die Kontrolle sein, welche Medien bei der Berichterstattung von den Intentionen der Regierung abweichen. Wird die angestrebte Teilinformationspolitik eingehalten, oder anders herum gefragt, werden Fakten, die man zurückhalten will, trotzdem dargestellt?

   Eine andere, nicht ganz einfach zu erledigende Analyse kann nach der Aggressivität fragen, mit der ein bestimmtes Thema vertreten wird (Sprache, Anzahl der Artikel, Wiederholungen). Andere Analysen geben Auskunft über die Aufnahme bei den Lesern. Wird der Stil der Darstellung geändert, lassen sich Rückschlüsse gewinnen, wie eine bestimmte Information für ein bestimmtes Publikum präsentiert werden sollte, um maximale Akzeptanz zu erreichen.

2. Wie reagieren die Leser auf Medienbericht?

    Die meisten Medien bieten Kommentarmöglichkeiten, allerdings begrenzt und moderiert. Eine Auswertung liefert trotzdem analytische Hinweise, wie Empfänger die Information bewerten und wie die Polarisation in der Empfängergemeinschaft ist. Solche Auswertung sind allerdings nicht zu verallgemeinern, da sich erfahrungsgemäß der unzufriedene Anteil in größerem Maße äußert als der zufriedene.

3. Wie wird ein bestimmtes Thema in den sozialen Netzwerken gesehen?

    Weichen die Darstellungen von den Medienberichten ab, werden zusätzliche Fakten präsentiert, die eigentlich zurück gehalten werden sollten, und wie groß sind die Gruppen der Befürworter und der Gegner?

4. Wie gut ist die Polarisation ausgeprägt?

    Gibt es Vertreter unterschiedlicher Meinungen, die miteinander sachlich diskutieren, oder zeigt sich die aus Propagandasicht gewünschte Schwarz-Weiß-Aufspaltung mit gegenseitigem Mobbing ohne eigentliche Diskussionsmöglichkeit?

5. Wie groß sind die Netzwerke?

    Wie viele Kommentare erhält ein Post? Sind es immer die gleichen Personen, die „diskutieren"? Gibt es Verbindungen zwischen kleineren Kommentargruppen oder sind die Gruppen isoliert?

6. Wie aggressiv sind die Gruppen?

    Meist wird man eine Art Stammtischgerede beobachten, in dem auch schon einmal martialische Ansichten geäußert werden. Ist das noch Großspurigkeit oder lassen sich Anzeichen finden, dass in Zukunft beispielsweise auf Demonstrationen mit Gewaltproblemen gerechnet werden muss?

7. Wird in Emails zu bestimmte Themen Stellung genommen?

Politische Themen werden eher in Gruppendiskussionen mit jeweils kurzen Stellungnahmen behandelt. Emails sind persönlicher, da sich die Partner meist besser kennen als die anderen Kommunikationsteilnehmer in sozialen Netzwerken, und in der Wirkung eben auch begrenzter, da nur mit einer Person diskutiert wird. Breite und vielleicht sogar aggressive Darstellung in Emails könnte darauf hindeuten, dass etwas aus dem Ruder läuft.

8. Die gleiche Fragestellung kann auch auf Telefongespräche angewandt werden.

Es gibt sicher weitere Fragestellungen, mit denen die Dienste die Kommunikationsinhalte angehen. Sie sehen aber schon, dass die Stimmungsauswertung, die früher vom SD im NS-Deutschland vorgenommen wurde, heute maschinell und vollautomatisch durchgeführt werden kann. Dazu ist es nicht notwendig, dass der Dienst Zugriff auf alle Daten besitzt (auch wenn NSA und GCHQ genau das anstreben). Für die statistischen Auswertungen genügen kleinere Datenmengen.

Ergänzend kann der Dienst – wir erwähnten es bereits, auch „Honigtöpfe" in Netzwerken platzieren und die Reaktionen der anderen Teilnehmer beobachten.

4.4   Fazit

Wie Sie bemerkt haben werden, kommt der „Kampf gegen den Terrorismus" in diesem Kapitel noch gar nicht vor. Für derartige Auswertungsziele sind feinere Methoden notwendig, die wir uns im nächsten Kapitel anschauen.

Positiv kann man die im Teilkapitel „Allgemeine Gefahrensituationen" beschriebenen Auswertungsstrategien bezeichnen, könnten sie doch zu einer verbesserten Sicherheitslage für die Bürger beitragen. Nach Berichten im Internet sind solche automatisierten Warnungen in vielen Städten der USA bereits Realität, wenn auch aus der Berichtslage nicht so genau hervorgeht, auf welcher Datenbasis die Auswertung erfolgt. Möglicherweise beschränkt sie sich auf Videoauswertungen des Straßenverkehrs und der öffentlichen Bereiche und greift nicht auf die erweiterte Datenbasis zurück, aber das mag auch dem Umstand geschuldet sein, dass es sich hier um Polizeidienste handelt, die nicht die Ressourcen der Nachrichtendienste nutzen können/dürfen. Ein passender unauffälliger Schubs seitens der Nachrichtendienste im Ernstfall ist natürlich denkbar.

Ähnlich dürfte die umfassende Videoüberwachung der Briten insbesondere in London verstanden werden. Wie große deutsche Medien bereits 2013 berichteten, ist der Zenit der Überwachungswelle dort möglicherweise bereits überschritten, da die Erfolge anscheinend geringer sind als allgemein erwartet.[23] Eine detailliertere Studie im Rahmen einer Dissertation von Chen-Yu Lin an der Universität Göttingen, die allerdings schon auf 2006 zurück datiert, merkt an, dass in den überwachten Bereichen tatsächlich ein Rückgang der Kriminalität zu beobachten ist, die sich allerdings auf nicht überwachte Bereiche verschiebt. Der Bürger gerät dadurch in die etwas schizophrene Situation, einerseits in den überwachten Bereichen in eine „Überwachungsangst" zu geraten, da er sich ständig beobachtet fühlt, in den nicht überwachten Bereichen aber in eine „Kriminalitätsangst", weil er sich unzureichend geschützt fühlt.

Auch in der Bundesrepublik laufen seit längerer Zeit Programme mit Videoüberwachung, wobei hier die Behörden mit den Begriffen „Generalverdacht, " und „Datenschutz" zu kämpfen haben. Der Generalverdacht resultiert aus der Tatsache, dass die Zahl der potentiellen Ziele der Überwachung, also jeder, der sich im Bereich einer Kamera bewegt, stets größer ist als die Zahl der potentiellen Gefahrensituationen und dadurch gewissermaßen auch jeder einem Verdacht ausgesetzt ist. Im Extremfall könnte das dazu führen, dass man sich mit einer harmlosen, aber in ein bestimmtes Muster passenden Handlung – beispielsweise ein vergessener Rucksack im Hauptbahnhof – plötzlich einem Zugriff von Sicherheitskräften ausgesetzt sieht. Der Datenschutz führt dazu, dass in Deutschland im Gegensatz zu anderen Ländern, in denen die Behörden private Überwachungskameras kurzerhand in ihren Datenpool aufnehmen, der Schutz des Eigentums durch Videoanlagen im Grunde nicht mehr möglich ist.

Muss man die Dinge so ernst nehmen wie die Deutschen? Oder so locker wie anscheinend die Amerikaner? Die Sicherheitsmaßnahmen können natürlich nur greifen, wenn die Sicherheitsbehörden über entsprechendes Personal verfügen, um bei Anzeichen einer Gefahrensi-

---

23 Wobei sich die Frage anschließt, wer was erwartet hat.

tuation auch vor Ort erscheinen zu können. Wenn Sie an das in der Fußnote auf Seite 10 geschilderte Beispiel denken, macht man in Deutschland aber eher alles, um die ohnehin schon personell überforderte Polizei weiter einzuschränken, und wenn nach Gewalttaten Einzelner in öffentlichen Bereichen Fahndungsfotos veröffentlicht werden, scheint das Ziel eher zu sein, die Bösewichte nicht erkennen zu können, da weder Bildwinkel noch Auflösung viel mehr als Schemen zeigen.[24] Die Angst, von einem Rollkommando des SEK oder der BFE auf der Straße niedergewalzt zu werden, weil man zu lange in einer dunklen Toreinfahrt gestanden hat, ist wohl reichlich übertrieben.

Sehr viel mehr Sorgen machen – und das scheint mir die eigentliche Gefahr für die Gesellschaft, weil ein Abgleiten in eine neue und mehr unbewusste Form der Diktatur nicht auszuschließen ist – sollte man sich allerdings über die gesellschaftlichen Steuerungsmöglichkeiten, die mit der allgemeinen Datenerfassung und Auswertung verknüpfbar sind, ohne dass so etwas von der Politik zugegeben wird. Um damit richtig umzugehen wäre allerdings ein anderes politisches Bewusstsein notwendig, worauf wir aber erst im letzten Kapitel des Buches eingehen werden.

Wie deutlich wurde, werden die Möglichkeiten der Behörden um so besser, je umfangreicher die gesammelten Daten sind und je mehr Daten aus verschiedenen Quellen miteinander vernetzt werden (wir werden das im nächsten Kapitel noch deutlicher sehen). Damit relativiert sich der Begriff „allgemeine Auswertung": Vernetzung von Daten ist praktisch nur möglich durch Personalisierung der Daten. Auch wenn man unterstellt, dass die Datensammlung sich nicht gegen einzelne Personen richtet und anonymisiert wird – ein Rückgriff auf die echte Identität und eine Zuordnung zu einem personenbezogenen Dossier ist jederzeit möglich, und das kann zu einer Gefahr auch für den Ein-

---

24 Wer allerdings darauf baut, sich bei solchen Aufnahmequalitäten aus der Verantwortung wegen einer Geschwindigkeitsüberschreitung stehlen zu können, wird vor Gericht meist eines anderen belehrt. Die Originalaufnahmen erlauben nicht nur eine Identifikation, sondern auch die Festlegung des genauen Zeitpunktes der letzten Rasur. Die Auflösung ist so hoch, dass in Österreich die Mautplaketten, die an der Seite nur wie früher die Bahnkarten zur Kennung des Gültigkeitszeitraums gelocht werden, damit erfasst werden. Selbst falsch aufgeklebte Plaketten werden den Kraftfahrzeughaltern per Beweisfoto auf automatisch erstellten Bußgeldbescheiden präsentiert.

zelnen werden, wenn die gesellschaftliche Lenkung versteckte diktato-
rischen Züge annehmen sollte.

5 Zielfahndung zum II.

Ein Kapitel „Zielfahndung zum II." ? Wo ist das Kapitel „Zielfahndung zum I." ?

Lassen Sie sich nicht verwirren. In „NSA, BND & Co" hat dieses Thema bereits einigen Raum eingenommen. Wir behandeln das Thema hier aus einem etwas anderen Blickwinkel und flechten auch wieder politische Anmerkungen ein. Leser, die das andere Buch nicht gelesen haben, dürfen „zum II." gedanklich streichen, denn die Lektüre hier setzt nicht die Lektüre des anderen Werks voraus, und dem anderen Teil der Leserschaft soll „zum II." signalisieren, dass hier nicht einfach ein altes Kapitel wiederholt wird, das man nicht mehr lesen muss, sondern sich weiter zulesen empfiehlt und hoffentlich lohnt.

Genug der Vorrede. Im letzten Kapitel war die Gesellschaft und nicht das einzelne Individuum Gegenstand der Datenauswertung. Nun betrachten wir den umgekehrten Fall, die gezielte Beobachtung einzelner Personen oder Personengruppen. Hintergrund gezielter Beobachtung kann die Terrorabwehr oder ein Vorgehen gegen organisierte Kriminalität sein. Wir beschränken uns dabei auf Fragestellungen, in denen die elektronischen Ermittlungsmethoden zum Nutzen der Gesellschaft eingesetzt werden. Natürlich ist klar, dass in totalitären Regimen oder solchen auf dem Weg dahin die Methoden auch gegen unliebsame Dissidenten und damit gegen die Gesellschaft eingesetzt werden können. Beispiele aus vorelektronischer Zeit sind ja jedem hinreichend bekannt, und die unauffälligeren elektronischen Methoden können durchaus eine Versuchung sein. Und natürlich kann es auch passieren, dass Personen im Netz hängen bleiben, ohne dass sie an den im Ermittlungszentrum stehenden Vorgängen irgendwie beteiligt wären. Wir nehmen uns dieser Probleme zum Schluss des Kapitels kurz an.

5.1 Ziel: Terrorismusabwehr

Islamische Terrorgefahr

Bei der Terrorismusabwehr sind es derzeit vorzugsweise islamistische Kreise, die beobachtet werden. Als weitere Zielgruppen kommen Rechts- und Linksextreme in Frage. Bei den Islamisten ist zwischen

- der Anwerbung von neuen Kämpfern für die in islamischen Ländern laufenden Auseinandersetzungen (die nach ihrer Rückkehr potentiell gefährliche Kandidaten für terroristische Anschläge im Inland sind),

- allgemeiner Gewaltbereitschaft aufgrund der Orientierung an der Scharia und am Koran statt an westlichen Freiheitsprinzipien und Gesetzen und

- gefährlichen kleinen Terrorzellen, die Anschläge vorbereiten,

zu unterscheiden. Ein Problem für die Fahndung ist die latente Gewaltbereitschaft im Islam, die dazu führen kann, dass als moderat zu betrachtende Personen unversehens in die mittlere Kategorie der Aufzählung geraten und von dort zu den beiden Extremen abdriften. Erschwerend kommt hinzu, dass aus politischen Gründen dem religiösen Treiben keine Grenze gesetzt wird, man die Leute also machen lassen muss und erst zugreifen kann, wenn sich ein Terroranschlag unmittelbar abzeichnet.

Nicht alle Moslems gehören den strengen Richtungen an, die alle Frauen bis hinab zu kleinen Mädchen im Kindergarten verschleiern wollen oder zumindest mit einem Kopftuch versehen, den Genuss von Nahrungsmitteln strengsten Auswahlregeln unterwerfen und sofort tödlich beleidigt sind (allerdings eher für andere tödlich als für sie selbst), wenn sie auch nur den Anschein von Kritik an ihrer Religion entdecken. Die permanenten Beruhigungsformeln der Politik wie *„das ist nicht der Islam", „das sind bedauerliche Einzelfälle", „der Islam ist eine Religion des Friedens"* und weitere, die auch die verschiedenen islamischen Vereinigungen gerne vorbringen, ohne sich andererseits ernsthaft zu den westlichen Werten zu bekennen, gehen allerdings noch weiter an dem Problem vorbei als die generelle Ablehnung des Islam.

Islamische junge Männer wachsen meistens (leider) in gettoartiger Umgebung auf, werden traditionell zu Hause gehätschelt und zu Machos erzogen und kommen dadurch auf der anderen Seite mit der notwendigen Disziplin in der Schule nicht klar, sind häufig schlechte Schüler mit miserablen Zukunftsaussichten und damit eine relativ leichte Beute islamistischer Bauernfänger. Die politische Doktrin, dass jemand, der nichts wird, dafür nicht verantwortlich ist, sondern von der Gesellschaft benachteiligt und zu wenig gefördert wird, tut ein Übriges und liefert den Betroffenen jede Menge Ausreden, nicht für sich selbst einzustehen und an sich selbst im Sinne eines späteren gesellschaftlichen Erfolges zu arbeiten. Und die zweite politische Doktrin, dass Integration keine Bringschuld der zu Integrierenden, sondern Aufgabe der aufnehmenden Gesellschaft ist, sorgt dafür, dass es bei Abgrenzung und Getto bleibt und ein Zugehen auf die Kultur der Gastgesellschaft selbst in kleinen Dingen verweigert wird.

So berichtet eine muslimische Lehrerin in einer Sendung des NDR aus einem dieser Problem-Gettos, dass ihre eigenen Schüler den einfachen Rezepten der Islamisten – fremdbestimmtes Leben nach einfachen Regeln mit Erfolgsgarantie bei Tod oder im weiteren Leben – zum Opfer fallen und in den arabischen Krisengebieten als Gotteskämpfer eingesetzt oder besser verheizt werden.

Wo die Anwerbung geschieht, ist bekannt, und den Nachrichtendiensten sowie der Polizei dürfte auch das Wer kein Geheimnis sein. Die Gotteskrieger merken selbst erst in den Kampfgebieten, dass sie von den Islamisten auch nur ausgenutzt werden und als Dienstsklaven oder Kanonenfutter herhalten müssen, und so erschüttert es die Lehrerin am meisten, dass ein Teil ihrer Schüler als Todesopfer solcher Kämpfe gemeldet werden und die Rückkehrer im günstigen Fall gar nicht mehr zugänglich sind, im ungünstigen Fall als gefährliche gewaltbereite Terroristen auf den Fahndungslisten oder im Gefängnis landen.

Da niemand gegen das Wo und Wer vorgeht (die Politik verhindert das Setzen von Grenzen der Freiheit der „Religionsausübung", die spätestens bei der Diskriminierung Andersgläubiger und fehlender Toleranz der Rechte anderer gezogen werden muss), die Schule keine Chance hat (Lehrer schauen weg, wenn sie nicht selbst Probleme bekommen wollen) und die Eltern sich nicht kümmern (gemäß dem Bericht der Lehrerin sind die betroffenen muslimischen Eltern genauso erschüttert und ahnungslos wie sie selbst), Prävention also nicht stattfindet,[1] bleibt den Diensten nur die Suche nach den potentiellen Attentätern von Morgen, was angesichts der politische Lage ein Tanz auf Eiern ist.

Wenn man sich die Gegner anschaut, stoßen mit den staatlichen Diensten und den Islamisten High-Tech-Neuzeit und frühes Mittelalter aufeinander. War der Islam im Mittelalter im Vergleich zu den Christen noch überaus fortschrittlich, ist er dort aber recht früh stecken geblieben und hat sich nicht weiter entwickelt. So behaupten einige islamische „Gelehrte" allen Ernstes, die Welt sei eine Scheibe (unter anderem in „Die Welt" zu finden, um auch mal einen Kalauer einzubauen), weil Mohammed das so festgelegt habe, und erklären widersprechende Beobachtungen wie das Verschwinden von Schiffen am Horizont durch noch abenteuerlichere Theorien.

Natürlich sind nicht alle islamischen Gelehrten so, und auch bei christlichen Sekten in den USA werden ja viele Behauptungen aufgestellt, die einem modernen Menschen nur noch Kopfschütteln abverlangen. Weshalb ich trotzdem darauf eingehe, liegt daran, dass es dummerweise im Islam keine zentrale Institution wie den Papst im Katholizismus gibt, der festlegt, wo es langgeht. Salopp gesprochen, kann jeder „Gelehrte" in Fatwas – religiösen (Rechts)Auskünften – das als gültig verkünden, was seiner Ansicht nach aus dem Koran hervorgeht, und jeder Gläubige kann sich an den Fatwas orientieren, die ihm zusagen.

So gibt es Fatwas, die für oder gegen die Tötung des dänischen Mohammed-Karrikaturisten sprechen, das Kopftuch bei Frauen als Muss oder als Kann bezeichnen, und vieles mehr, ohne dass eine der Mei-

---

1   Im Gegenteil: der WDR brachte eine Filmreportage über islamischen Religionsunterricht an deutschen Schulen, in denen pubertierenden Jugendlichen genauestens dargelegt wurde, wie schlecht und verachtenswert die Ungläubigen im Vergleich mit den Rechtgläubigen doch seien. Islamischer Unterricht steht erst sei 2012 in NRW, in manchen anderen Bundesländern noch gar nicht auf dem Lehrplan. Insofern besteht zwar eine Schulaufsicht, aber das ist eher Theorie, da islamische Theologie als Schullehrfach ebenfalls nur rudimentär existiert. Die Lehrer sind daher Muslime, deren Lehrbefugnis vermutlich durch das türkische Religionsministerium erteilt wurden (nicht wundern, das läuft hier so) und die daher wenig auf die deutschen Religionsverhältnisse eingestellt sind. Hätte sich die Lehrerin einmal im Kreis ihrer Kollegen genauer umgeschaut, hätte sich womöglich eine Ursache für die spätere Radikalisierung ihrer Schüler schon viel früher gefunden.

nungen mehr Recht hätte als die andere. Extremisten mit ihren einfachen und geraden Lehren, die jegliches eigene Denken überflüssig machen und selbst einfachste Verrichtungen wie Essen, Trinken oder Hygiene durch feste Regeln bis ins letzte Detail vorschreiben, haben bei orientierungslosen Jugendlichen hierdurch oft einen Vorteil.

Genauso engstirnig, wie radikale Moslems fast alles Neuzeitliche als nicht von Mohammed verkündet ablehnen, genauso hemmungslos nutzen sie die westlichen Errungenschaften Mobiltelefone, Internet und Fahrzeuge. Eigentlich sind sie damit von vornherein auf verlorenem Posten – oder sollten es zumindest sein: die Dienste kennen dadurch die gefährlichen Heimkehrer und können ihre Bewegungsprofile und Kontakte problemlos aufzeichnen, erfahren dadurch auch, wer noch zu den Netzwerken gehört, und dürften so einen guten Überblick haben.

Die wirklich gefährlichen Extremisten kontern inzwischen auf eine Art, die das Verhältnis ein wenig ausgleicht, wie Fachleute der Ermittlungsbehörden in den Medien berichten: sie leben konsequent mittelalterlich. Mobiltelefone werden nicht benutzt, um das Aufzeichnen von Bewegungsprofilen zu verhindern und um die Gefahr, sich am Telefon auffällig zu verquatschen, auszuschließen. Sämtliche Kommunikation wird persönlich mit Kontaktleuten abgewickelt, direkte Fernkommunikation findet nicht statt. Wohnungen werden über unauffällige Kontaktleute gemietet und von ganzen Gruppen genutzt, um auch hier ein Auffallen über Meldeämter auszuschließen. Gleiches gilt für Fahrzeuge. Je konsequenter dies durchgehalten wird, desto besser können sich die Gruppen tarnen.

Hinzu kommt, dass erkannte und offen operierende Extremisten meist nicht die entscheidenden Ausführenden sind, wenn Anschläge stattfinden, sondern lediglich die Drahtzieher, die im bereits angesprochenen Topf der Unzufriedenen und Verführbaren nach Soldaten suchen und später höchstens noch die Anweisungen erteilen. Die Spur führt von diesen Leuten meist über das Ausland wieder zurück in die verdeckten Untergrundzellen.[2] Ändern die Anwerber ihr Verhalten nicht, wird es kompliziert für die High-Tech-Dienste.

---

2 Bei den 9/11er Terroristen lagen andere Verhältnisse vor, und die Boston-Marathon-Attentäter passen ebenfalls nicht genau in dieses Schema. Wir behandeln hier gewissermaßen den Extremisten-Mainstream, von dem Abweichungen möglich sind. Die Dienste müssen daher recht flexibel sein.

Fazit für den Bereich Terrorismus: das Standardwerkzeug der Dienste ist die Überwachung der Bewegung und der Kommunikation, und genau dieses Werkzeug wird von den potentiellen Terroristen oft ausgeschaltet. Für die Dienste ist im Rahmen ihrer Beobachtung daher wichtig, wer vom Schirm verschwindet, wenn es sich um

✔ einen Rückkehrer aus Bürgerkriegsgebieten oder

✔ einen Besucher handelt, der hier ungehindert und in aller Offenheit als Hassprediger agiert.

Wie die High-Tech-Dienste vorgehen könn(t)en, wenn die Beobachtungsleitungen gekappt werden, werden wir gleich diskutieren.

Der Vollständigkeit halber sei angemerkt, dass nicht nur islamische Extremisten ein Problem sind. Fast die gleichen Bemerkungen treffen auf sich als christlich bezeichnende Sekten zu, für die meist das alte Testament das Credo ist. Selbst Aktivistengruppen nicht-religiöser Organisationen weisen nicht selten extremistisch-religiöse Verhaltens- und Denkweisen auf. All das spielt allerdings für uns in Deutschland keine nennenswerte Rolle. Die Gruppen sind zahlenmäßig zu klein für große Operationen oder hier nicht vorhanden. In den USA sieht das teilweise anders aus.

RECHTSEXTREME – LINKSEXTREME

Ist einmal nicht von Moslems die Rede, wird in den Medien mit dem Begriff Terror häufig die „rechte Gefahr" und weniger häufig die eigentlich bedeutsamere „linke Gefahr" verknüpft. Die Mediendarstellung nutzt dabei die in Kapitel 4.3 diskutierten Propagandamethoden, um die Realität ein wenig zu verzerren:

• Meldung: 2012 wurden ca. 16.000 „rechtsextreme" Straftaten registriert.

Laut Polizeistatistik, die nicht in die großen Medien gelangt sind, aber beispielsweise in den Blättern der Polizeigewerkschaften referiert werden, sind davon aber nur knapp 10% Gewaltstraftaten, und es werden auch Taten mitgezählt, die eindeutig keinen politischen Hintergrund haben, beispielsweise häusliche Gewalt. Bei der Hauptmasse der Straftaten handelt es sich um Verbalvergehen wie zeigen verbotener Symbole oder Sachbeschädigungen vorzugsweise jüdischen Eigentums bis hin zu Bagatelltaten, die in einem anderen Umfeld gar nicht erst verfolgt werden.[3]

Bei einer großzügig öffentlich gemachten Liste der 100 meistgesuchten Rechtsextremisten musste das Bundesinnenministerium bei Nachfragen einiger Journalisten zugeben, dass kein einziger dieser Täter wegen rechtsextremer Gewalttaten gesucht wurde, sondern wegen Sachen wie Nichtzahlung von Unterhaltsleistungen, wiederholtes Schwarzfahren usw.

- Unterschlagen: gleichzeitig wurden 6.500 linksextreme Straftaten in den Polizeiberichten (nicht in den Medien; Quelle: GdP-Blatt „Deutsche Polizei") gelistet, davon über 90% Gewaltstraftaten.

Berücksichtigt man, dass viele der Täter gar nicht identifiziert werden und auch nicht wenige auf politisches Betreiben im Verfahren straffrei ausgehen und daher nicht mitgezählt werden,[4] sieht das Bild noch wesentlich gravierender aus.

Ich will mit diesen Bemerkungen die „rechte Gefahr" nicht verharmlosen, wie schnell unterstellt wird, wenn man solche Zahlen nennt. Dies soll lediglich zeigen, wie in diesem Bereich die Propaganda-Mittel eingesetzt werden. Der dritte Spieler auf der Wiese, auf der sich Rechte und Linke treffen, wird sogar weitgehend unterschlagen, auch wenn das den Medien immer schwerer fällt: in Bezug auf den Antisemitismus wird der Rechtsextremismus in den Medien und auch von jüdischen Organisationen nach wie vor als eigentliche und mehr oder weniger einzige Gefahr für Juden in Deutschland dargestellt. Das Verhalten der islamischen Jugendlichen – Jude ist eines der schlimmsten Schimpfworte, und eine Kippa trägt man in bestimmten Vierteln

---

3   Das schließt natürlich ernste Taten wie Angriffe auf Ausländer oder – 2015 in Mode kommend – Anschläge auf Asylbewerberheime nicht aus. Statistisch sind das aber Einzelfälle, die in nach entsprechenden Straftaten geordneten Statistiken ebenfalls weniger auffallen als der Mainstream das vielleicht möchte.

4   Vieles spielt sich auf gewaltsamen Demonstrationen ab, was aufgrund der Masse der Teilnehmer den Tätern oft ein unerkanntes Entkommen ermöglicht. Die Linke und Die Grünen sind mehrfach auch in den Fokus der großen Medien geraten, weil einige ihrer Mitglieder selbst an aus dem Ruder gelaufenen Demonstrationen beteiligt waren; Die Grünen haben in Hamburg nach Ausschreitungen auch Anwälte zur Verteidigung linker Angeklagter gestellt.

nicht allzu lange und muss sie auch nicht selbst vom Kopf nehmen –
die inzwischen für die meisten Übergriffe verantwortlich sind, wird
kaum erwähnt.[5]

Was sich hier abspielt, ist ein politischer Krieg zwischen Links und
Rechts. Hinter den rechten Extremisten der Straße stehen nicht selten
intelligente Köpfe, die weitgehend unerkannt und unbehelligt bleiben, die Linken sind oft verlängerter Arm einiger Parlamentsparteien.
Beide Seiten lassen ihr Fußvolk in einem gewissen Umfang aufeinander los. Durch die jeweilige Protektion sind Abschirmmaßnahmen der
Gruppen, wie wir sie bei islamischen Extremisten unterstellen dürfen,
nur bedingt notwendig, und die Dienste können mit den normalen
Hausmitteln arbeiten. Ob und wie sich ihre Beobachtungen auszahlen, wird von der Aggressivität der Gruppen und den von der Politik
eingeräumten Handlungsmöglichkeiten bestimmt.

5.2   Soziale Netzwerke

In der automatischen Fahndung geht es darum, die Macher der jeweiligen Szene zu erkennen und den Zulauf, den sie haben, zu analysieren. Suchen die Macher Anhänger für einen Djihad irgendwo auf der
Welt? Versuchen sie, ihre Anhänger so weit zu radikalisieren, dass terroristische Akte nicht ausgeschlossen sind? Oder handelt es sich um
Leute mit extremen Ansichten, die Gleichgesinnte suchen oder Ver-
führbare „bekehren" und das friedliche Zusammenleben mit Anders-
gläubigen durch Randalieren sabotieren, vor extremer Terrorgewalt
letztendlich aber doch zurückschrecken?[6]

---

5   Bei Medienberichten über Gewalt gegen einzelne jüdische Mitbürger,
     südosteuropäische Migranten und inzwischen sogar gegen einzelne ost-
     asiatische Touristen muss man den Artikel in der Regel bis ganz zum
     Schluss lesen, um in der letzten Zeile zu erfahren, dass die Täter „eben-
     falls einen Migrationshintergrund besitzen".

6   Man denke hier an die verschiedenen islamischen Gruppierungen, die
     ihr permanentes Beleidigtsein nicht gerade friedlich zum Ausdruck brin-
     gen und sich auch schon einmal Schubsereien mit der Polizei liefern.
     Auch die eine oder andere Morddrohung kann man hier einordnen,
     wenngleich hierbei natürlich äußerste Vorsicht angesagt ist, weiß man
     doch nicht, ob sich jemand findet, der genügend verblendet ist, die Dro-
     hung auszuführen.

Eine erste Quelle sind wieder die sozialen Netzwerke, deren Auswertungsmöglichkeiten bezüglich der Netzwerkbildung wir in Kapitel 3.1 angerissen und in Kapitel 4.3 mit technischen Details zur Auseinandersetzung mit den Texten skizziert haben. Es sei auch noch einmal ausdrücklich darauf hingewiesen, dass die Nachrichtendienste sich nicht nur passiv in den sozialen Netzwerken bewegen, sondern auch selbst durch eigene Kommentare testen können, wie weit die Mitglieder einer Gruppe verbal gehen, oder auch durch eigene Server Leute mit extremen Ansichten anlocken können.

Nehmen wir als Beispiel wieder Facebook, wobei die Methodik mit einigen Modifikationen auf andere Betreiber sozialer Plattformen übertragbar ist. Wir gehen wieder davon aus, dass der Nachrichtendienst auf alle Daten zugreifen kann. Ist das bei bestimmten Betreibern nicht gegeben, besteht die Möglichkeit einer Nutzerregistrierung mit anschließender Kontaktaufnahme zu den möglichen Zielpersonen, um auf alle von diesen geteilten Daten zugreifen zu können. Um einen solchen Weg glaubhaft zu machen, sind eigene Beiträge mit thematisch passenden Inhalten hilfreich. Wie weit es sinnvoll ist, dies technisch zu automatisieren, sei einmal dahin gestellt.

Um eine Gruppe mit bestimmten Eigenschaften auszumachen, wird eine Suche nach möglichen „Freunden" oder nach Themen/Schlagworten eingeleitet. Potentielle Zielpersonen werden in den wenigsten Fällen mit dem eigenen Namen operieren, Namen aber aus einem bestimmten Pool wählen, wenn sie Gleichgesinnte suchen. Ähnliches gilt für Formulierungen, die in Beiträgen verwendet werden. Bei gefundenen Kandidaten wird das soziale Netzwerk sowie der Inhalt der Beiträge analysiert. Über das soziale Netzwerk kann die Analyse leicht auf die Kontaktpersonen ausgeweitet werden.

Aus den verschiedenen Daten lässt sich eine Klassifizierung der Personen ableiten:

- Ausdrucksformen in Beiträgen und Kommentaren liefern Hinweise auf den Grad der Extremisierung.

- Das Verhältnis Beiträge/Kommentare einer Person kann als Indiz für Macher/Mitläufer interpretiert werden.

- Eine große Anzahl von Kommentaren zu den Beiträgen einer Person weist auf eine Führungsfunktion hin.

- Die Anzahl der verschiedenen Kommentatoren weist auf den Bekanntheitsgrad einer Person hin.

- Beteiligung in Gruppen mit unterschiedlichen Ausrichtungen ist ein Indiz für eine größere Offenheit oder intellektuelle Beweglichkeit.

- Die Überschneidung mit den Profilen anderer Personen liefert enge oder weite Gruppenbeziehungen.

Dies sind nur grobe Klassifizierungsmöglichkeiten. Nachrichtendienste verfügen über psychologische Abteilungen, die anhand der Verhaltensmuster bereits auffällig gewordener Personen genau ausarbeiten, wie die Analysen durchzuführen sind. Resultat sind psychologische Profile der gefundenen Personen.

Die nächste Aufgabe besteht in der Identifizierung der Personen. Hier existiert eine Reihe sich ergänzender Möglichkeiten:

- Persönliche Daten. Viele soziale Netzwerke erlauben die Angabe weiterer persönlicher Daten (Name, Wohnort, Arbeitstätte, Schule, usw.), die mit Daten der Melderegister abgeglichen werden können.

- IP-Adresse. Erfolgen die Verbindungen von privaten Anschlüssen aus, kann die Identität über die Vertragsdaten der Provider ermittelt werden.

- Handy-Rufnummer. Wie bei IP-Adressen.

- Netzwerk-Quervergleiche. Wie in Kapitel 3.1 bereits angemerkt, wählen Nutzer auf verschiedenen Plattformen oft die gleichen Namen. Werden zusätzlich markante Stileigenheiten bei der Textgestaltung berücksichtigt, lassen sich Personen auf verschiedenen Plattformen wiedererkennen. Es genügt dann, die Person auf einer Plattform zu identifizieren.

- Kontaktpersonen. Gelingt es, Kontaktpersonen zu identifizieren, können durch Verbindung mit weiteren Daten weitere Identitäten aufgedeckt werden.

Wir sehen wieder, dass auf eine ganze Reihe von Dingen geachtet werden muss, wenn eine Person anonym bleiben möchte. Die Anonymität gegenüber dem Nachrichtendienst steht zusätzlich im Widerspruch zu der Absicht der Person, im Netzwerk einen hohen Bekanntheitsgrad zu erreichen.

Als Leser generiert man aus diesen Angaben instinktiv einen Ist-Zustand eines potentiellen Extremisten. Allerdings ist das sich so ergebende Bild viel zu sehr von der Tagesform einer Person abhängig, um tatsächlich zu belastbaren Urteilen zu kommen (schließlich denkt man selbst von seinen nächsten Angehörigen manchmal wenig höflich, wenn einem mehrere Läuse über die Leber gekrochen sind). Wesentlich ist vielmehr die längerfristige Entwicklung einer Person.

→ Wie ändert sich ihre Sprache? Wird sie radikaler oder weist sie nur Schwankungen auf, die aufgrund der Tagesform zu erklären sind?

→ Wie ändert sich die Gruppenzusammensetzung? Bleiben die Gruppeneigenschaften, in denen eine Person Mitglied ist, konstant, oder wandert eine Person zu radikaleren oder moderateren Zirkeln?

→ Bleiben die Kommunikationsmerkmale konstant? Verwendet die Person immer den gleichen Internetanschluss und das gleiche Handy oder sind Bemühungen, hier zu einer größeren Anonymität etwa durch Nutzen von Internetcafes, WLAN-Hotspots und anonymen Handys zu beobachten?

→ Ist die Person mobil, d.h. ändert sich ihr Wohnort zum Besseren oder zum Schlechteren, sind gar längere Auslandsaufenthalte zu notieren?

Auch hier wissen die psychologischen Abteilungen der Nachrichtendienste, wie diese Beobachtungen in die psychologischen Profile einzuarbeiten sind. Die „Bauernfänger", die labile Personen auf eine extremistische Linie zu bringen versuchen, dürften genauso erkennbar sein wie Personen, die zur Durchführung terroristischer Anschläge fähig wären und bei deren Abtauchen aus dem sozialen Netz die Alarmglocken klingeln dürften.

Als Außenstehender kann man nur spekulieren, welche Arten von Extremisten in welchem Umfang auf diesem Weg beobachtet werden können. Islamisten sind anscheinend lokaler organisiert als Links- oder Rechtsextremisten. Das gemeinsame Gebet und der direkte Kontakt mit den Führern spielt eine größere Rolle, auch wenn Prediger wie der deutsche Konvertit Pierre Vogel überregional operieren.[7]

---

7   Seine im Internet findbare Biografie zeigt, dass er ausbildungsmäßig nichts über erste Anfänge hinaus zustande gebracht hat. Es sagt schon Einiges über den Islam an sich aus, wenn selfmade Extremisten wie Vo-

Linksextremisten scheinen besser über das Internet vernetzt zu sein und kündigen ihre Aktionen zum Teil sogar auf Plattformen wie https://linksunten.indymedia.org/ an.[8] Nach Angaben der Nachrichtendienste, wie fallweise von Medien berichtet wird, unterhalten auch Rechtsextremisten Webseiten, sind aber vermutlich wie die Islamisten eher lokal organisiert.

In welchem Umfang die Nachrichtendienste hier tätig sind, kann ebenfalls nur vermutet werden. Da sie die Daten automatisch sammeln oder per Vertrag direkt auf die Daten der Provider zugreifen können und die Auswertung auch nur vom Geschick der Programmierer abhängt, ist die Auswertung riesiger Datenmengen in kurzer Zeit ohne größeren personellen Einsatz kein Problem. Gehen wir daher von erheblichen Aktivitäten aus.

Erfolge sind für Außenstehende auch nur spekulativ erfassbar. Außer einigen terroristischen Attentaten, die scheinbar aus dem Nichts passieren, können die Behörden häufig rechtzeitig zugreifen und eine Terrorgruppe verhaften, bevor etwas passiert. Nicht verhinderte Anschläge sind natürlich medienwirksamer als im Verborgenen verhinderte, die teilweise nicht einmal bekannt werden. Die Medienaufmerksamkeit weckt daher Zweifel daran, ob sich denn der ganze Aufwand der Nachrichtendienste lohnt und nicht mehr Nachteile für die Gesellschaft durch das allgemeine Ausspähen entstehen als Vorteile durch die Festnahme einer Extremistengruppe, deren wirkliche Gefährlichkeit außerhalb der Fahndungsbehörden nicht einschätzbar ist.

Die Aufdeckung der Vorbereitung eines Anschlags erfolgt sicher nicht mehr auf dem Weg einer Beobachtung von sozialen Netzwerken, da sich die Täter tarnen, wenn es ernst wird. Potentielle Täter müssen

---

gel einen solchen Einfluss gewinnen können, ohne dass gemäßigte Berufstheologen Einfluss nehmen können.

8   Sie sollten sich diese Seite einmal anschauen. Sie begnügt sich nicht mit allgegenwärtigen Hassparolen auf alles und jeden, sondern fordert auch zur Gewalt bei kommenden Aktionen auf bzw. berichtet über erfolgreiche Gewalt bei beendigten Aktionen. Insbesondere bei rechten Demonstrationen, Demonstrationen von PEGIDA und bei Veranstaltungen der inzwischen parlamentarisch erfolgreichen AfD zeigen die Beiträge mehr als deutlich, von wem die Gewalt bei Veranstaltungen ausgeht, auch wenn viele Medien das in ihren Berichten gerne unterschlagen. Da dies ganz offen und für jeden lesbar erfolgt, stellt sich die Frage, wer seine Hand über diese Leute hält. Bei rechtsextremen und anderen Seiten hat man weniger Hemmungen, den Server außer Betrieb zu setzen.

erst einmal so weit erkannt werden, dass sie mit anderen Mitteln erfolgreich weiter verfolgt werden können. Gehen wir daher davon aus, dass die Nachrichtendienste (auch) in sozialen Netzwerken geforscht und hierbei Anhaltspunkte für die Aufnahme bestimmter Personen in eine intensivere Beobachtung gefunden haben, wenn sie davon sprechen, dass Terroristen „(bereits früher) in anderen Zusammenhängen bekannt geworden sind".

5.3   Gezielte Enttarnung

Erfolgte die Identifizierung von Extremisten im letzten Kapitel durch Analyse allgemeiner Kommunikationsdaten, widmen wir uns nun dem Problem, durch gezielte Beobachtung bestimmter Orte Extremistengruppen aufzudecken, sofern eine existiert. Das ist wieder nicht ganz einfach:

- ✗ Bei der Beobachtung von Orten, an denen sich solche Gruppen treffen könnten, über die man aber sonst keine weiteren Informationen hat, ist ein negatives Ergebnis die Regel (was man allerdings wieder als positives Ergebnis interpretieren kann).

- ✗ Verkehrt eine bereits auffällige Person am Ort, muss das ebenfalls noch nicht bedeuten, dass man fündig wird, weil der eigentliche konspirative Treffpunkt woanders ist.

In beiden Fällen gilt es acht zu geben, dass Unbeteiligte nicht unter die Räder der Ermittlungsmühlen geraten.

Anders als bei den sozialen Netzwerken lassen sich Texte nicht zur Erkennung der gesuchten Ziele verwerten. Grundlage der Analysen sind so genannte Vorratsdaten (Handyortung, Verbindungsdaten, Verkehrsdaten usw.), und der Filter, um der Datenmasse die gesuchten Informationen zu entlocken, ist der potentielle Versammlungsort der Extremisten. Dies können bei Rechtsextremisten einschlägige Lokale sein, bei Linksextremisten aus der Hausbesetzerszene besetzte Häuser oder Moscheen und Islamvereine bei Islamisten. Durch Beobachtung der Bewegung an diesen Orten lassen sich Rückschlüsse auf mögliche Extremistengruppen ziehen.

Die Beobachtungsaktionen müssen von vornherein auf einen längeren Zeitraum ausgelegt sein. Schon die Identifizierung einer Gruppe erfordert eine längere Anlaufzeit, um sie aus dem Datenmaterial mit einer brauchbaren statistischen Sicherheit herauslesen zu können. Auch bei einer Konzentration auf lokal anfallende Daten haben die meisten erfassten Personen nichts mit dem Beobachtungsziel zu tun und müssen erst einmal entfernt werden – oder umgekehrt ausgedrückt, es muss sich aus dem Datensumpf etwas herausheben, was den vorgegebenen Beobachtungskriterien entspricht. Ist dadurch eine Eingrenzung der beobachteten Personen erfolgt, heißt dies auch noch nicht, dass man nun eine Extremistengruppe vor sich hat. Dazu sind weitere Beobachtungen notwendig, die zwar die gleichen Daten nutzen, die aber nun nach anderen statistischen Merkmalen ausgewertet werden.

Die Enttarnung beliebiger Zielgruppen kann „from scratch" beginnen, wie es im Computerjargon heißt, d.h. man weiß nichts, sondern vermutet erst einmal ins Blaue.[9] Dazu muss man zunächst in der Lage sein, die Daten in der notwendigen Dichte unbemerkt zu gewinnen. Für Mobilfunk-, Bank- und Internetdaten ist das kein Problem, da die Schnittstellen zur Verfügung stehen und eine Datenaufzeichnung nicht zu bemerken ist. Wichtig sind jedoch auch Videodaten und Verkehrsüberwachungsdaten, die mittels installierter Kameras gewonnen werden. Der erste Schritt der Erfassung dieser Daten besteht daher zweckmäßigerweise in einer **Desensibilisierung** der Ziele, um Gegenmaßnahmen (Zerstörung, Verhaltensänderungen) zu vermeiden.

Das Problem ist, dass Videokameras – eines der wesentlichen Beobachtungsmittel – relativ auffällig sind. Einige wenige in der Zielpunktnähe installierte Kameras fallen wahrscheinlich auf. Sind jedoch fast überall Kameras installiert, wirken die für die Zielbeobachtung installierten Kameras normal, die Zielpersonen sind desensibilisiert, eine selektive Beobachtung wahrzunehmen. Weitere Vorteile heutiger Technik gegenüber der vor einigen Jahren verfügbaren sind die Kompaktheit, die hohe Auflösung, die Modularität und die gesunkenen Kosten. Die Zielbeobachtungskameras können daher problemlos auch an Stellen installiert werden, die relativ weit vom Ziel entfernt sind

---

9   Im Snooker-Jargon heißt das „shot to nothing", was nicht nur bedeutet, dass man es halt einmal versucht, sondern auch, dass man gleichzeitig wieder genügend Deckung aufbaut, um nicht selbst Opfer des Gegners zu werden.

und in der Menge weiterer Kameras kaum auffallen. Damit kann nun die Beobachtung und Auswertung beginnen.

In **Phase 1** wird analysiert, wer den beobachteten Treffpunkt nutzt:

- Videoanalysen liefern biometrische Merkmale (Gesichtserkennung, Geschlechtserkennung) und Bekleidungsmerkmale. Ziel ist es, wiederkehrende Nutzer anhand der biometrischen Merkmale wieder zu erkennen.

  Eine Identifizierung ist zu diesem Zeitpunkt noch nicht enthalten; es ist jedoch ein Abgleich mit Merkmalen gesuchter/bekannter Personen der Szene möglich.

- Mobilfunkaufzeichnungen mit genügend hoher räumlicher Auflösung lassen die Geräte erkennen, die den Treffpunkt betreten.

  Hierbei lassen sich statistisch signifikante Daten nur über einen größeren Zeitraum gewinnen. Kombiniert mit den Videoaufzeichnungen sind nur Geräte interessant, die vor dem Eintreffen am beobachteten Ort und nach dem Verlassen aktiv sind, ggf. dazwischen aber deaktiviert werden. Auch sollten die Geräte einer Person anhand der Videoaufzeichnungen ebenfalls erkennbar sein.

Diese Daten liefern bereits nach kurzer Zeit wesentliche Informationen.

- ✗ Sind die Mobilfunkgeräte namentlich registriert, kann über die Daten verschiedener Behörden ein Abgleich der biometrischen Daten mit den Besuchern des Treffpunkts erfolgen. Ein Teil der Besucher ist damit bereits identifiziert.

- ✗ Bei anonymen Mobilfunkgeräten oder wenn die biometrische Analyse keine Übereinstimmung liefert, die Mobilfunkgeräte aber eine GPS-Funktion besitzen und die GPS-Daten ausgelesen werden können, lassen sich durch genauen Zeitvergleich der Videodaten mit den GPS-Daten nach einigen Besuchen genaue Zuordnungen zwischen Besuchern und Mobilgeräten treffen.

Nach den erkannten Personen kann in sozialen Netzwerken gesucht werden, um weitere Informationen zu erhalten. Der Vergleich der Besuchszeitpunkte liefert Aufschlüsse über mögliche Netzwerke. Zeitpunkte und Dauer geben Auskunft darüber, ob ein harmloser Grund (regelmäßiger Gebetsbesuch) oder ein organisiertes Treffen zu vermuten ist.

Phase 2. Ergeben sich aus den Beobachtungen der Phase 1 Hinweise darauf, dass eine Gruppe näher untersucht werden sollte, und ist das Videoüberwachungsnetz dicht genug, können die Personen beim Verlassen des Treffpunktes über ein größeres Areal verfolgt werden, indem die Überwachungseinheiten die biometrischen und Kleidungsmerkmale untereinander weiterreichen. So entstehen größere Bewegungsprofile.

Besteigt eine Personen ein Fahrzeug im videoüberwachten Bereich, kann über das Kfz-Kennzeichen der Halter festgestellt werden. Aufzeichnungen der Verkehrsüberwachung liefern Bewegungsprofile der Fahrzeuge ähnlich der Handydaten. Auch die Nutzung von Bankautomaten kann überwacht werden.[10] Über Handy-, Fahrzeug- und Kreditkartenautomaten lässt sich schließlich die Identität der Person sowie ihr Wohnsitz feststellen.

Diese automatischen Überwachungsmaßnahmen werden natürlich nur einen Teil der potentiellen Zielgruppenmitglieder deanonymisieren. Durch Abgleich mit anderen Datenbanken kann eine statistische Bewertung durchgeführt werden, ob eine Person überhaupt in das Spektrum passt oder nur zufällig auf das Raster geraten ist. Solche Personen können ausgeschlossen werden, und bei allen Treffpunkten muss man unterstellen, dass zunächst sehr viele Besucher registriert werden, die im Sinne der Zielgruppenbeobachtung völlig harmlos sind. Denken Sie beispielsweise an die Beobachtung einer Moschee bei einer Suche nach möglichen Terroristen oder ein Lokal bei der Suche nach rechts- oder linksextremistischen Gruppen. Dort gehen unter Umständen hunderte von Personen ein und aus, die nichts mit den Zielgruppen zu tun haben. Diese werden in den meisten Fällen nur wenige Mitglieder (zumindest im Verhältnis zur Gesamtzahl der Besucher) aufweisen, und da es sich um präventive Beobachtung handelt, ist noch nicht einmal gesagt, dass der Treffpunkt überhaupt von einer Zielgruppe frequentiert wird. Die meisten Ergebnisse sind daher im Sinne der Zielfahndung wertlos.

Erfolg verspricht nur ein größerer, längerfristig betriebener Aufwand mit der Aufzeichnung sehr vieler Daten, die für Querprüfungen ver-

---

10 Solche Überwachungen sind in der BRD offiziell nicht möglich, scheinen aber in den USA von der NSA problemlos genutzt zu werden.

wendet werden. Um das leisten zu können, werden alle Beobachtungen vollautomatisch ablaufen und zur Aufzeichnung statistischer Merkmale bei vielen Personen führen. Nur Computer schnüffeln zunächst, nicht Sachbearbeiter, und für diese kann man die Aufzeichnungen auch anonymisieren, so dass ein persönliches Hinterherschnüffeln übereifriger Beamter nicht ganz so einfach ist.

Eine Beruhigung für um die eigene Privatsphäre besorgte Leser soll diese Bemerkung nicht sein, sondern nur eine Relativierung, denn wenn gewünscht, können die Daten natürlich sehr wohl gegen jemanden verwendet werden, und davon, dass nicht brauchbare statistische Merkmale wieder gelöscht werden, sollte man besser auch nicht ausgehen. Da es sich um Dauerbeobachtungen handelt, ist es sinnvoll, biometrische Merkmale nicht zu verwerfen, sondern auch für eine Wiedererkennung früherer, als harmlos eingestufter Besucher zu nutzen. Die Auswertungen der Phasen 1 + 2 lassen sich jeweils erneut anwenden, so dass weitere Personen, die bei den ersten Malen nicht identifiziert werden konnten (Handy vergessen, zu Fuß gekommen, usw.), nun erkannt werden.

In **Phase 3** werden nun diese über einen längeren Zeitraum gesammelten Daten nochmals ausgewertet, um statistische Sicherheit über die schon vorliegenden Verdachtsmomente zu erhalten. Die Fragestellungen sind die gleichen, die wir schon beschrieben haben:

✗ Wie oft werden Personen registriert? Sind Besuche regelmäßig, gegebenenfalls sogar zu bestimmten Zeiten zu beobachten?

✗ Sind die Besuche von Personen miteinander korrelierbar, d.h. besuchen bestimmte Personen häufiger gleichzeitig den Treffpunkt?

Aus der Intensität der Besuche und der Gleichzeitigkeit mit anderen Besuchern können Rückschlüsse auf mögliche Gruppen gezogen werden. Allerdings muss das mit anderen Daten verbunden werden, wie wir schon bemerkt haben: bei regelmäßigen Gebetsstunden oder Gottesdiensten werden viele Besucher immer wieder erscheinen, ohne dass sich daraus irgendetwas ableiten ließe, und der regelmäßige Abstecher in die Stammkneipe nach der Arbeit, der Tagesschau oder dem Training im Sportverein ist auch noch kein Hinweis auf eine extremistische Vereinigung.

✗   Sind Anmeldeinformationen von Mobilfunkmasten zeitlich mit den Besuchen korrelierbar? Im Laufe vieler Beobachtungen dürften den in der Videoüberwachung registrierten Personen eine überschaubare Anzahl an Mobiltelefonen zugeordnet werden können.

Aufgrund der Langzeitauswertung ist von einer kleiner werdenden Anzahl möglicher Zielgruppenmitglieder auszugehen, bei der man nun auch verstärkt auf eine Identifizierung schauen kann. Am Ende dieser Phase enthält die Datenbank folgende Gruppen:

a) Von der Zielgruppe aufgrund verschiedener Kriterien ausgeschlossene Personen, deren Identität bekannt oder unbekannt sein kann.

b) Kandidaten für Zielgruppenmitglieder mit bekannter Identität.

c) Kandidaten für Zielgruppenmitglieder mit unbekannter Identität, aber Kontaktpersonen, deren Identität bekannt ist.

d) Nicht identifizierte Personen mit einem anonymisierten Mobilgerät.

e) Nicht identifizierte Personen, die kein Mobilgeräte verwenden oder es am Treffpunkt deaktiviert haben.

Nur am Rande erwähnt haben wir die Berücksichtigung von Kfz-Daten. Der Leser ist sicher selbst in der Lage, Erkenntnisse aus dieser Überwachung in die Liste zu integrieren. In diese Auswertungen gehen eine Reihe von Bewertungskriterien ein, über die wir hier mangels praktischer Erfahrung bzw. nicht vorhandenen Materials für statistische Auswertungen nur spekulieren können. Die Gruppierungen werden immer mit einer gewissen Fehlerwahrscheinlichkeit behaftet sein. Es handelt sich jedoch immer noch um allgemeine statistische Auswertungen und nicht um zielgerichtetes Hinterherspionieren hinter bestimmten Personen. Das kommt nun in der nächsten Phase.

Bevor wir in diese einsteigen: die gesamten Beobachtungen fallen unter „Auswertung von Vorratsdaten", d.h. die Daten der verschiedenen Quellen können zunächst unabhängig voneinander aufgezeichnet und zu einem späteren Zeitpunkt ausgewertet werden. Die Auswertung kann auch wiederholt werden, wenn neue statistische Auswertungsregeln aufgestellt werden. Nicht nur die Datenerfassung ist auf einen längeren Zeitraum angelegt, die Nachrichtendienste können sich auch

Zeit mit der Auswertung lassen. Für die Nachrichtendienste ist das recht kostengünstig, und die einzige Überlegung dürfte darin bestehen, wie viel Speicherplatz bereit gestellt werden muss, um die Daten für 6 oder 12 Monate zu speichern.

Andererseits: bereits die Speicherung von Vorratsdaten ist in der BRD heftig umstritten. Die Speicherung wird von der Politik meist mit der Begründung gefordert, dass diese Auswertungen, die hier zur Gewinnung eines Anfangsverdachtes für eine gezielte Beobachtung von Personen verwendet werden, erst im Nachhinein zu dessen Untermauerung verwendet werden sollen. Anders ausgedrückt, die Reihenfolge der Auswertungen, die wir hier beschrieben haben, und diejenige, die die Politik zum Durchsetzen der Aufzeichnung voranstellt, ist genau umgekehrt! Werden durch vorangestellte Auswertungen allgemeiner Daten erst Hinweise auf strafbare Handlungen gefunden, besteht für die Strafverfolgung das Problem der Legalisierung ihrer Maßnahmen.

Bereits im Buch „NSA, BND & Co" haben wir auf die Möglichkeiten hingewiesen, über einen Informationsaustausch zwischen Geheimdiensten eine Legalisierung zu erreichen. In der Kette BND → NSA → BKA räumt der Nachrichtendienst BND dem befreundeten Nachrichtendienst NSA die Möglichkeit ein, seine Ressourcen zur Aufzeichnung von Daten zu verwenden, die er selbst gesetzlich gar nicht aufzeichnen darf. Die NSA darf und macht, wenn der BND Zugang gewährt, und kann nun seinerseits im Rahmen der Amtshilfe dem BKA einen Tip geben, wo die bösen Buben sitzen. Da der Tip nicht aus eigenen Reihen kommt, ist es völlig legal, diese Daten auch in Prozessen als Beweise vorzubringen.

In „BND, NSA & Co" war das nur ein Modell; die im Mai 2015 bekannt gewordenen Details um die Zusammenarbeit zwischen dem BND und der NSA sind liefern allerdings den Beweis, dass es sich nicht nur um ein Modell handelt, sondern dass es sich genau so abspielt. Und nicht nur die NSA hat Daten aufgezeichnet, auch der BND hat sich der aufgezeichneten Daten bedient.[11]

---

11 Diese spätestens seit 2004 laufende NSA/BND-Operation wird vom Geheimdienstchef im parlamentarischen Untersuchungsausschuss so kommentiert, dass er das gar nicht gewusst hätte und sich auch nicht hatte vorstellen können, dass die NSA so etwas machen würde. Nun ist Herr Schindler nach Uhrlau und Hanning der 3. Präsident, unter dessen Leitung das abläuft, und Frau Merkel die 2. Kanzlerin nach Schröder und nun auch schon 10 Jahre im Amt. Schlussfolgern Sie selbst!

Man muss sich daher gar nicht darüber streiten, ob diese Methoden und die weiteren beschriebenen tatsächlich eingesetzt werden. Seien wir realistisch: gerade die islamistische Szene erfreut sich einer starken Ausweitung, wobei die Zahl der vorsichtshalber zu Beobachtenden durch den starken Zustrom von Asylbewerbern aus dem arabischen Raum die personellen Möglichkeiten der Polizei sicher schon seit einiger Zeit übersteigt. Da auch immer wieder Fahndungserfolge vorgewiesen werden, und sei es durch Absage von Rosenmontagsumzügen aufgrund einer „aktuellen Gefahrensituation", und in Deutschland Terroranschläge bislang verhindert werden konnten, liegt die Wahrscheinlichkeit für den Einsatz solcher Techniken recht nahe an 100%.

Wie Terroranschläge in Boston, London und Paris mit vielen Toten und Verletzten zeigen, ist vollständiger Schutz nicht möglich. Bestimmte Verhaltensweisen vorausgesetzt wird es Terroristen immer wieder gelingen, unter dem Beobachtungsradar zu bleiben.[12] Für einige Kommentatoren in kritischen Medien und Blogs genügt das, um die Überwachung generell in Frage zu stellen, die Regierungen argumentieren meist in der entgegen gesetzten Richtung. Wenn man Argumente benötigt, um noch schärfere Überwachung durchzusetzen, kann der eine oder andere „geglückte" Terroranschlag durchaus hilfreich sein.

Man kann darüber sinnieren, ob die Überwachung hinsichtlich der allgemeinen Sicherheit positiv oder negativ zu sehen ist. Werden Anschläge verhindert, ist das sicherlich positiv, wobei „verhindert" natürlich nur dann nachweisbar ist, wenn es zu regulären Strafverfolgungsverfahren mit Verurteilungen kommt. Die hier beschriebene Vorgehensweise ist jedoch mit beliebigen Fragestellungen anwendbar, nicht nur auf islamistische Anschläge oder anderer extremistischer Gruppierungen, wie es hier immer unterschwellig der besseren Anschaulichkeit wegen anklingt. Wie sicher kann man sein, dass Äußerungen und Anschauungen, die heute noch zulässig sind, morgen nicht doch unter irgendein politisches Verdikt fallen und die Daten zu

---

12 Die Bostoner Attentäter waren/haben sich anscheinend völlig isoliert und haben auch keine Bombenzutaten in verdächtigen Mengen gekauft. Die Pariser Täter wurden möglicherweise eher dem kriminellen Milieu zugeordnet und waren daher auch nicht auf dem Terroristen-Schirm. Es lassen sich immer Szenarien konstruieren, bei denen man erst hinterher weiß, worauf man hätte achten sollen.

Repressionen genutzt werden?[13] Meiner Ansicht nach begibt man sich auf gefährliches Glatteis, wenn man alles unreflektiert akzeptiert.

Doch zurück zur Zielgruppenverfolgung. Wenn die statistischen Kriterien hinreichend scharf definiert waren, ist die Gruppe potentieller Zielgruppenkandidaten nun ausreichend geschrumpft, um intensivere Auswertungen zu ermöglichen.

Bei Kandidaten der Gruppen c) und d) kann in **Phase 4** zunächst mit der Handyortung weiter gearbeitet werden, um die Personen zu identifizieren. Welchen Standort hat das Gerät nachts (jeder muss schlafen), welchen Standort tagsüber (geht der Inhaber einer Arbeit nach, werden Ämter aufgesucht)? Ist auch für diese Bereiche eine Videoüberwachung möglich, kann gezielt nach der Person aufgrund seiner biometrischen Merkmale gesucht sowie bereits vorliegende Erkenntnisse über Kfz-Kennzeichen mitgenutzt werden. Wir haben an anderer Stelle in diesem Buch bereits beschrieben, wie anonyme Mobiltelefone enttarnt werden können, so dass sich weitere Anmerkungen erübrigen. Alle Optionen kombiniert, besteht eine hohe Wahrscheinlichkeit, die Personen zu identifizieren. Personen der Gruppe e) ist mit diesen Methoden noch nicht beizukommen.

Phase 5 analysiert die Verbindungsdaten und kann parallel durchgeführt werden. Zwei Fragestellungen sind hier interessant:

✗ Kommunizieren die Personen untereinander und lassen sich hierdurch als Gruppe identifizieren?

✗ Kommunizieren die Personen mit anderen Personen, die in einer anderen Auswertung ebenfalls als Zielgruppenkandidaten ausgesondert wurden?

✗ Ergeben sich aus weiteren Kommunikationen mit bislang nicht registrierten Personen neue Hinweise?

---

13 Mir scheint die Frage nicht zu weit hergeholt zu sein. Jeder weiß, wie Gerichte auf antisemitische oder pro-NS-Äußerungen reagieren. Wer die Nachrichten aufmerksam verfolgt hat, wird ebenfalls wissen, dass seitens der EU und auch der nationalen Parlamente Überlegungen angestellt werden, anti-islamische oder fremdenfeindliche Äußerungen ebenfalls unter Strafe zu stellen. Die Grenze, was noch erlaubte Kritik und was bereits feindliche Äußerung ist, ist sicher so undefiniert, dass man als Bürger besser auf sein Grundrecht der freien Meinungsäußerung verzichtet, wenn es so weit kommt.

Was herauskommt, sind primäre Beziehungsnetzwerke unterschiedlicher räumlicher Reichweite. Als Resultat können Kandidaten von der Liste der engeren Überwachung verschwinden oder neue Personen in die Liste aufgenommen werden. Aus Mobilitätsdaten über einen längeren Zeitraum lässt sich neben der Kommunikation über Mobiltelefone auch auf persönlichen Kontakt schließen. Außerdem lassen sich sekundäre Netzwerke zusammenstellen, d.h. Analysen durchführen, wie sie schon im Zusammenhang mit Facebook-Daten erwähnt worden sind: welche Leute, die nicht direkt registriert wurden, aber zur Kommunkationsgruppe gehören, kennen sich mittel- oder unmittelbar untereinander?

Hier ist auch ein Ansatz zur intensiveren Beobachtung von Personen des Typs e) mit Hilfe der biometrischen Videodatenanalyse möglich:

✗ Tauchen diese Personen auch im Rahmen anderer gleichartiger Beobachtungen auf?

✗ Tauchen diese Personen mit identifizierten Personen zusammen auf und sind so einem Netzwerk zuzuordnen (Mobilfunkstandort → identifizierte Person / unbekannte Person)?

✗ Tauchen diese Personen zusammen mit anderen unbekannten Personen aus gleichartigen Überwachungen auf (Hinweis auf größere Netzwerke)?

Mit der Identifizierung von Netzwerken dürfte es für die Dienste in Verbindung mit anderen persönlichen Daten möglich sein, über deren Gefährlichkeit zu entscheiden. Wer bis hier hin noch im Rennen ist, darf sich vermutlich zumindest darüber freuen, mit den beschriebenen Methoden locker weiter beobachtet zu werden.

Der harte Kern wird einer intensiveren Ausspähung unterworfen, die nun nichts mehr mit „Vorratsdaten" zu tun hat. Hierzu zählt die Überwachung der Kommunkationsinhalte bei Telefonaten, in Emails und im Internet (soziale Netzwerke), gegebenenfalls auch Infiltration im Internet sowie irgendwann sicher auch die persönliche Aufmerksamkeit eines Mitarbeiters, der das bewertet, was die Computer noch nicht automatisch erledigen können und bedarfsweise auch weitere Maßnahmen einleitet. Die meisten der für die erweiterte Überwachung notwendigen Informationen fällt bei der Auswertung der anderen Daten mehr oder weniger automatisch an.

Abbildung 5.1: NSA-Rechenzentrum Utah (Lizenz: CCAS 3.0)

In welchem Umfang kann ein Nachrichtendienst solche Überwachungen aufziehen? Um ein Gefühl dafür zu bekommen, muss man sich die Größenordnung anschauen, in der operiert wird. Abbildung 5.1 zeigt das NSA-Rechenzentrum in Utah, das in der Größe durchaus einer europäischen Automobilfabrik entspricht und (auf dem Bild nicht zu sehen) über einen eigenen Kühlteich verfügt. Der BND kann damit zwar nicht mithalten, aber die Kosten für dessen neue Zentrale in Berlin, ebenfalls vollgestopft mit moderner Technik, sind inzwischen von geplanten 600 Mio € auf über 1,6 Mrd € gestiegen, was vermutlich weniger auf vergoldete Wasserhähne zurück zu führen ist.[14] Wenn man nicht gerade in einer dieser riesigen Rechnerfabriken arbeitet, dürfte man selbst als Informatiker größere Probleme haben, sich auszumalen, wozu diese Technik fähig ist.

Gehen wir daher davon aus, dass wir selbst mit kühnen Erwartungen noch hinter der Realität zurückstehen. Die weltweit gesammelten Daten, deren Erfassung bereits eine beachtliche Hardwareansammlung an jedem der Abgriffspunkte erfordert, werden in solchen Zentren konzentriert und stehen mindestens 6 Monate für Auswertungen aller Art zur Verfügung. Gehen wir einmal von Deutschland aus, so leben hier ca. 4 Mio Muslime.[15] Es dürfte für derartige Technik kaum ein

---

14 Auch Google, Facebook und weitere Unternehmen betreiben riesige Rechnerfarmen, die zum Teil durch unternehmenseigene Kraftwerke versorgt werden.

15 Das ist die offizielle Zahl des statistischen Bundesamtes. Da keine zentrale Registrierung der Gläubigen erfolgt wie bei den christlichen Kir-

Problem sein, diese unter der Rubrik „islamistische Terrorgefahr"
komplett in ein solches Beobachtungsprogramm einzubinden und immer noch genügend Kapazität übrig zu haben, um auch über die anderen Bürger fleißig Daten zu sammeln.

5.4   Suche nach Verstecktem

Wird es mit einem Terroranschlag ernst, tauchen die Terroristen aus
dem Beobachtungsnetz ab. Wenn sie bis dahin bereits auf dem Radar-
schirm des Nachrichtendienstes stehen, kann dieser sie mit gezielte-
ren Methoden weiter verfolgen. Dazu gehört weiterhin die Handy-
Ortung, wobei wir ja auch bereits untersucht haben, wie anonyme
Handys trotzdem bestimmten Personen zugeordnet werden können.

Je mehr Kommunikationswege von den Personen gekappt werden
(Ausscheiden aus sozialen Netzwerken, Einstellen der Handy-Kom-
munikation, Fernbleiben von Moscheen), desto größer ist die Wahrscheinlichkeit, dass etwas vorbereitet wird. Sind die biometrischen
Daten bekannt, kann in der Videoüberwachung nach den Personen
gesucht werden. Bei relativ dichter Überwachung mit der Möglichkeit
der längeren Verfolgung von Personen über mehrere Kamerastandorte
hinweg ist der Abgleich der biometrischen Daten mit einigen hundert
als gefährlich eingestufter Personen wohl kaum ein Problem.

Möglicherweise sind die Personen aber gar nicht in der Überwachung
aufgefallen, da sie als fertige Terroristen importiert werden. Für die
Nachrichtendienste besteht daher die Notwendigkeit, eingereiste Personen ebenfalls zu überwachen. Biometrische Merkmale sind inzwischen Bestandteile der Pässe und mitgeführte Handys können beim
Passieren der Passkontrolle unauffällig elektronisch registriert werden
– mit anderen Worten: bei legal eingereisten Personen besteht kein
Problem, diese mit verschiedenen Methoden auf dem Beobachtungs-
schirm zu behalten und nach Auffälligkeiten Ausschau zu halten.[16]
Problematisch sind natürlich illegale Einreisen.

---

chen und auch keine Verpflichtung besteht, seine Religionszugehörigkeit
anzugeben und Illegale ohnehin in keiner Statistik auftauchen, dürfte die
wirklich Anzahl deutlich höher liegen. Ca. 20% der Einwohner der BRD
haben inzwischen ausländische Wurzeln, d.h. knapp unter 20 Mio. Menschen. Irgendwo dazwischen liegt die korrekte Zahl. Möglicherweise
kann der BND bei deren Eingrenzung helfen.

Eine Restkommunikation mit Angehörigen wird möglicherweise über das Internet von Internet-Cafés aus oder telefonisch abgewickelt. Beides gehört daher zum Kontrollbereich der Nachrichtendienste. Bei Telefongesprächen erfolgt schon seit Jahrzehnten eine Überwachung der Gesprächsinhalte (Echelon-Programm), und das dürfte wohl eher intensiver geworden sein als abzunehmen. Ein Abgleich der Handydaten mit eingereisten Personen, Stimmanalysen von enger beobachteten Personen oder Vergleich von genannten Namen dürften zum Standard-Auswertungsprogramm gehören. Es ist gar nicht notwendig, dass jemand auf arabisch „wir haben jetzt 5 Rohrbomben fertiggestellt" sagt, um dem Nachrichtendienst brauchbare Hinweise zu liefern.

Die Überwachung von Internet-Cafés dürfte noch einfacher sein. Aus der Videoüberwachung ist bekannt, wer dort verkehrt, und auch aus der Analyse des Datenverkehrs dürfte vielfach hervorgehen, dass jemand das Café nutzt, der bisher nicht zu den Kunden gehörte. Bei verschlüsseltem Datenverkehr stößt das Mithören des Nachrichtendienstes natürlich an seine Grenzen; andererseits sind die Rechner ein bevorzugtes Ziel von Spionageprogrammen der Nachrichtendienste.

Bildet sich eine Terrorzelle und bereitet diese etwas vor, so ist sie auch bei guter Tarnung auf eine gewisse Infrastruktur angewiesen. Sympathisantenkreise dürften aus der allgemeinen Beobachtung bekannt sein, so dass hier mit weiteren automatischen Beobachtungsmitteln angesetzt werden kann.

- Leben mehrere Personen in einer Wohnung, dürfte sich das im Strom- und Wasserverbrauch bemerkbar machen. Sofern bereits elektronische Zähler installiert sind, kann bei den Sympathisanten der islamischen Szene geprüft werden, ob das Verbrauchsverhalten mit der Anzahl der gemeldeten Personen übereinstimmt oder eine größere Personenanzahl zu vermuten ist.

- Die Personen müssen verpflegt werden. Kaufen als Sympathisanten der islamischen Szene bekannte Personen größere

---

16 In der EU kann das im Schengen-Raum ein Problem sein, da viele Zuständigkeiten aufeinander treffen. Die Schweiz beispielsweise, territorial eigentlich gut abgeschirmt, darf sich mit einer größer werdenden Zahl von Asylbewerbern abgeben, die über die unkontrollierten Grenzen von einem Land ins nächste wechseln. Was wie kontrolliert wird, lässt sich aus den öffentlich zugänglichen Quellen schlecht abschätzen.

Mengen an Nahrungsmitteln ein als für die gemeldete Anzahl von Angehörigen notwendig?[17]

Indikatoren sind Einkäufe mit Kredit- oder Kundenkarten, Geldverkehr auf den Bankkonten oder Videoüberwachungen der Kassen von Supermärkten und anderer Bereiche, die eine Erfassung der eingekauften Mengen erlauben.

Elektronische Zähler werden bislang weitgehend nur bei Neubauten oder auf ausdrücklichen Wunsch der Stromkunden eingesetzt, die meisten Einkäufe dürften in bar und bei lokalen Kleinhändlern erfolgen und die Gruppen werden vermutlich auf anderem Weg mit Barmitteln versorgt. Die Erfolgswahrscheinlichkeit für diese Überwachungsmaßnahmen ist daher begrenzt, was aber nicht bedeutet, dass sie nicht trotzdem eingesetzt werden.[18]

Für den Bombenbau sind gewisse Utensilien notwendig, und eine bereits erfolgreich angewandte Strategie der Behörden liegt darin, Verkäufe ab einer gewissen Größenordnung meldepflichtig zu machen. Einige Festnahmen in der BRD sind offenbar darauf zurück zu führen, dass solche Daten ausgewertet werden.

Wir müssen bei allen diesen Maßnahmen allerdings im Auge behalten, dass wir hier über automatische Überwachung sprechen, die natürlich um so unzureichender wird, je mehr wir uns einer terroristischen Tat nähern. Die elektronischen Maßnahmen müssen zwangsweise an einem bestimmten Punkt durch direkte Überwachung abgelöst oder er-

---

17 Als Sympathisanten bezeichne ich hier Leute, die bei anderen Auswertungen als Islamismus-Kandidaten aufgefallen sind. Diese kommen als Unterstützer von Terroristen zunächst in Frage, außerdem wird dadurch die zu erfassende und auszuwertende Datenmenge eingegrenzt (einige Daten müssen ggf. erst speziell erhoben werden, beispielsweise durch Installation intelligenter Stromzähler). Natürlich können die Auswertungen auch auf andere Kreise ausgedehnt werden.

18 In nahezu jeder US-Krimiserie greifen die Behörden online auf die Kameras von Kreditkartenautomaten zu oder erhalten Rückmeldungen über Kreditkartennutzungen. Wenn man die Rolle der Filmindustrie in den USA als Propaganda-Instrument berücksichtigt, kann man davon ausgehen, dass sich die Filmleute hier nicht allzu viel ausdenken, was jenseits der Realität liegt. Die Masse der Darstellungen zeigt den US-Bürgern „schaut her, wir können es und böse Buben haben keine Chance" und dient gleichzeitig der Desensibilisierung gegenüber der lückenlosen Überwachung.

gänzt werden. Die 2007 ausgehobene Sauerland-Gruppe des islamischen Jihad bestand beispielsweise aus nur 4 Mitgliedern, die fast ein Jahr lang von bis zu 500 Beamten lückenlos überwacht wurde, bis man genug in der Hand hatte, um gerichtlich gegen sie vorgehen zu können. Dieser Aufwand ist natürlich nur begrenzt anwendbar, denn diese 500 Beamten fehlten an anderer Stelle.[19] Natürlich wird nicht gleich gegen jede Gruppe dieser Aufwand getrieben. Die elektronischen Maßnahmen müssen schon verlässliche Indikatoren liefern, um das vorhandene Personal sinnvoll einsetzen zu können.

Nicht alle Gruppen werden dadurch entdeckt, wie schon angemerkt. Charlie-Hebdo, der Anschlag auf den Bostoner Marathon und verschiedene missglückte Anschläge in der BRD wie die nicht explodierten, als Gasflaschen getarnte Bomben in Zügen, sind Beispiele für nicht rechtzeitig entdeckte Gruppen. Die Gründe sind unterschiedlich und können in der Struktur der jeweiligen Gruppen liegen. Ob sich diese Gruppen grundsätzlich dem Überwachungsnetz entzogen haben oder eine angepasste Auswertung auch diese Gruppen rechtzeitig enttarnt hätte, muss man allerdings die NSA oder den BND fragen.

Trotzdem ist auch hier die automatische Überwachung hilfreich. Öffentliche Plätze können auf Auffälligkeiten wie vergessene Rucksäcke, Koffer, Gasflaschen oder Feuerlöscher überwacht werden. In der Vergangenheit wurde schon häufiger aus diesen Ursachen Alarm ausgelöst, der sich meist als unbegründet herausstellte, aber auch schon Bombenfunde im Gefolge hatte. Diese Überwachung kann man ebenfalls der automatischen Auswertung überlassen. Die kann aber auch noch mehr: sie kann auswerten, was die Person, die ihren Rucksack vergessen hat, vorher und nachher gemacht hat und biometrische Daten liefern. Die Attentäter von Boston wurden beispielsweise aufgrund von Videoaufnahmen, allerdings in diesem Fall von privaten, die das FBI in großem Umfang von Zuschauern und Betroffenen erhielt, relativ schnell identifiziert.

---

19 Brandenburg verfügt beispielsweise über 8.000 Polizeibedienstete, Niedersachsen über 24.000, womit auch Verwaltungsstellen erfasst sind. 500 aktive Fahnder reißen damit schon ein deutliches Loch in die Personaldecke.

5.5   Kriminalität

Bei den bislang betrachteten Zielgruppen haben wir Kreise vor uns, die aus ideologischen Gründen handeln. Um weitere Mitglieder anzuwerben, ist Kontakt mit charismatischen Führungsfiguren notwendig. Die Anwerbung erfolgt an mehr oder weniger öffentlich bekannten Orten und die Mitglieder heben sich verhaltens- und zum Teil auch kleidungsmäßig vom Rest der Bevölkerung ab. Man denke etwa an Islamisten, die arabische Kleidung tragen oder sich charakteristische Bärte wachsen lassen. Auch Links- oder Rechtsextremisten fallen oft bereits durch bestimmte modische Accessoirs auf (Bomberjacken, Kampfstiefel, Glatzen, ninja-ähnliche Vermummung usw.).

Im Unterschied dazu handeln kriminelle Kreise aus finanziellen Gründen. Mitglieder werden nicht systematisch angeworben, sondern kommen eher zufällig dazu, und die Kreise sind streng hierarchisch organisiert, so dass die unteren Ränge in der Regel nicht mit den oberen zusammenkommen, sie vielleicht gar nicht persönlich kennen. Auch wissen diese Kreise sehr gut um die Methoden der Polizei und vermeiden eher Situationen, durch die sie mit den diskutierten Methoden enttarnt werden können.

Aus gesellschaftlicher Sicht besteht eigentlich ein guter Grund, intensiver gegen organisierte Kriminelle vorzugehen. Die Erfolge halten sich jedoch in Grenzen:

- Moderne Sklaverei in Gestalt von Sex- oder Arbeitssklaven besitzt heute Ausmaße, die sich kaum von der Situation in der Antike unterscheiden. Auch die modernen Industriestaaten sind davon betroffen. Aufdeckungserfolge der Behörden scheinen allerdings eher zufällig zustande zu kommen.

- Der Drogenhandel findet gefühlt immer offener und öffentlicher statt, und gefühlt lässt man die Leute einfach gewähren.

- Einbrüche werden seit dem Öffnen der Grenzen zunehmend von größeren Banden ausgeführt, desgleichen Fahrzeugdiebstähle. Die Aufklärungsquoten der Polizei sinken dagegen immer mehr.[20]

---

20 Offiziell werden 18% der Einbrüche aufgeklärt, allerdings halten viele Medien die Zahl für sehr deutlich geschönt und sprechen von ca. 6%. Andere Berichterstatter berufen sich auf interne Studien beispielsweise des Kriminologischen Instituts Niedersachsen, das nach ihren Angaben

Das eigentümliche an der Angelegenheit ist, dass Ermittler der Polizei häufig Beteiligte sehr genau kennen, aber trotzdem wenig unternehmen können. Die einsetzbaren technischen Mittel unterscheiden sich nur wenig von den bisher diskutierten, und sie sollten größere Erfolge ermöglichen als beobachtbar. Da sie das nicht tun, bekommt dieses Kapitel zwangsweise wieder größere politische Anteile, die sich mit der Frage beschäftigen, warum das so ist.

Bei der Untersuchung der Details müssen wir ein wenig zwischen verschiedenen Arten der Kriminalität differenzieren, wenn wir die Möglichkeiten und die Realität genauer untersuchen wollen.

GELEGENHEITSKRIMINALITÄT

In der ersten Abteilung ist noch keine Organisation zu vermerken. Überwiegend handelt es sich um Jugendliche, die jemanden verprügeln oder ihn „abziehen", weil ihnen gerade danach ist und die Gelegenheit passt.

Erfahrungen aus den USA zeigen (wir berichteten bereits in einem früheren Kapitel), dass Videoüberwachung dem wirksam entgegen steuern kann, weil Täter dort schnell erkannt, gefasst und auch abgeurteilt werden. Die in Medienberichten erwähnten US-Beispiele betrafen zwar Siedlungsbereiche mit kleineren Wohneinheiten, jedoch sollten auch in Großstädten Erfolge erzielbar sein. Die Gelegenheitskriminellen schlagen in der Regel dann zu, wenn sie sich relativ unbeobachtet fühlen, was der technischen Auswertung zu Gute kommt. Zu unterscheiden sind zwei Einsatzmöglichkeiten:

1) Die Straftaten werden nicht automatisch erkannt, die Videoüberwachung steht jedoch für einen genügend langen Zeitraum nach Melden der Tat zur Verfügung.

   Ermittelt werden können biometrische Daten der Täter sowie bei dichtem Überwachungsnetz auch die weitere Bewegung der Täter vom Tatort weg.

2) Die Straftaten werden automatisch erkannt (vergleiche Kapitel 4.2). Wie bei 1) kann die Polizei zusätzlich direkt zu den

---

eine Aufklärungsquote von 2,6% feststellt. Angesichts der psychischen Schäden, die Betroffene durch einen Einbruch davontragen, sind aber selbst 18% eine erbärmliche Quote, und man darf wohl feststellen, dass der Staat in Bezug auf den Schutz der Bürger auf diesem Gebiet nahezu vollständig versagt.

Tätern dirigiert werden, so dass eine umgehende Festnahme nach der Tat möglich ist.

Wenn die biometrischen Daten der Täter erfasst sind, kann die Videoüberwachung verwendet werden, um sie später zu erkennen und festzunehmen. Zwar können nicht alle Täter biometrisch erfasst werden, möglicherweise wird das automatische Suchsystem auch bei der späteren Suche überlastet, wenn zu viele Prüfungen vorgenommen werden müssen, aber die Aufklärungsquote sollte besser werden. Die Beispiele des Anschlags auf den Bostoner Marathonlauf sowie in Medien hin und wieder verwendete Fotos von Terroristen bei Reportagen über Terrorgruppen zeigen, dass die Methoden grundsätzlich funktionieren.

In Deutschland funktioniert das aus mehreren Gründen nicht, angefangen beim de Fakto-Verbot privater Überwachung und unzureichender Überwachung selbst an Brennpunkten. Die Videoüberwachung ist anscheinend dünn, die Standorte schlecht ausgewählt und die Auflösung zweifelhaft.[21] Hinzu kommen politische Empfindlichkeiten: selbst Kriminalberichte und Fahnundungsaufrufe der Polizei begnügen sich nicht selten mit vagen Täterbeschreibungen und dem ominösen Hinweis auf ein „südländisches Aussehen", was zwischen einem tiefschwarzen Afrikaner von der Elfenbeinküste und einem steroidgetränkten weißen Südeuropäer mit klischeehaftem Machoauftreten ziemlich viel Spekulationsraum lässt.

Werden Täter gefasst, lässt man sie meist nach Aufnahme der Personalien wieder frei, selbst wenn mehrere Verfahren gegen sie laufen. Die Gerichtsverfahren lassen nicht selten 2 Jahre auf sich warten – zu lange, als dass die Täter psychologisch noch den Zusammenhang zwischen Tat und Strafe empfinden. Besonders in Städten kommen die Delinquenten dazu nicht selten mit so milden Strafen davon, dass selbst die Mainstream-Medien oft nur noch kommentarmäßig den Kopf schütteln. Das geht völlig an der Sache vorbei, denn ein Täter aus einer Schicht, die meint, für das Fahren eines 3er-BMW genüge die 3. Klasse Grundschule, dürfte keinen Unterschied zwischen einem

---

21 U-Bahnhöfe sind ein Schwerpunkt solcher Kriminalität. Veröffentlichte Videos von Schlägereien zeigen die Täter jedoch meist aus Perspektiven, aus denen nichts zu erkennen ist, und zeigen die Personen deutlich verpixelt. Zu Fahndungszwecken scheinen diese Aufnahmen ungeeignet. Sind sie wirklich so schlecht oder macht man der Öffentlichkeit aus politischen Gründen etwas vor? Vergleiche Fußnote auf Seite 183.

Freispruch und einer Verurteilung auf Bewährung erkennen können, da er ja ungehindert nach Hause gehen darf.[22]

ORGANISIERTE KLEINKRIMINALITÄT

Der Unterschied zwischen Gelegenheitskriminalität und organisierter Kleinkriminalität liegt eigentlich nur im Vorsatz und der Regelmäßigkeit der Ausführung. Die technischen Mittel, die für die Aufklärung und zur Bekämpfung zum Einsatz kommen können – eine umfassende Videoüberwachung – sind die gleichen wie bei der Gelegenheitskriminalität – und die Gründe für die fast noch größere Erfolglosigkeit ebenfalls.

Dies beginnt beim Drogenhandel. Drogen aller Art werden inzwischen in aller Offenheit auf der Straße verkauft, wobei das Geschäft vielfach in Händen von Schwarzafrikanern liegt, die entweder Asyl beantragt haben oder illegal im Land sind.[23] In Berlin wird selbst vom Spiegel beklagt, dass die Polizei vielfach gar nichts mehr dagegen macht. Die kontert damit, dass die kleinen Dealer von der Straße – und nur die könne man fangen – von der Staatsanwaltschaft oder den Gerichten schneller wieder auf dieselbe entlassen werden als die Polizei sie einbuchten kann, letzten Endes also nichts passiere und die Polizei mehr oder weniger resigniere.

Stimmen tut das in mehrfacher Hinsicht nicht:

- Wie wir an einer anderen Stelle des Buches bereits angemerkt haben, berichtete ein Berliner Polizist nach seiner Pensionierung, dass Videoüberwachung durchaus zu Erfolgen und auch zu Festnahmen auf der nächsten Ebene, die die Dealer mit Drogen versorgt, führt. Die Videoüberwachung wurde aber trotz der Erfolge – angeblich aufgrund der Beschwerden von

---

22 Herbe Kritik an den Zuständen übte die Jugendrichterin Kirsten Heisig, die auf recht dubiose Weise ums Leben gekommen ist, nebst einigen ihrer Kollegen sowie Lokalpolitiker wie Heinz Buschkowsky. Die offizielle politische Linie wird allerdings eher durch Leute wie den Grünen-Politiker Hans-Christian Ströbele vertreten, der in den Medien regelmäßig für die Rechte der Täter plädiert, sich der Opfer aber nicht annimmt. Führt (Karriere)Angst bei Richtern und Staatsanwälten zu weichen Urteilen?

23 In Berlin konnte ich selbst von einem gut besuchten Straßencafé aus bei einer Tasse Kaffee eine Gruppe Vietnamesen seelenruhig ihren Straßenverkauf an Drogen abwickeln sehen, ohne dass das irgendjemand auch nur ansatzweise interessiert hätte.

Anwohnern, die sich durch die Kameras in ihrer Privatsphäre verletzt sahen – wieder abgeschafft.

- Eine der Begründungen für die relative Untätigkeit ist, dass die Drahtzieher aus einem unerschöpflichen Reservoir an Kleinkriminellen schöpfen können und Verhaftungen nur die Justiz belasten ohne das Problem zu lösen. Das ist etwa so, als würde man gegen Falschparker nicht mehr vorgehen wollen, weil am nächsten Tag doch wieder ein Falschparker auf dem gleichen Platz steht. Jeder weiß, dass letzteres nicht so ist und die Mitarbeiter des Ordnungsamtes bereits ab 7:55 Uhr vor dem Falschparker lauern, um ihm um Punkt 8:00 Uhr das Knöllchen zu verpassen.[24]

Der „unerschöpfliche kriminelle Nachwuchs" könnte zumindest in einer Beziehung alles andere als unerschöpflich sein. Wie man den Polizeiberichten entnehmen kann, handelt es sich vielfach um Ausländer, von denen wiederum viele Asyl beantragt haben oder bereits abgelehnt wurden und sich hier illegal aufhalten. Eine sofortige Ausschaffung[25] aller Ausländer, die straffällig werden, würde diese Leute unwiderruflich aus dem Verkehr ziehen.

Das politische Argument gegen eine Abschiebung der Kriminellen ist, dass es sich um Flüchtlinge handelt, die man aus Menschenrechtsgründen nicht so ohne Weiteres abschieben könne. Wer argumentiert, durch die Kriminalität und die damit verbundene Verletzung der Menschenrechte der vorhandenen Bevölkerung seien die Rechte der ausländischen Kriminellen verwirkt, setzt sich schnell dem Vorwurf

---

24 Etwas böswillig könnte man argumentieren, dass der Staat stets genau da auf die Einhaltung der Regeln achtet, wo sich ein Verstoß günstig auf die Staatskasse auswirkt, aber dort gerne ein Auge zudrückt, wo Kosten entstehen. Aber das ist natürlich wirklich böswillig argumentiert und nicht etwa als Aufforderung an die Leser zu verstehen, sich einmal die ordnungsrechtliche und juristische Praxis in der BRD dahingehend anzuschauen. Oder etwa doch?

25 Ich verwende hier einmal den prägnanteren schweizerischen Begriff Ausschaffung statt Ausweisung. Leider ist es so, dass selbst Ausgewiesene immer noch genügend Rechtsmittel besitzen, um mindestens ein weiteres Jahr in Deutschland zu bleiben, bevor sie dann nach Erhalt des endgültigen Bescheides und vor Eintreffen der Polizei in den Untergrund abtauchen. Menschen in Not zu helfen ist eine Sache, alles aus falsch verstandener Humanität mit sich machen lassen etwas völlig anderes.

der Ausländerfeindlichkeit und des Rechtsextremismus aus, und daran ändert auch nichts, dass viele der Flüchtlinge am Ende des Asylverfahrens doch nicht nachweisen können, wirklich Asyl zu benötigen.

Wo die Gesellschaft steht, zeigt auch ein Fall aus Hamburg, den man ebenfalls in den Medien findet (Vergleichbares scheint sich auch im Ruhrgebiet abgespielt zu haben). Ein Vater griff aufgrund der Untätigkeit sämtlicher Behörden (Polizei, Schule, Ordnungsämter) gegen die Drogenhändler vor der Schule seiner Kinder schließlich zur Selbstjustiz und verprügelte einen der Dealer. Das brachte ihm 10 Monate auf Bewährung wegen Körperverletzung ein. Böswillig formuliert: im Fall von Kleindealern schaltet die Justiz von stillschweigender Duldung auf aktiven Schutz der „freien Berufsausübung nach dem Grundgesetz" um statt die Gesellschaft vor den Kriminellen zu schützen.

Das Problem, an die Drahtzieher heranzukommen, besteht gleichwohl. Diese wissen um die Methoden des Fahndungsapparates und vermeiden natürlich nach Möglichkeit Situationen, in denen ihnen etwas nachgewiesen werden könnte. Aber wenn man gar nichts unternimmt, kann sich auch nichts ändern.

Eine ähnliche Situation findet man bei Taschendiebstählen, die ebenfalls oft organisiert ausgeführt werden. Ich könnte mir vorstellen, dass eine Videoüberwachung auch hier zur Identifizierung möglicher Diebe beitragen kann. Meist können die Betroffenen den möglichen Tatort eingrenzen, und liegen mehrere Anzeigen vor, kann eine Videoanalyse nach Personen suchen, die jeweils am Ort des Geschehens waren. Da die Vorgehensweise der Kriminellen der Polizei bekannt ist, können die herausgefilterten Videosequenzen genauer untersucht werden. Ergeben sich weitere Anhaltspunkte, kann vor Ort, ggf. wieder mit Videounterstützung, versucht werden, die Diebe zu fassen. Da Taschendiebe in der Regel im Gedränge operieren, stößt diese Vorgehensweise aber möglicherweise auf technische Probleme, so dass das erst mal eine Spekulation bleiben muss.[26]

Wie wir an anderer Stelle schon bemerkt haben, hat eine umfassende Videoüberwachung, wie sie in Großbritannien betrieben wird, durch-

---

26 Videoüberwachung ist in Kaufhäusern und auf öffentlichen Plätzen Standard, und würden Diebstähle dadurch nicht eingeschränkt, würde man den Aufwand nicht treiben. Die technischen Probleme betreffen daher nicht die Überwachung als solche, sondern nur die Möglichkeit, automatisch zu Ergebnissen zu kommen.

aus den Effekt, dass die Kriminalitätsrate in den überwachten Bereichen sinkt. Natürlich kommen Drogendealer und Diebe nicht auf den Gedanken „Huch! Wir werden beobachtet! Suchen wir uns einen ehrbaren Beruf!", sondern ziehen sich in die nicht überwachten Bereiche zurück. In Deutschland führt das zu der Haltung „Nützt ja nichts, also machen wir auch nichts", und man redet sich mit dem Datenschutz, der schließlich wichtiger sei (als die Sicherheit), heraus.

Ebenfalls bereits früher erwähnt haben wir die Einbruchskriminalität, deren Aufklärungsquote immer weiter sinkt. Neben fehlenden Selbstschutzmöglichkeiten der Bürger (Stichwort Videoüberwachung) trifft man hier auf eine weitere Form der juristischen Selbstkastration des Staates. Häufig handelt es sich bei den Einbrechern um Minderjährige, die von Erwachsenen beaufsichtigt werden, welche aber selbst nur wenige Sekunden vor Ort sind, um eine Tür oder ein Fenster aufzuhebeln. Die Minderjährigen, so sie von der Polizei auf frischer Tat geschnappt werden, sind „strafunmündig", wie es so schön im Rechtsjargon heißt, d.h. es besteht keine Möglichkeit, sie für die Straftat zur Rechenschaft zu ziehen. Man muss sie also wieder laufen lassen oder, wenn es sich um Ausländer handelt, versuchen, sie abzuschieben.[27]

Im Rahmen des Flüchtlingsproblems hat dies in Hamburg inzwischen mehr oder weniger zur Kapitulation der Behörden geführt. Wie Die Welt, Spiegel und Fernsehsender berichten, handelt es sich bei den Banden zunehmend um schwerkriminelle „nichtbegleitete" Flüchtlingskinder, bei denen man nicht weiß, wie man mit ihnen umgehen kann und soll, da sämtliche Methoden des hier üblichen Umgangs mit schwer erziehbaren Kindern komplett versagen (auch Mitarbeiter von geschlossenen Jugendheimen, die sich professionell mit kriminell gewordenen Jugendlichen auseinander setzen, beißen mit ihren Methoden bei diesen Jugendlichen auf Granit). Vermutet wird ein bandenmäßiger Zusammenhang mit der großen Anzahl alleinstehender Männer unter den Flüchtlingen. Trotzdem die Staatsgewalt inzwischen fast völlig machtlos dem Treiben gegenüber steht, wird politisch sogar weiterhin verhindert, dass in den Kriminalitätsstatistiken Angaben über die gesellschaftlichen Gruppen erscheinen, der die Täter zugehören. Durch Totschweigen und Realitätsverweigerung wird das Pro-

---

27 In den USA werden auch Minderjährige hart bestraft, was ebenso zweifelhaft ist wie die deutsche Lässigkeit, gar nichts zu tun. Man fragt sich, wieso es nirgendwo möglich zu sein scheint, einen gesunden Mittelweg zu gehen.

blem aber nicht beseitigt, sondern führt eher dazu, dass eine irgendwann notwendige Lösung weitaus heftiger ausfällt als das jetzt noch möglich wäre.

KAPITULATION VOR KRIMINELLEN CLANS

Auf einem ähnlichen Gebiet hat die Kapitulation sogar schon vor einiger Zeit stattgefunden. So berichten selbst die sonst so zurückhaltenden Medien über libanesische Großclans, die außerhalb unseres Rechts- und Gesellschaftssystems operieren und eine zunehmende Zahl von Städten mehr oder weniger beherrschen. So soll der Miri-Clan allein in Bremen gegen 2.000 Mitglieder haben. Ein Großteil der Clanmitglieder ist illegal in Deutschland, aber eine Abschiebung ist nicht möglich, da sich der Libanon weigert, Abgeschobene in Empfang zu nehmen.

Ein Beispiel, wie weit die Kapitulation bereits geht: einer der Chefs der mittleren Ebene hat sich vor einiger Zeit eine Verfolgungsjagd außerhalb Bremens mit der niedersächsischen Polizei mit anschließender Schießerei geliefert und wurde schließlich mit 1,5 kg Heroin verhaftet. Obwohl mehrfach vorbestraft wurde er nach Überstellung an das zuständige Bremen von einem Bremer Gericht schließlich zu nur 6 Monaten Haft verurteilt, weil er nach Ansicht des Richters „haftempfindlich" ist.[28] Anders interpretiert (viele Medien sehen das in-

---

28 Man muss sich das wirklich im Klartext anschauen, um zu erfassen, was da passiert. Bild schreibt dazu: „Der Intensivtäter trat 77 Mal polizeilich in Erscheinung, davon 21 Mal wegen Körperverletzung und Waffenbesitzes. Er ist 17 Mal vorbestraft, saß jahrelang im Knast. Zuletzt wurde er mit eineinhalb Kilo Heroin von der Polizei in Achim erwischt. Für dieses Verbrechen gab es das milde Urteil wegen Haftempfindlichkeit. Ein Gerichtssprecher: „Es war eine Strafzumessungs-Erwägung des Richters." Weil Sami M. durch die vielen Gefängnisaufenthalte seine zwei unehelichen Kinder (2 und 5) so selten sieht. Auf der Anklagebank jammerte er: „Meine Kinder sagen zum Knast mittlerweile ‚Papas Haus'." Sami M. muss seine lächerliche Strafe in der JVA Oldenburg absitzen. Ein Mithäftling, der anonym bleiben möchte, schrieb BILD einen Brief aus dem Gefängnis. Hier ein Auszug: „Haftempfindlichkeit, das ich nicht lache!!! Den Miris geht es blendend im Knast. Sie bekommen extra Brötchen aus der Bäckerei. Ihr Einkaufskonto ist mit hunderten Euro gefüllt, sie haben immer sofort ein Handy, einen Fernseher und als erste Freigang." Der Informant schreibt außerdem, dass Clan-Mitglieder auch im Knast weiter mit Drogen dealen und sich wie kleine Könige aufführen. Sogar Justizvollzugsbeamte haben Respekt vor den Häftlingen der hoch-

zwischen auch so): die Bremer Polizei und Justiz, die mit diesen Leuten auf gleichem Territorium lebt, hat inzwischen Angst um die eigene Sicherheit und mischt sich allenfalls noch auf kosmetischer Basis ein, aber nicht um in irgendeiner Form den deutschen Rechtsstaat zu repräsentieren.

Wie schnell diese Clans die Kontrolle über den Rechtsstaat erlangen, zeigt noch ein weiteres Beispiel: vor einiger Zeit berichteten die Medien, dass sich der „kriminelle Miri-Clan" auch in Kiel festsetzt, inzwischen gut belegbar durch brutale Morde, die mit hoher Wahrscheinlichkeit auf das Konto des Clans gehen. Der Clan klagte gegen die Bezeichnung „krimineller Miri-Clan", und die Gerichte, deren Säle von diesen Leuten regelmäßig in eine Kirmesveranstaltung umgewidmet werden, gab dem Recht. Aufnahmen aus Gerichtssälen, eigentlich nicht zulässig, zeigen, dass die Zuschauer – alles Clanangehörige – das Wort führen und nicht die Richter. In jedem anderen Verfahren würde der Saal geräumt und die Störer mit empfindlichen Ordnungsstrafen belangt – nicht die Miris. Der Staat hat de fakto kapituliert.

Organisierte Grosskriminalität

Kaum glaubhaft, aber dennoch wahr: ein besonders düsteres Kapitel im Bereich organisierte Großkriminalität ist der Menschenhandel und die Sklaverei, und zwar direkt bei uns. Nach Schätzungen von Menschenrechtsorganisationen und der Polizei werden allein in Westeuropa knapp 1 Mio. Frauen, vorzugsweise aus Osteuropa, zur Prostitution gezwungen. Die Aufklärungsquote lag vor einigen Jahre im Bereich 0,1-0,2%, wobei Aufklärung oft nur die Abschiebung der Illegalen umfasst, da die Behörden keinerlei nachhaltigen Schutz gewähren und die kriminellen Banden mit Gewaltandrohung auch gegen Angehörige die Betroffenen zum Schweigen bringen. Die Zahlen sind allein dadurch erstaunlich, dass Prostitution ja ein ausgesprochenes Publikumsgeschäft ist, dessen offizieller Teil durch die Legalisierung inzwischen sogar sehr übersichtlich ist.

---

kriminellen Großfamilie. Als der Schläger und Dealer mit den Drogen in Achim von der Polizei erwischt wurde, leistete er heftigen Widerstand, verletzte einen Beamten. Hinterher erzählte er dem Richter: „Den Stoff habe ich zufällig am Straßenrand gefunden." Seine Anwälte haben gegen das Urteil Revision eingelegt."

Die Frage, die sich stellt: wieso bemerkt anscheinend niemand etwas von einem Massengeschäft, das sich gar nicht im Verborgenen abspielen kann? Die Polizei sollte doch in ihrem Revier wissen, wo sich so etwas abspielen könnte und wo merkwürdige Besucherströme auflaufen. Handyüberwachung, Videoüberwachung, Stromversorgung oder Nahrungsbeschaffung dürften klare Hinweise liefern, dass die Nutzung einer Örtlichkeit nicht mit dem offiziell angegebenen Zweck vereinbar ist. Und wie bei der Terrorgefahr dürfte es Mittel und Wege geben, diese oder andere/weitere Beobachtungen zu legalisieren und Durchsuchungen zu rechtfertigen und den Drahtziehern gerichtlich beizukommen.

Ähnliches kann man beim Thema Arbeitssklaven beobachten. Auch die können nur bedingt im Verborgenen beschäftigt werden. Aufgefallen sind in den letzten Jahren Betriebe der Fleisch- und Agrarindustrie, und selbst in der Textilindustrie scheint sich die Ausbeutung trotz der bekannten Zustände in Indien und Bangladesh zu lohnen. Die Schätzungen liegen ebenfalls bei über 1 Mio Menschen, die in den westlichen EU-Ländern unter sklavenähnlichen Bedingungen gehalten werden.

Entdecken könnte man dies ebenfalls durch Analyse der Energieversorgung oder der Versorgung mit Nahrungsmitteln und Artikeln des täglichen Bedarfs. 30, 50 oder 100 Leute versteckt man auch auf dem Land nicht mal so nebenbei, ohne dass das in der Statistik auffällt.

Trotzdem scheint das kaum jemanden zu interessieren, und auch in den Medien breitet sich bei solchen Themen eigenartige Stille aus. Einzelne Journalisten berichten sogar in Blogs darüber, dass ihre Reportagen nirgendwo genommen werden, ihnen teilweise sogar zu verstehen gegeben wird, dass sich solche Reportagen negativ auf die Akzeptanz anderer Berichte von ihnen auswirken können. Lediglich im Bau-Bereich finden Kontrollen des Zolls auf Schwarzarbeit statt, wie sporadischen Reportagen im Fernsehen zu entnehmen ist.[29]

---

29 Genauer hingeschaut bei solchen Reportagen bemerkt man wieder eine Asymmetrie: erwischte ausländische Schwarzarbeiter können nur abgeschoben werden, und an die Drahtzieher in der Regel nicht heranzukommen ist, verursacht das Ganze für den Staat hauptsächlich Kosten. Sehr viel akribischer geht er bei der Prüfung vor, ob Arbeitslose oder Sozialhilfeempfänger gegen eine der vielen Vorschrift verstoßen haben, denn bei denen kann man Bußgelder verhängen oder Leistungen kürzen.

Zu den technischen Möglichkeiten ist zu bemerken, dass die Datenauswertung mehr umfasst als das, was offiziell unter Vorratsdatenspeicherung fällt. Einige Daten stehen zwar auf unserer Liste, werden aber wahrscheinlich noch nicht regelmäßig von Nachrichtendiensten erfasst und dürften auch meist als zur Privatsphäre gehörig betrachtet werden. Andererseits: zur Terrorismusbekämpfung werden solche Daten verwendet. Genau wie der Kauf von Bombenbaumaterial könnte der Kauf von übergroßen Paketen Klopapier Hinweise darauf liefern, dass jemand mehr Leute beherbergt, als er offiziell zugibt. Und einmal Hand aufs Herz: wenn ständig über die Wichtigkeit und Unverletzlichkeit von Menschenrechten geredet wird, kann man dann ausgerechnet Maßnahmen gegen Sklaverei mit Datenschutzgründen behindern?

Zum Menschenhandel gesellt sich noch der Drogen- und Waffenhandel, den wir hier aber nicht mehr untersuchen wollen.[30] Ein Teil des Problems sind kriminelle Banden wie die Miris oder Rockerbanden wie die Hell's Angels oder Bandidos oder deren Ableger. In diese Strukturen einzudringen ist angesichts der Brutalität, mit der solche Organisationen vorgehen, und der Schweigsamkeit, der sich überführte Mitglieder befleißigen, äußerst schwierig.[31] Mit den modernen elektronischen Mitteln ließen sich Informationen gewinnen, und vielleicht geschieht das ja auch (siehe NSA, BND & Co), aber rechtsstaatlich läuft eindeutig zu wenig.

Nachdem man festgestellt hat, dass weniger passiert als der Sache eigentlich angemessen wäre, kann man über die Gründe spekulieren. Rechtlich existiert ein eigentliches Zeugenschutzprogramm in Europa nicht: es gilt nicht für Ausländer, und die Behörden können sich auch sehr leicht aus der Sache wieder herausreden, wie unter anderem der Focus berichtet. Ausländer wie Zwangsprostituierte oder Zwangsarbeiter werden unmittelbar nach einer Zeugenaussage ohne weitere Unterstützung abgeschoben. Für sie gelten noch nicht einmal die Re-

---

30 In NSA, BND & Co finden Sie einige Bemerkungen auch zu diesen Themen.

31 Auch Zeugenschutzprogramme scheinen hinsichtlich der Redefreudigkeit wenig zu bewirken. Das mag in der BRD daran liegen, dass die Zeugenschutzprogramme weniger ausgereift sind als in den USA (die Geburtsurkunde bleibt beispielsweise weiterhin Bestandteil der offiziellen Melderegisterakten) und in Deutschland als kleinem Land das Untertauchen auch weniger einfach ist als in den USA, in denen viele der 50 Einzelstaaten größer sind als die BRD.

geln wie für Asylbewerber. Warum sollten diese Leute reden? Oder umgekehrt, warum ist der Staat so wenig an einer Aufklärung interessiert?

Das Problem bei dieser Art der Kriminalität scheint zu sein, dass sich nicht nur eine Menge Geld damit verdienen lässt, sondern führende Größen der Gesellschaft auch besonders leicht in Kontakt mit diesem Markt kommen. Es wirkt wie ein abgedroschenes Filmklischee, wenn der hohe Politiker oder Manager in Verbindung mit Sexsklaverei oder anderen kriminellen Umtrieben kommt und zum Eigenschutz und/oder weil er selbst in die Geschäfte verwickelt ist, seine Hand darüber hält, aber Zeit Online und andere Medien berichten, dass offenbar genau das passiert: angefangen mit bestimmten Dienstleistungen und Warengeschäften, die genau deshalb nicht legalisiert werden, weil sich bei bandenmäßiger krimineller Organisation mehr Geld verdienen lässt, bis hin zu Fahndern, die zurück gepfiffen werden, wenn sie zu weit vordringen. Und man verdient auch gut daran. In den Großstädten, allen voran Berlin, boomen Luxusimmobilien wie noch nie, und viele werden nicht von Deutschen gekauft. Deutschland wird gerade aufgrund der beschriebenen Rechtskultur als recht sicherer Hafen für Besitzer großer Geldbeträge angesehen, besonders wenn diese aus unbekannter Quelle stammen und daher vermutlich mit kriminellen Machenschaften in Verbindung stehen.

5.6 Kollateralschäden

Wir haben in diesem Kapitel dargestellt, wie durch die globale Datenerfassung bestimmte Gruppen in der Gesellschaft entdeckt und enttarnt werden können. Ein großer Teil der sich den Diensten eröffnenden Möglichkeiten beruht auf statistischer Auswertung einfach zu erhebender Daten. Wir haben die jeweiligen Methoden so diskutiert, dass sie zur Enttarnung der Zielgruppe führen, was jedoch zu einem geschönten Bild führt: eine vorhandene Gruppe wird enttarnt oder eben nicht. Nebenwirkungen haben wir allenfalls am Rande diskutiert und wollen abschließend auf diese eingehen. Mit zwei Möglichkeiten muss die Gesellschaft rechnen:

1. Personen, die absolut nichts mit den Zielgruppen und deren Machenschaften zu tun haben, können im Datenraster hängen

bleiben; unter Umständen werden auch Gruppen „enttarnt", die gar keine sind.

2. Die Regierung formuliert insgeheim Ziele, die nicht den Schutz sondern die Unterdrückung der Gesellschaft zum Gegenstand haben.

UNSCHULDIG

Wie wir gezeigt haben, liefern Bewegungsdaten von Mobiltelefonen, Verbindungsdaten, Kfz-Kennzeichenregistrierung und Videoüberwachungsdaten Hinweise auf potentielle Mitglieder einer Zielgruppe. Nun ist zu berücksichtigen, dass die Zielgruppen in der Regel recht klein sind und aus einer großen Masse an anfallenden Daten heraus gefiltert werden müssen. Die Identifizierung beruht nicht zuletzt darauf, dass die Daten der verschiedenen Quellen miteinander korreliert werden. Hypothetisch könnten die Daten eines Beobachtungsfensters folgendermaßen aussehen:

- Videoerfassung: 2.500 Personen, davon den Zielort betreten: 230, davon biometrisch erfasst: 150.

- Mobiltelefone: 5.800 Geräte, davon GPS-erkannt: 200, davon im Zielort: 5, davon zuzuordnen: 2

Die Daten sind natürlich von mir erfunden (sie können besser, hinsichtlich der Mobiltelefone aber auch bedeutend schlechter sein). Sie sollen nur zeigen, dass die statistische Auswertung buchstäblich die Suche nach einer Nadel im Heuhaufen ist. Durch die Auswertung vieler Beobachtungsfenster mit solchen Daten wird das Bild zwar klarer, aber wie klar wird es wirklich? Ohne dass man in offiziell gar nicht existierende Datenbanken hineinschauen kann, lässt sich das nicht beantworten.

Wenn durch diese Methoden eine Gruppe identifiziert wird, ist die Aufklärung noch nicht beendet. Auch dazu ein erfundenes Zahlenbeispiel: von 1.000 identifizierten Mitgliedern der Zielgruppe haben vielleicht weniger als 100 wirklich das Potential, eine der Taten zu begehen, die man verhindern oder unterbinden will, und von diesen gehören vielleicht weniger als 10 zu einem harten Kern, der tatsächlich etwas macht. Die Zahlen können natürlich je nach betrachtetem Fall – Terroristen, gewaltbereite Extremisten (aber noch nicht Terroristen), Kriminelle – völlig anders aussehen.

Wir haben auch bereits angesprochen, dass weitere Daten in eine Bewertung einfließen: ist eine Person namentlich identifiziert, kann anhand des Melderegisters, von Polizeiunterlagen, des Zahlungsverkehrs und weiterer Daten bewertet werden, wie gut die Person aus Sicht dieser Daten überhaupt in das Zielspektrum passt. Zufällig ins Raster geratene sollten durch solche Queranalysen wieder ausgeschlossen werden.

Das Problem dabei: genauso wenig, wie wir die Zahlen der Bewegungsdaten kennen, genauso wenig wissen wir, welche Datenbanken überhaupt ausgewertet werden und welche Kriterien die Analytiker dabei definieren. Es ist durchaus denkbar, dass man als eifriger Moscheegänger, notorischer Kneipenbesucher oder weil man sich um seine Oma kümmert, die zufällig in einem Viertel wohnt, in dem Drogenbanden ihr Unwesen treiben, auf einer Liste von Bösewichten landet, obwohl man völlig harmlos ist. Kommt dann noch Druck auf die Ermittler hinzu, weil etwas geschehen ist und Presse und Politik in solchen Fällen die zuständigen Leute nicht in Ruhe ihre Arbeit machen lassen, sondern Ergebnisse fordern, ist auch nicht mehr auszuschließen, dass man unter den Rädern eines Rollkommandos der Polizei landet.

Beispiele dazu lassen sich bei Fällen, die einiges Aufsehen erregt haben, durchaus finden. Da werden Leute verhaftet, die man dann nach einiger Zeit doch wieder laufen lässt. Der Schaden ist in der Regel immens: was die BFE beim Zugriff zerschlagen hat, wird meist nicht ersetzt, aufräumen darf man ohnehin selbst, Computer und ähnliches bleiben für Monate verschwunden und sind möglicherweise nicht mehr nutzbar, und eine Entschuldigung gibt es weder von der Polizei noch von der Presse, die den vermeintlichen Bösewicht zunächst einmal verurteilt hat und davon auch kaum etwas zurück nimmt, und die Arbeitsstelle ist in der Regel auch weg.

Das war allerdings der günstige Fall. Es kann auch vor Gericht enden, weil halt nicht mehr in alle, sondern nur noch in eine Richtung ermittelt wurde und auf Druck der Öffentlichkeit ein Urteil her muss. Auch hier sind im Internet Berichte zu finden, die bedenklich stimmen: in nicht wenigen Verfahren lassen sich Beschuldigte auf Vergleiche ein, d.h. ein relativ mildes Urteil im Austausch gegen ein Geständnis. Untersuchungen von Wissenschaftlern universitärer Institute kommen häufig zu dem Schluss, dass die Beschuldigten von den Staatsanwaltschaften massiv unter Druck gesetzt werden, einen Vergleich abzuschließen, selbst wenn sie unschuldig sind. Das spart den Staatsanwaltschaften Arbeit und auch die Peinlichkeit, mit wackeligen Indizienbeweisen vor den Richter zu ziehen.

Aber auch die Richter kommen in den Untersuchungen schlecht weg: in Revisionsverfahren wird nicht selten ein Fehlurteil festgestellt, d.h. der Verurteilte war unschuldig, und Staatsanwaltschaft und erstes Gericht haben schlampig gearbeitet. Rund ein Viertel aller Urteile in Strafverfahren soll in diesem Sinn falsch sein. Konsequenzen für Richter und Staatsanwälte für schlampige Ermittlungen und Verfahren gibt es nicht. Und wenn die unschuldig Verurteilten oft nach langer Zeit wieder freigelassen werden, ist das Schmerzensgeld für einen blauen Fleck am Arm eines notorischen Schlägers bei nicht anerkannter Notwehr oft höher als die staatliche Entschädigung für ein eindeutiges Fehlurteil.[32]

DIKTATUR

Auch eine völlig unbekannte Größe im Spiel sind die von den Regierungen definierten Zielgruppen. Kriminelle und Extremisten stehen im Zentrum unserer Diskussion, aber für Regierungen spielt sicher auch die Absicherung der eigenen Macht eine Rolle. Wer kann ihnen Schaden? Wie kann derjenige durch Rufschädigung oder Erpressung neutralisiert werden, indem man ausgespähte private oder gar fingierte Daten verwendet?

An aktuellen Entwicklungen in der BRD lässt sich die Sichtweise der Regierungen gut beobachten: neue Parteien wie die AfD oder Protestbündnisse wie Pegida sind den Mächtigen ein Dorn im Auge. Deren Argumente zu diskutieren verbietet sich fast schon von selbst, denn in den meisten Fällen hat man sachlichen Argumenten wenig entgegen zu setzen. Die Strategie besteht in einer Diffamierung der unliebsamen Gegner, entweder durch unterschiedslose Abstellung aller Mitglieder der Gruppen als Extremisten oder Hasser oder durch Entlarven einiger zentraler Personen als Extremisten und Kriminelle, von denen sich die anderen Mitläufer besser abwenden sollten.

---

32 Beispiel Horst A., der 5 Jahre hinter Gittern aufgrund einer angeblichen Vergewaltigung saß, bis herauskam, dass die angeblich Vergewaltigte eine notorische Lügnerin war und Beweise manipuliert wurden. Beispiel: Gustl Mollath, der 7 Jahre in der Psychiatrie verbrachte – ebenfalls aufgrund krasser Fehlleistungen der Gerichte. Derzeit baut sich in Berlin anscheinend im so genannten Maskenmannfall ein neuer Skandal auf.

Die zweite Option ist natürlich die bessere, denn

- beispielsweise Pegida-Mitläufer pauschal als Rechtsextremisten zu bezeichnen und als Beweis nur Bilder mit Rentnern über 70 präsentieren zu können wirkt einfach nur lächerlich,[33] und

- wenn man die Leute zurück auf die eigene Linie holen kann, hat man mit weniger Gegnern zu tun.

Wendet man die Beobachtungsstrategien an, lässt sich eine Propaganda wesentlich wirkungsvoller entfalten. Kann man bei einer Massenbewegung nur wenige Macher präsentieren, denen man etwas anhängen kann, wird das Ziel oft nicht erreicht. Im Fall der Pegida-Bewegung hat es jedenfalls bislang wenig genützt, einen der Initiatoren medial als ehemaligen NPD-Anhänger aufzubauen. In jeder Massenbewegung gibt es Mitläufer, die die Teilnehmer eigentlich nicht dort sehen möchten, aber das lässt sich schlecht verhindern und es genügt auch immer weniger, zu versuchen, die anderen Teilnehmer implizit über diese wenigen ebenfalls in den Sumpf zu ziehen.

Die Überwachung kann jedoch dazu genutzt werden, Netzwerke leicht zu diskriminierender Mitläufer aufzudecken, wobei es sich je nach Intention des Analytikers um echte Gesinnungsnetzwerke oder um rein virtuelle Netzwerke handeln kann, durch die harmlose Personen auf eine kaum zu leugnende Art in die Nähe der Persona non grata gerückt werden. Baut man nun eine Propaganda um diese Zentralpersonen auf und erweitert den Kreis der echten oder vermeintlichen Bösewichte Stück für Stück, kann der lose Zusammenhang gesprengt werden. Wenn sich der Eindruck bei anderen Teilnehmern festsetzt, nur noch von Leuten umgeben zu sein und benutzt zu werden, die ganz anderes im Sinn haben, springen diese ab – und haben gar nicht mitbekommen, dass sie von ganz anderen Leuten benutzt wurden. Der Kollateralschaden besteht in diesem Fall in der Lenkung der Gesellschaft in eine Richtung und den Opfern, die im Rahmen des Propagandaaufbaus missbraucht und möglicherweise sogar gesellschaftlich geschädigt wurden.

Das letzte Fass, das die Nachrichtendienste noch im Keller haben, wollen wir an dieser Stelle nicht wirklich aufmachen. Wir erwähnten schon politische Bestrebungen, kritische Äußerungen zu bestimmten

---

33 Günter Jauch hat sich in einer seiner sonntäglichen Polit-Talkshows genau diese Blöße gegeben.

Themen dem Strafrecht zu unterstellen, ohne dass explizit zur Gewalt oder zur Diskriminierung aufgerufen wird. In Bezug auf Vorgänge in der deutschen NS-Vergangenheit ist das seit Bestehen der BRD Realität, immer häufiger taucht diese Option im Zusammenhang mit dem Begriff „Ausländerfeindlichkeit" auf und in der EU-Kommission wird teilweise nicht einmal leise darüber nachgedacht, Islamkritik unter Strafe zu stellen und damit gewissermaßen Schariaregeln einzuführen. Gerade letzteres sollte den Bürger aufmerksam machen, denn die EU-Kommission ist kein demokratisch kontrolliertes Organ und deren Beschlüsse werden in den nationalen Parlamenten in der Regel ohne jegliche Diskussion durchgewunken. In diesem diffusen Umfeld ergibt sich die Möglichkeit, Mitglieder irgendeiner Bewegung unter Zuhilfenahme ausgespähter Informationen medienwirksam so lange öffentlich juristisch abzustrafen, bis sich der Rest verläuft. Das wäre dann die Diktatur.

6 Was ist schützbar und wie?

Auch dieses Thema ist in NSA, BND & Co unter dem Titel „Ich habe etwas zu verbergen" bereits angesprochen worden. Viele der dort angesprochenen Themen rollen wir hier noch einmal auf mit praktischen Hinweisen, was jeder Einzelne tun kann und tun sollte, an welchen Stellen man überlegen muss, ob sich der Aufwand, etwas verbergen zu wollen, überhaupt lohnt und wo wir ohnehin kaum etwas tun können, aber stärker kontrollieren sollten, was dort passiert.

6.1   Rechnersicherheit

RECHNERSICHERHEIT PRIVAT

Einmal anders herum gefragt: wie wichtig sind Sie? Oder etwas subjektiver: für wie wichtig halten Sie sich? Netzwerke sind bekanntlich unsicher. Nachrichtendienste und Hacker könnten in Ihr System eindringen und Daten auslesen oder manipulieren. Sie können natürlich einen Computer mit Air Gap benutzen, d.h. Sie haben einen Rechner, der am Netz hängt und kommuniziert und einen zweiten, den Air Gap Computer, der keine Netzwerkverbindung besitzt, also weder mit einem Kabel an einen Router angeschlossen ist noch über einen WLAN- oder GSM-Chip verfügt und somit durch einen Luftspalt = Air Gap vom Internet getrennt ist und auf dem die wichtigen Daten liegen. Sind Ihre Daten so wichtig, dass sich das Geld und der zusätzlichen Aufwand rentiert?

Sie müssen allerdings die Daten auch auf Ihren Air Gap Computer aufspielen oder sie von dort zur Weitergabe an andere Personen herunterkopieren, beispielsweise über einen USB-Stick. Das war allerdings das Einbruchstor für den Stuxnet-Virus. Ein Angreifer könnte so Ihre Daten manipulieren oder irgendwie dafür sorgen, dass diese versteckt zunächst auf den manipulierten USB-Stick gelangen und später von einem anderen Computer ausgelesen werden können. Sie können natürlich andere Übertragungstechniken zwischen sicheren und unsicheren Systemen verwenden, die technisch überschaubarer als USB-Sticks und damit sicherer sind. Müssen Sie etwas Ähnliches wie Stuxnet fürchten?

Wenn man es darauf anlegt, ist auch der Air Gap Computer nicht sicher. Vielleicht ist einer der Chips zu einem Sender modifiziert ohne dass das bekannt ist (wir berichteten in Kapitel 2.2 über solche Techniken der NSA). Oder Ihr Computer sendet Strahlung aus, die jemand aufzeichnet und auswertet. Immerhin arbeitet er im GHz-Bereich, und Leitungen wirken bei diesen Frequenzen wie Antennen. Auch Monitore geben je nach Bauart messbare Strahlung ab. Oder jemand lauscht beispielsweise mit einem Richtmikrofon auf das Geräusch Ihres Computers, Monitors oder der Tastatur und liest dadurch mit, was gerade passiert.[1] Selbst Temperaturschwankungen im Gerät können für den Datenexport verwendet werden.[2] Allerdings verursacht das alles einen größeren Aufwand. Sind Sie so wichtig, dass jemand den Aufwand betreiben würde und auch nahe genug an Ihr Gerät heran kommt, um seine Messungen zu machen?

Man kann natürlich auch auf den Computer und alles weitere verzichten, sich im brasilianischen Regenwald aussetzen lassen und nur noch während des Regens mit einem Thermoanzug in genau der Temperatur und Färbung der Umgebung herum marschieren, um der Elektronik zu entkommen. Aber das wird wohl kaum jemand machen.

---

1   Das ist kein Witz! Sie können das Prinzip selbst ausprobieren. Starten Sie einmal eine aufwändige Bildverarbeitung, die den Prozessor gut auslastet. Wenn Sie genau hinhören, hört sich Ihr Gerät anders an als im Leerlauf, hervorgerufen durch den höheren Stromverbrauch. Teile der Geräusche stammen vom CPU-Chip, und einer israelischen Forschungsgruppe ist es gelungen, auf diesem Weg den geheimen RSA-Schlüssel zu ermitteln.

2   Das funktioniert nach einem ähnlichen Prinzip: bei hoher Rechenlast verbraucht ein Rechner mehr Energie, die er an die Umgebung abgibt. Das lässt sich mit Infrarotkameras feststellen. Die Systeme sind allerdings zu träge, um sie wie beim akustischen Beispiel direkt zu beobachten (wir bewegen uns mehr im Sekunden bis Minutenbereich für die Signalfrequenz). Ein eingeschleustes Spionageprogramm kann allerdings den Rechner so bedienen, dass die geheime Information Bit für Bit ausgelesen werden kann, was natürlich sehr lange dauert. Wenn normaler und Air Gap Computer nebeneinander stehen, kann sogar der Nachbarcomputer als Temperaturfühler verwendet werden.

Kommen wir auf die ursprüngliche Fragestellung zurück. Wenn man entscheiden will, was man wie zu schützen hat, muss man sich erst die Frage stellen, mit wem man sich eigentlich anlegt. Kandidaten sind:

- **Script-Kiddies.** So nennt man Spaß-Hacker, die irgendeinen Schaden verursachen wollen, aber sonst keinen Vorteil aus dem Hack ziehen.

- **Kriminelle.** Die Absicht dieser Gruppe liegt in der Beschaffung von Informationen, die ihnen Zugriff auf Ihr Geld verschafft, d.h. Zugangsdaten zu Bankkonten usw.

- **Botnetz-Betreiber.** Diese Leute wollen Ihren Rechner „übernehmen", um ihn für den Versand von Spam oder für verteilte Angriffe auf Server zu verwenden. Sie sind in der Regel nicht daran interessiert, dass dem Besitzer des Rechners irgendetwas auffällt.

- **Nachrichtendienste.** Allgemeiner: staatliche Dienste, die Sie kontrollieren wollen. Das Finanzministerium könnte nach Hinweisen auf Steuerbetrug suchen, die eigentlichen Nachrichtendienste nach beliebigen Informationen, die Ihrem Dossier hinzugefügt werden, das irgendwann bis nie verwendet wird. Die Polizei könnte im Rahmen von Fahndungsmaßnahmen ebenfalls Interesse haben, dürfte eine Überwachung aber nur im gesetzlichen Rahmen durchführen.[3]

Bleiben wir in diesem Kapitel bei der Gruppe der staatlichen Hacker und überlassen die anderen dem nächsten Kapitel. Drei Vorgehensweisen stehen zur Auswahl:

---

[3] Der Bundestrojaner ist ja lange genug durch die Medien gewandert um allgemein bekannt zu sein. Den Nachrichtendiensten ohnehin, aber auch der Steuerfahndung traue ich zu, sich um gesetzliche Beschränkungen wenig zu kümmern, wenn sie ihre Ziele erreichen will. Zumindest verbal pikante Nebenbeobachtung: das Finanzamt, ohnehin von vielen aufgrund der Steuersätze als Dieb betrachtet, wirbt massiv dafür, Steuererklärungen elektronisch mittels des nach dem Diebesvogel benannten Programms „Elster" abzugeben (der Name hat natürlich einen anderen Hintergrund, die volkstümliche Bedeutung in diesem Zusammenhang allerdings schon ein G'schmäckle). Die kostenlose Versorgung der Computer der Bürger mit dem Bundestrojaner via dieses Programms wurde denn auch immer wieder behauptet, wenn auch derzeit offenbar nichts darauf hinweist.

1. Aufgrund bestimmter Indizien soll ein bestimmter Rechner gehackt werden. Der Nachrichtendienst kann versuchen,

   ➢ mittels der Methoden, die vorzugsweise von nichtstaatlichen Hackern eingesetzt und die wir im nächsten Kapitel diskutieren werden, einen Troianer auf dem System zu installieren, oder

   ➢ direkt über den Netzwerkanschluss nach Schwachstellen im System suchen und diese ausnutzen.

2. Die Systeme sind generell mit Hintertüren ausgestattet, die ein einfaches Eindringen über das Netzwerk erlauben. Der Nachrichtendienst nutzt dies aber nur aus, wenn bestimmte Indizien vorliegen.

3. Die Systeme sind mit Hintertüren ausgestattet und der Nachrichtendienst nutzt dies generell aus, um von jedem erreichbaren Rechner Informationen abzuziehen.

In Kapitel 2.2 haben wir dargestellt, dass das Ziel der NSA in Richtung „generelle Hintertür" geht. Wenn das ambitionierte Ziel, die Kommunikation der gesamten Welt zu kontrollieren, ebenfalls so bestehen bleibt, steht zu vermuten, dass auch Ihr Rechner nach Strategie 3 irgendwann an der Reihe ist. Trotzdem habe ich in Punkt 2. ein gezieltes und nicht ein generelles Auslesen der Daten mit in den Strategiekorb gelegt. Für den Dienst gilt es nämlich, den möglichen Profit, Daten von allen Rechnern zu ziehen, gegen die Gefahr, hierdurch aufzufallen, abzuwägen. Offiziell wird ja nicht zugegeben, dass eine solche Möglichkeit existiert, die Gerüchteküche wird den einen oder anderen Besitzer eines Rechners trotzdem veranlassen, etwas genauer hin zuschauen, und werden genau dann Daten exportiert, könnte das auffallen. Nicht nur, dass aus dem Dementi eine Sicherheit wird, die Sicherheit wird auch zu Gegenmaßnahmen führen, und das ist ein deutlicher Rückschritt für den Nachrichtendienst, der nach neuen Löchern Ausschau halten muss. Strategie 2 ist unter diesem Gesichtspunkt eine sehr gute Strategie.

Die Zahl der Rechner auf der Welt dürfte kaum der Zahl der Menschen nachstehen, so dass auch bei Verfolgen von Strategie 2 eine nicht kleine Anzahl von Zielsystemen auszuspähen bleibt. Will der Nachrichtendienst dann wirklich die 100-500 GB, die sich im Durchschnitt auf den Festplatten befinden, abziehen, um sie zu analysieren?

Wenn Sie kurz darüber nachdenken, werden Sie feststellen, dass dieser Gedanke am Ziel vorbei geht. Betriebssystem und Programme sind uninteressant, womit schon einiges wegfällt. Interessant sind Dateien der OfficePakete, weil diese vom Computerinhaber mit hoher Wahrscheinlichkeit selbst erzeugt wurden und somit seine Privatsphäre offenbaren, Email-Dateien, die sein Kommunikationsnetzwerk offen legen sowie Dateien, die Kennworte enthalten (beispielsweise den Kennwort-Safe des Browsers oder die verschlüsselten Dateien bekannter Kennwort-Safes).[4] Das reduziert die Daten auf einige 100 MB, und da es auf Zeit nicht ankommt, ist es durchaus denkbar, dass diese Menge unauffällig abgezogen werden kann.[5] Ob auch Ihre Fotodateien, MP3-Dateien, Videodateien, PDF-Dateien oder was sonst noch auf Ihrem Rechner zu finden ist für den Nachrichtendienst interessant sein könnten, dürfte aus der Analyse der abgezogenen Dateien hervorgehen und kann dann nachgeladen werden.

Die Kernfrage ist nun, ob Nachrichtendienste wirklich diese Extremstrategie befolgen oder doch eher nach Bedarf in Systeme eindringen. Und selbst wenn Sie diese Strategie im Großen und Ganzen verfolgen, kann man versuchen, Systeme zu verwenden, bei denen generelle Hintertüren weniger wahrscheinlich sind und den Dienst zum Hacken des Systems zwingen. Folgt man Snowden, dürfte sie das in vielen Fällen auch nicht lange aufhalten, aber möglicherweise lange genug, um von einem generellen Ausspähen abzusehen. In diesem Fall stellt sich wieder die Frage: wie interessant sind Sie für diese Leute?

Legen Sie sich mit niemandem direkt an, können Sie die Angelegenheit etwas lockerer sehen und brauchen nur wenig zu unternehmen, wenn Strategie 3 zumindest erschwert wird. Legen Sie sich aber mit den Nachrichtendiensten an wie Edward Snowden und der von ihm

---

4   Die sind natürlich für alle Interessenten besonders interessant, weil sie dem Hacker Zugriff auf sämtliche Konten im Internet verschaffen. Sind die Dateien einmal abgezogen, können für das Ermitteln des Hauptkennwortes leistungsfähige Rechner mit voller Geschwindigkeit eingesetzt werden. Ein Grund, das Kennwort besonders sicher zu gestalten.

5   Verschiedene Dienstleister bieten Backup-Möglichkeiten im Internet an. Abgesehen vom initialen Backup, das alle Dateien ins Netz hochlädt und deshalb recht lange dauert, merkt der Nutzer das im Hintergrund laufende Echtzeitbackup der Änderungen in der Regel nicht, selbst wenn das Monitorprogramm signalisiert, dass in wenigen Minuten 500 MB zu aktualisieren sind. Das Übertragen lässt sich daher recht effizient und unauffällig organisieren.

als Kontakt zur Welt ausgewählte Journalist Glen Greenwald, dann ist der Aufwand eines Air Gap-geschützten Computers sicher angebracht. Legen Sie sich mit der DEA an, weil Sie zum Boss des mexikanischen Drogenkartells aufgestiegen sind, ist es sicher auch angebracht, derartige Sicherheitsmaßnahmen zu treffen. Und es gibt weitere Berufe wie Top-Terrorist usw., in denen man ohne Computer kaum weiter kommt, die Daten aber besser abgesichert aufhebt.

Bevor man konkrete Maßnahmen einer Absicherung ins Auge fasst, ist eine weitere Frage zu beantworten, die den Computerinhaber selbst betrifft: Was wollen Sie mit dem Gerät machen? Mit Spielen, Shareware und Freeware wächst natürlich die Gefahr, sich einen Troianer einzuhandeln, und Linux-Systeme scheinen nach wie vor vor Hackern sicherer zu sein als Windows-Systeme.[6] Allerdings läuft die Wunschsoftware nicht unbedingt auf jedem Betriebssystem.

Werden wir einmal konkret, um ein vertretbares Sicherheitskonzept zu entwickeln. Gehen wir von der Nutzungssituation aus, dass alles gemacht werden kann und trotzdem ein privater Sicherheitsbereich eingerichtet werden soll, der nicht auf das Air Gap-Prinzip zurück greift, das Entwenden von Daten aber doch recht unwahrscheinlich macht, wenn man nicht gerade zu einer der oben genannten Zielgruppen gehört.

1. Schritt. Der erste Schritt ist besonders einfach, denn er besteht nur aus Nachdenken. Generell gilt: es gibt keinen Nulltarif! Sie werden vielleicht ein paar € investieren müssen, aber nicht so viel, dass es weh tut. Sie werden auf jeden Fall Zeit investieren und sich ein paar Stunden mit den Systemen herumschlagen müssen, bis alles läuft. Sind Sie bereit dazu? Wenn nicht, lassen Sie es lieber bleiben und seien Sie mit dem Standard zufrieden, den Sie so erreichen können. Wenn doch, sorgen Sie dafür, dass Sie einen Zugang zum Internet haben. Wenn etwas nicht funktioniert, findet man dort Hilfe.

2. Schritt. Der zweite Schritt besteht immer noch aus Nachdenken, ist aber schon aufwändiger. Entscheiden Sie, welche Daten in den Si-

---

6   Apple-Systeme sind zwar Unix-Clone, aber man ist bei vielem noch stärker an Apple gebunden als beim Wettbewerber MicroSoft. Man muss daher auch diesen Konzernen vertrauen. Linux-Systeme sind aufgrund des geringen Markanteils und des OpenSource-Prinzips für kommerzielle Hacker uninteressant, da der Aufwand im Vergleich zum erwarteten Gewinn zu hoch ist; die NSA könnte andere Vorstellungen haben, weil Geld für sie kaum eine Rolle spielt.

cherheitsbereich gehören und mit welchen Anwendungen Sie arbeiten wollen. Das können beispielsweise sämtliche Textdateien und privaten Unterlagen, der Emailverkehr von bestimmten privaten Konten, Bankgeschäfte und Einkäufe im Web sein. Urlaubsfotos, Filme, Spiele, Shareware usw. sind vielleicht weniger von den Schutzmaßnahmen betroffen oder werden mit Anwendungen bearbeitet, die weniger vertrauenswürdig sind. Machen Sie durchaus eine Liste, an die Sie sich später halten können.

3. Schritt. Nun wird es etwas konkreter, bleibt aber immer noch sehr einfach. Je nachdem, wie Sie sich in Schritt 2 organisiert haben, ist vielleicht auch nichts weiter zu unternehmen. Wenn Ihr Konzept vorsieht, dass bestimmte Emails im Sicherheitsbereich bearbeitet werden sollen, müssen Sie verschiedene Emailkonten einrichten. Ob Sie das beim gleichen Provider oder bei verschiedenen machen, ist Nebensache. Wichtig ist, dass die Emailprogramme in den sicheren und unsicheren Bereichen nur die Konten abrufen, für die sie zuständig sind. Sie müssen anschließend natürlich auch Ihren Kommunikationspartnern mitteilen, welche Emailadresse sie zu verwenden haben.

4. Schritt. Richten Sie einen Rechner mit zwei Festplatten oder Festplattenpartitionen ein und installieren Sie für die beiden Sicherheitsbereiche eigene Betriebssysteme. Sie müssen dann zwar beim Umschalten zwischen den Sicherheitsbereichen den Rechner herunter- und mit dem anderen System wieder hochfahren, aber wie ich schon sagte: es gibt keinen Nulltarif.[7]

Für den Sicherheitsbereich sei Linux als Betriebssystem empfohlen. Welche Distribution – Ubuntu, Mint, Debian, … – Sie verwenden, bleibt Ihnen überlassen. Linux-Betriebssysteme sind OpenSource und gelten deshalb immer noch als sicherer als Windows mit seinen vielen verdeckten Funktionen.[8] Mit Linux können Sie aus dem Sicherheits-

---

7   Die Alternative besteht in der Verwendung von zwei Rechnern, die beide mit dem Netz verbunden sind. Das Beenden eines Betriebssystems und das Starten des anderen entfallen als Zeitfaktor, da beide Rechner gleichzeitig in Betrieb sein können, allerdings benötigen Sie mehr Hardware und mehr Stellfläche. Die für die meisten Anwender praktikablere Lösung besteht vermutlich in der Lösung mit zwei Festplatten.

8   OpenSource bedeutet, dass die Softwarequellen öffentlich und in der Regel kostenlos sind. Der Entwickler besitzt zwar die Rechte an der Software und wird auch die offizielle Weiterentwicklung selbst in der Hand behalten, erlaubt aber, dass man kann sie herunterladen, inspizieren, selbst

bereich auch auf die unsichere Festplatte zugreifen, um Daten zu transportieren. Das gilt auch dann, wenn auf der anderen Festplatte das Betriebssystem Windows installiert ist, und man kann in der Regel ohne Sicherheitsprobleme auf solche Dateien zugreifen, wenn es sich um Daten handelt. Nur Programme richten Schaden an (Ausnahmen können Anwendungen sein, die intern Skripte, also Programme, bearbeiten; wir wollen hier aber nicht zu weit mit der Theorie gehen). In Linux lässt sich sicherstellen, dass Dateien nur als Daten und nicht als Programm behandelt werden – ein weiterer Sicherheitspunkt. Außerdem sind auch die Anwendungen unter Linux meist OpenSource-Programme, die kostenlos nutzbar und für die vorgesehenen Zwecke meist nicht schlechter als teure proprietäre Software sind, was den Schmerz des Zeitaufwandes etwas abmildert.

Verschlüsseln Sie die Sicherheits-Partition (oder die sichere Festplatte, wenn Sie zwei Festplatten verwenden) direkt bei der Installation.[9] Die Betriebssysteme stellen diese Möglichkeit im Menü für die Installation zur Verfügung, Windows allerdings nicht bei allen Varianten. Beschränken Sie die Verschlüsselung auf die sichere Partition und lassen Sie die andere unverschlüsselt, wenn Sie von der sicheren darauf zugreifen wollen. Wenn Sie Windows und Linux installieren, beginnen Sie mit der Installation von Windows. Linux erkennt das und sorgt dafür, dass Sie beim Hochfahren zwischen den Systemen wählen können, Windows kümmert sich nicht um andere Systeme und bietet keine Auswahl beim Hochfahren.

Wählen Sie ein Kennwort, das möglichst Buchstaben, Zahlen und Sonderzeichen enthält, aber noch gut merkbar und nicht so lang ist, dass Ihnen die Eingabe beim Wechseln der Partitionen lästig wird. Die Verschlüsselung hat zwei Aufgaben:

---

verändern, modifiziert oder unmodifiziert weitergeben und zum fertigen Programm übersetzen darf. Im Fall eines Betriebssystems werden das zwar die wenigsten tun, aber hin und wieder schaut doch jemand in den Quellcode, und die Wahrscheinlichkeit, dass jemand wie die NSA eine Hintertür einbaut, die unentdeckt bleibt, ist zumindest mittelfristig gesehen recht klein. Wir kommen auf Seite 248 ausführlicher auf das Thema zurück.

9   Wenn Sie Partitionen verwenden, wählen Sie eine kleinere Größe für die sichere Partition. Anhand der Ergebnisse von Schritt 2 können Sie abschätzen, wie viele Daten in den jeweiligen Bereichen gespeichert werden müssen.

1. Wenn die unsichere Partition gehackt werden sollte, kann nicht auf die Daten im Sicherheitsbereich zugegriffen werden. Für diese Absicherung genügt ein relativ einfaches Kennwort, was den Wechsel unkompliziert macht.

2. Wenn Ihr Rechner gestohlen wird und auch dann niemand auf die Daten Zugriff bekommen soll, muss ein starkes Kennwort verwendet werden.[10]

Wenn die Betriebssysteme und Anwendungen installiert sind, ist Ihr Rechner erst einmal betriebsbereit. Besonders kompliziert ist das alles nicht, aber wer bislang nur Rechner mit vorinstalliertem Betriebssystem gekauft hat, sollte sich darauf einrichten, die Installation ggf. noch einmal wiederholen zu müssen, weil irgendetwas nicht funktioniert hat. Das kostet zwar nur wenige Handgriffe, aber die Installation selbst nimmt einige Zeit in Anspruch. Ein Nachmittag sollte dafür schon freigehalten werden.[11]

Wenn Sie sich halbwegs gut mit den Systemen auskennen und Spaß am Basteln haben, können Sie im Sicherheitsbereich prüfen, ob Anwendungen installiert und aktiv sind, die Sie nicht benötigen oder denen Sie nicht vertrauen und diese entfernen oder deaktivieren. Kandidaten sind beispielsweise Messenger- oder Cloud-Dienste, die recht gerne automatisch mitinstalliert werden. Sie sind zwar meist nicht aktiviert, aber man muss dem nicht vertrauen. Sie können auch Firewall-Einstellungen kontrollieren und von einem anderen Rechner durch Port-Scanner und andere Kontrollsoftware prüfen lassen, ob Lücken vorhanden sind. Aber das bitte nur, wenn Sie sich auskennen und keinen Wutanfall bekommen, wenn etwas nicht sofort funktioniert.

---

10 Wenn jemand in Konflikt mit dem Gesetz gerät, kann ein Gericht ihn mit Beugehaft und Ähnlichem Zwingen, ein Kennwort herauszugeben. Es hängt immer davon ab, mit wem man sich anlegen will, wenn man nach den richtigen Konfigurationen sucht.

11 Sie benötigen von jedem System eine Installations-DVD. Die Linux-DVD lädt man sich aus dem Internet, bei Windows müssen Sie darauf achten, dass Sie eine DVD zu Ihrem Geräte bekommen. Schreiben Sie genau auf, was Sie jeweils machen, damit Sie bei einer Wiederholung nicht den gleichen Fehler noch einmal machen. Sorgen Sie für einen Zugang zum Internet, beispielsweise durch ein weiteres oder geliehenes Notebook. Ihre Probleme haben schon andere gehabt und die Lösungen im Internet beschrieben. Weitere Hinweise zu dem Thema finden Sie ab Seite 248.

5. Schritt. Schotten Sie sich von Ihrem Internetprovider durch einen eigenen WLAN-Router ab. Modems für einen Telefon- oder Kabelanschluss sind oft so ausgelegt, dass Ihr Provider an den Einstellungen herumspielen kann (selbst die Fritz!Box ist verschiedentlich ins Gerede gekommen, weil sie von Außen manipuliert werden kann). Wählen Sie einen einfachen Router mit WLAN-Funktion und Giga-Bit-Lan (ohne irgendeine Modemfunktion), der zwischen Ihr PC-Netz und den Router des Providers geschaltet wird. Solche Router sind bereits für weniger als 50 € zu bekommen, stellen also kaum einen Kostenfaktor dar. Einige Hersteller statten ihre Router ebenfalls mit einem Linux-Betriebssystem aus und stellen den Quellcode zum Download zur Verfügung. Den müssen Sie zwar nicht kontrollieren, aber Open-Source-Code genießt wieder den Vorteil größerer Vertrauenswürdigkeit gegenüber proprietärem Code (siehe Seite 248).

Im Einstellungsmenü des Routers, in das Sie mit Ihrem Browser nach Anleitung gelangen, ist das WLAN im verschlüsselten WPA2-Modus mit gutem Passwort einzurichten. Eine MAC-Filterung, die nur registrierte Geräte akzeptiert, kann zusätzlich eingerichtet werden, erfordert dann aber eine erneute Routerkonfiguration, wenn Sie einen weiteren PC zulassen wollen. WPS macht die Einbindung weiterer Geräte einfacher, sollte aber nur für das Einbinden eines neuen Gerätes aktiviert werden, da brute-force-Angriffe die Hürde in einigen Stunden überbrücken können (Empfehlung: besser deaktivieren und jeweils den kompletten Netzwerkschlüssel am neuen Geräte eingeben).

Im Konfigurationsmenü können Sie außerdem einstellen, welche Übertragungsprotokolle der Router durchgehen lässt, und ggf. auch Kontrollen auf merkwürdige Datenverbindungen aktivieren. Aber das ist wieder etwas für Spezialisten. Grundsätzlich sollte das Internet am eigenen Router enden und dahinter ein Intranetbereich aufgebaut werden, der von Außen nicht erreichbar ist. Bei IPv4 ist das der Fall, da die IP-Adressen Ihrer Geräte keine eindeutigen Internetadressen sind, sondern in anderen Intranets ebenfalls verwendet werden.[12] IPv4 lässt nur Verbindungen von Innen nach Außen zu, nicht umgekehrt. Bei IPv6 ist das nicht der Fall. Theoretisch ist Ihr PC damit von jedem Ort der Erde aus erreichbar. Einige Provider verwenden bis zum Hausanschluss bereits IPv6, wobei bislang aber selten klar ist, wie die Konfiguration tatsächlich aussieht. Deaktivieren Sie einfach

---

12 Wenn Leute im Internet damit drohen, Ihre IP-Adresse aufzuzeichnen, so ist damit die externe IP-Adresse Ihres Routers gemeint.

Wireless Security

Disable Security

WEP

Type:	Automatic		
WEP Key Format:	Hexadecimal		
Key Selected	WEP Key (Password)		Key Type
Key 1:			Disabled
Key 2:			Disabled
Key 3:			Disabled
Key 4:			Disabled

WPA/WPA2 - Enterprise

Version:	Automatic
Encryption:	Automatic
Radius Server IP:	
Radius Port:	1812 (1-65535, 0 stands for default port 1812)
Radius Password:	
Group Key Update Period:	0 (In second, minimum is 30, 0 means no update)

WPA/WPA2 - Personal(Recommended)

Version:	Automatic(Recommended)
Encryption:	Automatic(Recommended)
PSK Password:	

(You can enter ASCII characters between 8 and 63 or Hexadecimal characters between 8 and 64.)

Group Key Update Period:	0 Seconds (Keep it default if you are not sure, minimum is 30, 0 means no update)

Abbildung 6.1: WLAN-Menü

das Routing für IPv6 in Ihrem WLAN-Router für den Intranetbereich.[13]

Für Privatbürger war es das, und Sie können nun loslegen und relativ sicher sein, dass nichts passiert, so lange Sie sich an die Regeln halten und auf dem Sicherheitssystem nur das ausführen, für das es vorgesehen ist. Wer mehr Geld und Platz hat, kann natürlich auch zwei Rechner installieren, um den Systemwechsel einfacher zu gestalten. Achten Sie aber auf Folgendes: wenn Sie unsichere Rechner (2. Rechner, Notebook, usw.) gleichzeitig mit dem sicheren laufen lassen, könnten Troianer aus unsicheren System versuchen, das sichere zu infizieren oder zumindest Daten auszulesen. Auf Dauer sind daher Kontrollen, wie sie am Ende von Schritt 3 beschrieben wurden, sinnvoll. Wenn Sie Ihr Handy oder Ihren Tablet-PC ebenfalls in das WLAN einbinden, umgehen Sie gleichzeitig den Router, da Spionageprogramme auch über das Mobilfunknetz in ihr lokales Netzwerk schauen könnten. Sie können dem ein wenig entgegen steuern, wenn Sie jeweils nur eine Verbindungsmöglichkeit – WLAN oder Mobilfunknetz – aktivieren.

Wer noch einen Schritt weiter gehen möchte, kann einen weiteren/alten Rechner mit der Firewall IPCop ausstatten und diesen zwischen eigenes Netz und Internet stellen. IPCop ermöglicht eine unglaublich

---

13 Sie können durch Portforwarding oder Virtual Private Networks die IPv4-Schranke überwinden und Ihre PCs auch aus dem Internet direkt zugänglich machen. Wagen Sie sich an solche Techniken aber bitte erst dann heran, wenn Sie genau wissen, was Sie tun!

feine Steuerung des Netzwerkverkehrs für jeden internen Rechner einzeln. Auch das gehackte und das WLAN nutzende Handy kann dann keinen Schaden mehr anrichten, da IPCop es gar nicht erst an die anderen Rechner heranlässt. Für Geschäftsleute kann diese Lösung durchaus interessant sein, erfordert aber einige Beschäftigung mit der Materie, um sicher damit umgehen zu können.

Die Verwendung dieser Firewall macht auch eine weitere Angriffsmöglichkeit sehr schwer, insbesondere wenn man ältere Rechnerhardware für sie verwendet, die für die normale Nutzung nicht mehr in Frage kommt, für die Firewall jedoch immer noch hinreichende Geschwindigkeit besitzt. Der Nachrichtendienst könnte versuchen, die Firmware der Rechnersysteme zu manipulieren, d.h. das BIOS, das das Betriebssystem von der Festplatte lädt, oder andere fest installierte Software, die zum Betrieb der komplexen Hardwarekomponenten notwendig ist. Wer selbst ein Betriebssystem installiert hat, wird höchstwahrscheinlich auch schon die Erfahrung gemacht haben, dass von den Herstellern der Chipsätze häufig umfangreichen Treibersoftware installiert werden muss, damit das Betriebssystem die Hardware effizient und korrekt bedienen kann. Weitere Software befindet sich direkt auf den Chipsätzen selbst. Hier existieren weitere Möglichkeiten für die Geheimdienste zur Manipulation, wenn auch durch den schnellen Generationenwechsel der Hardware der Aufwand beträchtlich sein dürfte. Trotzdem wäre natürlich auch diese Angriffsmöglichkeit darauf angewiesen, Daten über das Netzwerk zu exportieren. Einer Firewall sollte das auffallen, insbesondere wenn deren Hardware aus einer anderen Generation stammt. Solche Sicherheitskontrollen verlangen allerdings erhebliche Kenntnisse vom Nutzer.

Sie bemerken: wenn man länger über die Sache nachdenkt, fällt einem das eine oder andere Detail noch auf, wo etwas passieren könnte. Achten Sie auf das **könnte**! Auch für einen Angreifer, egal um wen es sich handelt, gibt es nichts zum Nulltarif. Sind Sie so wichtig, dass sich der Aufwand lohnt, Sie anzugreifen? Oder benehmen Sie sich so verantwortungsbewusst, dass es schwer ist, in Ihr System einzubrechen? Sind vielleicht schon die hier beschriebenen Maßnahmen für Sie überzogen, weil Sie ein wesentlich anderes Nutzerprofil haben? Sie bemerken schon: ich präsentiere Ihnen ungeheuer viele Fragezeichen. Fragen erfordern Antworten, und Antworten wiederum Nachdenken, und das ist der Punkt: Sicherheit beginnt damit, dass Sie darüber nachdenken, was und warum Sie etwas tun und was sich ein anderer dazu ausdenken könnte.

Noch eine Anmerkung zu Experten: vielleicht diskutieren Sie die eine oder andere Maßnahme mit Bekannten, die „Ahnung" von Computern haben, um sicher zu gehen, dass Sie alles richtig machen. Es gibt nicht wenige Experten, die halbwegs überheblich die Nase rümpfen und Ihnen erklären, mit welchen Tricks man Ihr Sicherheitssystem in 5 Minuten aushebeln kann. Hören Sie aufmerksam zu, denn das eine oder andere Detail kann man dabei lernen, aber lassen Sie sich nicht beeindrucken. Der Mensch gibt gerne an, besonders wenn man ihn mit „du kennst dich doch damit aus" anspricht. Solche Experten-Expertisen basieren oft auf Voraussetzungen, die auf Ihr System gar nicht zutreffen. Manches erwähnt ein solcher Experte auch gar nicht, da er zwar etwas gelesen aber nicht die Zeit investiert hat, Methode und Voraussetzungen zu verstehen.[14] Die meisten dieser Experten wären vermutlich auch nicht in der Lage, den Einbruch durchzuführen, da sie wir ein Hacker erst einmal an die Informationen gelangen müssen, was Sie alles gemacht haben. Bleiben Sie daher gelassen!

EIN WORT ZU DEN PROFIS

Die bislang beschriebenen Maßnahmen betreffen vorzugsweise den privaten Nutzer oder kleinere Unternehmen, die nur begrenzten Aufwand treiben können und nicht über kenntnisreiches Personal verfügen. Der größte Aufwand entsteht einmalig bei der Einrichtung des Systems. Bei nachfolgender Installation weiterer Anwendungen sind natürlich ebenfalls wieder Überlegungen anzustellen, wie sie in das System einzubinden sind, aber der Aufwand bleibt überschaubar.

Bei größeren Unternehmen oder Behörden ist die Technik deutlich komplexer, so dass bereits der normale Betrieb die Existenz spezieller Abteilungen verlangt, die sich darum kümmern. Es ist leider ein Trauerspiel, was man dort zum Teil in Sachen Sicherheit beobachten kann. Die Ursachen – fehlende Unterstützung durch die Geschäftsleitung oder fehlende Kenntnisse bei den Mitarbeitern selbst – haben wir bereits mehrfach angesprochen.

Peinlichste neue Nachricht, die kurz vor Beenden der Arbeit an diesem Buch einlief: der Einbruch in das Netz des Deutschen Bundestages. Nach verschiedenen Medienberichten erfolgte der Einbruch über einen speziellen Troianer, der sich über das interne Netzwerk des

---

14 Man kann das manchmal in Fernsehberichten beobachten, wenn ein Experte vor laufender Kamera mal eben ein System hackt. Die Berichte sind zwar seriös, die versteckten Fußangeln, die den Hack ermöglichen, gehen jedoch nur dem wirklichen Fachmann auf.

Bundestages ausbreitete und schließlich durch den Versuch eines Datenabgriffs auffiel. Weitere Informationen sind dürftig, da der Einbruch inzwischen zur Geheimsache erklärt wurde. Was bekannt ist oder Gegenstand öffentlicher Spekulation ist, ist allerdings typisch für solche Fälle:

> Irgendjemand muss den Troianer in das System geschleust haben. Es gibt Möglichkeiten, eine solche Infiltration äußerst schwer zu machen. Bestehen im Bundestagsnetz solche Absicherungen? Oder sind solche Maßnahmen bei Leuten wie Abgeordneten einfach nicht durchsetzbar?

> Gegen die selbständige Verbreitung eines Troianers im Netz lassen sich ebenfalls Maßnahmen ergreifen. Die Fragen im letzten Absatz sind daher noch einmal zu stellen.

> Der Einbruch scheint bereits vor längerer Zeit erfolgt und aufgrund von Hinweisen durch ausländische Nachrichtendienste entdeckt worden zu sein. Haben die deutschen Abschirmdienst geschlafen?

> Neben den Rechnern der Abgeordneten sind anscheinend auch Rechner in Wahlkreisen sowie von Regierungsmitgliedern betroffen. Wie offen ist das Bundestagsnetz?

Fragen dieser Art sind bei vielen Einbrüchen in Netzwerke zu stellen, seien es Behörden-, Medien-, Banken- oder Unternehmensnetzwerke, und die Antworten dürften vielfach peinlich ausfallen. Aus verschiedenen Gründen wird wie beim Deutschen Bundestag ein Mantel des Schweigens über das Geschehen gebreitet. Zu groß könnte der Vertrauensverlust bei den Nutzern oder Kunden sein.[15]

Aufgrund des Schweigens wird natürlich ebenfalls nicht bekannt, wie gegen solche Einbrüche vorgegangen wird. Der Aufwand zur Beseitigung des Schadens ist meist erheblich (siehe beispielsweise die Berichte zum Stuxnet-Angriff in Kapitel 2.2), es steht allerdings zu befürchten, dass die Lehre, bei den Aufräumarbeiten auch für bessere zukünftige Sicherheit zu sorgen, nicht immer angenommen und das System weiterhin nicht nach allen Regeln der Kunst abgesichert wird. Ist das ein deutsches Problem? Möglicherweise. US-Unternehmen und insbesondere japanische Unternehmen stehen in dem Ruf, sich deutlich Gefahren bewusster zu verhalten und bereits vor mehr als 10

---

15 Wobei ketzerischer Weise gefragt werden kann, an welcher Stelle für den Deutsche Bundestag eigentlich noch ein Vertrauensverlust eintritt.

Jahren Sicherheitsmaßnahmen eingeführt zu haben, deren Fehlen heute bei deutschen Netzwerken zu Problemen führt.

Passend zu dem Angriff auf das Parlament beschließt der Bundestag ein Gesetz für IT-Sicherheit. Danach müssen Bundesbehörden und wichtige Unternehmen wie Energieversorger, Banken oder Krankenhäuser künftig Mindestanforderungen an ihre Computer-Systeme erfüllen, die das Bundesamt für Sicherheit in der Informationstechnik (BSI) vorgibt. Das Parlament ist davon nicht betroffen, da es selbst für seine IT zuständig ist. Das IT-Sicherheitsgesetz soll dafür sorgen, dass wichtige Unternehmen besser gegen Cyber-Angriffe geschützt sind. Angriffe müssen beim BSI gemeldet werden. Dies geschieht anonym, sofern der Vorfall noch nicht zu einer gefährlichen Beeinträchtigung geführt hat. Das BSI wertet die Informationen aus und erstellt ein Lagebild – auch, um andere Unternehmen derselben Branche zu warnen. Tun sie das nicht, drohen Bußgelder bis zu 100.000 Euro.

Die Parlamentarier sind von einem wichtigen Schritt in Richtung Sicherheit überzeugt, ich halte das allerdings eher für eine Bankrotterklärung. Nicht nur deshalb, weil es das Eingeständnis ist, dass bislang von den Behörden geschlampt worden ist und sich der Bundestag in eigener Überheblichkeit obendrein aus dem Gesetz ausnimmt, obwohl gerade er kräftig auf die Nase gefallen ist.

Das BSI verfügt 2015 über gerade einmal 600 Mitarbeiter – manche der gesetzlich der Kontrolle unterworfenen Konzerne dürfte mehr haben. Abgesehen von der personellen Schwachbrüstigkeit hat sich das BSI bislang nicht durch besondere Fähigkeiten hervor getan, wie wir an mehreren Stellen im Buch berichtet haben. Das BSI ist so, wie es derzeit aufgestellt ist, nicht in der Lage, wirksame Kontrollen auszuüben.

Ein Bankrotterklärung aber auch für die Unternehmen, die nicht willens oder in der Lage sind, hinreichend in die Sicherheit zu investieren und durch eine gesetzlich erzwungene staatliche Oberaufsicht gezwungen werden sollen/müssen, das endlich zu tun. Trotzdem werden zumindest die großen Unternehmen weiterhin Schweigen, wenn es möglich ist, und sich von einem externen Kontrolleur nicht in die geheimsten Karten schauen lassen.

6.2   Sind Verschlüsselungen sicher?

Wieder einmal ist ein kleines Vorwort angebracht. Wenn man den verschiedenen Berichten im Internet vertraut, sind Sie nach Einrichten eines sicheren Systems nach Kapitel 6.1 schon alleine deshalb vor Nachstellungen der NSA sicher, weil die aus dem Lachen nicht mehr herauskommt über so viel Naivität. Immer wieder geistern Meldungen durch die Medien, die NSA und ihre Partner könnten jede Verschlüsselung knacken, und selbst im ZDF-Hauptprogramm werden Internetexperten präsentiert, die ihre Server hinter Panzertüren und armierten Betonwänden absichern (natürlich mit Kabeldurchführungen für Strom- und Glasfaserkabel) und an neuen Verschlüsselungssystemen basteln, die garantiert NSA-sicher sein sollen. Was ist daran? Lohnt es sich überhaupt noch, etwas zu verschlüsseln?

Das Nutzerverhalten

Fangen wir vorne an: eine 512-Bit-Schlüsselgröße nützt nichts, wenn eine Möglichkeit existiert, sie zu umgehen. Das Umgehen fängt beim Verhalten des Nutzers an:

- öffnen Sie nicht wahllos jeden Dateianhang in Emails,

- öffnen Sie nicht wahllos jeden Link in Emails,

- kontrollieren Sie die Internetadressen im Quelltext von Emails, ob es sich beispielsweise um eine Mail von Ihrer Bank handelt oder jemand versucht, Ihnen etwas vorzugaukeln,

- kontrollieren Sie, dass HTTPS aktiviert ist, wenn Sie auf Shop-Webseiten Kennworte angeben,

- verwenden Sie für unterschiedliche Konten im Internet unterschiedliche Kennworte und verwalten Sie diese mit Hilfe von Kennwort-Safes, die mit Master-Kennworten gesichert sind,

- verwenden Sie nur Kennworte, die nicht durch einfache Wörterbuchtests heraus zu bekommen sind,

- installieren Sie nicht wahllos irgendwelche Share- oder Freeware,

- geben Sie im Internet oder am Telefon keine Informationen preis, die Sie bei einem persönlichen Kontakt nicht herausrücken würden,[16]

- ...

Die Ratschläge kennen Sie alle, und Details, wie man sich jeweils verhalten soll, lassen sich leicht im Internet finden. Trotzdem halten sich viele Leute nicht daran, wie die Statistiken der Polizei verraten.

DIE KENNWORTAUSWAHL

Wichtig sind vor allem die Kennworte. Verwenden Sie keine Kennworte, die sich im Lexikon wiederfinden lassen oder memorierbar sind. Im Lexikon stehen vielleicht 200.000 Worte, wenn Sie zwei kombinieren, sind das 40.000.000.000 Möglichkeiten[17], sinnvoll kombiniert wie in Sätzen aber wieder nur ca. 200.000, Wortverfälschungen wie „Katzenbuckel" → „kAtzenbuKKeL" führen wieder in den ersten Bereich zurück. Wenn so Ihr Kennwort-Safe gesichert ist und jemand diese Datei stiehlt, sollte die Sicherheit aber eher in der Größenordnung von 10.000.000.000.000.000.000.000 Möglichkeiten liegen, um nicht innerhalb von Stunden geknackt werden zu können.[18]

---

16 Dabei handelt es sich um ein psychologisches Phänomen: Persönlich und freundlich lächelnd: „Wie ist das Kennwort?" - „Du kannst mich mal!". Telefonisch: „Hier ist das Bundesamt ... Zur Kontrolle von ... benötigen wir den Zugriffscode." - „Aah6j,kkz&&". Glauben Sie nicht? 2010 wurden auf diese Weise CO_2-Zertifikate im Umfang mehrerer Millionen € gestohlen. Der Zertifikathandel musste für einige Zeit sogar eingestellt werden.

17 40 Milliarden, also für Politiker, die über einen Haushalt beraten, eher noch eine kleine Zahl, wenn auch die Anzahl der Nullen nicht sofort durchschaubar ist und ein Abzählen erfordert.

18 Das sind 10 Quadrillionen. Es handelt sich somit noch um eine mit offiziellem Namen versehene Größenordnung und liegt unterhalb der Fantasilliarde, mit der Dagobert Ducks Vermögen abzuzählen ist. Nachrichtendienste prüfen Kennworte anhand von Datenbanken und Algorithmen nach steigender Unwahrscheinlichkeit und nicht zufällig. Die drei angegebenen Kennworte werden bei größerem Umfang der Möglichkeiten unwahrscheinlicher, da sie sich um so schlechter merken lassen, je mehr ungewöhnliche Zeichen sie enthalten. Ein dagegen der Bibel entnommener Kennwortsatz vom 10 Worten wird von solchen Programmen vermutlich schneller gebrochen als 8 zufällig ausgewählte Zeichen des ASCII-Satzes, weil er eben gut zu memorieren ist und außerdem einer gut zugänglichen Quelle entstammt.

Das führt zu Kennworten wie

```
KflQcembExmGoG    (83 Bit)
WeahP8HVmai4ZV    (84 Bit)
Ac?y89;<m>CrAM    (92 Bit)
```

mit 14 Zeichen. Diese hier sind mit Kennwortgeneratoren erzeugt; Sie können aber auch Wort/Zeichenkombinationen verwenden, die Sie sich leichter merken können. Im Internet sind Webseiten zu finden, auf denen Sie die Sicherheit überprüfen können – aber bitte nur an ähnlichen, nicht an Ihren endgültigen!

Verschlüsselungsmathematik

Kommen wir ein wenig zur Technik: mathematisch kommen das RSA-Verfahren (nach den Anfangsbuchstaben der Namen der Erfinder Rivest, Shamir und Adleman) und die AES-Verschlüsselung (nach den Anfangsbuchstaben des Begriffs Advanced Encryption Standard) zum Einsatz. Zumindest sind das wohl die Buchstabenkombinationen, auf die man meist stößt, wenn irgendein Webseitenbetreiber etwas über seine Sicherheitsvorkehrungen verbreiten möchte. Sie können auch auf andere stoßen, aber das soll uns hier nicht weiter beirren. Abkürzungen täuschen Vertrautheit und Wissen vor, und der Unvertraute traut sich oft nicht zu fragen, denn er möchte ja nicht als unwissend dastehen. Dabei kann man durch Nachfragen die Leute oft ziemlich verwirren. Die Zahl der Kombinationen ist im Übrigen auch schon lange nicht mehr ausreichend: wenn zwei IT-Leute über MAC reden, können sie etwas völlig Unterschiedliches meinen, und auch beim Thema BMI gibt es sehr unterschiedliche Begriffe. Betrachten wir die beiden Kürzel daher als Stellvertreter für jeweils mehrere andere Varianten.

Das RSA-Verfahren verwendet große Primzahlen und arbeitet mit zwei verschiedenen Schlüsseln, die beide je nach Bedarf zum Ver- oder Entschlüsseln verwendet werden können. Wird mit einem Schlüssel verschlüsselt, benötigt man den anderen zum Entschlüsseln. Da die Schlüssel nur gleichzeitig bei der Konstruktion berechnet werden können, kann man einen Schlüssel veröffentlichen und muss nur den anderen geheim halten. Jeder, der den öffentlichen Schlüssel kennt, kann etwas verschlüsseln, was nur der Inhaber des Geheimschlüssels wieder entschlüsseln kann, und verschlüsselt dieser etwas, kann das mit dem öffentlichen Schlüssel entschlüsselt werden, womit nun jeder sicher sein kann, dass nur der Inhaber des Geheimschlüssels die Nachricht verfasst hat. Die Algorithmen sind allerdings zeitaufwändig, so dass die Verschlüsselung mit dem öffentlichen Schlüssel nur für die Vereinbarung geheimer Schlüssel für das AES-Verfahren, die Verschlüsselung mit dem geheimen Schlüssel nur für Signaturen verwendet wird.

Das AES-Verfahren verwendet nur einen Schlüssel für die Ver- und Entschlüsselung, weshalb dieser geheim bleiben muss. Meist wird, wie schon gesagt, ein zufällig gewählter Schlüssel mit RSA vereinbart und dann die Daten mit AES verschlüsselt, da dieser Algorithmus erheblich schneller arbeitet als der RSA-Algorithmus.

Die Nachrichtendienste haben somit zwei Ansatzpunkte, die Verschlüsselung mathematisch zu brechen; es gibt aber keinerlei theoretische oder praktische Anhaltspunkte dafür, dass das möglich ist, obwohl sich sicherlich mehr Wissenschaftler öffentlich mit solchen Fragen beschäftigen als die NSA Mitarbeiter dazu zur Verfügung haben. Mathematisch spricht bislang alles dafür, dass die Standard-Verschlüsselungsverfahren sicher sind – im Gegensatz zu dem, was in populären Medienberichten manchmal behauptet wird.

Es gibt aber noch einen anderen Weg: die verschiedenen Algorithmen benötigen Zufallzahlen, die ebenfalls durch spezielle Algorithmen erzeugt werden. Diese sind sicher in der Hinsicht, dass aus einer beliebig langen bekannten Folge von beobachteten Zufallzahlen trotzdem keine weitere vorausberechnet werden kann und auch die Initialisierung der Generatoren so gestaltet ist, dass jeder Rechner einen individuellen und nicht berechenbarem Zustand seines Generators besitzt.

Was ist aber, wenn ein Betriebssystembauer ausgerechnet die Pflege dieses Algorithmus einer verdeckt operierenden Einheit der NSA überlässt? Dieser hätte die Möglichkeit, die Initialisierung so zu manipulieren, dass die später generierten Zahlen für die NSA alles andere als zufällig sind, sofern sie weiß, von welchem Computer die Daten kommen. Und das ist, wie wir in Kapitel 3.5 festgestellt haben, nicht schwer heraus zu bekommen.[19]

Wie akut das Problem ist, ist nicht leicht abzuschätzen, weil fast jeder eigene Wege geht. Zumindest den in Linux verwendeten Generator

---

19 Zumindest bei kommerziellen Systemen wie Windows oder MacOS, weil die Hersteller natürlich darauf achten, dass möglichst keine nicht lizenzierte Software verwendet werden kann. Die Linux-Konstrukteure verweigern sich bislang allen Technologien, die Hintertüren haben könnten, wie Heise und andere Medien wiederholt berichteten.

kann man selbst jederzeit neu initialisieren und kontrollieren, was auch für den Code selbst gilt. Dieser Generator wird von OpenSSL, der Standard-Software, mit der die Verschlüsselung von Webseiten und Emails in der Regel durchgeführt wird, zwar nicht verwendet, aber OpenSSL ist ebenfalls OpenSource, so dass Kritiker den Quellcode prüfen können. Die der NSA nachgesagte Fähigkeit, die wesentlichen Router infiltrieren und damit auch Bankdaten abgreifen können, geht angeblich auf solche Angriffsmechanismen manipulierter Software zurück. Aber dazu müsste man Cisco und andere Netzwerkkomponentenhersteller befragen, und die kochen wiederum ihr eigenes Süppchen, denn ihre Software ist proprietär und der Code nicht öffentlich. Sie harmoniert zwar mit den OpenSource-Produkten, aber ob sie ebenfalls OpenSSL einsetzen und daran nichts manipuliert haben, lässt sich nur schwer prüfen.

EIN WORT ZU OPENSOURCE

Als privater Nutzer ist man eher auf der sicheren Seiten, wenn man OpenSource-Software nutzt, wie in den letzten Absätzen unterschwellig anklingt. Ist das Realität oder Religion?

Software	Entwicklung	#Vuln	MTBVD	EASZ
IE 7	closed	74	13.29	linear
Firefox	open	167	5.16	linear
MS Outlook Express 6	closed	23	120.73	linear
Thunderbird 1	open	110	13.79	nicht linear
IIS 5	closed	83	40.90	nicht linear
Apache 2	open	80	40.63	linear
MS Office 2003	closed	99	19.22	nicht linear
OpenOffice 2	open	19	63.16	linear
Windows 2000	closed	358	9.35	linear
Windows XP	closed	297	8.97	linear
Mac OS X	closed	300	4.64	linear
Red Hat Enterprise 4	open	264	5.48	nicht linear
Debian 3.1	open	207	6.45	nicht linear
mySQL 5	open	33	46.00	linear
PostgreSQL 8	open	25	58.96	linear
Oracle 10g v8	closed	63	29.75	nicht linear
DB2 v8	closed	13	136.38	linear

Abbildung 6.2: Schwachstellenanalyse in proprietärer und OpenSource-Software

Ein wenig von beidem. Eine Analyse der TU München über Schwachstellen in den verschiedenen Systemen, ausgeführt nach standardisierten Methoden des National Institute of Standards der USA (NIST), zeigt, dass sich die Systeme hinsichtlich der Anzahl der Schwachstellen wenig unterscheiden (Abbildung 6.2); allerdings ist bereits der Begriff „Schwachstelle" so diffus, dass man den Sinn einer solchen summarischen Aussage anzweifeln kann und eigentlich jeden Punkt einzeln diskutieren muss. Kritiker der OpenSource-Szene wenden denn auch immer wieder ein, dass Fehler oft erst nach 10 Jahren oder mehr gefunden werden. In OpenSSL waren vor einigen Jahren so gravierende Lücken bekannt geworden, dass die Sicherheitsupdates fast schneller erfolgten als die Administratoren die neuen Versionen aufspielen konnten und schließlich sogar für einige Zeit von der Verwendung abgeraten wurde. Kürzlich sind Schwächen des SSL-Zufallzahlengenerators in Verbindung mit der Vervielfachung von Prozessen auf Rechnern bekannt geworden, die in sehr speziellen Angriffsszenarien ausgenutzt werden könnten.

Dazu ist nun folgendes zu sagen:

a) Einige Erfinder von Sicherheitssystemen behaupten, es gäbe nur eine Handvoll Leute auf der Welt, die wirklich die Verschlüsselungsmathematik verstehen würden. Aus Erfahrung kann ich dem nur beipflichten: selbst die meisten Informatiker haben keinen wirklichen Durchblick durch die Technik.

Das Resultat sind völlige Fehleinschätzungen, wenn irgendwelche Meldungen über Schwachstellen oder den Bruch einer Verschlüsselung durch die Medien geistern. Eine Schwachstelle bedeutet nicht, dass ein System unsicher wäre,[20] ein unsicheres System bedeutet auch noch nicht, dass viele Hacker das ausnutzen können, und selbst Hacker, die dazu in der Lage sind, können oft aufgrund der Systemkonfiguration nichts damit anfangen.

Der Hashalgorithmus MD5 gilt beispielsweise als vollständig gebrochen. Kryptologische Hashalgorithmen erzeugen aus beliebig langen Eingaben nicht fälschbare Ausgaben von einigen Byte Länge. „Nicht fälschbar" bedeutet, dass auch absichtlich nicht zwei verschiedene Eingaben konstruiert werden können, die die gleiche Ausgabe ergeben. Hashalgorithmen werden daher für den Nachweis verwendet, dass an der ursprünglichen Eingabe nichts mehr verändert wurde. Beim MD5 gilt das inzwischen nicht mehr. Das heißt aber nicht, dass Sie ihn nicht mehr verwenden können. So lange Sie sich darauf beschränken, Ihre eigenen Daten gegen Verfälschungen zu sichern, können Sie ihn nach wie vor verwenden. Sie können nur jemand anderem nicht mehr zweifelsfrei klarma-

---

20 Die Verringerung der rechnerischen Sicherheit von 30.000 auf 18.000 Jahre ist nicht wirklich ein Grund zur Sorge.

chen, dass eine Nachricht nicht doch noch geändert wurde. Nur der Verwendungsumfang ist betroffen.

Lassen Sie sich daher von irgendwelchen Meldungen nicht in Panik versetzen! Man muss genau nachforschen, was es mit einer Sicherheitslücke wirklich auf sich hat, und meist sind tatsächliche Einbrüche in Systeme nicht auf technisches, sondern auf menschliches Versagen zurück zu führen.

b) Wenn Fehler in OpenSource-Software gefunden werden, werden diese auch bekannt. Kommerzielle Software wird oft repariert ohne dass ein Wort darüber verloren wird. Denken Sie an Kapitel 2.1 und das Vorgehen der Automobilindustrie. Mir ist wohler, wenn ich weiß, was passiert.

c) Software ist komplex, auch OpenSource-Software, d.h. die Möglichkeit, die Quellen zu kontrollieren, bedeutet nicht, dass dazu jeder in der Lage wäre und das auch macht. Schwachstellen können sich daher tatsächlich lange verstecken, und das gilt für kommerzielle Software auch. Aber immerhin kann jeder die Quellen prüfen, was bei kommerzieller Software nicht gilt. Und Spezialisten können die Software auch in ihrem Sinne modifizieren, wenn ihnen das für ihren Anwendungsfall geraten scheint.

d) Fakt ist, dass Windows bislang mehr grundsätzliche Lücken aufgewiesen hat, die den Endnutzer und damit den Nichtfachmann betreffen, als OpenSource-Software. Wenn Micro-Soft nach wie vor die Installation von Sicherheitssoftware anderer Unternehmen empfiehlt, den Support von Windows 7 bereits nach kurzer Zeit auf ein Minimum zurück fährt und Windows 8 nach noch kürzerer Zeit unter Auslassen der Version 9 durch Windows 10 ersetzen will, halte ich das nicht für ein Qualitätsmerkmal in Punkto Sicherheit.

e) Die kommerziellen Betriebssystembauer sind leider in der Vergangenheit mehrfach in der Gerüchteküche, mit der NSA zusammen zu arbeiten, aufgetaucht.

Das Fazit, das ich daraus unter Berücksichtigung der Eingangsfrage „Für wie wichtig halten Sie sich?" ziehen möchte, lautet:

> Als reiner Nutzer ohne Spezialkenntnisse oder Rückgriff auf Spezialisten, aber mit verantwortungsbewusstem Verhalten

und dem Anspruch, dass alles auf Mausklick auch funktionieren soll, sind Sie mit Windows oder MacOS gut bedient, und es ist aus sicherheitstechnischer Sicht auch wenig dagegen einzuwenden, wenn Sie alle Empfehlungen der Hersteller berücksichtigen (trotzdem ist es nicht falsch, auch einmal einen Versuch mit etwas anderem zu wagen, indem Sie Ihr System wie in Kapitel 6.1 beschrieben einrichten).

> Als Nutzer mit Spezialkenntnissen[21] fühlt man sich mit Open-Source-Software oft wohler, weil man bei einigen Sicherheitsfragen Glauben durch Wissen ersetzen kann. Finanziell ist es obendrein interessanter und man wird Windows nur auf die Anwendungen beschränken, die kein kompatibles Gegenstück im OpenSource-Bereich besitzen und nicht verzichtbar sind.[22]

... UND WAS IST MIT GEHACKTEN SYSTEMEN?

Mit schöner Regelmäßigkeit tauchen Berichte auf, dass dieser oder jener Server oder dieses oder jenes Netzwerk einem Hackerangriff zum Opfer gefallen ist. Besonders medienwirksam sind die Angriffe auf das US Office of Personnel Management (OPM) und den Deutschen Bundestag, die im Juni 2015 bekannt geworden sind. Nichts zeigt allerdings deutlicher, wie weit die Verantwortlichen überfordert sind wie die erleichterte Pressemeldung des Bundestagspräsidenten, dass „nach einer Überprüfung der Situation Hardware nicht ausgetauscht werden müsse". Abgesehen von manipulierter Hardware, die wir in

---

21 Die Bezeichnung „Spezialkenntnisse" ist deutlich übertrieben. Ubuntu-Linux ist genauso einfach zu bedienen wie Windows, und wer meint, in Windows funktioniere alles problemlos, den kann ich aus eigener Erfahrung auch eines Besseren belehren, besonders wenn Sie Ihr System selbst einrichten. Es stimmt allerdings, dass einige Soft- und Hardwareproduzenten sich standhaft weigern, Schnittstellen für Linux einzurichten, obwohl sie mit MacOS bereits ein Unix-System bedienen. Traditionell gilt: wenn unter Windows etwas nicht funktioniert, funktioniert es eben nicht; wenn unter Linux etwas nicht funktioniert, kann man es funktionierend machen. Aufgrund dieser historischen Schiene sammeln sich im Linux-Sektor halt mehr Leute an, die bereit sind, in ihren Systemen etwas auszuprobieren, wenn sich die Grenzen inzwischen auch etwas auflösen.

22 Beispiele 2015: Windows 7 ab 20 €, Windows 8 ab 35 €, Office ab 60 €, Photoshop 90-1.500 €, jeweils pro Arbeitsplatz, Virenscanner ab 60€/Jahr. Ubuntu, OpenOffice, Gimp und digikam kosten nichts, Virenscanner sind nicht notwendig.

Kapitel 2.2 diskutiert haben, oder manipulierter Firmware, die in Kapitel 6.1 erwähnt wurde – beides ist für diese Art von Angriffen mehr oder weniger auszuschließen – haben erfolgreiche Angriffe nichts mit Hardware zu tun. Wer trotzdem solche Gedanken wälzt, dürfte sich bei Angabe der Rufnummer „Null Vier Zwei Siebenundsiebzig ..." darüber beschweren, dass seine Handytastatur bei 9 aufhört und nicht über eine 77er-Taste verfügt.

Zum Problem: täglich finden Angriffe aller Art auf alle möglichen Unternehmens- und Regierungssysteme statt ohne dass das öffentlich bekannt wird. Über erfolglose Angriffe wird in der Regel nicht berichtet, erfolgreiche Angriffe tauchen ebenfalls nicht alle in der Presse auf, weil die Betroffenen das gerne unter der Decke halten, und das hat mit der Art und Weise zu tun, wie der Einbruch erfolgt:

> Auch die beste Software kann/wird noch irgendwelche Lücken aufweisen, die für einen Einbruch genutzt werden können. Nach Erkennen werden diese in der Regel schnell genug geschlossen, um größere Schäden zu vermeiden.

Ein Einbruch über diesen Weg setzt voraus, dass verletzbare Software erkennbar ist und nicht vom Administrator ausgetauscht wurde. Die leichte Erkennbarkeit der Softwareversion lässt sich durch passende Konfiguration abstellen, Sicherheitsupdates sollten schnellstmöglich aufgespielt werden. Bei beiden Maßnahmen hapert es in manchen Systemen, aber kein Administrator wird gerne zugeben, dass er wichtige Maßnahmen verschlafen hat, also hält man den Hackereinbruch lieber unter der Decke und betreibt Schadensbegrenzung.

Die Zahl der Einbrüche auf diesem Weg ist statistisch insgesamt gering.

> Die Netzwerke können über eine Public Key Infrastructure abgesichert werden, die jeglichen Datenverkehr zwischen den Systemen verschlüsseln. Jeder Rechner/Nutzer verfügt dabei über ein Zertifikat, mit dem er/er sich bei den anderen Systemen authentifizieren muss (es sind verschiedene Konfigurationsmöglichkeiten vorhanden; bezüglich der Zertifikattechnik siehe Kapitel 6.3). Für einen Angreifer bedeutet das, dass jeder Rechner mehr oder weniger einzeln angegriffen werden muss.

Diese Sicherheitstechnik ist mehr als 10 Jahre alt (erste Versionen, die nur symmetrische Verschlüsselungsverfahren anstelle der heute verwendeten Zertifikatsysteme auf der Basis von RSA verwendeten, datieren sogar zurück auf die späten 1980er Jahre). Es gibt allerdings keine offiziellen Zahlen, in welchem Umfang und mit welcher Konfiguration die Technik derzeit eingesetzt wird.

➢ Die Webanwendungen sind oft spezielle Entwicklungen und haben mit dem Problem zu kämpfen, dass viele Daten auf nicht kontrollierbaren Rechnern von Nutzern erzeugt werden.[23] Deshalb ist bei der Webprogrammierung auf deutlich mehr zu achten als bei normalen Anwendungsprogrammen. Dies hier im einzelnen zu beschreiben übersteigt den Rahmen deutlich. Ich habe die verschiedenen Sicherheitsaspekte im Buch „Der sichere Webserver und seine Umgebung" ausführlich und mit Übungen beschrieben. Diejenigen Leser, die ihre eignen Webseite programmieren wollen, sollten sich grundsätzlich mit den Sicherheisaspekten auseinander setzen.

Die wesentlichen Sicherheitsprinzipien im Umfeld Webprogrammierung sind ebenfalls seit den 1990er Jahren bekannt und können durch entsprechende Programmierfunktionen bzw. Programmierprinzipien berücksichtigt werden. Allein auch dies wird oft nicht getan. Bei einer Tagung mit Polizeivertretern kam heraus, dass Hacker-Einbrüche in Systeme immer wieder mit Techniken erfolgreich durchgeführt werden, deren Gegenmaßnahmen seit 20 Jahren bekannt sind. Die meisten Einbrüche in Systeme sind auf grobe Schnitzer bei der Webprogrammierung zurückzuführen. Auch das möchte man natürlich nicht öffentlich breit getreten wissen.

➢ Beim restlichen Drittel der erfolgreichen Angriffe spielt Insiderwissen eine Rolle. Der Hacker ist kein genialer Techniker, sondern hat irgendwo Informationen von Mitarbeitern des

---

23 Bei einem Programm wie WORD läuft alles auf einem Rechner ab, d.h. der Programmierer weiß immer genau, was passiert. Bei Webanwendungen kann er jedoch nur spekulieren, ob der Anwender die Daten so eingibt, wie er es vorgesehen hat oder ein Hacker ganz andere Daten überträgt, die im Browser gar nicht eingegeben werden können. Die Serveranwendung muss auch mit solchen Täuschungsversuchen richtig umgehen und darf keine falschen Ergebnisse liefern.

angegriffenen Unternehmens aufgegriffen oder ist selbst Mitarbeiter. Auch das bleibt meist unter der Decke.

> Bei einigen Angriffen ist tatsächlich die Verschlüsselung das Tor zum Inneren des Netzwerkes. Die Konfiguration der Verschlüsselungssoftware erlaubt allerdings auch sehr viele Einstellungen, von denen einige über 20 Jahre alt und gegenüber der heutigen Technik unsicher sind. Diese sind von den Administratoren zu deaktivieren – einige Häkchen im Konfigurationsmenü, die leider ebenfalls manchmal unterlassen werden.

Hinzu kommen oft noch Meldungen über Einbrüche in Verschlüsselungsalgorithmen, die zusammen mit der Verschwiegenheit über den tatsächlichen Einbruchsweg den Eindruck erwecken, die Algorithmen seien unsicher. Um es einmal sehr brutal zu sagen: das Meiste ist schlicht Humbug. Es existiert beispielsweise kein in der Praxis erfolgversprechendes Angriffsverfahren auf AES. Die Angriffe sind entweder unter realen Bedingungen gar nicht in der notwendigen Form ausführbar oder reduzieren die theoretische Sicherheit etwa in dem Maße, dass Sie durch eine Abkürzung auf der Strecke Hamburg – München 2 cm einsparen könnten.

Halten wir fest: Einbrüche in Systeme gelingen nicht aufgrund einer generellen Unsicherheit der Sicherheitsalgorithmen, sondern aufgrund irgendeiner Schlamperei bei der Anwendungsprogrammierung oder der Konfiguration der Systeme. Man kann zwar eine Reihe von Regeln aufstellen, die zu beachten sind, bei den meisten Systemen sind allerdings auch spezifische Maßnahmen notwendig. Wie gut ein System abgesichert ist, hängt daher von den Fähigkeiten der Programmierer und Administratoren und auch davon ab, wie viel Spielraum man ihnen für ihre Arbeit lässt. Internet kann ja bekanntlich jeder, und es kommt häufiger dazu, dass die Leute, deren Kenntnisse bereits am oben erwähnten Fehlen der 77-Taste scheitern, den IT-Leuten vorschreiben „das ist nicht notwendig".

Verschlüsselung nutzen !

Seien wir nach dem technischen Ausflug einmal neurotisch pessimistisch und gehen davon aus, die NSA sei in der Lage, eine Entschlüsselung, für deren Bruch außerhalb der NSA 100.000 Jahre notwendig sind, in einer Stunde durchzuführen. Der Bruch einer einzelnen Verschlüsselung ist dann kein Problem für sie, wenn aber der größte Teil der Nachrichten verschlüsselt würde, könnte sie nur noch einen Bruchteil der Nachrichten mitlesen. Und genau da liegt der Grund, durchgehend alles zu verschlüsseln.

Eine solche pessimistische Sicht ist aber meiner Ansicht nach nicht notwendig. Die meisten Kommunikationsdaten greifen die Nachrichtendienste im Internet ab, indem sie die unverschlüsselten Inhalte mitschneiden. Wenn verschlüsselt wird, stehen die Nachrichtendienste, zumindest was die Kenntnis der Inhalte angeht, vor der Tür. Google und Facebook verschlüsseln alles bereits konsequent (wobei die NSA dort möglicherweise andere Zugriffsmöglichkeiten besitzt), anderes hinkt noch nach. Es liegt an Ihnen, an welche Informationen die Nachrichtendienste gelangen. Manches kann man nicht verhindern, Manches nur bedingt, aber Einiges ziemlich sicher. Und das schauen wir uns nun an.

6.3 Emails – der Kern

Wenn es um verschlüsselten Datenverkehr mit Webseiten geht, können Sie als Nutzer sehr wenig unternehmen. Das muss der Betreiber des Servers in die Wege leiten. Wenn er eine Verschlüsselung einrichtet, funktioniert alles Weitere automatisch, d.h. als Nutzer hat man auch keine Probleme damit. Sie können als Nutzer höchstens darauf drängen, dass von Ihnen oft besuchte Webseiten verschlüsselt werden. Senden Sie häufiger eine Email an Betreiber unverschlüsselter Seiten. Wenn sich das häuft, wird er vermutlich irgendwann darauf reagieren.

Anders sieht es im Bereich Emails aus. Hier müssen auch Sie aktiv werden. Obwohl recht einfach eine Verschlüsselung zu erreichen ist, wird gerade der Email-Bereich sträflich vernachlässigt. Räumen wir dazu erst einmal mit einem Irrtum auf.

Die telekom und andere Anbieter machen seit einiger Zeit Werbung für sichere Emails (Abbildung 6.3). Damit sind folgende Sicherheitskriterien verbunden:

1. Der Verkehr zwischen Ihrem Rechner und dem Server sowie der Verkehr zwischen den Servern ist SSL-verschlüsselt.[24]

---

24 Selbst das war vorher nicht gegeben: zwischen telekom und web.de herrschte nach Berichten von Administratoren einige Stunden Kommunikationsstille, weil sich beide Seiten nicht auf Anhieb auf eine kompati-

2. Die Server befinden sich in Deutschland.

3. Emailadressen anderer deutscher Provider, die die gleichen Regeln befolgen, werden automatisch als sicher gekennzeichnet.

Die Sicherheitskriterien enthalten folgende wichtige Kriterien ausdrücklich NICHT:

4. Die Emails werden bei Ihnen verschlüsselt und beim Empfänger entschlüsselt (und umgekehrt).

5. Auf den Provider-Servern liegen keine Emails im Klartext vor.

Spätestens nach den BND-Enthüllungen im Mai 2015, aber auch schon vorher durch Snowden dürfte klar sein: das Ganze ist eine Mogelpackung. Die Daten liegen im Klartext auf den Servern vor und können dort ausgelesen werden, und anscheinend werden sie das auch in großem Stil.

Abbildung 6.3: Sichere Emails Made(=Wurm) in Germany

Halten wir als erstes **Regel 1** fest: eine Verschlüsselung von Emails bedeutet, dass zwischen Versender und Empfänger direkt verschlüsselt wird und auf dem Transport im Internet nicht lesbar ist, auch nicht vom Provider. Eine Verschlüsselung der Verbindung zwischen dem Server und Ihrem Rechner schützt Ihr Konto vor unbefugtem Eindringen und ist ebenfalls einzurichten, sichert aber nicht gegen das Mitlesen des Inhalts ab. Mit anderen Worten: es sind zwei Verschlüsselungen einzurichten.

---

ble Konfiguration der Verschlüsselung einigen konnten.

Um sich eine plastische Vorstellung zu machen, denken Sie an den Versand einer Postkarte und eines Briefes. Die Postkarte kann rein formal niemand lesen: Sie werfen sie in den gelben Briefkasten und können bis dahin kontrollieren, dass niemand sie liest. Danach ist sie im Besitz der Post, die niemand hineinschauen lässt, bis sie im Briefkasten des Empfängers liegt, und der kann sie formal als Einziger lesen, wenn er seinen Briefkasten leert. Natürlich ist das nur eine formale Sicherheit: bei der Post kann jeder die Karte lesen, der irgendwie mit der Verteilung zu tun hat: der Abholer von Briefkasten, die Sortierer und Zwischentransporteure, ggf. auch Nachrichtendienste, die sich in den Prozess eingeschlichen haben, und der Zusteller.

Die Beförderung durch die Post ist daher nur eine äußere Verschlüsselung, und das und nur das Prinzip verkauft Ihnen die telekom als Sicherheit (und auch das nur bei deutschen Empfängern; der Verkehr mit ausländischen Empfängern hält noch nicht einmal diese Regeln ein).

Das gilt nicht mehr für einen Brief. Der ist durch den Umschlag gewissermaßen ein zweites Mal verschlüsselt, und will ein Postmitarbeiter oder jemand anderer ihn trotzdem lesen, muss er erst einmal die Verschlüsselung knacken, d.h. den Umschlag öffnen. Das gleiche gilt für Emails, die ebenfalls unabhängig vom Transportweg verschlüsselt werden müssen, sollen sie vertraulich sein.

Bei der Einstellung der beiden Verschlüsselungen ist die Art des Umgangs mit den Emails zu beachten. Emails können Sie auf zwei Arten bearbeiten:

a) Sie können mit Webmail arbeiten, d.h. die Emails befinden sich auf dem Server des Providers und werden mit dem Browser über eine HTTPS-Seite bearbeitet.

b) Oder Sie laden die Emails auf Ihren Rechner über eine SSL-gesicherte Verbindung und bearbeiten sie mit Thunderbird, Outlook oder einem ähnlichen Programm.

Die äußere Verschlüsselung funktioniert in beiden Fällen: bei einem Webmailer automatisch, bei einem lokalen Email-Agenten muss das von Ihnen eingestellt werden. Ihr Provider liefert Ihnen in der Regel genaue Anweisungen, welche Handgriffe Sie hierzu ausführen müssen. Teilweise ist das nicht ganz unkompliziert für Neulinge, aber der Aufwand ist in der Regel nur einmal notwendig.

Die innere Verschlüsselung funktioniert mit eigenen Mailagenten problemlos, mit Webmailagenten aber oft nicht, und wenn, dann muss man prüfen, wie der Webmailagent wirklich arbeitet. **Regel 2** lautet daher, Webmailer zu vermeiden und lokale Emailprogramme zu bevorzugen, zumindest so lange Sie nicht wissen, was Ihr Webmailprovider genau unterstützt. Wir gehen auf das Thema gleich im Anschluss an die Diskussion der Zertifikate noch einmal ein, weil die Zusammenhänge dann verständlicher sind.

Wie kompliziert ist die innere Verschlüsselung? Da gibt es einfache und kompliziertere Handgriffe. Beginnen wir mit den komplizierten: Sie benötigen ein so genanntes Zertifikat, das Sie identifiziert und einen geheimen sowie einen öffentlichen Schlüssel nach dem RSA-Schema besitzt. Wieder gibt es zwei Möglichkeiten: Sie können sich ein öffentliches Zertifikat nach der X.509-Norm besorgen oder sich ein privates PGP-Zertifikat erstellen. Ein X.509-Zertifikat können Sie für Emails verwenden und zusätzlich mit dem Browser benutzen, um sich damit anstelle Ihrer Name/Kennwort-Kombination bei Servern anzumelden, die diesen Mechanismus unterstützen. Ein PGP-Zertifikat können Sie für Emails und Dateiverschlüsselung verwenden, wobei zu beachten ist, dass bei Emails zwei PGP-Verschlüsselungsprotokolle existieren. Eines opertiert ähnlich X.509, bei dem anderen müssen Sie Emails und deren Anhänge separat verschlüsseln. Da nicht jedes System PGP unterstützt und der Einsatz unkomplizierter ist, sei als **Regel 3** X.509 empfohlen, wenn Sie noch nichts in dieser Richtung gemacht haben.

Das Zertifikat bekommen Sie von einem Aussteller. Falls Sie bei Ihrem Personalausweis ein Zertifikat beantragt haben, können Sie dieses nutzen. Es hat allerdings zwei Nachteile:

* Die Schlüssel hat jemand für Sie generiert und Ihnen versprochen, keine Kopie anzufertigen. Hat er das wirklich nicht?

* Das Zertifikat kostet Geld.

Alternativ können Sie ein Zertifikat von CAcert.org anfordern. Das kostet kein Geld, und außerdem erklärt die Webseite dazu

> *Your private key is generated by your browser, *IN* your browser when you request a new cert from CAcert. That way CAcert never has your private key in its possession.*

Das hört sich gut an, jedoch sind die Root-Zertifikate nicht allgemein anerkannt, so dass Warnmeldungen von Browsern und Emailprogrammen möglich sind. Als **Regel 4** sei trotzdem ein Zertifikat dieses Ausstellers empfohlen.

Sie benötigen in diesem Fall noch ein wenig Verwaltungshintergrund, den ich einmal als **Regel 5** zusammenfasse. Ihr CAcert-Zertifikat ist zunächst in Ihrem Browser installiert. Sie können es als PKCS#12-Zertifikat exportieren und in Ihrem Emailprogramm importieren. PKCS#12 bedeutet, dass öffentlicher und privater Schlüssel in einer Datei transportiert werden, also keine Angst vor solchen Abkürzungen. Zusätzlich laden Sie das Root-Zertifikat herunter (was das ist und wo man es findet, ist auf der Webseite erklärt) und installieren es ebenfalls. In den Einstellungen von Browser und Emailprogramm existieren entsprechende Menüpunkte, so dass das problemlos zu erledigen ist. Falls Sie etwas suchen müssen und dadurch etwas genervt sind, denken Sie daran: es gibt nichts zum Nulltarif.

Ihr Zertifikat muss halbjährig erneuert werden (bei anderen Ausstellern liegen die Zeiträume zwischen einem und fünf Jahren), und da CAcert den privaten Schlüssel nicht kennt, bekommen Sie nur ein PKCS#7-Zertifikat, an das der private Schlüssel angehängt werden muss, um es zu einem PKCS#12-Zertifikat zu machen. Es gibt mehrere Möglichkeiten, das zu erledigen, die auch auf der CAcert-Seite erklärt werden. Eine weitere ist die Benutzung des OpenSource-Programms XCA, das Sie aus dem Internet herunterladen und kostenlos nutzen können. Dort gibt es auch Tutorials, wie man damit umgeht. In dieses Programm kann alles (Root-Zertifikat, PKCS#7, PKCS12 u.a.) importiert und in der gewünschten Form auch wieder exportiert werden. Es ist obendrein recht hilfreich, wenn man sich praktisch mit Zertifikaten vertraut machen will. Damit sollte nun alles in Betrieb genommen werden können. Ihr Emailprogramm kann nun verschlüsseln und/oder signieren, und auch Ihr Browser kann sich nun mit einem Zertifikat anmelden.[25]

---

25 Zugegeben, das hört sich alles einfacher an als es für einen ungeübten Nutzer tatsächlich ist. Man muss sich durch eine Vielzahl von Menüs im Browser und im Email-Agenten klicken, überschauen, welche Datei man wo gespeichert hat, um auf sie zugreifen zu können, und sich auch noch einige Kennworte merken. Im Internet gibt es ausführliche Schritt-für-Schritt-Anleitungen für jeden Browser oder Email-Agenten, die man sich zweckmäßigerweise ausdruckt und durchliest, bevor man mit der Arbeit beginnt, und damit man nicht so schnell die Lust verliert, verschiebt

Nun zum unkomplizierten Teil, der Anwendung: als **Regel 6** aktivieren Sie in Ihrem Emailprogramm ein standardmäßiges Signieren und Verschlüsseln aller Emails unter Verwendung Ihres Zertifikats. Damit Ihre Kommunikationspartner Ihnen etwas verschlüsselt senden können, benötigen sie Ihr Zertifikat, und das bekommen sie mit der Signatur. Die Signatur sorgt gleichzeitig dafür, dass die Email nicht mehr gefälscht werden kann und der Empfänger sicher sein kann, die Mail von Ihnen zu bekommen.

Allerdings: wieder einmal ist nichts umsonst. Für die Signatur und die Entschlüsselung wird das Kennwort für den privaten Schlüssel benötigt. Je nachdem wie sicher Sie sich fühlen, können Sie den Schlüssel auch ohne Kennwort speichern oder nur mit einem kurzen Kennwort sichern oder das Mailprogramm nach dem Systemstart dauernd geöffnet halten. Wenn der Empfänger kein Zertifikat besitzt, fragt das Mailprogramm, ob es unverschlüsselt senden soll. Das sind dann einige Mausklicks mehr als gewohnt, aber das ist auch schon alles.

Da es vermutlich dauert, bis verschlüsselter Emailverkehr gebräuchlicher wird, können Sie Signatur und Verschlüsselung auch zunächst auf bestimmte Emailkonten beschränken, beispielsweise nur die, die Sie in Ihrer sicheren Umgebung nutzen.

An dieser Stelle noch die angekündigte Ergänzung zu Webmailern nebst einigen Ergänzungen. Webmailer werden gerne verwendet, wenn man von verschiedenen Rechnern auf die Emails zugreifen möchte, weil sie auf dem Server des Providers von überall zugänglich sind und mit Hilfe des Browsers bearbeitet werden. Auch Antworten werden auf dem Server gespeichert; die Client-Systeme erhalten in der Regel keine Kopien der Emails.

Sie können die Funktionalität mit lokalen Mailagenten ebenfalls erreichen, indem Sie in der Konfiguration auswählen, dass die Emails nach dem Herunterladen nicht gelöscht werden. Emails können dann sowohl lokal bearbeitet als auch auf andere Rechner nochmals heruntergeladen werden; um auch Antworten auf allen Systemen System sichtbar zu machen, müssen Sie jedes Mal eine Kopie an sich selbst senden, die dann wieder in Ihrem Postfach gespeichert wird. Das verlangt ein wenig Disziplin und ist bezüglich der Bedienung weniger elegant als ein Webmailer, ist aber ein gangbarer Weg.

---

man die ganze Operation am Besten auf einen verregneten Nachmittag.

Auf jedem System sind außerdem alle Zertifikate zu installieren, wenn Sie verschlüsseln wollen. Die Emails sind in diesem Fall auf jedem Rechner lesbar, auf dem Server jedoch verschlüsselt. Weder Provider noch Nachrichtendienste können Ihre Mailinhalte auslesen.

Webmailprogramme sind grundsätzlich ebenfalls in der Lage, mit Zertifikaten und damit mit Verschlüsselung umzugehen. Die meisten Provider werden diese Option allerdings vermutlich nicht aktivieren, sodass entsprechende Menüpunkte nicht zur Verfügung stehen. Sie können Ihren Provider natürlich auffordern, die inneren Verschlüsselungsmechanismen zu aktivieren. Bietet Ihnen der Provider dies an, müssen Sie kontrollieren, wie das realisiert ist. Möglich ist:

> Das Zertifikat lagert ebenfalls auf dem Server und Sie müssen jeweils ihr Kennwort für eine Ver- und Entschlüsselung angeben. Damit hätte der Provider aber wieder die Möglichkeit, sich alles zu merken und zu entschlüsseln. Die Emailinhalte sind dann nur gegen Lauschen durch Dritte geschützt.

> Wie bei der CAcert-Zertifikaterzeugung lässt sich das Verfahren so einrichten, dass der private RSA-Zertifikat-Schlüssel nicht an den Server übertragen wird sondern nur der temporäre AES-Schlüssel, mit dem die Email verschlüsselt wurde. Der Provider kann aber die Emailinhalte mitlesen, die im Webmailer ver- oder entschlüsselt werden.

> Auch die AES-Ver- und Entschlüsselung wird im Browser durchgeführt. Der Server überträgt nur verschlüsselte Daten und erhält auch nur verschlüsselte Daten. Nur in diesem Fall ist der Inhalt tatsächlich geschützt.

Wenn man sicher gehen will, muss man fragen, welches Verfahren genau eingesetzt wird, Spezialisten können anhand der übermittelten Javascript-Programme auch kontrollieren, was dort genau geschieht.[26]

---

26 Vermutlich wird es lange dauern, bis Sie bei einem Provider überhaupt jemand finden, der fachlich in der Lage ist, Auskunft zu geben. Javascript-Programme lassen sich unter bestimmten Bedingungen prüfen, wenn man die in jedem Browser inzwischen vorhandenen Web-Developer-Tools verwendet, die meist im Menü „Extras" zu finden sind. Dort kann man den Quellcode sehen und den Ablauf auch unterbrechen, um sich Details anzuschauen. Sie können das selbst einmal an irgendeiner Seite ausprobieren, denn kaputt machen können Sie dabei nichts. Für mehr benötigen Sie natürlich Programmierkenntnisse.

Regel 7: Gehen Sie anderen Leuten auf die Nerven, indem Sie sie ständig auffordern, Mails doch bitte zu verschlüsseln. Mit anderen Leuten sind Ihre Bekannten, aber auch Unternehmen und Behörden gemeint, denen Sie laufend Mails mit dieser Aufforderung senden. Nur wenn sich die Verschlüsselung breiter durchsetzt, sind die Nachrichtendienste außen vor. Aber genau das wollen wir ja. Seien Sie ruhig penetrant und fragen Sie Leute, die sich über die NSA aufregen, wieso sie sich eigentlich aufregen, solange sie die Daten doch freiwillig und persönlich abliefern. Sagen Sie ihnen, wenn sie schon so schlau seien, sich beschweren zu können und auch die Zeit hätten, das zu tun, wieso sie dann anscheinend nicht schlau genug sind, die Handgriffe, die Sie schon hinter sich haben, nachzuholen.

Regel 8: Betrachten Sie Ihre Verschlüsselungskapazität bei den Emails als zentralen Umschlagplatz für Informationen, bis in anderen Bereichen ebenfalls Verschlüsselungen zur Verfügung stehen. Überlegen Sie regelmäßig, ob die Information, die Sie unverschlüsselt versenden, nicht auch verschlüsselt über Ihr Emailsystem transportiert werden könnte. Das erfordert grundsätzliche Überlegungen zum Verhalten. Wir gehen daher bei den anderen Kategorien darauf ein.

6.4 Social Engineering

Die meisten Systemeinbrüche erfolgen nicht technisch, sondern durch Überlisten des Menschen. Das Thema ist ein Dauerbrenner und wird wieder und wieder in Mails und auf Webseiten aufgekocht, deshalb fasse ich mich kurz.

Eine immer noch gebräuchliche Masche ist der Versand von Emails, in denen auf Unstimmigkeiten bei der Nutzung irgendeines Dienstes (Bank, PayPal, ebay, usw.) hingewiesen wird und man sich einloggen soll, um das Problem zu beheben. Obwohl jeder Webseitenbetreiber in fast jeder Mail darauf hinweist, dass er solche Fragen nicht stellt und es sich folglich um eine Fälschung handelt, fallen immer noch viele Nutzer darauf herein, zumal beim Anklicken des Links zum Einloggen auch noch scheinbar die gewohnte Webseite angezeigt wird, auf der man das sonst auch macht.

Fallen Sie nicht darauf hinein! Seien Sie kritisch! Wenn Ihnen etwas seltsam vorkommt, öffnen Sie den Quelltext der Email. Einen solchen

Menüpunkt enthält jeder Mailagent. Suchen Sie dann nach dem Link, den Sie anklicken sollen. Wenn Sie dort sinngemäß folgendes finden

```
<a href="mafia.com">Deutsche Bank.de</a>
```

versucht jemand, sie zu betrügen, denn sonst stünde dort

```
<a href="deutsche_bank.de/...">Deutsche
Bank.de</a>
```

Wenn Sie nicht sicher sind, tun Sie nichts! Wenn es wirklich Probleme gibt, wird sich Ihr Provider erneut bei Ihnen melden.

Wenn Ihnen eine Email verdächtig ist, öffnen Sie auf keinen Fall Dateianhänge, zumindest nicht, wenn Sie Windows verwenden! Das Problem von Viren und Troianern ist trotz allen Bemühens nach wie vor nicht in den Griff zu bekommen. Der Verdacht gilt auch bei Emails von Bekannten. Fragen Sie lieber noch einmal nach, ob sie Ihnen etwas geschickt haben, bevor Sie den Anhang öffnen.

Rufen Sie auch keine Telefonnummern an! Und lassen Sie sich von Anrufern, per Mail oder an der Tür nicht überreden, irgendetwas zu kaufen oder irgendwelche Informationen heraus zu rücken! Glauben Sie nicht, dass Sie tatsächlich 100.000 € gewonnen haben, für deren Auszahlung nur die Unkosten von 150 € vorab zu zahlen sind. Glauben Sie auch nicht, dass ein Angebot jetzt und nur jetzt gilt und um 15:30 Uhr ungültig wird. Seriöse Anbieter senden Ihnen ein Angebot auch per Post zu, wenn Sie das wünschen. Fallen Sie auch nicht darauf hinein, dass sich Ihnen jemand am Telefon, in einer Email oder an der Haustür als Anwalt oder Beamter ausgibt und forsch auftritt. Wenn es sich um einen Anwalt oder Beamten handelt, wird der Ihnen sein Anliegen auch per Brief schriftlich mitteilen, wenn Sie ihn dazu auffordern. Glauben Sie Unbekannten grundsätzlich nichts, was Sie nicht überprüft haben! Gibt es die angegebe Adresse, gehört die angegebene Telefonnummer auch zu der Person, hat das Unternehmen wirklich diesen Mitarbeiter zu Ihnen geschickt? Wenn man Ihnen die Zeit zur Prüfung nicht lassen will, legen Sie auf, löschen Sie die Mail, machen Sie Ihre Haustür vor dem aufdringlichen Zeitgenossen zu oder drücken Sie die 110 am Handy.

Psychologisch handelt es sich immer um die gleichen Tricks, wie wir in der Fußnote auf Seite 245 bereits angemerkt haben. Die modernen Techniken verlangen, dass wir uns gegen diese Tricks abhärten und unsere psychologische Konditionierung etwas überwinden. Wenn Sie eine Eselsbrücke dafür benötigen, stellen Sie sich jedes Mal vor, jemand würde Sie auffordern, Ihre Hose samt Unterhose herunter zu ziehen, um eine Inspektion der darunter liegenden Körperteile vornehmen zu können.[27]

Seien Sie genauso misstrauisch, wenn es sich um Download-Möglichkeiten aus sozialen Netzwerken, Shareware oder Freeware handelt. So mancher hat sich mit einem Klick bei Facebook schon einen Troianer eingehandelt, obwohl Facebook und die anderen großen Dienstleister selbst viele Maßnahmen unternehmen, so etwas zu verhindern. Brauchen Sie ein Programm wirklich? Gibt es nicht auch ein Angebot von einer bekannten Firma, der Sie mehr vertrauen, auch wenn es etwas teurer ist? Wenn Sie etwas laden, machen Sie das im unsicheren Bereich oder schaffen Sie sich ggf. noch einen unsicheren Unsicherheitsbereich für solche Software.

Ein abschließendes Wort zur Abmahnfalle, in die man auch dann geraten kann, wenn man eigentlich nichts gemacht hat. Leider hat die Bundesregierung die Position der Abmahner in ihrer letzten Gesetzesnovelle sogar noch verbessert; trotzdem ist Besonnenheit angesagt. Das Internet wimmelt von Ratschlägen zu dem Thema, und eigentlich gehört es auch gar nicht zum Kernbereich des Buches. Abmahnungen haben sich allerdings ebenfalls zu einer Art Social Engineering entwickelt, durch das Leute mittels der Berufsbezeichnung „Rechtsanwalt" und frechem Auftreten versuchen, an das Geld anderer Leute zu gelangen. Oft ist das nicht gerechtfertigt und die Abmahner werden wenig von den angedrohten Maßnahmen unternehmen, wenn ein Abgemahnter sich wehrt, weil ein verlorener Prozess das komplette Ende der Abmahnkarriere bedeuten könnte und bereits 20 Zahlende von 100 Abgemahnten das Geschäft äußerst einträglich machen. Deshalb hier trotzdem einige einführende Hinweise für den Fall, dass Sie einen unangenehmen Brief erhalten:

a) Tun Sie nicht Nichts! Verfallen Sie aber auch nicht in Panik. Prüfen Sie in Ruhe, ob die Abmahnung zu Recht erfolgt ist oder sein könnte, und stellen Sie den abgemahnten Missstand ab, wenn beispielsweise Ihre Internetseite betroffen ist. Das können Sie auch vorsorglich tun, wenn Sie nicht sicher sind, ob der Gegner Recht hat. Teilen Sie dem abmahnenden An-

---

27 Vielleicht drückt man Ihnen auch einen FBI-Ausweis als offizielles Dokument in die Hand, wobei FBI hier allerdings für „Female Body Inspector" steht.

walt in diesem Fall <u>schriftlich</u> mit, dass bis zum Ende einer Überprüfung der Sachlage der beanstandete Zustand (nicht Missstand! Nichts zugeben!) vorläufig beseitigt wurde.[28]

b) Eine Abmahnung durch einen Anwalt muss den Namen und die Anschrift des Abmahnenden enthalten. Ist das nicht der Fall, fordern Sie den Anwalt <u>schriftlich</u> auf, Ihnen diese Informationen nachzureichen, bevor Sie weiter auf das Anwaltsschreiben eingehen. Auch der Rechtsgrund usw. muss ausführlich und nachvollziehbar genannt sein. Auch wenn das Fehlen dieser Informationen grundsätzlich nichts an der Berechtigung einer Abmahnung ändert, kann der Gegner gerichtlich nichts erfolgreich gegen Sie unternehmen, so lange er den Formalien nicht genügt.

c) Die Fristen sind meist sehr kurz, um Sie zur Zahlung zu zwingen. Allerdings ist das nicht zulässig; Sie müssen Gelegenheit bekommen, alles ausführlich zu prüfen. Wenn Sie eine Rechtsschutzversicherung haben, dauert es einige Zeit, bis Sie die eine Deckungszusage bekommen und einen Anwalt konsultieren können. Teilen Sie auch dies dem Abmahner <u>schriftlich</u> mit und bestehen Sie auf einer angemessenen Fristverlängerung.

d) Meist erhalten Sie mit der Abmahnung eine Unterlassungserklärung. Die Angabe von Kosten in dieser ist allerdings unzulässig. Sofern Sie die Unterlassungserklärung abgeben, weil die Abmahnung grundsätzlich berechtigt war, streichen Sie diese Passagen aus ihr, um nicht gleichzeitig eine Anerkenntnis der Kosten zu unterschreiben.

e) In Bezug auf den Streitwert und die damit verbundenen Anwalts- und Abmahnkosten ist leider die Position der Abmahner gestärkt worden. Es empfiehlt sich in manchen Fällen, mit der Gegenseite zu verhandeln. Dabei gilt: Sie müssen den Anwalt, der Ihnen die Abmahnung geschickt hat, nicht als Verhandlungspartner akzeptieren, so lange die Sache nicht vor Gericht ist, sondern können mit dem Rechteinhaber direkt verhandeln. Lehnen Sie Ihrem Gegner gegenüber den Anwalt

---

28 Schriftlich bedeutet Fax oder Brief. Juristisch wird dies i.d.R. als ausreichend betrachtet. Die Ausrede „ich habe nichts bekommen", nachdem Sie das Anwaltsschreiben weggeworfen haben, hilft Ihnen meist nicht weiter.

als Verhandlungsführer schriftlich ab (dem Anwalt teilen Sie das natürlich auch mit) und senden Sie ihm direkt ein Angebot.

Betrachten Sie das bitte nur als unverbindliche Hinweise und informieren Sie sich im Internet genauer oder nehmen Sie die Hilfe eine Fachanwalts in Anspruch, wenn Sie Probleme bekommen.

6.5 Daten im Staatszugriff

Wir untersuchen in den nächsten Teilkapiteln schrittweise, auf welche Daten Nachrichtendienste Zugriff haben und wie weit wir überhaupt eine Möglichkeit haben, Einfluss darauf zu nehmen. Es wird sich herausstellen, dass bei manchen Daten keine Möglichkeit besteht, etwas privat zu halten, bei manchen Daten durch Änderung des Verhaltens eine gewisse Privatsphäre zu erreichen, bei einer weiteren Kategorie zwar auch etwas erreichbar wäre, aber zu einem zu hohen Preis, was die Auswirkungen auf die Lebensqualität insgesamt betrifft.

Die meisten Daten sind „geschützt", was lediglich bedeutet, dass sie nur unter bestimmten Bedingungen in Ermittlungs- und Gerichtsverfahren verwendet werden können. In NSA. BND & Co sowie in diesem Buch haben wir genügend Beispiele aufgeführt, die nachweisen, dass sich Nachrichtendienste nicht um solche Kleinigkeiten kümmern und auch Tricks finden, wie man illegale Daten in legale umwandeln kann. Wenn Sie die Medienberichte ein wenig verfolgt haben, werden Sie weitere Beispiele für die Machenschaften mitbekommen haben. Datenschutz ist zwar grundgesetzlich verankert, aber Papier ist eben nur Papier.[29]

---

29 Manchmal sind die Dienste sogar überaus dreist: wie das ZDF berichtet, hat das BKA per Rundschreiben deutsche Unternehmen mit mehr als 250 Mitarbeitern nach dem 9.11.2001 aufgefordert, sämtliche Personalakten von führenden Mitarbeitern zur Verfügung zu stellen, offensichtlich zur Weitergabe an die Amerikaner. Immerhin 5% sind dieser eindeutig grundgesetzwidrigen Aufforderung gefolgt. Auch der Brustton der Überzeugung, mit der eine Korrespondentin aus den USA am 1.6.2015 auf einem Sender mitteilte, dass die NSA nach Auslaufen der Bestimmungen des Patriot Acts, der die Inlandsüberwachung in den USA regelt, um Punkt 10:00 Uhr MEZ die „Computer heruntergefahren" hätte, war derart abstrus, dass ich vor Lachen den Rest der Nachrichten gar

Auf eine Reihe von Daten hat der Staat mittelbaren oder unmittelbaren Zugriff. Gegen eine Erfassung und Nutzung durch Nachrichtendienste lässt sich wenig unternehmen bzw. Maßnahmen sind eher kontraproduktiv, wenn man den Aufwand im Verhältnis zum Gewinn betrachtet:

a) Von Meldeämtern, Gerichten, der Polizei, Finanzämtern, Sozialämtern usw. werden Daten gesammelt, die im Verkehr des Bürgers mit Behörden anfallen. Die recht umfangreiche Liste ist in NSA, BND & Co aufgeführt. Sie können sich selbst einmal eine solche Liste aufstellen und dann vergleichen. Vermutlich werden Sie feststellen, dass Sie bei Ihrer Aufstellung noch einiges übersehen haben.

   Die Daten werden großenteils zum Funktionieren eines modernen Rechtsstaatssystems benötigt, was niemand in Frage stellt, ausgenommen vielleicht die Erfassungsmöglichkeiten von Gesundheitsdaten oder bestimmte Kontrollen im Sozialhilfebereich.

b) Auf Finanzdaten hat der Staat über die Bundesanstalt für Finanzdienstleistungsaufsicht (Abkürzung: *BaFin*) Zugriff. Ein Bankgeheimnis existiert nicht, Behörden können jederzeit auf die Finanztransaktionsdaten zugreifen. Das gilt auch für Versicherungen, die ebenfalls von der Bafin überwacht werden.

   Um die Nutzung von Banken zum Erhalt von Gehaltszahlungen oder zur Begleichung vieler Rechnungen kommt man nicht herum. Es besteht aber die Möglichkeit, Transaktionen mit Kreditkarten und einen Teil des Vermögens der staatlichen Kontrolle zu entziehen, wenn man monatlich den Kassenbestand bei der Bank in bar abhebt, alle Geschäfte in bar abgewickelt und den Überschuss sicher versteckt deponiert.[30]

---

nicht mehr mitbekommen habe.

30 Beträge ab 5.000 € müssen von Banken grundsätzlich namentlich erfasst werden. Bei größeren Barkäufen kann es zur Prüfung des Finanzamts kommen. Man sollte daher durch eine Buchführung nachweisen können, dass sich im Laufe der Zeit ein größerer Barbestand angehäuft hat, um nicht in den Verdacht von Schwarzgeld zu geraten.

c) Energiedaten, sofern moderne Zähler vorhanden sind, werden von den Versorgern zum Zwecke der Netzoptimierung erfasst. Auch hier hat der Staat formal Zugriff, diesmal über die Bundesnetzagentur.

Noch werden relativ wenig Daten erfasst, die Tendenz ist allerdings steigend. Wie wir an verschiedenen Stellen gesehen haben, lässt sich mit den Daten mehr Information gewinnen als man anfänglich glaubt.

d) Straßenverkehrsdaten werden durch Videoüberwachung des Verkehrs und durch die Mautaufzeichnungen erfasst. Prinzipiell kann der Staat verfolgen, wer wann wo entlang gefahren ist.

Grundsätzlich besteht die Möglichkeit, auf nicht überwachte Straßen auszuweichen oder Autofahren weitgehend zu vermeiden und öffentliche Verkehrsmittel zu benutzen. Wer nicht tatsächlich etwas zu verschleiern hat, wird allerdings das Verkehrsmittel nutzen, das ihm die größte Lebensqualität verspricht.

e) Videoüberwachung durch staatliche Stellen im öffentlichen Raum. Wie wir verschiedentlich bemerkt haben, kann man diese Maßnahmen auch als Sicherheitsmaßnahmen werten. Wer von Beruf nicht gerade Drogendealer oder Gewohnheitsschläger ist, dürfte keinen Grund haben, etwas zu unternehmen, in dem er etwa Städte nicht mehr betritt.

6.6 Telefonie

Ganz offen betreiben die meisten Staaten eine Ausweitung der Erfassung mobiler Daten. Die für die Staaten preiswerteste Kategorie sind Telefoniedaten: Standorte von Mobiltelefonen, Verbindungsdaten und Verbindungsdauer. Die Daten sind preiswert, weil sie von den Dienstleistern aufgezeichnet werden und die Nachrichtendienste keine speziellen eigenen Einrichtungen außer Schnittstellen zur Übernahme der Daten benötigen. Ortungsdienste für Mobiltelefone werden auch für private Teilnehmer als Dienstleistung angeboten, beispielsweise um Eltern den Standort ihrer Sprösslinge anzuzeigen, sind also breit verfügbar.

Auch diese Daten sind „geschützt", und es wird immer so getan, als würde auch nichts aufgezeichnet (Stichwort Vorratsdatenspeicherung), aber wie wir schon analysiert haben, betrifft diese Einschränkung nur die Polizei und Strafverfolgungsbehörden. Man wirft dem Bürger Häppchen zur Beruhigung vor, während nicht erst aus den Snowden-Papieren, sondern bereits seit den 1970er Jahren bekannt ist, dass die NSA im Rahmen ihres Echelon-Programms mit eigenen Abhörzentralen und großem technischen Aufwand diese Daten absaugt. Deutschland kommt an dieser Stelle eine zentrale Rolle zu. Durch die zentrale Lage in Europa können als Nebeneffekt auch die Daten aus anderen Ländern abgesaugt werden, die bei solchen Spielchen nicht so bereitwillig mitmachen.

So kam es nach Medienberichten 2013 zu einigen Verstimmungen zwischen Frankreich und den USA, als herauskam, dass die NSA Leitungen auf deutschem Gebiet angezapft hatte, um darüber laufende französische Telefoniedaten abzufangen. Die BND-Affäre im Mai 2015 mit der kategorischen Weigerung der Bundesregierung, auch nur die Filterkriterien in den geheim tagenden Bundestagsgremien bekannt zu machen, sagt vermutlich noch mehr über die Vertrauenswürdigkeit solcher Bestimmungen aus. Staatsrechtler äußern in Interviews in ARD oder ZDF inzwischen mehr oder weniger deutlich, dass ihrer Meinung nach das Grundgesetz in Bezug auf den Datenschutz kaum noch das Papier wert ist, auf dem es gedruckt wird.

ANONYMITÄT

Eine erste Möglichkeit, den Datenbanken der Nachrichtendienste Informationen zu entziehen: mit der Anschlussnummer ist in der Regel auch die Identität des Besitzers bekannt, und diese kann man versuchen zu verschleiern. Das ist allerdings weniger einfach als man glaubt. Viele meinen, das Problem mit einer Pre-Paid-Karte bereits gelöst zu haben, aber das ist so nicht korrekt. Folgende Schritte sind notwendig, um seine Identität zu verbergen:

a) **Mobiltelefon.** Jedes Mobiltelefon besitzt eine individuelle Gerätekennung, die beim Kauf des Gerätes zusammen mit der Identität des Käufers registriert wird. Man darf wohl davon ausgehen, dass diese Daten von den Nachrichtendiensten ebenfalls erfasst werden. Damit verbietet es sich, sein altes Mobiltelefon für eine Anonymisierung zu verwenden. Notwendig ist der anonyme Barkauf eines Telefons, d.h. Internetgeschäfte fallen komplett aus.

b) **PrePaid-Card.** PrePaid-SIM-Karten sind zwar überall im Handel zu finden, jedoch sind die Händler und Provider gesetzlich gehalten, eine Menge Daten bis zur Freischaltung zu erfassen, die letztendlich die Identität des Inhabers beinhalten. Glücklicherweise für den anonymen Telefonierer kollidieren hier kommerzielle mit staatlichen Interessen: mit dem Barkauf und der Freischaltung des SIM-Karte ist das Geschäft für die Unternehmen abgedeckt, da ja sämtliche Kosten vom Kunden per Vorkasse ausgeglichen sind.

Beim Bar-Kauf der Karte wird daher insbesondere in Einzelhandelsketten schon aus Zeitgründen von einer strikten Identitätsprüfung per Ausweis abgesehen, insbesondere wenn die Freischaltung in einem zweiten Schritt telefonisch oder per Online-Dienst erfolgt. Bei der Freischaltung ist dann eine Prüfung des Ausweises ebenfalls nicht möglich, und man kann eine falsche Identität angeben. In den Shops der Provider wird die SIM-Karte meist direkt freigeschaltet und in der Regel dazu der Ausweis gefordert, so dass man sich schon umschauen muss, wo man das Geschäft anonym durchführen kann.

c) **Aufladen.** Es muss wohl nicht groß betont werden, dass für das Aufladen ausschließlich bar gekaufte Guthaben verwendet werden dürfen. Eine Verbindung mit einer Konto- oder Kreditkartennummer ist das Ende der Anonymität.

Die Angabe einer falschen Identität ist ein Rechtsverstoß, darüber muss man sich im Klaren sein. Die Bundesnetzagentur hat das Recht, SIM-Karten, deren Eigentümer nicht zuzuordnen sind, deaktivieren zu lassen; die Provider sind sogar dazu verpflichtet, wenn ihnen ein Verstoß auffällt. Restguthaben verfallen dabei. Das passiert allerdings bislang eher selten, selbst bei auffallend falschen Angaben. Statistisch sind ca. 20% der Karten auf andere Personen registriert, was das Erkennen einer Fälschung erschwert, die Betroffenen aber auch unverschuldet in Problemsituationen bringen kann, wenn ein gestohlenes oder falsch angemeldetes Mobiltelefon im Zusammenhang mit kriminellen Machenschaften verwendet wird.

Was hat man mit einem anonymen Mobiltelefon wirklich gewonnen? Betrachten wir das aus der Sicht eines Nachrichtendienstes. Die Unterscheidung zwischen normalen SIM-Karten und Pre-Paid-SIM-Karten ist einfach, so dass er sich auf den Pre-Paid-Bereich beschränken kann. Der Abgleich mit den statischen Daten ist ebenfalls kein Problem, wobei auch davon ausgegangen werden kann, dass der Dienst weiß, welche Provider streng prüfen und wo Anonymisierungen möglich sind. Bei den zweifelhaften Kandidaten können folgende Auswertungen durchgeführt werden:

1. Das Mobiltelefon ist auf eine bestimmte Person registriert, die mit dem Inhaber der SIM-Karte identisch ist. Mit hoher Wahrscheinlichkeit ist dies ein Nutzer, der sich gesetzeskonform verhalten hat und nicht anonym sein will.

2. Telefon und SIM-Karte sind auf unterschiedliche reale (d.h. statisch registrierte) Personen registriert, was bei Verkauf eines Telefons normal ist. Vergleicht der Dienst das Bewegungsprofil des Telefons mit den statischen Daten, kann er ermitteln, ob

   - der Inhaber ein von jemand anderem gekauftes Handy verwendet, seine mit der SIM-Karten notierte Identität jedoch korrekt ist,

   - der Inhaber durch eine fremde SIM-Karte seine Identität verschleiert, aber ein altes, ihm gehörendes Handy nutzt,

   - ein Handy kauft und die SIM-Identität der anderen Person benutzt, um sich zu tarnen.

3. Ähnliche Prüfungen sind möglich, wenn die angegebene Identität nirgendwo registriert ist.

4. In einer Querprüfung kann analysiert werden, ob doch irgendwo Bank- oder Kreditkarten auftauchen, die mit der SIM-Karte zu verbinden sind. Dazu kann es auch genügen, dass wiederholte Aufladungen mit der gleichen Kreditkarte bezahlt wurden. Ein Kauf kann zwar nicht einer bestimmten Aufladung zugeordnet werden, jedoch schränken sich im Verbund Kauf-Aktivierung die Möglichkeiten ein (Kreditkarte → Guthaben auf Artikelliste, Aktivierung innerhalb einer bestimmten Zeit, Abgleich mit nicht anonymen Nutzern; machen Sie sich doch einmal selbst ein statistisches Bild davon, wie schnell der Nachrichtendienst dem anonymen Nutzer auf die Spur kommen kann).

Die Analysen 1. - 4. können vom Nachrichtendienst natürlich auch kombiniert werden, um weitere Sicherheit über die Zuordnung eines

Handys zu einer Person zu erlangen. Hat man sich streng an die Verhaltensregeln a) – c) gehalten, besitzt man zwar ein anonymes Handy – aber wie lange?

Nachrichtendienste werden im nächsten Schritt die Verbindungsdaten des anonymen Mobiltelefons analysieren. Aus denen wird sehr schnell das soziale Umfeld des anonymen Benutzers ersichtlich. Mit wem telefoniert man, wer kommt als Freund, Familienmitglied oder auch nur als Geschäftskontakt in Frage? Die meisten angerufenen Teilnehmer werden voraussichtlich nicht anonym sein, so dass sich schnell ein soziales Netzwerk ergibt. Beispiele für mögliche Fragestellungen der Nachrichtendienste: Wird häufig eine bestimmte Festnetznummer angerufen? Sind alle Familienmitglieder registriert oder taucht ein Familienmitglied nicht oder unterrepräsentiert auf (→ der könnte es sein)? Welche Personen werden häufig angerufen und gibt es Überschneidungen mit deren Anrufen bei anderen Personen (→ wenn daraus eine identifizierbare Gruppe, beispielsweise ein Studentenjahrgang einer bestimmten Studienrichtung resultiert, ist der Unbekannte vermutlich auch Mitglied dieser Gruppe)?

Wir haben hier nur statische Daten und Verbindungsdaten ausgenutzt (Daten wie Studentenjahrgänge könnten natürlich ebenfalls bekannt sein, auch wenn hier wieder offiziell der Datenschutz vorgeschoben wird). Zusätzlich ist natürlich auch ein Abgleich mit Daten aus sozialen Netzwerken wie Facebook, Twitter usw. möglich. Der in der Telefonie anonyme Nutzer kann hier im gleichen sozialen Netzwerk mit bekannter Identität auftauchen, womit das Problem für den Nachrichtendienst gelöst ist.

Wesentlich ist dabei, dass der Nachrichtendienst hierfür den Nutzer noch nicht einmal direkt beobachten muss. In seinen Datenbanken wird eine Zuordnung Mobiltelefon → Nutzeridentität mit einer bestimmten Wahrscheinlichkeit der Korrektheit dieser Zuordnung auftauchen, und routinemäßige Analysen des dynamischen Datenbestandes über einen längeren Zeitraum werden diese Wahrscheinlichkeit immer mehr in Richtung 100% bewegen (und vermutlich nur selten nach unten). Mit anderen Worten: in dem Moment, in dem Sie ein reales Interesse an Ihrer Anonymität haben könnten und der Nachrichtendienst wiederum ein Interesse, genau Sie selektiv beobachten zu wollen, sind Sie mit hoher Wahrscheinlichkeit nicht anonym.

Zu a) – c) ist daher noch eine weitere Maßnahme notwendig: das erfolgreich anonymisierte Mobiltelefon darf nicht im normalen sozialen

Umfeld verwendet werden, um zu verhindern, dass der Nachrichtendienst die beschriebenen Analysen durchführt. Außerdem darf das Handy nur dann aktiviert werden, wenn Sie es benötigen, und das von möglichst verschiedenen Standorten aus. Liegt es immer aktiviert zu Hause oder tragen Sie es gar mit Ihrem nicht anonymisierten Handy mit sich herum, dürfen Sie sich einmal selbst überlegen, wie alleine aus einer Standortanalyse der Nachrichtendienst ihre Anonymität knacken kann. Allerdings sind Sie mit diesem Verhaltensmuster im Kriminalitätsbereich angekommen, was nicht heißen soll, dass Sie kriminell sind, sich aber letztlich so verhalten. Und wenn Sie einmal bei dem Status in der Datenbank angelangt sind, dürfen Sie sich keinen Fehler mehr erlauben!

Wiederholen wir die Frage „Was hat man mit einem anonymen Mobiltelefon wirklich gewonnen?". Ehrlich beantwortet: sehr wenig. Identitätsdaten werden zwar sehr schnell auch bei schlichten Ordnungswidrigkeiten ermittelt, und hier laufen nach Statistiken im Internet die Ermittlungsbehörden in ca. 3.000 Fällen pro Jahr ins Leere, denn die Anwendung der beschriebenen Aufdeckungsmethoden ist nur dem Nachrichtendienst möglich. Danach wird die SIM-Karte deaktiviert, und Sie können mit a) – c) von vorne anfangen.

Man muss schon mit dem Gesetz in Konflikt gekommen sein, sonst hat man wenig davon. Es gibt sicher auch eine Grenze, ab der auf verschlungenen Wegen der Nachrichtendienst den Ermittlern Hinweise zukommen lassen kann, um wen es sich bei dem anonymen Telefonierer handelt.

Vergessen Sie auch nicht: die Daten sind Bestandteil der Fahndung nach möglichen Terroristen und werden von den Nachrichtendiensten entsprechend ausgewertet. Selbst wenn in einer Reihe von Fällen Anschläge nicht verhindert werden konnten und dies von Datenschützern als Argument verwendet wird, die generelle Abschaffung der Datenspeicherung zu fordern – bei einigen der verhinderten Anschlägen haben solche Methoden vermutlich zur rechtzeitigen Erkennung beigetragen. Die Tarnmethoden werden vermutlich auch von Bösewichten benutzt und von den Diensten auch erwartet, d.h. durch ihre Anwendung gelangt man möglicherweise erst Recht ins Fadenkreuz. Entscheiden Sie selbst, ob sich der Aufwand und das Risiko lohnt.

Es wäre schon einiges gewonnen, wenn Gespräche und SMS-Nachrichten verschlüsselt würden, und zwar end-2-end-verschlüsselt, d.h. zwischen Sender und Empfänger und nicht nur zwischen den Geräten. Die Prinzipien sind die gleichen wie bei Emails oder HTTPS-verschlüsselten Internetseiten, d.h. sobald man die Zertifikate getauscht hat, kann die Verschlüsselung erfolgen. Bei Telefonaten könnte man den Austausch in den Verbindungsaufbau integrieren, um die Zahl der gespeicherten Zertifikate zu begrenzen, beim SMS-Versand könnte man die Zertifikate vor dem Senden abholen, verschlüsseln und dann senden, zumal ein Senden ohnehin wenig Sinn macht, wenn die Gegenstelle nicht erreichbar ist. Das hört sich recht aufwändig an, muss Sie als Nutzer aber nicht weiter kümmern, da alles automatisch erledigt wird und auch nicht wesentlich aufwändiger ist als der Aufbau der Verbindung zu einer HTTPS-gesicherten Serverseite und auch nicht mehr Zeit erfordern würde.

Die Softwaretechnologie ist grundsätzlich vorhanden, die Hardwaretechnik auch, da Geräte heute leistungsfähig genug sind, um verzögerungsfrei verschlüsseln zu können, getan wird – nichts. In der Internet-Telefonie, bekannt als Voice-over-IP-Telefonie, sind Protokolle für verschlüsselte end-2-end-Kommunikation definiert – aber nicht jeder Provider unterstützt sie und nicht jedes Gerät kann damit umgehen. Also wird das Meiste selbst dort unverschlüsselt übertragen.[31]

Bei Handys tut sich derzeit wenig. Im GSM-Handy-Netz[32] ist keine Verschlüsselung vorgesehen, Apps erlauben jedoch (unter Qualitäts-

---

31 Manche Unternehmen verschlüsseln den Bereich zwischen sicheren Netzwerken durch verschlüsselte Übertragungstunnel, d.h. die Nachrichten werden lediglich im Internetbereich in eine äußere Verschlüsselung eingebunden. Das ist aber nur ein Notbehelf, denn innerhalb der „sicheren" Bereiche ist alles lesbar. Auch die Anzeige auf den Geräten, ob eine Verschlüsselung aktiv ist oder nicht, wird selten so ausgelegt, dass der Zustand ins Auge fällt. Ein kleines Symbol am Rande übersieht man in der Regel.

32 Die Provider sehen das anders mit der Begründung, dass man in gesicherten abgeschlossenen Netzen operiere. Nachrichtendienste hält das nicht lange auf, weil sie sich auch Zugriff auf solche Netze verschaffen. Unter dem Stichwort IMSY-Catcher finden Sie im Internet auch Angaben, wie man sich gezielt in einzelne Verbindungen einhacken kann, eine Technik, die schon seit langem von Fahndern zur Zielfahndung eingesetzt wird.

einbuße) die Umschaltung auf VoIP und die Nutzung der dortigen Sicherheitstechniken (z.B. Red Phone). Bei den Nachrichtendiensten bieten telegram und seine Ableger Verschlüsselung an, WhatsApp, inzwischen von Facebook übernommen, bastelt daran. Alle diese Angebote kämpfen aber mit dem Problem, dass der Anwender sich selbst um die Verschlüsselung kümmern muss und die Dienste serverbasiert sind, d.h. die Vermittlung als end-2-end-Dienst erfolgt über den Server des Anbieters, und der erhält dabei Kenntnis von Daten, die ihn eigentlich nichts angehen.

Halten wir fest: Verschlüsselung im Handy-Bereich ist möglich, wird aber nur wenig unterstützt und ist mit der Übertragung bestimmter Daten auf Server sowie im Telefoniebereich zusätzlich mit Leistungseinbußen und Bandbreitenverbrauch verbunden. Sie können Verschlüsselungs-Apps für die Telefonie und/oder eine verschlüsselnde Messenger-Anwendung installieren und Ihre Bekannten wie schon bei den Emails auffordern Gleiches zu tun. Im Festnetzbereich ist außer dem Einsatz spezieller Geräte derzeit so gut wie nichts möglich. Wie sorglos selbst Profis mit der Sache umgehen, zeigt die NSA-Affäre: die hatte keine Probleme, Gespräche der Bundeskanzlerin mit südamerikanischen Regierungschefs abzuhören, und über das Abhören der Handys deutscher Politiker hat man sich noch nicht einmal groß aufgeregt. Diese Leute hätten das Geld, sich abzusichern, und die Möglichkeit, den Providern Dampf zu machen, aber sie tun – nichts.

Begegnen kann man dem Abhören von Nachrichten daher nur durch eine Verhaltensänderung: ab einem bestimmten Vertraulichkeitsgrad sind Nachrichten ganz einfach nicht mehr per Handy auszutauschen, sondern im privaten Gespräch oder per verschlüsselter Email. Als normaler Bürger kann man vermutlich recht gut damit leben, dass die NSA weiß, dass man Thunfisch-Pizza lieber mag als Pizza Hawaii, aber die bekannt gewordenen Fälle von Industriespionage durch NSA und BND zeigen auch, dass man nicht nonchalant über das Thema hinweg gehen sollte.

VERHALTENSMUSTER

Man kann natürlich noch mehr tun, wenn man sich fragt, wie sinnvoll unser Verhalten ist und was wir dadurch verraten. Einige Beispiele:

In einigen chinesischen Städten gibt es inzwischen spezielle Spuren auf dem Gehweg für unablässig SMS sendende Handynutzer ähnlich den Spuren für Radfahrer, und Apps auf dem Handy warnen vor dem nächsten Laternenpfahl. Die Satire-Seite „Der Postillion" meldet passend dazu, dass Blinde zunehmend Probleme haben einen Führungshund zu bekommen, weil sie in Konkurrenz zu gut zahlenden Handynutzern stehen.

Jeder Fußgänger, der mal von seinem Handy aufblickt, weiß, dass trotz Telefonierverbot mit dem Handy im fahrenden Auto auf jeder Fahrt mehrere Fahrzeuge notiert werden können, deren Fahrer sich nicht daran halten – natürlich sehr sicherheitsbewusst, indem sie auf Schnellstraßen und Autobahnen das Tempo auf 60 km/h drosseln, um Unfälle zu vermeiden.

Und ich habe selbst schon auf Messen erlebt, dass auf der Toilette mit der einen Hand das Handy ans Ohr gehalten wurde, während die andere Hand … – lassen wir das.

Welche Spuren wir mit Handys hinterlassen, ist genügend diskutiert. Gegen die Aufzeichnung kann man nichts tun, und die beschriebene Art und Weise der Nutzung der vorhandenen Technik ist halt heute Standard. Der Hinweis „früher ging es auch ohne" wird meist als Sozialkritik verstanden und nicht als Weg, der ständigen Bespitzelung durch die Nachrichtendienste zu entkommen. Dennoch sei die Frage gestellt „muss das so sein?". Genauer:

- Muss buchstäblich jeder Furz mit Zeitpunkt und Ort an alle möglichen Leute übertragen werden zuzüglich eines seitenlangen Kommentars über die Eindrücke bei der Geruchsprüfung und der Schallpegelmessung? Und muss man so etwas mit Herzchen, Daumen hoch, Lachgesicht und ca. 25 anderen Icons auch noch kommentieren?

- Sind wir so wichtig und unersetzbar, dass noch nicht einmal während der Fahrt oder auf der Toilette ein eingehender Ruf warten kann?

- Muss das Handy immer und überall hin mitgenommen und einsatzbereit sein?

Je mehr Disziplin man hält, desto geringer ist die Wahrscheinlichkeit, dass man über die ungesicherten Verbindungen Sachen mitteilt, deren Abhören ausgenutzt werden kann.[33] Aber auch die harmlosen Infor-

---

33 Das kann von Gesprächen über Schweizer Bankkonten – auf geklaute CDs können auch nachträglich noch weitere Daten aufgespielt werden – bis zu heimlichen Liebschaften, die ein Nachrichtendienst auch miss-

mationen verraten wieder mehr über die Personen als man zunächst vermutet. Mobilitätsdaten, Verbindungen und Gespräche verraten Psychologen einiges über die Personen, was für Manipulationen ausgenutzt werden kann, und auch hier kann man wieder davon ausgehen, dass solche Auswertungen zunächst weitgehend automatisiert erfolgen.

Hier müssen Sie nun entscheiden: sind Sie so harmlos und stabil, dass Sie an Ihrem nach diesen Kriterien veränderungsfähigen Nutzerprofil nichts ändern wollen? Vertrauen Sie den Datenschutzversprechungen trotz der immer wieder bekannt werdenden Skandale so weit, dass Sie sich sicher fühlen? Oder wollen Sie doch aus grundsätzlichen Überlegungen Ihr Verhalten modifizieren, auch wenn dies im ersten Moment vielleicht als Einbuße in der Lebensqualität betrachtet wird?[34]

6.7   Daten im Internet

Beim Sammeln der Internetdaten haben wir es mit zwei Sammlern zu tun: den kommerziellen Datensammlern wie Suchmaschinen und sozialen Netzwerken und den staatlichen Nachrichtendiensten. Was die kommerziellen Sammler und ihre Ableger sammeln, haben wir in Kapitel 3 ausführlich erläutert. Über diese Daten verfügen die Nachrichtendienste gemäß unserer allgemeinen Prämisse ebenfalls, zusätzlich aber über weitere Daten, die aus dem allgemeinen Abhören des Netzwerkverkehrs resultieren. Webseiten, die Sie direkt im Browser anwählen und die keine Cookies mit Trackingdiensten austauschen, oder Emailkonten bei kleinen Providern entziehen sich den Suchmaschinen, aber nicht den Nachrichtendiensten.

Zunächst ist festzustellen: die Technik ist da, ihre Nutzung macht uns (in den meisten Fällen) Spaß, ist bequem und bringt Vorteile, also sollten wir sie nutzen und nicht anfangen, sie generell zu verteufeln. Aber sie bietet eben auch andere Möglichkeiten, deren Einsatz wir nicht verhindern können – frei nach Murphy's Gesetz, das in abgewandelter Form eben auch für IT-Unternehmen gilt: *„Was machbar*

---

brauchen könnte, um die Betreffenden zur Industriespionage zu erpressen, reichen.

34 Zur Unterstützung: für die Figur tut man ja auch Einiges was anfangs weh tut.

ist, wird gemacht. Was nicht machbar ist, wird trotzdem gemacht." Das Sammeln der Daten ist nicht illegal und lässt sich auch nicht verbieten. Wir müssen diese Nebenwirkungen allerdings kontrollieren, da gesammelte Daten natürlich auch rechtswidrig eingesetzt werden können.

Wenn man sich die Berichte in Medien anschaut, werden eher die kommerziellen Unternehmen als Feinde der Freiheit dargestellt als die Nachrichtendienste. Näher hingeschaut stellt sich die Frage, ob es sich um echte Bedenken aufgrund von Erkenntnissen, weitere Beispiele der Ratlosigkeit gegenüber der Technik oder politisch gesteuerte Reaktionen handelt, die vom politischen Treiben hinter den Kulissen ablenken sollen. Untersuchen wir daher zunächst, was an diesen Vorwürfen dran ist.

Wie gefährlich sind Suchmaschinen?

Die erste Kritik betrifft den alles umfassenden Datenhunger der Suchmaschinen, allen voran Google. Gesammelt wird alles, was in den Einzugsbereich der Suchmaschinen und seiner verschiedenen Ableger gelangt, unabhängig davon, ob die Daten bereits jetzt für bestimmte Zwecke nutzbar sind oder die Entwicklungsabteilungen noch auf irgendeine Idee warten, was man damit anfangen könnte. In den Augen der Kritiker sind das alles private Daten der Nutzer, die die Konzerne nichts angingen. Man fühlt sich beobachtet und in seiner Privatsphäre verletzt. Das Sammeln von Daten, die bei Nutzung eines Dienstes anfallen, ist aber völlig legal.

Vieles an der Kritik wirkt jedoch, genauer betrachtet, ein wenig schizophren.

- Man erwartet oder fordert gewisse Dienstleistungen, beispielsweise die Möglichkeit einer umfassende Informationsrecherche – und regt sich maßlos darüber auf, dass die Suchen bei passenden Stichworten auch Informationen über die Nutzer selbst liefern.

- Man erwartet Warenangebote zu günstigen Preisen – und regt sich fürchterlich darüber auf, dass die Verbraucher tatsächlich das Internet nutzen und nicht mehr im deutlich teureren Laden um die Ecke einkaufen.

- Man erwartet maßgeschneiderte Angebote zur Erfüllung seiner Wünsche – aber es stört, wenn der Dienstleister etwas findet und dafür wirbt.

- Man ist sich darüber im Klaren, dass viele Leistungen nur dann erbracht werden können, wenn der Dienstleister über entsprechende Daten verfügt – und regt sich maßlos darüber auf, wenn der sie tatsächlich sammelt.

Verlust der Privatsphäre, Einbruch in den Datenschutz, Konsumzwang – jeder warnt frei vor sich hin und benötigt dabei bereits die Sammelwut der Suchmaschinen, ohne deren Mithilfe die ganze Warnerei gar nicht bei den Empfängern ankommen würde.

Wie wir in Kapitel 3 diskutiert haben, will die gesamte Wirtschaft hinter den Suchmaschinen zunächst nichts anderes als uns Produkte zu verkaufen. Weder Google noch Bing noch Yahoo wollen uns in einen Krieg drängen oder Rassismus schüren oder uns zum Selbstmord treiben, sie wollen etwas verkaufen und bieten als Vehikel dazu die Suchdienste an. Im Gegenzug sammeln sie Daten, um Produkte gezielt anbieten zu können. Das alles ist rein marktwirtschaftlich. Was sich nicht lohnt, wird auch nicht gemacht.

Ein Beispiel dafür ist Google Health, ein Versuch einer Dienstleistung des Google-Konzerns. Google Health war eine Plattform, auf der Nutzer ihre medizinischen Daten eingeben konnten, um unabhängig von Ärzten Hilfe aus Datenbanken zu erhalten, wie Behandlungsalternativen, problematische Teile laufender Behandlungen, zusätzliche Medikamenteninformationen usw. Im Gegenzug sollten Pharmaunternehmen und Ärzte anonymisiert auf die Patientendaten zugreifen können, um medizinische Dienstleistungen zu verbessern. Für private Nutzer ein kostenloser Dienst, für Unternehmen wieder mit Gebühren verbunden – Google ist ein Wirtschaftsunternehmen und kein Caritas-Verband.

Warnungen aller möglichen Datenschützer und Verbände in Deutschland prasselten sofort lawinenartig über Interessenten dieses Dienstes herab. Kritikpunkte waren nicht die Leistungen, die fand man sogar in Ordnung. Die Kritik richtet sich ausschließlich gegen Google als Wirtschaftsunternehmen. Warner und Kritiker sahen andererseits keine Probleme, die Daten, die man freiwillig bei Google Health abliefern konnte, zwangsweise auf Chipkarten von Krankenkassen zu speichern, obwohl gerade damit Missbrauchsmöglichkeiten aufgezeigt wurden.

Die Kritik und ihre Berechtigung hin oder her, Google stellte nach einiger Zeit fest, dass der Aufwand hinter dem Gewinn hinterher hinkte, und stellte den Dienst 2013 wieder ein. Abstimmung mit den Füßen von Nutzern und Benutzern; irgendwelche Gesetze und Verordnungen waren überflüssig.

Um die Kritik an der Verletzung der Privatsphäre zu verstärken, wird häufig behauptet, die Suchmaschinen würden die Daten nutzen, um uns zu „zwingen, bestimmte Produkte zu kaufen". Können sie uns zwingen? Natürlich gibt es einzelne Menschen, die in ihrer Kaufwut keine Grenzen sehen, aber die meisten haben durch langjährige Erfahrung mit der Papierwerbeflut ein dickes Fell entwickelt. Manches wird gelesen, vieles wandert ungelesen ins Altpapier. Und das gilt auch für die elektronische Werbeflut. Die Unternehmen wollen verkaufen, aber was wir kaufen, bestimmen wir und nicht die Unternehmen aller Psychologie zum Trotz, die sie hineinstecken.

Legen Sie sich deshalb bewusst ein dickes Fell zu und ignorieren Sie Werbung, die Sie nicht interessiert. Seien Sie ehrlich zu sich selbst: wenn Sie in irgendeinem Webshop den Button „Kauf abschließen" drücken, dann wollten Sie das Produkt auch haben. Sie haben es vielleicht ein paar Tage früher bestellt, weil es Ihnen die Suchmaschine nebenbei genau so anbieten konnte, wie Sie es sich vorgestellt haben, und auch noch zu einem interessanten Preis. Aber Ihnen gegen Ihren Willen etwas aufzwingen kann die Suchmaschine nicht. Üben Sie zur Sicherheit schon einmal das Ignorieren und fangen Sie am Besten gleich bei den Warnern an: ignorieren Sie die ständigen Warnungen an der falschen Stelle.[35]

Sie bemerken, ich sehe das Problem recht locker. Google kennt mein Surfverhalten und weiß, wo ich in der letzten Woche ein bestimmtes Produkt eingekauft habe, aber ich sehe nicht so richtig, wie Google mir mit diesem Wissen Schaden sollte. Google macht damit auch

---

35 Die Werbung relativiert sich auch selbst. Sie haben eine Seite besucht und bekommen nun auf jedem Banner ein Produkt angeboten, dass Sie gar nicht haben woll(t)en. Das nervt, und als Folge wird der Seitenbetreiber möglicherweise feststellen, dass der Verkaufserfolg sinkt statt zu steigen, weil keiner mehr eine Webseite anklickt, die nervt. Also wird er seine Strategie umstellen.

nichts Illegales, weder mit dem Sammeln der Daten noch mit einem Produktangebot, das mir irgendwo präsentiert wird.

Das kann man natürlich auch anders sehen. Die Webseite https://bigbrotherawards.de und andere warnen seitenlang vor dem bösen Datensammler mit „könnte" und „würde" und irgendwelchen aus dem Zusammenhang gerissenen Zitaten[36] – nur um abschließend alternative Suchmaschinen zu fordern, deren Konstruktion absehbar auch nicht anders ist. Es ist wieder einmal Ihre Entscheidung, was Sie machen wollen: wenn Sie der Ansicht sind, dass die Einschränkung der Datensammlung der kommerziellen Dienste Ihnen nutzt, indem Sie Ihre Nutzungsgewohnheiten und Browsereinstellungen ändern oder andere Suchmaschinen verwenden[37], probieren Sie aus, wie gut Sie mit dem damit vermutlich verbundenen Bequemlichkeitseinschnitt leben können.

Trotzdem sei einmal beleuchtet, was Sie unternehmen können, um die Datenaufzeichnung einzudämmen. Wie immer gilt: was man einkauft, muss man auch bezahlen. Wir zählen daher gleich auf, welche Leistungseinbußen Sie in Kauf nehmen.

➔ Verwenden einer alternativen Suchmaschine wie wie Metager, Ixquick, Startpage, Yandex, DuckDuckGo oder Tineye. Diese Suchmaschinen versprechen dem Nutzer, sein Suchverhalten nicht zu speichern.

Die alternativen Suchmaschinen leiten die Anfrage in der Regel an Google, Yahoo oder Bing weiter, weil der Aufbau einer kompletten Datenbankinfrastruktur auch entsprechende Ein-

---

36 So wird einer der Google-CEOs mit „Die Nutzer wollen nicht denken, sie erwarten dass Google für sie denkt." zitiert und gefolgert, Google wolle die Nutzer entmündigen und fernsteuern. Im Grunde bedeutet der Satz aber nur, eine Suchanfrage ohne viel Nachdenken und tüfteln so unsauber wie möglich formulieren zu können und trotzdem ein passables Suchergebnis zu bekommen, weil die Suchmaschine „mitgedacht" hat. Natürlich wird es Leute geben, die 100.000 Volt im Oberarm haben, und trotzdem geht die Lampe im Kopf nicht an. Aber das ist doch nicht Schuld der Suchmaschinen.

37 Im Angebot sind Suchmaschinen wie Metager, Ixquick, Startpage, Yandex, DuckDuckGo oder Tineye, die versprechen, den Nutzer nicht zu verfolgen oder die Suche aufzuzeichnen. Im Hintergrund greifen die meisten dieser Suchmaschinen wiederum auf Google zurück und präsentieren die gleichen Ergebnisse.

nahmen verlangt, und die haben eben nur die großen Such-maschinen. Aus der Anfrage werden alle Daten extrahiert, mit der der Nutzer identifizierbar wäre, so dass Google & Co nicht verfolgen können, wer wirklich anfragt. Die Antworten kommen u.U. von mehreren Suchmaschinen gemischt.

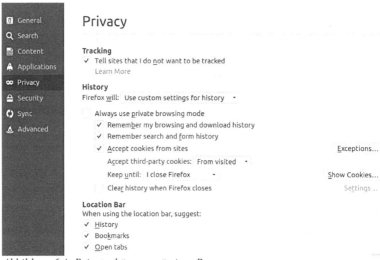

Abbildung 6.4: Privatsphärenmenü eines Browsers

Die Suchergebnisse können sich unterscheiden. Sie sollten selbst an kritischen Suchanfragen, die Sie parallel an mehrere Suchmaschinen (Google, Yahoo und Bing direkt eingeschlos-sen) testen, wie groß die Unterschiede sind und ob Sie mit den Ergebnissen zufrieden sind. Eine Individualisierung einer Suchmaschine auf Ihren Fragestil ist so natürlich nicht mög-lich.

→ Deaktivieren von Third Party Cookies im Privatsphärenmenü Ihres Browsers (Abbildung 6.4). Bei diesen handelt es sich um die Cookies des Verfolgungssystems, die mit anderen URLs als der der aufgerufenen Seite verbunden sind. Diese würden nicht mehr vom Rechner gespeichert und folglich beim nächsten Aufruf auch nicht mehr an den Server gesandt.

Third Party Cookies übernehmen teilweise auch weitere Auf-gaben. Möglicherweise funktionieren einige Webseiten nicht mehr richtig oder gar nicht. Wie weit die Einschränkungen gehen, hängt vom Programmierer der Webseite ab.

➤ Löschen der Cookies beim Schließen des Browsers, d.h. Cookies (vorzugsweise Third Party Cookies) sind nur für eine Browsersitzung gültig.

Die Seiten funktionieren in dieser Einstellung in der Regel normal, die Verfolgungsmöglichkeiten sind jedoch auf eine Browsersitzung beschränkt.

➤ Browsen im privaten Modus. In diesem werden beim Schließen des Browsers sämtliche Cookies sowie die Historie der besuchten Seiten gelöscht. Beim erneuten Öffnen des Browsers verhält sich das System so als hätten Sie es gerade erst neu installiert.

Das Löschen aller Cookies führt dazu, dass Warenkörbe auf Webseiten beim Verlassen des Browsers abgekoppelt werden und nicht erneut aufgerufen werden können. Auch permanente Anmeldungen auf Webseiten sind nicht möglich, d.h. Sie müssen jeweils wieder Name und Kennwort eingeben. Sie haben in diesem Modus einigen eigenen Aufwand und beschränken die Verfolgung im Gegenzug auf eine Browsersitzung.

Behalten Sie dabei im Hinterkopf, dass Cookies nicht die einzige Möglichkeit darstellen, einen Nutzer im Netz zu verfolgen (siehe Kapitel 3). Sie sind nur die Verfolgungsmöglichkeiten, die von Webprogrammierern genutzt werden, um Ihnen bestimmte Serviceleistungen anzubieten. Beachten Sie auch, dass Sie konsequent bleiben müssen. Wenn Sie alles deaktivieren, sich bei Webseiten aber trotzdem mit Ihrem Facebook-Account anmelden, wissen schon wieder eine Reihe Leute über Ihr Surfen Bescheid, nämlich der Webseitenbetreiber, Facebook und möglicherweise auf die eine oder andere Suchmaschine, wenn entsprechende Querverweise bestehen. Auch die Nutzung weiterer Dienste der großen Anbieter liefert diesen Daten und verringert den Teil, den Sie privat halten möchten.

Es ist Ihre Entscheidung, was Sie machen wollen: wenn Sie der Ansicht sind, dass die Einschränkung der Datensammlung der kommerziellen Dienste Ihnen nutzt, indem Sie Ihre Nutzungsgewohnheiten und Browsereinstellungen ändern, probieren Sie es aus. Wenn Sie das machen, sollten Sie aber auch kontrollieren, ob Ihre Erwartungen erfüllt werden:

✔ Notieren Sie bei Ihren alten Nutzungsgewohnheiten, was Sie stört, beispielsweise Werbebanner usw.

✔ Notieren Sie ebenfalls, was Sie gerne verhindern möchten und womit Sie Daten aus diesem Bereich ausliefern.

✔ Notieren Sie, wie Sie Ihre Einstellungen und Verhaltensweise verändern wollen. Prüfen Sie, ob Ihre Erwartungen an die Eindämmung des privaten Datenverlustes damit erzielbar wäre. Notfalls müssen Sie nachbessern, um Ihre Ziele zu erreichen.

✔ Kontrollieren Sie, ob die störenden Einflüsse tatsächlich verschwinden, so weit das bei der Nutzung überhaupt zu beobachten ist. Die Effekte können aus verschiedenen Gründen durchaus kleiner sein als man vielleicht hofft.

✔ Notieren Sie auch, was Sie nun im Vergleich zu den alten Gewohnheiten stört, und wägen Sie alles gegeneinander ab.

Das ist ein ziemlicher Aufwand, den ich Ihnen hier zumute, und alles ist nicht kontrollierbar, da man nicht in die Datenbanken der Suchmaschinenbetreiber hineinschauen kann. Trotzdem empfehle ich, sich intensiver mit der Sache zu beschäftigen, wenn Sie die Sammelwut der Suchmaschinen stört, und sich nicht einfach auf irgendwelche Universalkonzepte zu verlassen, die andere Ihnen im Internet präsentieren. Schon das Beispiel der anonymen Handys hat ja gezeigt, dass das versprochene Resultat nicht annähernd an das Erreichbare herankommt, wenn man nicht sehr strikte Verhaltensregeln befolgt. Und selbst wenn Sie feststellen, dass sich das alles nicht lohnt oder die Ziele nicht erreichen lassen, haben Sie gewonnen: Sie kennen sich viel besser in der Technik aus und können an vielen anderen Stellen mitreden.

WO LIEGT DER GEWINN VON SUCHMASCHINEN?

Das letzte Teilkapitel betraf hauptsächlich das Surfen zum Zwecke des Shoppings. Außer für das Shopping ermöglichen die Suchmaschinen einen nahezu unbegrenzten Zugang zu Informationen. Das ist sogar der Trick der Suchmaschinen, um zu erreichen, von den Internetnutzern als Webeinstieg verwendet zu werden[38] und insofern von Bedeu-

---

38 Viele Internetnutzer stellen ihren Browser so ein, dass automatisch eine Suchmaschinenseite geöffnet wird. Das führt natürlich dazu, dass die Suchmaschine auch dann den Nutzer verfolgen kann, wenn er gar nicht

tung als die kommerziellen Informationslieferanten, die Medien mit ihren Nachrichten, Berichten und Kommentaren, in vielen Fällen alles andere als neutral anzusehen sind. Informationen werden gefiltert, auf eine bestimmte Aussage zugeschnitten und dann dem Publikum präsentiert, und damit dieses nicht abspringt, wird gleich noch eine sättigende Informationsflut absolut unwichtiger Informationen hinten dran gehängt, allerdings mit gleicher Wichtigkeit aufgemacht, damit der Empfänger nicht so leicht merkt, was da auf ihn zukommt.

Achten Sie einmal darauf. Wie in den in Kapitel 4.3 diskutierten Propaganda-Tricks bereits angesprochen, wird die Sendezeit mit der wichtigen Information angefüllt, dass in Puerto San José ein Haus eingestürzt ist und fünf Menschen verletzt wurden, darunter Frauen und Kinder, und wenn das nicht genügt, ist in Abidjan sicher noch ein Verkehrsunfall mit drei Toten zu beklagen, darunter möglicherweise ein Deutscher. Danach haben viele Leute keine Lust mehr, zu den eigentlichen Nachrichten aus dem eigenen Land etwas nachzuschauen, falls sie das über dem Füllmaterial nicht ohnehin schon vergessen haben.

Filtern Sie zunächst die Informationsflut. Was ist für Sie und Ihr Verhalten wichtig, was ist völlig unerheblich? Werfen Sie den Ballast ab und konzentrieren Sie sich auf das Wesentliche.

Die Suchmaschinen erlauben, zu jeder Information weitere Informationen einzuholen, vielleicht mit ein wenig Zeitverzug, denn die Suchmaschine muss ja erst einmal die Webseiten, die sich ebenfalls mit dem Thema beschäftigen, finden und in der Datenbank bereit stellen. Bis dahin können Sie die in den Medien wiedergegebene Kommentierung noch einmal überprüfen. Auch das lohnt sich, denn die Suchmaschinen präsentieren nicht nur die aktuelle Nachricht, sondern auch, was das gleiche Magazin oder der gleiche Sender vor einem Monat, sechs Monaten oder drei Jahren zu dem gleichen Thema verbreitet hat.

Wenn man genau hinschaut, lassen sich erstaunliche Widersprüche oder Vergesslichkeit feststellen. Eine sich selbst mit einer Reduzierung der Arbeitslosenzahlen feiernde Kanzlerin wird beispielsweise heute für diese Erfolge von der gleichen Presse bejubelt, die vor 5 Jahren, als die Gesetze verabschiedet wurden, detailliert vorgerechnet hat, dass die Zahlen in 5 Jahren, also heute, genau so aussehen, wie sie nun aussehen, ohne dass auch nur ein Arbeitsloser weniger existieren

---

shoppen will.

würde, weil es sich um ein Aus-der-Statistik-hinaus-lügen-Gesetz handelte.

In Bezug auf die Informationssuche können wir Suchmaschinen als Stütze, wenn nicht als Garant der Demokratie ansehen. Nahezu alles wird überprüfbar, und das sollte man in den meisten Fällen bei Vorgängen, die einen wirklich betreffen, auch machen. Stimmt etwas an einer offiziellen Nachricht nicht, so stellt mit einiger Sicherheit irgendjemand seine Version ins Netz, und schon ist die Schwindelei aufgeflogen.

Das Problem bei der Überprüfung widersprüchlicher Informationen ist natürlich, erst einmal heraus zu finden, was denn nun stimmt. Hat die Zeitung Recht? Oder eher der Informant aus der Gegend, aus der berichtet wird? Ergänzen sich die Informationen oder widersprechen sie sich? Sind die Informationen allgemeiner Art oder sehr individuell und der Informant baut nur darauf, dass der Empfänger die individuelle Information unzulässiger Weise verallgemeinert? Die Bewertung ist in der Tat ein Problem, auf das es keine einfache Antwort gibt.

Hilfreich sind zunächst historische Kenntnisse. Wo waren in der Vergangenheit ähnliche Situationen vorhanden und was hat sich dabei abgespielt. Dabei kann man bis ins 19. Jahrhundert zurück gehen, aber durchaus auch bis in die Antike. Wenig ist wirklich so neu, dass es früher nicht schon einmal aufgetreten ist. Mit dem 2008-Börsencrash vergleichbare Ereignisse haben sich im 15. und 16. Jahrhundert ebenfalls abgespielt. Um das festzustellen, ist natürlich das Lesen von Büchern notwendig. Versuchen Sie es ruhig einmal mit einem historischen Werk. Es treten zwar nicht so viele Untote und Werwölfe auf, aber eine trockene Aneinanderreihung von Zahlen finden Sie dort auch nicht. Historiker wie Theodor Mommsen (Römische Geschichte) oder Politiker wie Winston Churchill (Der 2. Weltkrieg) haben es mit ihren historischen Büchern immerhin zum Literaturnobelpreis geschafft. Aber selbst hier gilt bereits: lesen Sie Bücher mehrerer Autoren zum gleichen Thema, wenn möglich, auch aus verschiedenen Ländern. Auch Historiker haben bestimmte Perspektiven, so dass Berichte unterschiedlicher Autoren durchaus unterschiedliche Fakten und Zusammenhänge präsentieren können.[39]

---

39 Sie können das ziemlich prägnant beobachten, wenn Sie Bücher über die NS-Zeit aus der Feder deutscher und alternativ britischer oder kanadischer Autoren lesen. Andere sind aufgrund der Sprachbarrieren oft nicht zugänglich.

Hilfreich ist weiter ein gutes Gedächtnis. Wir berichteten bereits, dass Artikel in den großen politischen Medien nicht selten Artikeln in der gleichen Zeitung widersprechen, die 5 Jahre zuvor geschrieben wurden.

Haben Sie alles gesammelt, bilden Sie sich selbst ein logisch stimmiges Bild. In der Regel sind Sie dann auch formal für Diskussionen gut gerüstet, weil Sie über entsprechendes Faktenwissen verfügen. Ebenfalls regelmäßig werden Sie allerdings auch feststellen, dass aus genau diesem Grund niemand mit Ihnen diskutieren möchte. Das ist ein Problem unserer Zeit, das es zu korrigieren gilt. Für den Weg noch eine Warnung: alles das kostet Mühe und Zeit, und nachdenken muss man auch noch!

Zurück zur Informationssuche außerhalb der offiziellen Nachrichtenmedien: Unkenrufe aus der Welt der Warner warnen natürlich davor, dass auch die Suchergebnisse gefiltert sein könnten. Man kann natürlich nicht ausschließen, dass der Eigentümer einer Suchmaschine versuchen könnte, eine gewisse Zensur auszuüben. Google zeichnet auch Suchen der Nutzer auf und versucht, dies so zu optimieren, dass die Suchergebnisse mit der höchsten Wahrscheinlichkeit, der Suchintention zu entsprechen, vorne zu finden sind. Die Kritik: der Nutzer bekommt nicht das zu sehen, was er will, sondern was er glaubt, sehen zu wollen und damit nur das, was er sehen soll.[40] Aber ist es schon Zensur, wenn bestimmte Ergebnisse erst auf Seite 2 stehen?

Sehr viel eher als durch die Suchmaschinen wird Zensur durch den Staat ausgeübt. Die in Abbildung 6.5 dargestellte Zensurmitteilung von Google – deutsche Behörden haben die Darstellung einer Seite gesperrt – kann beispielsweise sehr schnell und sehr umfangreich bei Recherchen über die NS-Zeit der Fall sein. Obwohl Artikel 5 des Grundgesetzes sagt, „eine Zensur findet nicht statt", gibt es gleich einen ganzen Sack unterschiedlicher Gründe, weshalb eine deutsche Aufsichtsbehörde Suchergebnisse in Suchmaschinen sperren lässt. Ir-

---

40 Die EU-Kommission ist auch der Meinung, Google schade dem Wettbewerb, wenn es bei Produktsuchen zunächst Hersteller empfiehlt, die dafür zahlen. Aber noch einmal: Google ist nicht die Caritas und die anderen Anbieter werden ebenfalls zitiert, wenn auch etwas später. So weit der gesunde Menschenverstand – interessant wird es, wenn so etwas vor Gericht geht und ein irgendwie anders gearteter Menschenverstand zum Zug kommt.

gendwie wird hier der Bock zum Gärtner. Auf Seite 293 kommen wir im Rahmen des TOR-Programms noch einmal darauf zurück.

Abbildung 6.5: Zensur in Deutschland

Außerdem gibt es außer den Suchmaschinen noch ein weiteres Korrektiv: die sozialen Netzwerke, die wir bislang ausgeklammert haben. Diese ermöglichen ja ebenfalls den schnellen Informations- und Meinungsaustausch. Oft berufen sich selbst Nachrichtenmedien auf Informationen aus den sozialen Netzwerken.[41] Dort kann man ergänzende Informationen finden, allerdings oft noch stärker mit den genannten Problemen behaftet, weil subjektiver: wie vertrauenswürdig sind sie, lassen sie sich verallgemeinern?

Sie bemerken, ich betrachte die Suchmaschinen in dieser zweiten Kategorie als einen wesentlichen Gewinn. Richtig genutzt können sie ein wesentlicher Baustein unserer freiheitlichen Gesellschaft sein. „Richtig genutzt" ist ein Stichwort, auf das wir in Kapitel 6.9 noch einmal eingehen werden.

GEFAHR DURCH SUCHMASCHINEN & CO ?!

Natürlich gibt es auch Punkte, die eindeutig negativ sind. Der erste betrifft persönliche Daten. Im Zusammenhang mit Suchmaschinen und sozialen Netzwerken wird immer stärker auf ein Recht an den eigenen Daten gedrungen, d.h. die Bemühungen gehen dahin, den Suchmaschinen zu untersagen, im Netz gefundene private Daten in Suchergebnissen darzustellen bzw. die gefundenen Daten zunächst dem Betreffenden zu präsentieren und es ihm zu überlassen, was er veröffentlicht.

---

41 Allerdings nur, wenn der Inhalt zur politischen Linie passt. Sind die Informationen in diesem Sinn politisch unkorrekt, schweigen bzw. warnen die Medien davor, die Informationen zur Kenntnis zu nehmen.

Das hört sich besser an als es ist. In der Regel kennen die Suchmaschinen den Eigentümer der Daten nicht, wie wir schon begründet haben, obendrein müssen sie auch davon ausgehen, dass Daten, die sie im Internet finden, genau deswegen dort stehen, damit sie bekannt werden, d.h. die Entscheidung, was in Suchergebnissen dargestellt werden darf und was nicht, ist den Suchmaschinenanbietern nicht möglich. Eigene Entscheidungen über die Veröffentlichung können Nutzer daher nur bei Informationen treffen, die sie den Suchmaschinen selbst abliefern. Für weitere Daten, und das ist oft das Gros, bleibt nur der Einspruch, wenn man in einer Ego-Suche solche Daten gefunden hat. Das ist aber schon gesetzlich geregelt und umgesetzt, d.h. es gibt überhaupt keinen triftigen Grund zu der Aufregung.[42]

Die zweite Mogelpackung an solcher Selbstbestimmung ist, dass die Herausnahme der Daten in Suchergebnissen nicht bedeutet, dass sie nicht gespeichert sind (im Gegenteil, die Datenbanken der Suchmaschinen müssen sie ja markiert speichern, um sie nicht bei einem erneuten Netzwerkscan doch wieder ins Netz zu stellen). Vielfach wird allerdings genau das suggeriert.

Die bereits zitierten Google-Kritiker stoßen sich bei diesem Thema an der Aussage eines Google-Chefs,

> *O-Ton Googles Eric Schmidt:* "*Wenn es etwas gibt, von dem Sie nicht wollen, dass es irgendjemand erfährt, sollten Sie es vielleicht ohnehin nicht tun.*"

und treffen damit genau den Punkt: private Daten kann man nur verstecken, indem man sie gar nicht erst bekannt macht.[43] Überlegen Sie,

---

42 Ein Film auf arte berichtete über einen Modellversuch, in dem Nutzer ihre Daten in dieser Form vor Freigabe filtern konnten, darunter GPS-Daten ihres Handys und Weiteres, was in Suchergebnissen ohnehin nicht dargestellt wird, aber in sozialen Netzwerken auftaucht. Präsentiert wurde dies trotzdem unter der Überschrift „Suchmaschinen". Als Zuschauer fragt man sich dann, wieso die Themen von den Filmemachern eigentlich nicht auseinander gehalten werden können.

43 Ihr Interpretation ist natürlich eine andere. Zitat „Wer sich ständig beobachtet fühlt und annimmt, dass die gespeicherten Informationen ihm oder ihr irgendwann schaden könnten, wird zögern, Grundrechte wie freie Meinungsäußerung oder Versammlungsfreiheit wahrzunehmen. Wenn das passiert, ist das keine Privatsache mehr, sondern schadet der Allgemeinheit und einer lebendigen Demokratie." Wenn die Kritiker das Grundrecht auf freie Meinungsäußerung als „anonymes Ablästern" inter-

was Sie ins Internet stellen und üben Sie Selbstdisziplin! Man stößt dabei auf ein ähnliches psychologisches Phänomen, das schon in der Fußnote auf Seite 245 beschrieben wurde: im Internet sieht man niemanden und glaubt, auch von niemandem gesehen zu werden. Man fühlt sich selbst dann noch gewissermaßen anonym, wenn man seinen Namen benutzt, und die meisten Menschen sind psychologisch noch überzeugter von ihrer Anonymität, wenn sie einen Alias benutzen. Deshalb werden oft Daten ins Internet gestellt, deren Veröffentlichung man im direkten Kontakt mit anderen Menschen für sich behalten würde.

Nochmals: überlegen Sie, was Sie ins Internet stellen. Sie können Daten vielleicht vor privaten Augen verbergen. Suchmaschinen finden trotzdem häufig auf irgendwelchen Wegen Daten, von denen Sie hoffen, dass die Suchmaschinen sie nicht finden, und vor den Nachrichtendiensten ist noch weniger sicher. Müssen die Urlaubsfotos auf den vagen Verdacht, dass sie sich jemand anschaut, ins Netz, besonders peinliche eingeschlossen? Oder reicht es, wenn Sie sie Ihren Freunden gelegentlich persönlich zeigen oder über eine verschlüsselte Email mit der Bitte um Vertraulichkeit zustellen? Müssen Sie Ihre Meinung, dass Sie den oder den absolut abscheulich finden, im sozialen Netzwerk für alle Welt sichtbar herausbrüllen, oder gehört auch das nicht besser in Gespräche oder vertrauliche Emails mit Bekannten? Ist es wirklich interessant, in einem Blog aller Welt mitzuteilen, dass Sie heute Müsli gegessen haben? Oder dass Sie den Like-Button klicken, weil jemand anderes das getan hat? Oder wollten Sie ohnehin die Wohnung neu einrichten und haben Ihren Terminkalender mit den Urlaubsterminen ins Netz gestellt in der Hoffnung, dass die Einbruch GmbH & Co KG während Ihrer Abwesenheit die alten Möbel schon mal entsorgt?

Kontrollieren Sie auch Ihre Freunde oder so genannten Freunde. Wenn Sie davor zurückschrecken, Ihre Fotos von der letzten Party im 2,5 ‰-Rausch oder Ihr Video vom Striptease mit Anfassen ins Netz zu stellen, haben Ihre Freunde die gleichen Hemmungen? Oft stammen die peinlichen Information ja gar nicht von den Betroffenen selbst.

Auch wenn es modisch ist, so zu tun, als wäre man auf den Veröffentlichungsrummel angewiesen: die Welt wird nicht kommunikationsärmer, wenn weniger Unsinn im Internet verbreitet und mehr mit ande-

---

pretieren und für ihre Meinung notfalls auch nicht einstehen wollen, darf man wohl eher deren Demokratieverständnis anzweifeln.

ren Menschen gesprochen oder zumindest bewusster über eine persönliche Email verkehrt wird. Vieles ist Quark, der psychologisch einiges über den Quarker aussagt. Sie können es selbst steuern, wie tief andere Leute in Ihre Persönlichkeit eindringen können.

Sie bemerken: wiederum schließe ich mich nicht den Kritikern an und verurteile die Dienstleister. Das Problem sind wir selbst. Und auch das Argument, dass die Demokratie leidet, wenn man seine Informationen aus irgendwelchen Ängsten nicht mehr ins Netz stellt, möchte ich nicht gelten lassen: man muss auch das Rückgrat haben, zu seinen Taten zu stehen, wenn man sich einmal entschlossen hat, sie auszuführen. Das Problem mag der Entschluss sein; wir kommen in Kapitel 6.9 darauf zurück. Und wenn doch einmal Daten ins Netz gelangt sind, von denen man nicht möchte, dass andere Leute sie finden, bestehen gesetzliche Möglichkeiten, sie in Suchergebnissen unterdrücken zu lassen (siehe Kapitel 3.7). Die Werkzeuge zur Kontrolle sind bereits vorhanden.

Ein weiterer, diesmal ernst zu nehmender Gesichtspunkt betrifft gesammelte Daten, die in Suchen nicht präsentiert werden, wie Ihre Bewegungsspuren im Internet, die Daten Ihrer privaten IT-Geräte oder von Ihnen verwendeter Software, GPS-Daten von mobilen Geräten usw. Auch an diese Daten gelangen die Unternehmen völlig legal. Nach US-Recht gehören solche Daten zumindest teilweise dem Sammler und dürfen daher an Interessenten verkauft werden.

Konstruieren wir ein Beispiel, wie mit bestimmten Daten Schaden angerichtet werden kann: ein Beobachter des Surfverhaltens bekommt es beispielsweise auch mit, wenn ein Internetnutzer wiederholt auf Pornoseiten zugreift, und er weiß auch, welche das waren. Falls der Betreffende nicht irgendwo unter seinem Namen Kommentare hinterlässt, die durch die Wortauswahl auch auf eine Hundezüchterseite für kleine dicke Hunde passen würden und die von einer Suchmaschine gefunden werden, bekommt das Surfen weiter keiner mit.[44] An den passenden Interessenten verkauft könnte dieser solche Informationen allerdings durchaus zu Erpressungsversuchen ausnutzen. Auch andere Unternehmen, mit denen man in Geschäftsbeziehungen steht und die bei dieser Gelegenheit Daten sammeln, könnten kompromittierende Daten weiterverkaufen.

---

44 Wer jetzt verwirrt ist, dem sei mit einem Zitat von Loriot geholfen: „Ein Leben ohne Möpse ist möglich, aber sinnlos". Dass sich ein solcher Satz auf Hunde bezieht, ist nur eine der möglichen Interpretationen.

Darf/wird ein Suchmaschinenanbieter oder ein anderes Unternehmen solche Daten verkaufen, vom Zwangsverkauf an Nachrichtendienste einmal abgesehen? Dagegen spricht, dass das Unternehmen Geld verdienen möchte. Das funktioniert am Besten durch Ausnutzung der Daten zum Absatz der eigenen Waren und Dienstleistungen und nicht durch den Verkauf. Im Klartext, Google verdient, indem es selbst die Werbung platziert und nicht anderen Leuten ermöglicht, das zu tun. Wichtig ist, dass der Datenstrom nicht abreißt, weil die Nutzer das Vertrauen verlieren. Auch deshalb wären Indiskretionen eher kontraproduktiv. Aus marktwirtschaftlichen Gründen ist die Wahrscheinlichkeit, dass Daten an Dritte zum Schaden der Betroffenen verkauft werden, deshalb gering, wenn natürlich auch nicht auszuschließen.[45]

Wenn man als Zivilgesellschaft sicher gehen will, dass wirklich keine Daten veruntreut werden, kann der Gesetzgeber ein in Deutschland operierendes Unternehmen (Suchmaschine, Webshop, usw.) einem schmerzhaften Schadensersatz- und Strafrecht unterstellen, selbst wenn solche Daten nach US-Recht herausgerückt werden dürften. Quid pro quo – die Amerikaner setzen ja auch gegenüber europäischen Firmen ihr Rechtssystem durch, wenn diese in den USA operieren.

Nachrichtendienste

Was Unternehmen können, können Nachrichtendienste besser. Auch Einkäufe im Internet, die einer Suchmaschine verborgen bleiben, sind für die Nachrichtendienste kein Geheimnis, da diese Geschäfte nicht in bar abgewickelt werden können und somit über irgendein Konto laufen. Per Rückgriff auf die Kontenbewegungen können die Nachrichtendienste nach bestimmten Kriterien filtern, Statistiken erstellen usw. Hirngespinste? Dann geben Sie einmal den Suchbegriff „Abschaffen des Bargeldes" in einer Suchmaschine ein. Das wird aus verschiedenen Gründen – absolute Transparenz der Bürger, Verschleiern der Staatsschulden, Ausplündern der Bürger durch Negativzinsen usw. – von verschiedenen Politikern ganz ernsthaft diskutiert.

Wollen Sie das verhindern, bleibt nur die Verweigerung des Einkaufs über das Internet und des Einkaufs mit Kreditkarte in Geschäften.

---

45 Erpressungsversuche sind eine sehr persönliche Angelegenheit, die schnell vor Gericht landen, wo dann auch offengelegt werden muss, woher die Informationen stammen. Damit stecken dann auch die IT-Unternehmen in Kriminalverfahren, was wohl kaum deren Wunsch sein kann. Ich halte das eher für eine Spielwiese der Nachrichtendienste.

Wenn man die Preisvorteile und die Bequemlichkeit im Internet ins Kalkül zieht, sicher ein Verlustgeschäft. Ob das durch Nachteile aufgewogen wird, die Sie sich aufgrund Ihres persönlichen Nutzerverhaltens vorstellen könnten, wenn ein Nachrichtendienst Sie in eine statistische Kategorie hineinsteckt, müssen Sie selbst beurteilen.[46]

Um anonym zu surfen und irgendwo Kommentare zu hinterlassen, die nicht mit Ihnen in Verbindung zu bringen sind, wird häufig das TOR-Netzwerk empfohlen.[47] Abgesehen von den sehr deutlichen Geschwindigkeitseinbußen haben wir aber bereits in NSA, BND & Co nachgewiesen, dass das TOR-Netzwerk die Angelegenheit für die Nachrichtendienste kaum komplizierter macht. Surfdaten kann man daher im Grunde nicht verstecken; man kann höchstens auf das Internet verzichten, was aber wohl keine Lösung ist.

In einer Hinsicht ist das TOR-Netzwerk allerdings doch hilfreich. Als Internetadresse wird dem Server, mit dem man kommuniziert, die IP-Adresse des TOR-Exit-Knotens angezeigt, und der kann irgendwo auf der Welt stehen. Wenn Sie eine Google-Suche starten, ermittelt Google aus dieser Adresse Ihren vermeintlichen Standort, und wenn der sich in den USA befindet, werden Zensur-Informationen wie in Abbildung 6.5 nicht erscheinen sondern die realen Informationen dargestellt. Aller Kritik an den USA zum Trotz, die Informationsfreiheit nimmt man dort wie auch auf vielen anderen Ländern der Erde deutlich ernster als in Deutschland.

Im Prinzip ist über die Nachrichtendienste bereits alles gesagt worden, so dass ich hier abbreche. Die Argumente der Google-Kritiker, die in der Fußnote auf Seite 289 zitiert wurden, treffen auf die Nachrichtendienste sehr viel stärker zu als auf Suchmaschinen, werden aber

---

46 Mir ist dabei nichts eingefallen, was mein oder auch ein anderes nicht ausdrücklich kriminelles Verhalten so auszeichnet, dass man etwas befürchten könnte. Wenn Sie Schwarzarbeiter oder Terroristenzellen verstecken, könnte es natürlich schon auffallen, wenn die Analyse Ihres angeblichen 2-Personen-Haushaltes ergibt, das Sie pro Tag 18 Stunden auf der Toilette sitzen müssen, um die im Internet georderten Mengen Toilettenpapier zu verbrauchen, siehe Kapitel 5.4.

47 Bei diesem privat betriebenen Dienst werden die Daten über mehrere Server geroutet, so dass keine direkte Beziehung mehr zu Ihrer IP-Adresse besteht. Zusätzlich werden private Informationen aus den HTTP-Headern entfernt, was aber nicht bedeutet, dass in den Datenfeldern nicht doch noch Informationen übertragen werden, an Hand derer Sie identifizierbar sind. An dem Netzwerk kann sich jeder beteiligen.

weniger häufig mit ihnen in Verbindung gebracht. Wirtschaftsunternehmen bleiben Wirtschaftsunternehmen und wollen auch Morgen an ihren Kunden verdienen und sie nicht umbringen – bei Nachrichtendiensten sieht das möglicherweise anders aus. Die nächste oder übernächste Regierung kann ganz andere Vorstellungen von einem guten Bürger haben als die derzeitige.

Sich im Internet anders zu verhalten, von mehr Kritik an den Inhalten, die man einstellt einmal abgesehen, nützt hinsichtlich der Nachrichtendienste wenig. Ihre Informationsbasis ist noch größer als die der Suchmaschinen, da sie über Quellen verfügen, die Google & Co verschlossen sind. Die Problematik der Nachrichtendienste sehe ich gravierender als die der Suchmaschinen. Google will Ihnen heute etwas verkaufen und möchte das morgen immer noch; was der Nachrichtendienst heute als harmlos einstuft, kann Sie aber morgen den Job kosten, und damit meine ich nicht die Fahndung nach irgendwelchen Terroristen, in die ein Unbeteiligter zufällig hinein geraten kann. Sehr viel wichtiger als der Versuch, etwas zu verbergen, was nicht zu verbergen ist, ist eine bessere Kontrolle der Politik, denn das sind die Auftraggeber der Dienste. Bevor wir uns dem Thema widmen, schauen wir uns noch eines der Kontrollwerkzeuge an.

6.8   Sind Internetwahlen noch möglich?

Wir haben insbesondere in Kapitel 2.3 und 2.4 dargelegt, dass Demokratie immer mehr dahingehend von der Politik interpretiert wird, ihr per Wahl einen Freifahrtschein für was auch immer zu geben und nahezu alle Zusagen an die Bürger als Schall und Rauch zu betrachten. Eine Möglichkeit, mehr direkten Einfluss auf die Vorgänge zu nehmen, sind Volksbegehren oder Volksabstimmungen, deren Ausweitung oder Einführung immer wieder versprochen wird, vor denen die Parteien aber doch immer im letzten Augenblick mit verschiedenen Ausreden zurückschrecken.[48]

---

48 Politisches Programm der Parteien in Berlin war mehr Bürgerbeteiligung durch Volksentscheide. Jedoch: „Die Geister, die ich rief, ..." So berichtet der Tagesspiegel, dass für einen Volksentscheid in Sachen Mietpreise 50.000 Unterschriften und damit doppelt so viele wie notwendig gesammelt wurden. Die Reaktion der Politiker besteht darin, nun erst einmal verfassungsrechtlich prüfen zu lassen, ob man die Bürgerbeteiligung

Eine Möglichkeit, eine derartige Bürgerbeteiligung doch mit einem vertretbaren Aufwand umzusetzen, ist die Nutzung des Internets für Abstimmungen. Abstimmungen ließen sich mit Hilfe des Internets einfach und ohne großen Personalaufwand organisieren und häufig durchführen. Wer keinen Computer besitzt oder dessen Benutzung aus irgendeinem Grund ablehnt, könnte an einem öffentlichen Terminal an den Abstimmungen teilnehmen, und wenn er auch das verweigert, beispielsweise an einer Briefwahl teilnehmen.[49]

Das Prinzip der Durchführung von Internetwahlen und die damit erreichbare Sicherheit habe ich in dem Büchlein „Internetwahlen - wie E-Voting funktioniert und warum die Politik es verhindert" ausführlich in einer allgemein verständlichen Form beschrieben. Um kurz das Wesentliche zu referieren (wenn Sie es genauer wissen möchten, sollten Sie auf das Büchlein zurückgreifen): es basiert wie schon die Emailverschlüsselung und die SSL-Absicherung von Webseiten auf dem Zertifikatsystem:

- Der Wähler erhält ein X.509-Zertifikat von einer staatlichen Stelle, die sich dabei von der Identität des Wählers überzeugt.

  Dies erfolgt bereits heute bei Ausstellung neuer Personalausweise, sofern der Bürger dies wünscht. d.h. diese Voraussetzung ist bereits erfüllt/erfüllbar. Es könnten natürlich auch weitere Zugangsmöglichkeiten in der in Kapitel 6.3 beschriebenen Weise geschaffen werden.

- Der Wähler beantragt mit dem Zertifikat auf der Webseite der Wahlbehörde die Teilnahme an der Internetwahl.

  Das Prinzip ähnelt dem Antrag auf Briefwahl, und da Webseiten für den Behördenverkehr der Bürger auch vielerorts schon eingeführt sind, ist im Prinzip auch diese Voraussetzung, von einer Softwareschnittstelle einmal abgesehen, bereits realisiert.

- Der Wähler erzeugt sein Votum und verschlüsselt dieses mit dem öffentlichen Schlüssel der Wahldatenbank.

---

nicht doch irgendwie abblocken kann.

49 Im Extremfall wären für solche Leute auch direkte Stimmabgaben im Wahllokal zu organisieren, wobei man sich aber schon fragen muss, wie weit Totalverweigerer – ältere Leute mit großen Problemen beim Umgang mit moderner Technik an dieser Stelle ausgenommen – ein Gewinn für die Gesellschaft sind.

Das Votum ist in diesem Fall beispielsweise ein PDF-Formular, in das der Wähler wie auf dem Papier sein Votum ankreuzt. Dies und die anschließende Verschlüsselung lässt sich durch eine App so realisieren, dass jeder diese Technik bedienen kann.

- Für das verschlüsselte Votum lässt er sich eine anonyme Signatur der Wahlbehörde geben.

Diese überprüft dabei sein X.509-Zertifikat und stellt damit sicher, den Wähler vor sich zu haben und dass die Stimmabgabe einmalig ist, kann aber aufgrund der anonymen Signatur später nicht das Votum in der Wahldatenbank mit der Identität verknüpfen. Das gesamte Verfahren wird im Browser durch Aufruf der Behördenwebseite durchgeführt. Die Bedienung kann dadurch ebenfalls so gestaltet werden, dass die notwendigen Schritte von jedem durchgeführt werden können.

- Die signierten Voten werden in der Wahldatenbank gesammelt, indem der Wähler sein signiertes Votum per Internet an diese sendet.

Jeder kann überprüfen, dass sein Votum in der Datenbank abgelegt ist und dass nur signierte und damit gültig erstellte Voten gesammelt werden. Als Wahldatenbank können Server des Staates dienen, d.h. einzurichtende neue Server oder auch beispielsweise in Behörden, Hochschulen oder Nachrichtendiensten (ja, Nachrichtendienste, die haben genug davon, also warum nicht?) vorhandene. Auch das kann mittels einer Webseite oder per Email bedienungssicher erfolgen. Optional sind hier weitere Anonymisierungsschritte möglich, die im angesprochenen Büchlein detailliert dargestellt werden.

- Nach Wahlende wird der geheime Schlüssel der Wahldatenbank zur Entschlüsselung der Voten öffentlich bekannt gegeben.

Wiederum ist nun prinzipiell jeder Wähler in der Lage, die Korrektheit aller Voten zu überprüfen und die Stimmen auszuzählen, kann aber nicht ermitteln, wer was gewählt hat (oder ob eine bestimmte Person überhaupt gewählt hat oder nicht). Auch dafür lassen sich Programme bereit stellen, die von jedem bedient werden können.

Wichtig an dem Verfahren: jeder kann bis zur Stimmauszählung kontrollieren, dass alles mit rechten Dingen zugegangen ist, und die Wahl erfüllt sämtliche Anforderungen an eine demokratische geheime Wahl. Die Kontrollmöglichkeiten gehen bei einer Internetwahl wesentlich weiter als bei den heutigen Urnen-Wahlverfahren.

Betrachten wir das Verfahren einmal aus Sicht der Nachrichtendienste. Eine Manipulationsmöglichkeit würde bedeuten, dass Wahlergebnisse nicht nur im eigenen, sondern auch in anderen Ländern gefälscht werden könnten. In doppelter Hinsicht ein lohnenden Ziel für die Nachrichtendienste. Wo kann ein Nachrichtendienst ansetzen? Zwei Möglichkeiten bieten sich auf den ersten Blick an:

a) Verwenden gebrochener X.509-Zertifikate von Wählern.

b) Erzeugung gültiger Voten durch Brechen der Zertifikate der Wahlcomputer.

Unqualifizierter oder fahrlässiger Umgang mit den Zertifikatdaten unterstellt, kann ein Nachrichtendienst sicher eine Reihe von Wählerzertifikaten kompromittieren. Wie viele, hängt davon ab, welches Maß an Verantwortungsbewusstsein und Sorgfalt man bei den Wählern erzeugen kann. Ein gefälschtes Votum abgeben kann der Nachrichtendienst aber nur, wenn der Wähler auch für das Internetverfahren optiert und noch nicht gewählt hat. Bei Nichtanmeldung zur Internetwahl würde der Wahlcomputer die Signatur verweigern, ebenso wenn die Stimmabgabe bereits stattgefunden hat. Bei Manipulationen kann man mit folgenden Ergebnissen rechnen:

➢ Der Betrug findet zu Wahlbeginn statt, bevor die Wähler selbst wählen. Viele könnten dann ihre Stimmen nicht abgeben. Eine Welle von Beschwerden[50] wäre die Folge, und man wüsste annähernd, wie viele Stimmen gefälscht worden wären, könnte diese aber nicht identifizieren.

➢ Der Betrug findet am Wahlende statt, nachdem die Wähler bereits ihre Stimmen abgegeben haben. Nur die Stimmen der Nichtwähler sind in diesem Fall fälschbar, allerdings könnte

---

50 Natürlich sind auch Beschwerden von Personen möglich, die auf diesem Weg eine Wahl diskreditieren wollen. Man kann aber vermutlich schon eingrenzen, ab welcher Anzahl von Beschwerden ein Verdacht auf Wahlmanipulation durch einen Nachrichtendienst oder eine andere Organsiation gerechtfertigt ist.

man den Betrug zunächst nicht erkennen. Die gefälschten Stimmen wären ebenfalls nicht zu identifizieren.

> Wenn die Nichtwähler nachträglich kontrollieren, ob in ihren Daten auch „keine Stimmabgabe" vermerkt ist, fällt der Betrug zumindest auf. Die Kontrolle kann mit einer mittels des Wählerzertifikats verschlüsselten Information erfolgen, die nur der anfragende Wähler entschlüsseln kann, d.h. Dritte können auf diesem Weg nicht feststellen, ob jemand gewählt hat oder nicht.

Die Beschwerdeverfahren dürfen nicht elektronisch organisiert sein, denn sonst hätte der Nachrichtendienst Gelegenheit, selbst mit gefälschten Beschwerden das Wahlergebnis zweifelhaft zu machen. Was nach Beschwerden passiert, bedarf einer genauen Regelung. Je nach vermuteter Schwere des Betrugs und dem festgestellten Wahlergebnis ist von Tolerierung über eine Nachwahl bis zur Ungültigkeit der Wahl alles im Bereich des Möglichen. Wir können aber festhalten: ein Angriff würde mit höherer Wahrscheinlichkeit als erkannte Sabotage statt mit einer erfolgreichen unerkannten Fälschung enden.

Weitere Absicherungen, die einem angreifenden Nachrichtendienst einen Angriff erschweren, können in speziellen Wahlzertifikaten, die erst kurz vor der Wahl angefordert werden, und/oder der Einbindung mehrerer Kommunikationswege (Email/Telefon/SMS) in das Wahlverfahren bestehen.

Bei der ersten Option würde der Wähler vor der Wahl mittels seines normalen X.509-Zertifikates ein Spezialzertifikat für die Wahl anfordern; dieses könnte zusammen mit dem Optieren für die Internetwahl automatisch ausgestellt werden. Das könnte natürlich auch der angreifende Geheimdienst, wenn er das ursprüngliche X.509-Zertifikat kompromittiert hat, aber zeitlich nur vor dem Wähler, was auffällt, wenn der Wähler sich selbst anmeldet und nun keinen Erfolg hat. Geeignet organisiert hat der angreifende Geheimdienst kaum Chancen, hinreichend viele der Spezialzertifikate zu brechen, um die Wahl zu manipulieren. Ergaunert der Geheimdienst Spezialzertifikate, fällt dies durch Beschwerden der Wähler auf.

Die Einbindung eines zweiten Kommunikationsweges, beispielsweise Versand von TAN-Nummern über SMS oder Telefonansage oder Bestätigungsanfragen über Emails, könnte einen Betrug nicht zwingend unterbinden, erfordert jedoch, dass der angreifende Geheimdienst die

Kommunikationsinfrastruktur hinreichend kontrolliert, um die Nachrichten auf seine Server umzuleiten. Das ist aus Sicht des Geheimdienstes ein Problem, wenn die Infrastruktur nicht über das Territorium seines Landes verläuft und von einem anderen Geheimdienst kontrolliert wird, der in diesem Anwendungsfall als „feindlich" zu klassifizieren ist.

Die zweite Option besteht in einem Angriff auf die Wahlcomputer des wählenden Landes. Wir können in diesem Fall aber unterstellen, dass die Techniker hinreichend qualifiziert sind, die Manipulationsfreiheit der von ihnen verwendeten Technik sicherzustellen.

Eine weitere Option besteht noch in einem Denial-of-Service-Angriff auf die gesamte Infrastruktur, also der Blockierung der Datenübertragung durch absichtliche Überlastung des Netzwerkes mit unsinnigen Nachrichten (siehe Kapitel 2.2). Wie im Buch über die Technik der Internetwahl dargelegt, hat auch diese Option aus verschiedenen Gründen wenig Aussicht auf Erfolg.

Halten wir als Fazit fest: die Durchführung von Wahlen über das Internet dürfte technisch trotz der Möglichkeiten, über die NSA und andere zur Manipulation verfügen, durchführbar sein. Allerdings muss man vom Wähler einen verantwortungsvolleren Umgang mit der Technik fordern, als dieser heute zu leisten bereit ist. Bei einer laschen Haltung besteht die Gefahr einer Kompromittierung von so vielen Zertifikaten, dass zumindest eine Sabotage einer Wahl in den Aktionsradius eines Nachrichtendienstes gerät.

6.9   Die digitale Revolution

Auf unserer Reise durch das neue Universum sind wir Wirtschaftsunternehmen, Nachrichtendiensten und Kriminellen begegnet, und alle drei Gruppen können die neuen Techniken dazu benutzen, weiter in uns hinein zu schauen als uns lieb ist. Vieles können wir anscheinend nicht verhindern, bei wesentlichen Details stehen wir uns allerdings selbst im Weg und versuchen, die Situation mit wenig greifenden Mitteln zu retten.

Das Grundproblem ist die mangelnde Kenntnis über die Technik selbst. Inzwischen kann fast jeder, selbst ältere Menschen jenseits der 70, die Technik nutzen und macht das auch zunehmend, aber fast niemand weiß, wie sie funktioniert. Einen Autoreifen konnte früher jeder wechseln, und viele wussten auch, dass ohne funktionierenden Keilriemen ein Auto nicht mehr lange fährt und warum das so ist, aber was macht ein Computer nach dem Einschalten bis zum Erscheinen des bunten Bildes?

Warum weiß heute kaum jemand, wie die Technik funktioniert und wie man sich gegen unlautere Machenschaften von Wirtschaftsunternehmen, Nachrichtendiensten und Kriminellen schützt, obwohl Ängste und Verdacht latent vorhanden sind? Und was kann dagegen gemacht werden?

Fangen wir bei der letzten Frage mit einer Teilantwort an: jeder kann/sollte sich bemühen, die Technik so weit zu verstehen, dass er weiß, was er tun kann und was er besser lassen sollte. „Jeder" ist eine individuelle Angelegenheit; besser wäre „alle", d.h. die gesamte Gesellschaft sollte ein besseres Verständnis entwickeln. Am „wir müssen etwas tun" kommen wir nicht vorbei, aber wie kann man ein „WIR müssen etwas tun" erreichen und warum funktioniert es heute nicht. Um das zu durchleuchten, ist ein etwas weiteres Ausholen notwendig.

Beginnen wir mit ein wenig Historie: jedem wird die Entwicklung der Staaten zu National- und Industriestaaten im 19. Jahrhundert vermutlich als industrielle Revolution bekannt sein: eine bis dahin unbekannte Technisierung der ganzen Gesellschaft mit großen gesellschaftlichen Umwälzungen wie Bildung großer Industriestädte, Entstehen neuer gesellschaftlicher Klassen wie Arbeitern, Angestellten und Akademikern und nicht zuletzt auch der Übergang von absolutistischen Staatsformen zum Parlamentarismus in der einen oder anderen Ausprägung.

Heute schaut man darauf zurück, nickt verständig mit dem Kopf und amüsiert sich über das eine oder andere Problem, dass die Menschen damals nicht sehen oder nicht schnell lösen konnten. Was aber den wenigsten Leuten aufgrund der Selbstverständlichkeit der Nutzung der neuen Techniken auffällt: wir sind heute in einer ähnlichen Situation wie die Menschen damals. Durch das Internet und die leistungsfähige Mikroelektronik ist eine neue Revolution im Gange, die **digitale Revolution**.

„Gut!" mag man jetzt denken, „schauen wir uns an, was im 19. Jahrhundert passiert ist und passen das auf die heutige Situation an!". Leider ist das nicht ganz so einfach, und um das zu verstehen, müssen wir nochmals in die Historie zurückgehen, diesmal aber nicht ganz so weit. Die Anfänge der Computer liegen in der Zeit des ausgehenden 2. Weltkrieges, bereits in den 1960er Jahren machten sie die Raumfahrt möglich und durchliefen durch die elektronische Aufrüstung im Rahmen des kalten Krieges große technische Entwicklungsschritte. In den 1960er Jahren kam es dadurch zu einer weiteren Revolution, der **medialen Revolution**, in der online über das Fernsehen oft in Echtzeit von jedem Punkt der Erde Wichtiges und Unwichtiges auf den modernen Bürger hernieder prasselte. Der Beginn der medialen Revolution führte allerdings zu einer ernsthaften medialen Panne, gewissermaßen ein medialer GAU, dessen Folgen uns jetzt, wo die digitale Revolution alle ernsthaft betrifft, Probleme bereiten.

Der mediale GAU, das mag den Leser vielleicht überraschen, ist die Berichterstattung über den Vietnam-Krieg und liegt darin, dass in der Euphorie über das neue Massenmedium Fernsehen hunderte von Kriegsberichterstattern täglich life und unzensiert in den Hauptnachrichten direkt von der Front berichteten. Zum totalen Entsetzen insbesondere der damals jüngeren Generation zeigte die Berichterstattung zunehmend deutlicher, dass die Kriegsführung der USA in einen Völkermord ausartete und die USA damit genau den unmenschlichen Krieg führten, der NS-Deutschland zur Last gelegt wird. Medial ein Unfall, da

- in den Weltkriegen zuvor unabhängige Berichterstattung schon alleine aufgrund der fehlenden Medien nicht möglich war und alles nur zensiert durch die Armeeführungen in die Zeitungen kam, sowie

- in derzeitigen Kriegen nicht mehr möglich ist, da die Journalisten nun von vornherein von den Armeeführungen „embedded" werden, wie der Fachausdruck heißt, was auch nichts anderes bedeutet als dass nur zugelassene Journalisten genau das berichten dürfen, was die Zensur der Armeeführung zulässt.[51]

Die Folge waren weltweite Aufstände insbesondere der Studenten, die weit über das hinaus gingen, was als der normale Generationenkonflikt zwischen Jung und Alt bezeichnet wird; in Paris spielten sich beispielsweise Szenen ab, die seit der Niederschlagung der Pariser Kom-

---

51 In den heutigen Kriegen bedarf es Whistle-Blowern wie Bradley Manning, um die Kriegsverbrechen der US-Armee an den Tag zu bringen.

mune 1871 nicht mehr dort gesehen wurden. Da die westlichen Regierungen alle brav auf US-Kurs blieben, wurden von den so genannten 68ern sämtliche traditionellen gesellschaftlichen Einrichtungen – Verwaltung, Politik, Bildung, gesellschaftliche Werte – als verlogen eingestuft und abgelehnt. Der Bruch geht wesentlich tiefer als der schon immer vorhandene verständliche Wunsch der jungen Generation, mit ihren Ideen mitreden zu dürfen, im Grundsatz aber die alten Strukturen nicht in Frage zu stellen, und ist im Grunde eine weitere Revolution innerhalb der anderen. Heute stellt die 68er-Generation die politische Elite.

Bevor wir ihre Rolle näher betrachten, kommen wir auf die digitale Revolution zurück. Mit dem Ende des kalten Krieges wurde die digitale Revolution für jeden Menschen durch das Internet und die Mobiltelefonie fühlbar und nach weiteren 25 Jahren beherrscht sie das Leben bereits in einem ungeahnten Ausmaß, Tendenz weiter steigend. 25 Jahre sind eine relativ kurze Zeit, knapp eine Generation, und das bringt ähnliche Probleme mit sich, die sich auch schon während der industriellen Revolution gezeigt haben:

- Die Lehrergeneration, die die Jugend auf die Welt so vorbereiten soll, dass diese später den Stab übernehmen kann, ist ohne diese Technik aufgewachsen, kennt sich allenfalls rudimentär dort aus und ist kaum in der Lage, Maßstäbe für den Umgang mit der Technik zu vermitteln.

- Die Jugend wiederum ist damit aufgewachsen und kennt nichts anderes; sie musste den Umgang durch learning-by-doing selbst erlernen und sich Nutzungsregeln selbst ausdenken, was bei jugendlichem Überschwang ohne Korrektur durch Lebenserfahrung selten auf Anhieb gut geht.

Auch wenn die Zahl der älteren Internetnutzer kräftig zulegt, laufen die Älteren trotzdem den jungen Nutzern in jeder Beziehung hinterher und diese nehmen die Alten entsprechend kaum ernst.

Neben neuen Lebensqualitäten hat uns die digitale Revolution auch bereits neue Berufe, vielleicht in Form der Yuppies sogar neue Gesellschaftsschichten und auch jede Menge Probleme, die wir ohne sie gar nicht hätten, beschert. Auf die neuen Techniken mit alten Mitteln zu reagieren löst die Probleme allerdings nicht; es sind weitere Antworten gefragt. Die Antworten lieferte im Deutschland der industriellen Revolution eine bereits vorhandene und sich schnell an die neuen Ge-

gebenheiten anpassende und politisch unabhängige Fachbürokratie, die dafür verantwortlich zeichnet, dass das Deutsche Reich im späten 19. Jahrhundert wirtschaftlich zu einem Erfolgsmodell wurde.[52] Sie wäre folglich auch dafür zuständig – allen voran die Bildungsinstitutionen – die digitale Revolution technisch zu meistern.

Hier kommen nun die 68er wieder ins Spiel. Durch ihre Wirkung ist die Fachbürokratie Reförmchen für Reförmchen ausgerottet worden. Heute bestimmen die Politiker und politischen Beamten, die durch eine Wahl zufällig an der Macht sind, per Gesetz anhand ihrer jeweiligen Ideologie bis ins letzte Detail, was zu geschehen hat. Die Gesetze, die heute Details enthalten, die früher erst in den Ausführungsvorschriften durch Fachleute festgelegt wurden, durchlaufen heute fast nur noch ebenso politische Beamtenkreise und nicht mehr eine Fachbürokratie, die die Folgen bewerten könnte. Fachbürokratie und Bürger sind gehalten, widerspruchslos den Buchstaben des jeweiligen Gesetzes zu folgen – Pragmatismus und gesunder Menschenverstand sind heute nicht mehr gefragt, ja geradezu Karriere knickend.[53]

Wenn Ihnen das als überzogene Schlechtmacherei des Systems vorkommt, betrachten Sie einmal folgende Gesichtspunkte und fragen Sie sich dann noch einmal, ob solche Zustände mit dem hohen Anspruch, mit dem die Politik auftritt, noch vereinbar sind:

- Ein sehr großer Anteil der Gesetze, die es bis in die Medien schaffen (das sind nur wenige; die meisten Gesetze werden beschlossen ohne dass irgendein Medienvertreter und damit die Bürger davon Kenntnis nehmen), wird heute vor die Verfassungsgerichte gezerrt und ein nennenswerter Anteil davon sogar von den Gerichten kassiert.

---

52 Wer sich ausführlicher in die Thematik einarbeiten möchte, dem sei das dreibändige Werk von Thomas Nipperdey empfohlen, der sich der deutschen Geschichte von 1800-1914 annimmt.

53 Beispiel: wenn schwerkranke Menschen zum Arzt müssen, zahlt die Krankenkasse die Fahrt mit dem Taxi. Bringen Sie Ihren Angehörigen aber mit dem eigenen Auto dorthin, erhalten Sie keinerlei Entschädigung. Jeder Sachbearbeiter weiß, dass das die deutlich billigere Lösung ist, aber in den Regeln steht das nun einmal nichts vom eigenen Fahrzeug. Würde der Sachbearbeiter Sie auszahlen, wäre die Folge bei einer Revision, dass er die Auslage der Krankenkasse aus eigener Tasche ersetzen muss. „Taxi 67,00 €, Privatfahrt 16,50 € – ich habe 50,50 € eingespart" gilt heute nicht, auch nicht vor Gericht.

Verträgt sich das – ständiges Gezeter der unterlegenen Demokraten und Kassieren von Gesetzen wegen Verfassungswidrigkeit – mit seriöser und verantwortungsvoller Gesetzgebung?

- Der Internetblog abgeordnetenwatch.de hat zum wiederholten Mal den Bundestag auf die Einhaltung der eigenen Gesetze verklagt, zuletzt auf die Bekanntmachung der Liste der Lobbyisten mit direktem Zutritt zum Bundestag. Der Bundestag verstößt hier gegen gleich drei eigene Gesetze: die Liste muss laut Gesetz offen gelegt werden (er weigert sich), Lobbyisten dürfen keinen unkontrollierten Zugang zu den Fraktionen bekommen (tun sie aber) und sie dürfen nicht an Ausschusssitzungen teilnehmen (tun sie ebenfalls).

Schauen wir uns die Bildungsinstitutionen – auf sie kommt es ja besonders an, um die Technikfolgen in den Griff zu bekommen – genauer an. Bis zu den 1990er-Jahren wurden Absolventen der Hauptschule im allgemeinen ehrbare Handwerker, die nicht unberechtigte Aussichten auf ein eigenes Häuschen oder eine Eigentumswohnung hatten, wenn sie das wollten, und nur um die 20% eines Jahrgangs machte ein Abitur. In der ersten Hälfte des Jahrhunderts war in nicht wenigen Universitätslehrbüchern als Beruf des Verfassers „Gymnasialprofessor" notiert. Lehrer waren honorige Leute, Schüler gingen ihren Weg, kurz: das Schulsystem funktionierte.

Seit Mitte der 1990er Jahre jagt eine Bildungsreform die nächste, und bevor die Ergebnisse einer Reform auch nur bewertet werden können, wird alles wieder umgeworfen. Kommt man in einem Bundesland zum Entschluss, eine „Reform" wieder abzuschaffen, führt sie ein anderes just in dem Augenblick ein. Lehrer haben nicht mehr aufgrund ihrer pädagogischen Erfahrungen zu handeln, sondern bekommen per Reform vorgeschrieben, was sie zu tun haben, und um keine Zweifel aufkommen zu lassen, werden in den Reformen auch gleich Stoffdetails festgelegt. Zur fachlichen Entmündigung der Lehrer kommt noch eine politisch gewollte Beseitigung der alten Werte hinzu: gute Schüler geraten nicht selten in den Ruf, unsozial gegenüber den schlechten zu sein, wenn nicht gar die Eltern zitiert werden, um diesen eine medikamentöse Behandlung ihres vor Langeweile im Unterricht auffälligen Kindes zu empfehlen; der Schüler hat nicht die Pflicht zu lernen, er muss „gelernt" werden, d.h. der Lehrer hat sich vor seinen Kollegen und den Eltern zu rechtfertigen, wenn ein Schüler schlecht abschneidet; wenn die Ergebnisse in Prüfungen nicht reichen, wird so lange aufgewertet, bis fast alle bestanden haben, notfalls auch durch eine Prüfung durch einen anderen Lehrer mit anderem Stoff[54]; überhaupt ist nie derjenige Schuld, der etwas verbockt, denn er kann ja nichts dafür, wird er doch ständig diskriminiert und zu wenig gefördert. Elementare Werte wie Höflichkeit, Pünktlichkeit, Zuverlässigkeit, Aufmerksamkeit, Pflichtbewusstsein, Ehrlichkeit, Bildung usw. spielen keine Rolle mehr im Erziehungssystem und damit auch nicht mehr im sonstigen Leben.

Heute bereiten zumindest Dortmunder Hauptschulen ihre Schüler auf ein Leben mit Hartz 4 vor (Die Welt: Anträge ausfüllen, das Auskommen planen), Handwerksmeister weisen oftmals selbst Realschüler wegen mangelnder Kenntnis der deutschen Sprache oder fehlender Rechenkenntnisse ab (Mathematik möchte ich das nicht mehr nennen), inzwischen über 60% der Schulabsolventen eines Jahrgangs studieren, davon inzwischen mehr als 10% ohne Abitur oder einen gleichwertigen Abschluss (CHE-Mitteilungen). Der Lehrerberuf gehört inzwischen zu den am wenigsten angesehenen Berufen überhaupt, den mehr oder weniger die schlechtesten Schüler als Karriereweg wählen, wie fast alle großen Medien unisono zu berichten wissen, und kaum noch ein Lehrer erreicht das normale Pensionsalter sondern geht früher.

Hinzu kommt Unterrichtsausfall in der Größenordnung von ca. einem kompletten Schuljahr für einen Abiturienten in der Regelschulzeit, wie der Spiegel aufsummiert, sowie fachfremder Unterricht, für den das Niedersächsische Landesinstitut für schulische Qualitätsentwicklung (der Name ist kein Scherz!) inzwischen in einigen Fächern sogar Weiterbildungskurse für Quereinsteiger mit anderen Ausbildungen anbietet, d.h. fachfremder Unterricht (=Unterricht durch Lehrer oder andere Personen, die ganz andere Fächer studiert haben) ist fest eingeplant.[55] Schulklassen mit mehr als 30 Schülern sind die Regel und der Unterricht findet in Schulgebäuden statt, die zumindest in Berlin teilweise in einem solchen Zustand sind, dass eine Umwandlung in Asylbewerberheime als menschenunwürdige Wohnsituation abgelehnt wird (Tagesspiegel).

---

54 Die Partei Die Grünen will gar ein Grundrecht auf einen Schulabschluss im Grundgesetz verankern, d.h. der Schüler braucht in diesem Fall gar nichts mehr zu lernen, sondern nur noch einen guten Rechtsanwalt.

55 Man könnte satirisch-polemisch interpretieren, dass Leute, die nichts wissen, Leute unterrichten, die nichts wissen wollen. Schule als Aufbewahrungsstätte und nicht als Bildungsinstitut.

Hinzu kommen noch Effekte, deren Ursachen vermutlich bereits in den modernen Techniken zu suchen sind: früher die Ausnahme, unterrichten heute fast 50% der Eltern die Lehrer beim ersten Elternabend über die von ihren Sprösslingen einzunehmenden Medikamente. Eine Generation auf Droge könnte man sagen. Fernsehen und Computerspiele mit bis zu 3 Szenenwechseln pro Sekunde prasseln einen Großteil des Tages auf die Kinder ein. In der Psychologie ist es kein Geheimnis, dass diese Stroboskopeffekte die Konzentrationsfähigkeit des Gehirns systematisch verhindern, abgesehen von der mangelnden Fantasieleistung, da alles nur noch vorgekaut aber nicht selbst gemacht wird. Resultierende Zappeligkeit, besonders wenn in den überfüllten Klassen der äußere Reiz wegfällt – und schon haben wir das ADHS-Kind.

Auch die Hochschulen sind betroffen. Bereits 1998 stellte die FH Berlin in einer Studie fest, dass über 50% der FH-Studenten hinsichtlich ihres Kenntnisstandes nicht über die Voraussetzungen für die Teilnahme an der FOS12 (Abschlussklasse der Fachoberschule) verfügten. Trotzdem konnte man komplexe Themen der Verschlüsselungstheorie erfolgreich durchnehmen, während heute vielfach über die Feststellung „Verschlüsselung existiert" nicht hinausgegangen werden sollte, um Studenten nicht zu überfordern. Die Einstellung zum Stoff hat sich von „Das ist ja interessant!" über „Wozu brauche ich das?" heute komplett zu „Was ist davon klausurrelevant?" geändert.

Kaum etwas zeigt deutlicher, wie weit die Gesellschaft von der Politik inzwischen entmündigt ist und kontrolliert wird als die Tatsache, dass die traditionelle Opposition, die Studenten bzw. die Jugend, komplett von der Bildfläche verschwunden ist, von ein paar linken Randalierern der Antifa einmal abgesehen.[56] Bildungsnotstand, NSA-Schnüffelei, Busfahrpreise, Kriege in aller Welt – nichts lockt mehr die studentische Jugend auf die Straße. Wenn jemand demonstriert, dann die Generation, die das früher auch getan hat, jetzt zum Thema pro oder kontra Pegida. Jugendliche sind nur noch dann zu sehen, wenn ihnen gesagt wird, sie sollen sich dort hinstellen – von alleine kommen sie nicht mehr darauf. Die Welt der Beliebigkeiten und Belanglosigkeiten ist so beliebig und belanglos geworden, dass ein Kabarettist sein Pro-

---

56 Mir ist das bewusst erst so richtig bei der Arbeit an diesem Buch aufgefallen, und um zu vermeiden, dass ich hier einem fehlerhaften Eindruck aufsitze, habe ich das mit mehreren Kollegen unabhängig voneinander diskutiert. Auch sie haben mir bestätigt, dass ihnen dies ebenfalls schon aufgefallen sei. So ganz falsch scheine ich damit also nicht zu liegen.

gramm, in dem er sein Publikum direkt beleidigt hat, minutenlang wegen anhaltenden Lachens unterbrechen muss, nur um der Berichterstattung des nächsten Tages zu entnehmen, dass genau dieses Publikum am nächsten Tag genau das macht, worüber es sich am Vorabend köstlich amüsiert hat. Niemand regt sich darüber auf, dass ein Politiker nachweislich einer Lüge überführt wird und trotzdem im gleichen Interview unbeirrt bei seiner Lüge bleibt und keinerlei Folgen befürchten muss. Und kaum jemand macht sich Gedanken, was er von sich gibt, und führt das zu Peinlichkeiten, besteht die Reaktion nicht etwa in Überlegungen, was man falsch gemacht hat und anders machen könnte, sondern im Aufplustern über die nicht vorhandene Anonymität, wie denn überhaupt jeder zu jedem Thema seine Ansicht verbreitet und schnell zu Beleidigungen Andersdenkender greift, aber kaum noch jemand das Selbstbewusstsein aufbringt, mit seinem Namen für seine Ansichten einzustehen.

Die Beliebigkeit und Belanglosigkeit gilt auch für die Technik. „Was machen Sie, wenn …?" – „Weiss nicht, keine Ahnung, 11880, jemand rufen, der Ahnung hat." Und genau in diese Kerbe – alle bedienen eine Technik, die keiner versteht, die keiner verstehen will, zu der jeder den größtmöglichen Unfug verkünden darf – natürlich absolut anonym – ohne dass die Zahl der verständig Nickenden abnimmt und der Fachmann ausgelacht wird, wenn seine Meinung einer Ideologie widerspricht – stoßen wir nun mit der Erkenntnis, dass

> ➢ Verschlüsselung überall dort, wo sie bereits machbar ist, dringend auch durchgeführt werden müsste, wozu man sich zumindest ein wenig schlau machen muss;

> ➢ Verschlüsselung dort, wo sie noch nicht machbar ist, dringend und aktiv von der Industrie eingefordert werden muss, natürlich auch wieder verbunden mit eigener Initiative;

> ➢ das Einstellen von Informationen ins Internet auf mögliche Folgen überdacht werden muss und wir selbst und niemand anderes dafür verantwortlich sind;

> ➢ das allgemeine Verhalten der digitalen Revolution angepasst werden muss, ebenfalls wieder mit persönlichem Einsatz;

> ➢ eine kritische Einstellung gegenüber Informationen notwendig ist, wobei wir den Vorteil haben, an nahezu alle Informationen zu gelangen, aber wieder einen persönlichen Einsatz bringen müssen, um sie auch zu verstehen;

> ➢ jeder auch zu den Sachen stehen muss, für die er eintritt (und auch bereit sein muss, seine Ansicht zu modifizieren, wenn sich herausstellt, dass sie nicht haltbar ist).

Es ist klar: bei der Bewältigung der Probleme der digitalen Revolution kommen Bildung und Schule eine zentrale Rolle zu, aber die kann derzeit nicht ausgefüllt werden. Jeder hat Rechte, aber niemand Pflichten. Jeder will Spaß, doch niemand ist bereit, sich anzustrengen.

Und das betrifft nur die persönlichen Probleme der Nutzer, also das „wir". Gerade im politischen Bereich genügt das angesichts der Tendenzen, jeglichen Bürgereinfluss immer weiter auszuschließen, keineswegs. Es gibt Aufgaben, die WIR lösen müssen. Gegen den Widerstand der Politik. Nachrichtendienste kontrolliert man nicht durch persönliches Verhalten oder Gesetze, deren Einhaltung niemand kontrollieren kann oder will. Nachrichtendienste kontrolliert man dadurch, dass man deren Kontrolleur kontrolliert, also die Politik. Ob es unter den gegebenen Umständen wohl gelingt, den Gordischen Knoten zu durchschlagen?

www.ingramcontent.com/pod-product-compliance
Lightning Source LLC
Chambersburg PA
CBHW070934050326
40689CB00014B/3203